Édition originale : *Lágrimas de Luz*, 1984, Fenix.
La présente édition prend en compte les modifications de la réédition publiée chez Apache Libro en 2022, ainsi que d'autres changements validés avec l'auteur pour l'édition française.

Direction littéraire : Florence Bouriot
Relecture : Claire Longchamp
Maquette et illustration de couverture : Xavier Collette.

Dépôt légal : août 2024
ISBN : 978-2-494665-29-3
Site internet : www.argyll.fr
Mail : editions@argyll.fr

Avec le soutien de

Région BRETAGNE

RENNES MÉTROPOLE

Rafael Marín

La Geste d'Hamlet Evans

Traduit de l'espagnol
par Sylvie Miller

ARGYLL

De là une consigne, une littérature, un art. À droite, alignement.
Il s'agit de sauver la société dans la littérature
comme dans la politique.
Chacun sait que la poésie est une chose frivole, insignifiante,
puérilement occupée de chercher des rimes, stérile, vaine ;
par conséquent rien n'est plus redoutable.
Il importe de bien attacher les penseurs.
À la niche ! c'est si dangereux !
Qu'est-ce qu'un poète ?
S'il s'agit de l'honorer, rien ;
s'il s'agit de le persécuter, tout.

Victor Hugo

Chapitre 1

Je dépoussière ma vieille perruque rouge et je l'ajuste soigneusement sur ma tignasse, juste assez penchée pour qu'elle ne paraisse pas trop naturelle, mais suffisamment droite pour qu'elle n'ait pas l'air grotesque. Cela me semble bien. Je cligne des yeux et décide d'ajouter un peu de couleur sur mes paupières. Parfait. Un autre point de réglé. Enfin, je mets mon nez, vert comme un petit pois, mon chapeau noir et ma fleur en plastique d'un blanc étincelant. Prépare-toi à applaudir, ô public, voici qu'arrive Hamlet !

Je me regarde encore une fois dans le miroir pour vérifier que tout est en ordre. Ce joli monstre, c'est moi, Hamlet Evans, le célèbre clown tatoué. Je me souris à moi-même, ouvrant des lèvres grenat élargies par le maquillage, mais cela ne m'amuse pas. Je suis un public très exigeant. Après tout, j'ai une excuse valable : je connais mes propres blagues.

Quelqu'un tambourine à la porte pour me prévenir qu'il reste deux minutes avant l'entrée en piste. J'acquiesce d'un signe de tête, comme si l'autre pouvait me voir, et je réponds que j'arrive. Deux minutes. Juste assez pour une cigarette. J'en allume une au hasch et je la savoure lentement, soufflant la fumée sur l'image de clown fantasmagorique que me renvoie le miroir. Le hasch, c'est bien… Ça fait voir les choses différemment. Il vous rend plus gentil, plus intelligent. C'est un bon compagnon lorsque j'entre sur scène pour faire mon sempiternel numéro alors que je n'en ai pas envie. Il me console lorsque je rêve d'échanger la gloire des applaudissements contre un peu de repos et un dîner aux chandelles avec Wim. Ma chère Wim. Elle m'inquiète. Elle est trop pâle, en ce moment. Presque sépulcrale. Je n'aime pas cette idée, mais je sais que Wim pense à la mort. Constamment, jour et nuit. À sa mort.

Une nouvelle fois, la voix m'appelle, annonçant que mon tour est arrivé. J'éteins ma cigarette, je me lève péniblement, gêné par la taille de mes chaussures, et je chasse avec soulagement la triste vision d'une Wimdyl morte, les ailes brisées, la poitrine immobile. Wimdyl consumée hors de la chrysalide, brûlée pour toujours, fanée, cassée... Non, je ne peux pas penser à sa mort maintenant. Après, peut-être, mais pas maintenant. Il est l'heure d'entrer en scène. Je dois faire rire mon public. Et rire moi aussi. Ne plus réfléchir. M'oublier. Oh, Dieu, oublier. Je ne veux pas tomber dans le cliché du clown triste.

Ah, je savais qu'il me manquait quelque chose. Les gants, comme toujours. Ces maudits gants absurdes. Un blanc et un noir, comme mon visage, comme mon âme. Je les enfile à la hâte, parcourant la loge du regard pour trouver mon parapluie et ma petite cage. À l'intérieur, se trouve un oiseau de papier flétri. Le public rit à gorge déployée lorsqu'il entame l'aria de Rigoletto. J'essuie la cage avec ma manche et une seconde plus tard je suis dehors, marchant d'un pas trop digne pour un clown. De loin me parviennent des applaudissements : le numéro précédent a eu du succès. Cela me rassure autant que cela m'interpelle. Mes compagnons me rendent chaque jour la tâche plus difficile, mais je ne perds jamais mon public.

En coulisses, règne le désordre habituel. Un véritable chaos : des artistes venant de l'endroit où ils étaient censés aller ; des trapézistes surveillant les lions tandis que le dompteur récupère à toute vitesse les restes du trapèze ; de grosses femmes à barbe se plaignant de n'avoir jamais faim ; des contorsionnistes filiformes mangeant comme si le monde entier se réduisait à une simple ration alimentaire ; des animaux à peine dressés vaquant en liberté et menant la vie dure à tout le monde, sauf à leurs soigneurs, en train de dormir du sommeil du juste ; des techniciens et des électriciens sales comme des chiffonniers, qui paraissent incapables de souder deux câbles mais sont probablement bien meilleurs que tous leurs collègues de la Corporation réunis. Et l'odeur de la sciure de bois, de la sueur, des excréments des animaux et des hommes. La couleur criarde du chapiteau, les relents d'alcool qui enivreraient presque en les respirant, la fumée doucereuse du hasch flottant dans l'air ambiant. Les coulisses du cirque sont un merveilleux capharnaüm qui fait toujours penser, lorsqu'on l'observe, que sur la piste rien ne peut fonctionner, que le spectacle court à la catastrophe. Je suis ici depuis trois ans et je sais que chaque soir c'est pareil. La représentation se déroule en parallèle sur la piste et en coulisses. Toujours la même ovation, au loin, toujours la même routine. Toujours les mêmes récriminations, le même abattement satisfait, la même anarchie harmonieuse. Le cirque. Mon cirque.

Alors que le numéro précédent se termine, je m'approche de l'un des responsables de piste, un homme énorme aux oreilles décollées faisant office d'ouvreur et de Monsieur Muscle. Je lui demande nonchalamment, avec le flegme d'un homme d'affaires, comment se passe la représentation. Il sait que je veux tout savoir. Il m'attendait sans doute car il crache ce qu'il mastiquait - j'espère qu'il ne s'agit pas de sa ration alimentaire - et me regarde droit dans les yeux. Je vois mon propre reflet dans ses pupilles et je me trouve grotesque.

« Moyen. On a vendu un peu plus de la moitié des entrées, Hamlet. Ça suffira pour couvrir les frais, pas plus. On a eu deux problèmes. Sérieux. Wim n'a pas pu voler. Ses ailes refusaient de se déployer et on a dû utiliser le puits de gravité pour la soulever. Le public n'a pas vu la différence. Le technicien des lasers a bien assuré, mais ils n'ont pu tenir que la moitié du numéro. Tu vas devoir improviser.

— J'essaierai. Comment va Wim ?

— Elle se repose. Nous l'avons installée dans la chrysalide et l'avons fait dormir. Le Doc lui a mis de la musique douce. Du Chopin. Il dit que ça va l'apaiser, que les ailes réapparaîtront peut-être demain, qu'il faut attendre.

— Je vais la voir.

— Non. Tu n'as plus le temps, Hamlet. Ton numéro commence maintenant, et le Doc a recommandé qu'on ne la dérange pas. Tu vas devoir être brillant ce soir si tu veux avoir du monde demain. Oh, j'oubliais. Manuel est tombé de cheval et s'est presque brisé la jambe. Il va bien, maintenant. Le Doc lui a remis ça en place tout de suite et il a pu terminer son numéro. Mais il était très raide, le pauvre. Et puis les animaux sont très agités aujourd'hui. Ils tremblent comme s'ils pressentaient un danger. »

Il ne manquait plus que ça. Encore des problèmes. Si Wimdyl n'a pas pu sortir ses ailes, cela signifie qu'elle n'y parviendra pas avant plusieurs jours. Ou peut-être plus jamais. La dépression qu'elle traverse ces derniers temps va s'aggraver, et je ne pourrai même pas lui faire l'amour pour la réconforter. Bon sang. Et les animaux en état d'alerte... Pourvu que cela ne présage pas un nouvel orage magnétique, comme celui qui nous a surpris à Dagharta ! J'ai appris à me fier à leur instinct. Je sais que s'ils sont nerveux, il y a toujours une bonne raison.

Le tambour résonne avec un merveilleux effet stéréophonique et j'entends le chef de piste annoncer mon numéro d'une voix tonitruante. Je me glisse avec difficulté dans le canon, je me raidis, je compte jusqu'à dix, je retiens mon souffle, je me recommande aux cieux et je sors, catapulté, volant dans les airs. Dur métier que celui de clown, homme-canon et directeur de cirque.

Changé en une traînée multicolore, je traverse l'espace puis je commence à tomber, rapide et fugace. Le puits de gravité me cueille au bon endroit, et je flotte placidement sur plusieurs mètres. Je préfère ne pas imaginer ce qui se passera le jour où il sera défaillant. Ce sera mon ultime représentation, et sans doute la plus mémorable.

Je suis sur le point de toucher le sol lorsque la gravité est inversée depuis la console du technicien et je m'élève en l'air, rebondissant comme une balle ridicule. Le public commence à rire, timidement au début puis de plus en plus fort ; lorsque je les entends, c'est un rugissement hilare. J'oublie les animaux, les problèmes d'argent, ma maudite dépression, et même Wimdyl pour me concentrer sur ma prestation. J'ouvre et je ferme le parapluie, je trépigne, je perds mon chapeau dans le puits de gravité alors que j'étais presque parvenu à en sortir. Mon numéro de tous les soirs. Le sketch est muet. Je ne fais plus de mauvaises blagues depuis qu'ils nous ont pris Charles – où que tu sois, vieux renard, tu sais que nous nous souviendrons toujours de toi –, en guise de protestation silencieuse contre la perte de mon compagnon et mentor. Le public rit, se tortille et applaudit sans imaginer que mon numéro précédent - notre numéro, cher papy - était cent mille fois meilleur. Parce que le public, bien qu'il soit toujours le même, est différent chaque soir.

Je prolonge le numéro plus que je le devrais, m'investissant comme je ne l'ai pas fait depuis longtemps. Je tente d'être assez bon pour que le public vante notre cirque et que plus de gens viennent nous voir demain. C'est notre pain quotidien que je gagne : nous, les clowns, sommes les plus populaires, les plus aimés. Je vois à travers le filtre de lumière qu'ils apprécient ma prestation. Du moins je le crois. Magnifié par la projection multicolore du laser - parce qu'un laser ne sert pas qu'à tuer, messieurs-dames - mon spectacle est de ceux qui laissent bouche bée. Il est à couper le souffle. Je me souviens de la première fois où je me suis vu reproduit sur un écran vidéo 3D, de la surprise que j'ai eue en voyant de l'extérieur comment les couleurs jouaient avec la silhouette humaine, avec mon corps. La lumière bleue donne un effet singulier, merveilleux ; elle indique que tout fonctionne bien. La verte - que je suis incapable de distinguer - veut dire que je m'écarte trop du puits de gravité. La rouge avertit d'un danger. Elle signifie littéralement : « Écourte le numéro, il y a un problème. »

Or, c'est la lumière rouge qui m'éclaire maintenant, chaude et répugnante comme l'enfer. Quelque chose ne va pas. Wim est-elle sortie de la chrysalide ? Les animaux paniquent-ils ? Y a-t-il un orage magnétique ? Non, je ne crois pas. L'électricité aurait été coupée et je serais déjà au sol, le cou rompu, et non en l'air à plonger la tête la première après mon parapluie. Des problèmes, toujours des problèmes. J'exécute deux pirouettes avant de m'élever, plus sous l'effet de l'inertie que par désir de broder sur le numéro, puis j'arrive au bord du puits. La détonation de chaque soir retentit et je ne suis déjà plus là-haut. Je parcours à l'envers le chemin de mon entrée en scène, flou comme une goutte de café dans un verre d'eau. L'ovation est aussi spectaculaire que ma disparition, mais je ne retourne pas saluer. Je n'en ai pas le temps. Je sors du canon aussi vite que possible et je cours. Monsieur Muscle, Moustache, m'attend. Il est tranquille. Trop serein, trop calme. Cela signifie que les problèmes sont graves.

« Wimdyl ?

— Elle va bien », me rassure le géant.

Il récupère mon chapeau, défait mon nez - dont je ne peux pas voir la couleur -, retire ma perruque et essuie la sueur qui dégouline comme de la gélatine sur mon visage maquillé de blanc.

« C'est pire que ça, poursuit-il. Les commandos d'assaut sont à nos trousses. Un croiseur de la Corporation nous a repérés. »

Je quitte mon rôle de clown pour endosser celui de chef. J'ôte mes gants, ouvre ma chemise et quitte mes grandes chaussures. Les commandos d'assaut ! Mille fois pire qu'un orage magnétique. S'ils nous trouvent, c'est la fin. Le cirque excommunié rencontrera sa mort. En un instant, ce planétoïde est devenu terriblement inhospitalier pour nous.

Je lance une série d'ordres :

« Remballez tout. Vite. Je veux que la toile soit repliée dans moins de trois minutes. Faites sortir le public et démontez-la. Allez, on se dépêche ! »

Ils m'obéissent. Ils travaillent tous avec acharnement, unis comme une meute, comme un seul homme. La parade finale est oubliée au profit d'un but supérieur : notre survie. Les spectateurs comprennent mal ce qui se passe. Des cris de mécontentement fusent. Peu importe. Le public, à l'heure qu'il est, a cessé de nous intéresser. Il ne s'est pas écoulé une minute que les trois vaisseaux formant notre convoi sont déjà prêts, moteurs allumés, parés à quitter l'endroit dès que possible.

« Hamlet ! Hamlet ! »

C'est Roco qui m'appelle. Il est à la fois prestidigitateur et technicien radar. Il arrive, pâle et en sueur, les écouteurs métalliques et les câbles de contact encore accrochés aux oreilles.

« C'est un brise-glace, Hamlet ! Il est seul ! Cela ne peut être que le Scorpion ! Il va nous intercepter dans moins de soixante minutes ! Il a dû nous localiser car il fonce droit sur nous ! »

Je hurle littéralement :

« Éteignez toutes les lumières ! Coupez tout ce qui n'est pas nécessaire ! Enfermez immédiatement les animaux ! Tout le monde à bord des capsules de survie et que Rab soit avec nous ! »

Des écuyères à moitié dévêtues courent sur le sable, en un tourbillon de tulle et de paillettes, impatientes de se perdre dans la panse de métal inconfortable de la première capsule. Les animaux sont poussés dans les cages les uns après les autres. Un enfant pleure, effrayé. C'est Gino. Je le prends dans mes bras pour le réconforter. Je trouverai du temps pour le rendre à sa mère plus tard. Quelqu'un court en portant la chrysalide de Wim. Je lui donne un coup de main et nous la chargeons dans le vaisseau principal. Puis je me précipite dans les coursives. Le pilote est déjà connecté à l'ordinateur, transformé en une masse de chair, de métal et de câbles gainés de plastique. Je lui propose mon aide mais il la rejette. Il sait qu'en pareil moment je ne lui suis d'aucune utilité.

« Non, Hamlet. Va plutôt calmer les autres. Ramène ce gosse à sa mère et reviens à ton poste. Et attache-toi bien parce que le décollage va être brutal ! »

J'obéis. Je confie l'enfant à des bras plus attentionnés. Je remets un peu d'ordre ici et là, essayant de ne pas montrer la peur qui me serre les entrailles. Par les haut-parleurs, la voix du pilote nous informe du décollage. L'annonce est couverte par un ronflement métallique diffus : l'accouplement.

Je m'attache à mon siège et, tandis que nous fonçons vers l'espace, je prie pour qu'ils ne nous trouvent pas.

Chapitre 2

J'étais âgé de vingt ans et je n'avais jamais rien fait de ma vie, excepté me plaindre. J'étais né sur la vieille et lointaine Terre, à une époque où les fantasmes les plus délirants semblaient être à la portée de tous les hommes. Alors que nos soldats se lançaient à la conquête des étoiles, que la Corporation annexait des mondes encore plus insolites que ceux jamais rêvés par les artistes, que l'univers hébergeait plus d'espèces que toutes celles imaginées durant sa vie entière par l'illustrateur le plus doué, moi et mes semblables étions condamnés à demeurer sur le petit globe bleu, enchaînés comme les Terriens d'il y a deux mille ans, aussi étrangers aux changements quotidiens de notre société que des ermites dans leur grotte au cœur du désert. Nous étions, simplement, les Terriens. Nous n'avions jamais vu les étoiles de près, ni même visité la Lune aride. Nous étions les parias, les pauvres, les désespérés, les petites gens. Notre carte d'identité, marquée d'une étoile rouge et d'un point noir, révélait une vérité qui nous blessait à chaque fois que nous rencontrions un vétéran de l'espace : nous étions inaptes. Notre constitution physique n'était pas adéquate, et nos compétences manuelles n'étaient d'aucune utilité là-haut. Nous devions donc rester au sol, pour maintenir l'équilibre et pour ne pas perturber le rythme de la production, nous disaient-ils. Et nous nous retrouvions plantés là parce que nous n'avions pas les moyens de corrompre un programmeur, ou les relations haut placées pour décrocher un poste d'assistant robotique sur n'importe quel monde, fût-ce le plus isolé ou le plus désertique.

Nous restions là, à mener la vie ordinaire et pleine d'ennui de l'homme du Second Moyen Âge. J'avais trouvé cette formule dans le journal d'un auteur disparu dont l'Histoire n'avait pas conservé le nom. Le récit autobiographique couvrait plus d'une année et je l'avais découvert par hasard chez un soldeur sur le point de fermer. L'auteur anonyme devait être une jeune fille de mon âge. Elle parlait constamment de sexe et son passe-temps favori était le cricket. Je ne sais rien d'autre de sa vie, mais l'année retranscrite au fil des pages paraissait bien décevante. Le livre dégoulinait de frustration. La gamine se plaignait de mener une vie monotone et disait souvent qu'elle était née soit trop tard, soit trop tôt. Son pessimisme prenait parfois des allures prémonitoires : une de ses phrases, que j'ai tenté de mémoriser mais dont j'ai oublié la formulation exacte, faisait allusion à mon cas. Dans son avenir – mon présent – elle savait qu'elle ne serait qu'un individu au sein de la multitude. Elle avait l'intuition que, même en naissant mille ans plus tard, elle ne quitterait jamais la Terre. Que les étoiles resteraient pour les autres, comme la vie luxueuse des actrices de cinéma de son temps et du mien, comme l'existence des champions de la ligue européenne, comme le fait d'être immensément riche, de posséder un paradis privé et d'être admiré, craint et respecté. Tout ce dont elle et moi rêvions serait laissé à d'autres. Elle savait, comme je le sais et j'en souffre aujourd'hui, que le monde ne brillerait que pour quelques-uns. Son pessimisme était justifié. Elle avait raison. Tu as eu de la chance d'être née à ton époque, camarade.

J'étais comme elle. La Terre ? Une épave flétrie gravitant autour d'un œuf jaunâtre, tour après tour. Aucune chance d'en partir. Pas la moindre. Cela m'affligeait de penser aux milliards d'individus qui vivotaient comme moi. Combien d'imbéciles espéraient sortir de ce vieux monde pourri, même pour trouver la mort sur le caillou le plus délabré de l'univers ? L'idée que tous ces incapables, pareils à moi, passaient leur vie à rêver m'effrayait. Et combien avaient abandonné ? Je rêvais tout en sachant que cela ne changerait rien. Rêver ? De la foutaise ! Devenir fou n'allait pas me propulser loin de la planète.

Parce que je ne souhaitais pas devenir pilote. Je ne voulais pas être un moins que rien dont tout le monde enviait la position. Je refusais de devenir un simple corps connecté à un demi-million de câbles. J'étais différent. J'avais des idéaux, les mêmes que ceux de la personne qui avait rédigé le journal. Je voulais devenir célèbre, perdurer dans la mémoire des hommes, donner ma vie, s'il le fallait, pour une cause. Mais il n'y en avait aucune. Pas pour nous. L'espace, les planètes, les civilisations étranges et éblouissantes m'attiraient parce que c'était nouveau, différent, lointain. Mais j'aurais été tout aussi heureux de devenir une star du squash, un chanteur talentueux, un acteur de sensociné ou un auteur célèbre.

Je voulais être écrivain. Conteur. Fabuliste. J'avais une certaine facilité à écrire - je l'ai toujours -, mais je n'osais en rêver. Pour moi, cela paraissait inaccessible. Un écrivain ne gagnait pas assez de drachmes pour vivre décemment, mais je m'en moquais. Dans la plupart des cas, il ne parvenait pas non plus à décoller ses pieds sales de cette cochonnerie de Terre. Mais le pire n'était pas là. Ce qui me faisait mal, c'était l'idée préconçue que les auteurs n'avaient rien à dire, qu'ils n'étaient pas plus considérés que les robots domestiques ou les prostituées bon marché des voies suburbaines. Leur parole ne valait guère plus que le papier sur lequel elle était écrite.

« L'humanité a déjà produit trop d'écrivains, prétendaient-ils. Aujourd'hui, on ne célèbre que les victoires et les conquêtes. »

Puis ils ajoutaient :

« Et si tout a déjà été écrit, que vas-tu raconter ?

— Je ne sais pas. Pas encore. Mais les idées viendront. Je trouverai quelque chose d'intéressant, un jour », répondais-je invariablement avec un haussement d'épaules, sans vouloir leur accorder de l'attention tout en sachant qu'ils avaient raison.

Cela ne représentait pas un bon choix de carrière. Les écrivains, sur Terre, avaient perdu tout prestige. Il fallait être exceptionnel pour se démarquer, et même dans ce cas, on se faisait rapidement bouffer par le système. Ce n'était pas la bonne voie. Une porte de plus sur mon futur se fermait. La seule qualité qu'on me reconnaissait - outre mon idiotie patentée - ne me servait à rien. À rien du tout.

J'avais vingt ans et la tête dans les nuages. Mon entourage devait me prendre pour un fou. Avec raison. J'avais vingt ans et aujourd'hui, après tout ce temps passé, je ne sais pas si je prendrais la même direction qu'à l'époque. Peut-être pas. Les années de coups durs et de galères ont lentement tué mon idéalisme. Et pourtant, je crois que je referais les mêmes choix. Aussi anxieux qu'alors. Angoissé à l'idée de recevoir une réponse négative. Sachant que tout s'écroulerait comme un château de cartes si New York ne me croyait pas digne d'occuper la charge de poète. Oui, je pense que j'agirais de même. C'est évident. Et aujourd'hui, bien que je sois à mille lieues des projets formulés par l'adolescent stupide que j'étais alors, il me semble qu'en fin de compte tout a été facile, comme une suite de coïncidences agencées par un destin terrible, distrait et capricieux.

Mes parents et toute ma famille travaillaient, comme tout le monde en ville, à la Fabrique, à synthétiser des aliments. J'aurais dû y travailler comme les autres, même si cela paraît mélodramatique. En réalité, je l'ai fait durant tout un mois, pendant les vacances, pour gagner quelques drachmes. Il restait moins de deux ans avant que mon permis temporaire arrive à échéance et que je n'aie d'autre choix, si je voulais manger, que de fabriquer des cochonneries pour mal nourrir les gens. En attendant, je cherchais un poste dans la Corporation. Et on me fermait - très poliment - toutes les portes au nez.

Je ne pouvais pas devenir pilote. Comme je l'ai déjà dit, ce métier ne m'intéressait pas du tout. Mais c'était bien payé, l'ordinateur dans lequel on s'intégrait faisait tout, et on voyait du pays. Bien que l'emploi ne soit pas mauvais en soi, je ne l'aimais pas. J'avais néanmoins postulé et réussi presque tous les tests. Mais ils m'avaient rejeté pour le motif le plus stupide qui soit : j'étais daltonien. Bien que je puisse identifier la plupart des couleurs - jaune, rouge et bleu, surtout - j'en confondais plusieurs, et certaines teintes, dont le vert, échappaient complètement à mon spectre optique. Or, un pilote est connecté intimement à un ordinateur, et le vaisseau qu'il commande se dirige par impulsions sensitives et lumineuses. Avec moi aux commandes, l'appareil se serait écrasé avant de traverser la moindre parcelle d'éther ou même d'atteindre la Lune.

Je n'aimais pas le métier de soldat. Je ne l'avais jamais aimé. Je l'aurais pourtant préféré à la puanteur de la Fabrique. Mais je n'avais même pas pu postuler pour intégrer l'Armée : toutes les places étaient prises et il y avait une liste d'attente de trois ans. Les gens de la Corporation se reproduisaient comme des rats et des milliers de garçons de mon âge étaient désœuvrés, au chômage, et rongés par l'alcoolisme.

J'avais été écarté d'autres emplois sans même avoir subi le moindre entretien, si bien qu'il ne me restait d'autre solution que de briguer le poste de poète. Peut-être que New York me trouverait apte à exercer ce métier. Je faisais partie des quelques milliers de jeunes sachant lire et écrire, et j'étais capable de composer. J'avais donc envoyé ma demande, ainsi qu'une copie de toutes les niaiseries dont j'étais l'auteur. Des broutilles sans valeur et sans signification, ayant pour unique qualité le désir de bien écrire. J'avais rempli et transmis les pages du dossier, puis j'étais passé à autre chose. J'étais persuadé que New York ne perdrait pas un temps précieux à étudier la candidature d'un plouc de mon acabit.

À l'époque, je croyais que New York était un type bien. J'ignore pourquoi, je le trouvais sympathique. L'idée d'un homme immortel connecté à une ville-ordinateur me paraissait sublime. Aujourd'hui, je la trouve ridicule. Le pauvre New York, isolé, tout en cervelle, a dû bien rire en lisant le poème que je lui consacrais. Pauvre diable. Ce mélange de chair et d'acier me donne à présent la chair de poule. Autrefois, je l'admirais : je pensais que le destin de toute la Corporation reposait sur sa capacité à tenir fermement la barre. Plus tard, lorsque je me suis retrouvé face à lui, lorsque la connexion avec lui est devenue une simple routine et que des frictions ont commencé à apparaître, j'ai su que ce salaud était aussi froid que le métal dont il était fait. Mais ne précipitons pas le récit.

Je vivais dans une petite ville, quasi rurale, sur la côte. Miraculeusement, l'océan n'était pas trop pollué et c'était un délice de pouvoir nager tranquillement. Les requins avaient disparu depuis longtemps de la surface de la Terre.

Nous étions en août. L'été s'écoulait avec monotonie, rougissant les corps dénudés des jouvencelles allongées sur le sable. J'avais perdu ma virginité depuis bien longtemps : le sexe était l'une des rares choses, sur Terre, que l'on consommait de manière simple et naturelle. Mais j'étais loin d'être un séducteur. Ma timidité me faisait systématiquement rater des occasions, et les filles de la plage se détournaient de moi, imaginant et respectant un supposé penchant que j'étais pourtant loin d'éprouver – les bi et les poly n'étaient pas à mon goût. Ma gaucherie faisait fuir le sexe opposé. Heureusement, il arrivait qu'une fille m'aborde et passe directement à l'action sans discuter. Cruel paradoxe : moi qui m'exprimais si bien à l'écrit – je le pensais à l'époque –, je ne parvenais pas à trouver les mots justes pour établir un bon contact.

J'étais célibataire, il faut le préciser. Bien qu'il soit d'usage de se marier très jeune, j'appartenais à une génération rebelle qui préférait pratiquer le sexe n'importe où, avec n'importe qui, plutôt que d'être entravée par les liens, jamais assez solides, du mariage. J'avais deux pères et trois mères très heureux, et mes frères, ainsi que mes belles-sœurs, étaient mariés. Leurs unions fonctionnaient très bien. Pour ma part, je n'avais pas encore rencontré mon âme sœur. Une fois, j'avais failli me marier, mais l'un des fiancés s'était désisté et je n'étais pas prêt à me charger seul de deux femmes et d'un autre type qui était bi. Nous étions restés amis, mais nous avions cessé de nous voir aussi souvent. Les filles s'étaient mariées entre elles, et quelque temps plus tard, elles avaient épousé une troisième lesbienne.

Les garçons de mon âge ne comprenaient pas mes loisirs. La Fabrique ne leur paraissait pas si mal. Celui qui avait failli devenir mon co-mari espérait même y faire carrière. Les filles écoutaient avec une attitude à mi-chemin entre l'admiration et la moquerie mes discours sur le métier d'écrivain ou de poète. Mais je n'étais pas un cas isolé. Beaucoup de gens entretenaient le même rêve que moi. Environ une fois par semaine, je me réunissais avec un groupe d'amis qui partageaient mon ambition, ou un rêve similaire. Je ne sais plus très bien comment je les avais rencontrés. Les mystères du destin, sans doute. Chacun d'entre nous pensait sérieusement à devenir poète, mais au fond nous étions tous conscients que nous ne pourrions jamais fuir la ville. La Fabrique pesait sur nous comme une pierre tombale au-dessus de nos têtes.

Le groupe était composé de sept personnes. Je n'étais pas le plus âgé, mais l'un des plus petits en taille. Nous nous étions donné un nom : le Cercle. Nous n'avions rien organisé d'officiel, ni fondé aucune société littéraire. Nous n'étions qu'une demi-douzaine de fêlés écrivant de très mauvais poèmes - je le pense aujourd'hui - parce que nous n'avions rien d'autre à faire, à part tomber raides morts et rester là quelques minutes - en paix - avant que les services d'enlèvement des ordures ne nous ramassent pour nous envoyer, encore chauds, vers l'incinérateur de recyclage de carbone le plus proche.

Le Cercle n'entretenait aucun contact avec d'autres sociétés poétiques. Moi, j'en avais eu, à l'occasion. J'avais fréquenté d'autres groupes, mais je considérais le mien comme le plus agréable dans l'ensemble. Une de ces assemblées, par exemple, était d'un snobisme extraordinaire : les membres se prenaient tous pour Lord Byron alors qu'aucun n'avait obtenu, et n'obtiendrait, sa place en tant que poète. Dès la seconde réunion, j'y avais découvert une bonne dose de jalousie et de rancœurs, ainsi qu'un formalisme excessif - ce qui pour moi était rédhibitoire. Certains étaient hermaphrodites, d'autres polysexuels, et il n'y avait aucune femme. Je n'y étais pas retourné. Dans un autre groupe, ils avaient entamé un débat qui s'était terminé à coups de couteau. L'un des participants soutenait qu'un auteur d'avant le Second Moyen Âge - un certain Borges, je crois - était un maniaque, et un autre, totalement exalté, le défendait avec une telle passion qu'ils s'étaient entretués. Je n'avais pas non plus remis les pieds là-bas, et le groupe, qui s'appelait l'Œil du Chat, s'était séparé peu après. Une autre anecdote, que je trouve fort amusante aujourd'hui, m'était arrivée. Un jour, je m'étais présenté à une assemblée, en plein milieu d'une réunion, et j'avais découvert qu'il s'agissait d'un groupe de féministes lesbiennes. Prenant mon irruption pour une insulte, elles avaient tenté de me punir et m'avaient poursuivi dans toute la ville.

Ainsi passaient les jours. Je connaissais une cinquantaine de tarés pleins d'angoisses et de prétentions, et aucun d'entre eux n'était un vrai poète.

Le Cercle ne se consacrait pas exclusivement à la poésie ou à d'autres activités considérées comme littéraires, peut-être parce que nous savions tous que nous n'arriverions jamais à servir à bord d'un vaisseau spatial. Nous passions notre temps à critiquer tout ce qui pouvait l'être sans encourir les foudres de la loi, à commenter les dernières conquêtes glorieuses de nos soldats dans l'espace, ou à jouer comme des malades au baccara. J'étais devenu un virtuose de ce jeu. En revanche, le poker et les échecs n'étaient pas mon fort.

Mais le Cercle écrivait aussi. De longs poèmes érotiques et des intrigues princières compliquées se déroulant dans des mondes imaginaires que la Corporation n'avait pas encore atteints. Nos avancées dans l'espace étaient si rapides que nous étions quasiment sûrs qu'un jour les soldats finiraient par atteindre cette demi-douzaine de mondes fictifs.

Au début, les poèmes furent bien accueillis par le groupe. Ils suscitaient le respect, la camaraderie et, le cas échéant, l'humour. Mais après une longue année à répéter des métaphores et à subir l'usure de nos idées, nous mourions d'ennui. Nous envisagions la possibilité d'arrêter l'écriture. Quelqu'un avait même proposé de suspendre la production pendant un temps. Cet après-midi d'août où un soleil de plomb écrasait la ville, le groupe était sur le point d'écrire ses derniers vers, au moins en commun. Je savais aussi que c'était la dernière fois que je verrais les autres.

Une grève des ramasseurs d'ordures n'est jamais très agréable, surtout en plein été, quand un homme peut mourir s'il s'arrête trop longtemps pour discuter dans la chaleur infernale des rues de fer et de béton. Les ouvriers - les robots sont trop chers et trop propres pour être dédiés à cette tâche - exigeaient une augmentation de salaire et une meilleure ration alimentaire. Leurs revendications étaient justifiées, et même le Cercle avait envisagé d'éditer des tracts pour les aider, car la xérographie était facilement à notre portée en ce temps-là. Mais l'idée avait été abandonnée quand nous avions réalisé que nous allions contribuer à salir un peu plus les rues.

Ma dernière réunion avec le Cercle avait donc pour invités d'honneur l'odeur nauséabonde et entêtante des déchets à moitié pourris, le bourdonnement des cigales sous les porches et la vision, encore gravée dans mes yeux, des belles filles de la plage. Nous avions commencé tard, par un échange de plaisanteries dont je ne me souviens plus vraiment. À l'époque, j'étais trop excité pour les fixer dans ma mémoire. L'un de nous – je ne me souviens plus qui c'était, mais certainement pas moi – a commencé à lire son poème et les autres lui ont accordé une attention diverse. Au-dessous de notre club social se trouvait un ciné en 3D qui projetait une comédie musicale pornographique. L'entrée était libre. Il suffisait de porter un nœud papillon autour du cou, et rien d'autre. Dans notre salle, les chansons et les gémissements s'entendaient plus nettement que les vers laborieux déclamés par notre ami, quel qu'il soit.

Je n'ai toujours pas compris comment le Cercle a pu durer si longtemps. Je me rends compte aujourd'hui que nous n'avions rien en commun. Nous étions le groupe le plus hétérogène que j'aie jamais vu, et pourtant nous nous supportions. Peut-être parce qu'aucun d'entre nous n'établissait de liens suffisamment forts avec les autres et que nous nous savions libres. Il y avait des anicroches entre nous, des critiques furibondes par-derrière, des regards tueurs et pourtant, comme je l'ai dit, nous avons survécu.

L'un après l'autre, les membres du Cercle ont lu leurs textes. Le premier n'était pas mauvais. Le deuxième nécessitait de nombreuses corrections. Le troisième m'a paru insupportable. Je notais mentalement les qualités et les défauts, mais je n'en montrais rien. Pas la peine. Qu'aurais-je pu dire ? Que les vers étaient mauvais et qu'aucun des auteurs présents n'avait la trempe d'un poète ? J'aurais contrevenu à l'une de nos lois non écrites. Si j'avais ouvert la bouche, étalant ma supériorité, les personnes visées auraient répondu que moi non plus je ne le serais jamais, et nous aurions risqué d'en venir aux mains, comme dans l'autre groupe. Aucun d'entre nous n'espérait s'en sortir. Nul ne croyait décrocher un jour le poste de poète. Pas même moi.

C'était à mon tour de lire. Je m'étais habilement réservé pour la fin : à chaque fois que l'un de mes camarades terminait sa prestation, j'allais me mettre à la fenêtre à la recherche d'un peu d'air, je sortais pour demander en bas qu'on réduise le son du film ou je me levais pour aller uriner. J'ai fini par lire ma production, en essayant de mettre en valeur les paragraphes les plus aboutis, en allégeant les plus pesants, en tentant de donner la meilleure intonation possible. Lorsque j'ai eu terminé, j'avais la gorge sèche.

« Alors ? » ai-je demandé, un sourcil levé, en posant la pile de feuilles sur la table, sous mes mains.

Un à un, j'ai dévisagé les six membres du groupe. Pas un mot d'éloge, pas une critique, pas un reproche. Ils regardaient ailleurs, hochaient la tête pour tenter de chasser le sommeil ou, très discrètement et sans aucun enthousiasme, faisaient claquer leurs doigts en guise d'applaudissement. J'étais déçu. Ils n'avaient rien compris. Aucun d'entre eux ne serait jamais poète.

Gnel croisait les bras sur son ventre énorme et souriait comme un abbé, avec son gros visage rougeaud, mélange de Néron et de Cupidon. Orphée détournait le regard, cachant ses yeux tombants derrière le maquillage de ses paupières. Je savais qu'il m'enviait et me haïssait plus que tout à cause de mon texte. Et il n'avait encore rien vu.

J'ai laissé passer deux secondes. La chaleur était si suffocante et l'odeur si nauséabonde que mon estomac se nouait quelque part entre ma gorge et mon sexe. Je me suis éclairci la voix, j'ai tripoté les feuilles imprimées et j'ai lâché, les yeux fixés sur la table et sur mon texte :

« C'est la dernière fois que j'écris pour le Cercle. Je... »

Toutes les têtes se sont tournées. Orphée venait de jeter sa cigarette dans un cendrier en verre - le collecteur automatique était saturé depuis des jours à cause de la grève - et il a secoué la frange de ses cheveux, balançant de haut en bas son nez droit.

« J'arrête aussi d'écrire, a-t-il déclaré, me coupant la parole. J'y réfléchis depuis un bon moment. J'ai fini par conclure que c'est idiot de perdre mon temps ici. Aucun d'entre nous ne sera jamais poète, et pas même toi, Gnel. Tu es trop vieux. Les autres, vous êtes trop jeunes. Je crois que la poésie ne sert à rien, qu'elle ne nous apportera rien de bon. On me propose une place dans l'Armée et je crois que je vais l'accepter. »

Il m'a toisé de ses yeux bleus auxquels le maquillage donnait un air mélancolique, comme si ses relations dans les milieux militaires le rendaient supérieur à nous, ce môme blond grandi trop vite, curieusement semblable à moi. J'ai réprimé un sourire. Mon grand moment arrivait. Ma douce revanche, tant attendue. J'ai terminé ma phrase :

« Je pars dans deux jours. Au Monastère. »

Si j'avais déclaré que je venais de contracter un mariage exclusif avec le dernier sex-symbol du moment – la dame en question était une beauté du nom de Collins, je crois –, la réaction n'aurait pas été moindre. Un murmure électrique les a parcourus tous les six, et le climatiseur s'est soudain déclenché, comme une coïncidence, déversant des litres d'une fraîcheur inestimable. Le nœud entre ma gorge et mon sexe est redevenu une poche remplie d'acide appelée estomac.

« Au Monastère ? a demandé Gnel en se redressant sur son siège, les mains sur la table, croisées comme celles d'un journaliste. Tu veux dire que New York t'a donné une réponse positive ? Tu plaisantes ? »

J'ai sorti le document que j'avais reçu la veille. Le papier est passé de main en main comme une relique vieille d'un million d'années. Je n'ai même pas eu besoin de leur dire d'éviter de le froisser avec leurs mains moites.

« Hamlet, c'est génial ! s'est exclamé Enrit en m'assénant une grande tape dans le dos. Tu vas devenir poète ! Pour de vrai ! Le premier qui sort de cette ville en trente ans ! »

La bourrade d'Enrit a résonné si fort qu'elle semblait destinée à tester la solidité de mon dos. Tous voulaient toucher le précieux document et ils m'entouraient pour m'étreindre de leurs corps trempés de sueur. Le climatiseur s'est arrêté avec un craquement et j'ai failli perdre de vue, dans la marée des sourires, mon document d'accréditation. Mes amis me félicitaient avec une euphorie si bruyante qu'un spectateur a fini par monter du cinéma, nu et en érection, pour dire qu'en bas ils aimeraient pouvoir suivre le film. Tous mes camarades me couvraient d'attentions. Ils étaient ravis de ce moment le plus heureux de ma jeune vie. Tous, à l'exception d'Orphée.

Gnel a suggéré qu'on célèbre un pareil événement, et nous sommes sortis dans la rue, bien décidés à boire tout notre saoul. Une longue série de snacks s'alignait devant nous, nous invitant à étancher notre soif. Orphée est resté en arrière. Il a secoué sa tête blonde aux pommettes brillantes de crème bleue, et a annoncé qu'il regrettait beaucoup, mais qu'il avait rendez-vous avec deux filles. Il est parti sans rien ajouter et je ne lui ai pas dit adieu. Il avait, au même titre que l'odeur de porcherie, cessé de m'importer.

Nous sommes entrés au Caban Jaune, une espèce de sexo-bar réputé pour ses boissons aphrodisiaques et ses machines érotiques de haute qualité. Aucun d'entre nous n'était jamais venu ici, mais Gnel s'est glissé dans la marée de joyaux liquides et de corps enduits de lotions comme s'il avait été client assidu toute sa vie. Gnel était l'aîné du Cercle, et il était membre d'un mariage de trois hommes et deux épouses. Je n'avais jamais imaginé qu'il pût fréquenter assidûment les prostituées de luxe. Ses femmes devaient être exclusivement lesbiennes, ou bien il était un piètre co-mari. Ou alors sa libido était insatiable.

Une serveuse à demi habillée - à moitié nue, plutôt -, portant de la soie pourpre authentique qui devait valoir une fortune, nous a servis avec un petit sourire aguicheur. Mais ses yeux abattus prouvaient qu'elle travaillait à contrecœur. J'ai remarqué qu'elle était connectée à l'un de ces nouveaux appareils destinés à procurer une jouissance permanente, et qu'elle frissonnait régulièrement avec une petite plainte d'excitation. Elle avait l'air de se donner du bon temps. Lorsque je lui ai pris la boisson des mains, mes doigts ont frôlé les siens et j'ai senti sa peau douce et chaude.

Elle était âgée, mais la chirurgie plastique n'avait laissé aucune cicatrice sur son cou ou ses seins. Un tatouage brunâtre sur son téton annonçait aux quatre vents, avec une insolente effronterie, qu'elle avait servi de putain aux troupes d'assaut pendant quatre ans dans un des systèmes les plus troublés de toute la Corporation. J'ai contemplé la marque et j'ai ressenti un désir mêlé d'envie pour cette femme.

« Apporte la boisson la plus forte que tu aies, et viens boire avec nous, mon amour », a demandé Gnel.

Tout en parlant, il a pris entre ses doigts le mamelon de la fille et l'a tripoté jusqu'à ce que celui-ci réponde à la caresse en se dressant.

« Le gamin vient de décrocher une charge de poète, tu sais, a-t-il ajouté. Il nous quitte demain. »

Je croyais qu'elle n'avait pas entendu, absorbée comme elle l'était dans les soubresauts générés par l'appareil derrière le bar, mais elle m'a regardé de ses yeux larmoyants, sortant la pointe de sa langue entre ses minuscules dents de lapin. Elle a frissonné une nouvelle fois tandis qu'elle versait du liquide dans un grand verre en cristal taillé. Puis elle a commencé à parler d'une voix si grave que je me demandais si je n'étais pas en présence d'un transsexuel. J'ai appris plus tard que l'appareil sexuel produisait une étrange vibration sur les cordes vocales, rendant le ton des voix beaucoup moins aigu.

« De poète ? Vraiment ? a-t-elle répondu avec un regard amusé tout en contrôlant ses secousses en cascade. Mmmm… J'ai connu de nombreux poètes, dont un très bon, mais aucun n'était aussi jeune que toi, mon joli blondinet. »

Je me suis senti rougir, mais à la faible lumière du local cela n'a pas été trop visible. L'allusion au fait que mes cheveux pouvaient lui appartenir m'a paru agréable. J'interprétais sa connaissance des poètes dans un sens non strictement littéraire.

« Eh bien, je ne suis pas encore poète. Je dois d'abord intégrer le Monastère. Peut-être qu'ils me jugeront inapte. »

Elle a fait claquer sa langue et s'est servi un verre de la boisson que nous goûtions tous. Une liqueur verte, je crois, puisque je ne parvenais pas à distinguer la teinte.

« Bah, bien sûr que tu réussiras. N'est-ce pas toujours le cas ? Pourquoi échouerais-tu ? Un gosse si mignon, sur ma vie, ça doit être prêt à tout. »

Elle m'a détaillé de la tête aux pieds puis a cloué un regard plein de désir sur la partie de ma poitrine qui était nue. C'était la mode. Tous les hommes avaient le sein et le bras du côté droit dénudés. Chez les femmes, c'était le contraire. Je dois avouer que je trouvais cette mode pratique et agréable. Une femme avec un seul sein à l'air, comme elle, était beaucoup plus érotique.

« Ça doit être prêt à tout, blondinet… a-t-elle répété en caressant mes joues discrètement maquillées de bleu. Et si tu montais avec moi ? Je pourrais te laisser un souvenir inoubliable de la vieille Terre. Je suis sûre que tu as encore beaucoup à apprendre, chéri. Qui sait ? Tu pars peut-être dans l'espace pour ne jamais revenir. Tu m'accompagnes ? »

Elle s'est déconnectée de la machine et s'est levée. Elle était aussi grande qu'un satané phant, et si bien fichue que ses courbes ne pouvaient être dues qu'à un squelette de métal, comme celui des pilotes spatiaux et du vieux New York. Une de ses jambes était tatouée, de la hanche à la cheville, de motifs reproduisant le cadran solaire de Chichén Itzá, et sur l'épaule, sur la partie que laissait voir son vêtement de soie, courait un autre tatouage représentant un serpent à plumes. Je me suis tassé sur mon siège. La liqueur stimulante me faisait tourner la tête et je me sentais troublé. Si seulement je pouvais la suivre…

J'ai haussé les épaules d'un air penaud, essayant de donner à ma voix un air de désinvolture que j'étais loin de ressentir.

« Je regrette. Je suis fauché. »

Je disais vrai. Je n'avais pas une seule drachme, et elle m'en demanderait deux mille. En outre, je n'étais jamais allé avec une fille comme elle, une professionnelle, réputée jusque dans la Corporation. Je n'étais jamais entré dans une sphère ni dans une coupole de plaisir. Je ne savais pas comment bouger à l'intérieur, et j'avais honte de l'avouer. Le balancement le plus semblable à celui d'une sphère que j'avais connu jusqu'alors remontait à l'année précédente, lorsque j'avais copulé avec deux filles en haute mer, presque sous l'eau. Toute mon expérience sur les mouvements à l'intérieur d'une coupole se résumait à quelques livres et un petit nombre de films. Les machines de plaisir, comme les prostituées de luxe, n'étaient pas dans mes moyens. L'argent était toujours un obstacle. Quel malheur.

La femme m'a regardé d'un air surpris, ses grands yeux liquides se plissant en une moue. Elle a sorti sa petite langue, humide et aussi rouge que le disque tatoué qu'elle avait en guise de téton, et elle a paru soupeser l'éventualité de s'offrir, pour une fois, gratuitement. Elle allait sans doute décider de se rasseoir. Le temps n'était pas aux cadeaux.

« Ce n'est pas grave, Hamlet. Le Cercle te l'offre », a lâché Gnel avec un sourire complaisant.

Il était en train de se connecter à la machine que la fille venait d'abandonner, et le liquide moussant glissait lentement sur sa peau, teintant d'une couleur étrange le fin duvet bouclé de sa poitrine.

« Cadeau du Cercle, mon ami, a-t-il répété. C'est la première fois que nous rencontrons un véritable assistant-poète. Envole-toi vers le Monastère et écris un bon poème épique en notre honneur à tous. D'accord, les gars ? »

Il s'est retourné pour regarder ses camarades, mais aucun d'eux n'était en vue. Ils s'étaient perdus dans le tourbillon des corps. Il m'a semblé en reconnaître un dans un ménage, se mouvant de bas en haut sur un rythme endiablé, mais un cul, dans ce chaos, était pareil à n'importe quel autre.

La femme m'a pris la main et s'est mise à marcher d'un pas décidé devant moi. Nous avons enjambé plusieurs corps, de sexe indéterminé, enduits de liqueurs visqueuses et aphrodisiaques. Lorsque nous avons atteint la passerelle, au fond, j'étais complètement étourdi par les couleurs et la musique tactile. Nous sommes montés. Une chambre sphérique nous attendait. Dès notre entrée, des fragments de nos corps se sont projetés à sa surface, convertie en écran. Une faible lumière chaude nous a accueillis. La porte s'est refermée après mon entrée et la femme s'est retournée pour me regarder, m'analysant de ses grands yeux étirés par le fard.

« Novice ?

— Oui, c'est la première fois que j'entre dans une sphère.

— Très bien. Je préfère. Les débutants bougent avec une telle maladresse qu'ils transforment en bataille ce que les autres ont changé en art. Ils le font avec une telle rudesse que cela me rappelle mon séjour dans l'espace. Maintenant, accroche-toi bien, blondinet, parce que tu n'oublieras jamais ta première sortie en coupole sur la vieille Terre. Prêt ? »

J'ai acquiescé. Elle a connecté une musique ronronnante qui me caressait la peau et me donnait la chair de poule, puis elle a éteint la lumière. À l'intérieur de la sphère, tandis que la gravité disparaissait, il n'est resté d'autre éclairage que celui de ses bijoux liquides, collés sur certains points stratégiques de son corps.

Elle était beaucoup plus grande que moi. Encore plus grande que Hroswitha, dont je parlerai plus tard. Bien qu'elle approchât la cinquantaine, son corps était souple et bien moulé, parfaitement programmé pour évoluer dans la coupole. J'ai observé discrètement tous ses tatouages qui se reflétaient sur les parois et commençaient à se balancer. J'imaginais que chacun d'entre eux renfermait une légende. Un an plus tard, je célébrerais dans mes vers le savoir-faire de cette femme inconnue et l'histoire fictive de chacune de ses marques. Je crois que la chanson se récite encore dans certains vieux bordels de la Terre, avec de nombreuses variantes.

Elle a détaché sa longue tresse cuivrée, s'est élevée au-dessus de moi en tournant, avec un saut parfaitement calculé, et m'a baisé les lèvres, en un frôlement d'haleine, tout en manœuvrant avec grâce pour m'étreindre par-derrière. Tandis qu'elle flottait, j'ai noté qu'elle était épilée et que la tache noire sur son pubis était un tatouage. Joli et très osé, il représentait un chaton clignant de l'œil d'un air malicieux. La langue de l'animal était sa vulve.

Puis tout s'est dilué dans les nuances d'un arc-en-ciel que je n'avais pas remarqué auparavant. Je crois que, pour la première fois de ma vie, j'ai capté dans cette explosion lumineuse les merveilles de la couleur ainsi que sa complexité. J'ai senti une odeur de drogue. Nous flottions en apesanteur, unis comme deux esprits possédant un seul corps, vivant une histoire qui se dupliquait sur les parois de la coupole, nous mouvant d'avant en arrière, de haut en bas, tournant comme la sphère, roulant à l'intérieur du globe, encore et encore, au rythme de la musique. Je ne savais plus si c'était elle qui bougeait ou s'il s'agissait d'un mannequin sexué qu'elle modelait à sa guise, si je la goûtais à petits coups de langue ou si c'était sa bouche qui me buvait, si c'étaient mes mains qui palpaient les parcelles de sa peau tatouée offertes à moi comme la pomme symbolique. J'ignore si elle a senti que mon corps était comme un grain, un point infinitésimal perdu dans l'errance des étoiles, dans la rotation passionnelle de la coupole. Je ne décrirai pas cette sorte de combat long et cruel, cette rencontre de nos deux corps dans la sphère, dans le cirque de l'amour, dans la bataille du sexe. Depuis, j'ai vécu des expériences bien meilleures, bien plus élaborées, bien plus sincères, moins animales, moins clinquantes, parce qu'un troisième participant intervenait, un ingrédient magique et précieux appelé sentiment. Mais j'avoue que pour une première sortie en coupole, comme l'appelait la femme, cela a été splendide. Avec sa peau qui évoquait tous les corps, avec sa chair entièrement dédiée au sexe, elle a tenu sa promesse. Cela a été inoubliable.

Et c'est pourquoi je l'ai raconté.

Chapitre 3

Lorsque j'ai émergé, ma première sensation a été celle du froid. Aussitôt, mes tempes ont commencé à battre, marquant le début d'une désagréable migraine, une bonne gueule de bois. Une lueur diffuse, d'un blanc pâle, rayonnait faiblement. Je me suis levé avec difficulté puis j'ai examiné mon environnement. Je n'étais plus très sûr de l'endroit où je me trouvais. La sphère s'était arrêtée et la température, à l'intérieur, avait baissé peu à peu. Le métal était devenu froid. Son contact contre mon corps nu avait suffi à me tirer du sommeil. Il n'y avait plus de musique. Après avoir tâtonné dans la pénombre, j'ai réalisé que j'étais seul. La femme était partie. Elle m'avait probablement quitté des heures plus tôt, me laissant endormi et épuisé. Grand bien lui fasse. Je n'étais pas stupide au point de tomber amoureux d'elle. J'ai récupéré mes vêtements, je les ai enfilés et je me suis extrait de la sphère en chancelant, ébloui par la puissante lumière de l'extérieur comme une taupe.

L'animation du sexo-bar avait considérablement diminué. On ne voyait plus que quatre ou cinq couples d'ivrognes dissertant d'une voix pâteuse sur les avantages de la sphère à gravité zéro. Bien que l'endroit soit ouvert vingt-quatre heures sur vingt-quatre, il ne restait pratiquement plus de clients. Je suis passé près du comptoir où nous avions rencontré la serveuse, la nuit précédente, mais elle n'était plus là. À sa place, une femme aux traits métisses se peignait les ongles et les seins avec un vernis indélébile.

Je suis sorti dans la rue. D'après la position du soleil, il devait être midi, et une poignée de ses rayons incandescents enflammaient une atmosphère qui devenait de plus en plus sèche. J'ai marché d'un pas lent, choisissant les trottoirs ombragés, la tête trop embrumée pour vraiment réaliser où j'allais. Les rues étaient à demi désertes. J'ai fini par retrouver le chemin de ma maison.

Toute ma famille, d'équipe de jour à la Fabrique, était sortie. Je suis entré, j'ai pris deux comprimés pour calmer mon mal de tête et je me suis préparé un bain, conscient de la chance que nous avions de ne plus souffrir de restrictions depuis presque deux ans. L'eau chaude m'a détendu et m'a éclairci les idées, accomplissant à la perfection son agréable travail régénérant. Une fois propre et purifié, j'ai procédé au rituel lent et incommode du rasage, l'encombrante malédiction de tous les matins. Comme je n'avais pas trop de barbe, cela m'a pris peu de temps. Puis, au prix d'un grand effort qui m'a presque arraché des larmes, je me suis coupé les cheveux. Ce geste représentait un changement drastique pour le dandy que je prétendais être. Jusqu'alors, je portais mes cheveux blonds en une longue queue de cheval qui tombait sur mes épaules, mais le temps était venu de m'en débarrasser. Renoncer au maquillage ne me dérangeait pas. Je n'y avais jamais vraiment pris goût : mes yeux ne captaient qu'une infime partie des couleurs des fards. Mais mes cheveux étaient une chose dont j'étais très fier. J'avais eu du mal à les garder aussi longs et aussi propres, mais tout a une fin. Je préférais m'en débarrasser moi-même plutôt que de laisser un autre le faire - et mal -, là-bas, au Monastère. Tout en les coupant, je tentais de me consoler en me disant que quand je serais poète je pourrais de nouveau les porter longs. Contrairement aux soldats condamnés à la coupe militaire très courte, les poètes étaient autorisés à afficher leur position sociale en arborant de longues chevelures qui leur donnaient une allure à la fois anticonformiste et romantique. Tandis que les mèches tombaient, j'essayais de rester serein, sans y parvenir. Par bien des aspects, j'étais encore un enfant.

Attristé, reconnaissant à peine dans le miroir la pâle créature que j'étais devenu, je suis retourné dans la chambre en traînant les pieds et je me suis endormi à peine la tête posée sur le coussin gonflé. Le somnifère m'y a aidé, mais j'étais si fatigué que j'aurais probablement dormi sans.

Le jour suivant, au réveil, j'ai réalisé avec tristesse que le moment était venu de dire adieu. Je ne regrettais ni la ville, ni la vieille Terre, ni les compagnons du Cercle. En revanche, j'avais de la peine pour ma famille. Cela me chagrinait de les abandonner pour parcourir l'espace vers un destin que je ne méritais sans doute pas. Prendre le large en les laissant crouler sous le travail me paraissait cruel. Je me sentais coupable. Mais ils acceptaient mon départ, et j'aurais réagi de la même façon - peut-être avec une pointe d'envie, tout de même - si l'un de mes frères avait eu la chance de poursuivre ma voie. Ils étaient fiers pour moi, et à mon complexe de culpabilité s'ajoutait la peur de les décevoir. Je me sentais trop faible pour porter non seulement le poids de ma frustration, mais aussi celui de leurs illusions et de leurs espoirs.

Une heure avant de partir, j'ai dit au revoir à tout le monde : j'ai étreint mes frères, embrassé mes belles-sœurs, mes parents. Ils avaient droit à un peu de repos après leur travail et je déteste les scènes d'adieux à rallonge. Ensuite, je suis monté préparer mes bagages. Je n'avais besoin que de deux valises. Des vêtements et des livres pour me distraire pendant le voyage. Je savais qu'au Monastère, mes beaux habits de citadin seraient remplacés par des vêtements plus humbles, et que j'aurais quantité de nouveaux livres à lire. Ma bibliothèque se composait de cinq ouvrages, lus mille et une fois, mais je désirais les emporter avec moi. C'était une bibliothèque bien fournie. Seul Gnel en possédait une plus importante, comptant douze exemplaires.

Tiépolo, l'un de mes deux pères, a insisté pour m'accompagner, et je ne m'y suis pas opposé. Il n'était pas mon géniteur - je ressemblais trait pour trait à mon autre père - mais je m'étais toujours senti plus proche de lui que de Bramante. Comme j'étais plus attaché à Vérona qu'à mes autres mères. Mais elle, à l'inverse, était ma véritable génitrice. Aussi légitime que mon autre père, ne faisant aucune distinction entre moi et mes deux frères - dont l'un était son véritable fils -, Tiépolo nous était si dévoué qu'il avait cessé de s'appartenir depuis bien longtemps. Si la vie était un échange, il donnait beaucoup plus que ce que nous lui offrions. Il consacrait tous ses efforts à la famille - et nous étions onze entre mes différents parents, mes frères et leurs épouses –, gardant toujours le sourire aux lèvres. C'était Tiépolo qui nous avait appris à lire, et qui m'avait préparé à l'examen d'entrée à l'École d'État, lorsque j'avais sept ans. C'était Tiépolo qui avait témoigné le plus de confiance en moi lorsque j'avais annoncé mon désir d'être poète, qui m'avait le plus aidé, au même titre qu'il avait assisté mes frères lorsqu'ils avaient montré des aptitudes littéraires moindres mais de bonnes dispositions pour l'électronique. Il avait cinquante ans et, bien qu'il n'ait jamais subi de chirurgie plastique, il en paraissait quinze de moins. Il était trapu et fort. Les années à travailler comme une bête de somme avaient développé chez lui des muscles puissants. Mais il n'avait jamais perdu son charme. Il a proposé de venir avec moi et je l'ai laissé rester en ma compagnie jusqu'au dernier moment.

Nous avons marché ensemble jusqu'à la station de l'urba-bus, où j'avais réservé un billet. Sur le quai, nous avons échangé des plaisanteries, plus orientées sur le futur de la famille que sur le mien. Tiépolo m'a assuré que son premier petit-fils, qui était déjà en route, porterait mon nom, Hamlet. Derrière cet air faussement décontracté, je savais que Tiépolo cherchait le moyen de me prodiguer un conseil. Je ne me trompais pas.

« Sais-tu quelle question on m'a posée, hier, à la Fabrique ? » a-t-il demandé en allumant une cigarette, sans me regarder en face.

Il fumait toujours lorsqu'il souhaitait dire quelque chose d'important. Des cigarettes à l'odeur de cacao.

« Non. Qu'est-ce qu'on t'a demandé ?

— C'était un camarade très féru de mystique. Il appartient à un nouveau type de congrégation, à une de ces sectes. Il m'a demandé s'il était possible de professer en même temps deux religions distinctes.

— Un thème intéressant. Tu as répondu quoi ?

— Que cela me paraissait concevable. À condition qu'elles ne soient pas contradictoires. »

Les haut-parleurs annonçaient le départ de l'urba-bus, si bien que je n'ai pas eu le temps de lui répondre. Nous nous sommes regardés une seconde, puis Tiépolo a craché précipitamment le reste de son conseil.

« Hamlet, je me fiche de savoir si tu deviens un bon poète, mais efforce-toi de rester intègre. D'accord ? » a-t-il déclaré en tendant une main que le destin avait rendue ferme et rugueuse.

C'était sa façon de me dire qu'il préférait que j'abandonne si je devais trahir mes idées. Je lui ai serré fermement la main, presque désespérément.

« D'accord, père. J'écrirai souvent.

— Je sais. Adieu. »

Je suis monté dans l'urba-bus qui a démarré avant que je trouve un siège. Je voyais Tiépolo sur le quai, en train de fumer calmement le reste de sa cigarette, et j'ai tenté de baisser une vitre, sans y parvenir. Nous savions tous deux que nous ne nous reverrions plus.

La gare a disparu et l'urba-bus a pénétré dans le sol en suivant son rail. Voilà pourquoi certains l'appelaient le « ver ». Il s'est enfoncé de plus en plus profondément dans la terre, gagnant peu à peu de la vitesse. Je suis resté pensif pendant plusieurs minutes, très triste, tentant de comprendre le sens des dernières paroles de Tiépolo. Je n'avais jamais vécu, auparavant, de séparation aussi difficile. Des années plus tard, seuls mes adieux à Valeria, là-bas, sur Pénitence, me toucheraient autant.

Un long moment plus tard, tandis que l'urba-bus dévorait les kilomètres de son voyage vers la Cité centrale, j'ai ouvert ma valise et j'ai choisi un livre. Moby Dick, un roman très ancien, d'un auteur anonyme de la Première Renaissance. Je l'ai parcouru lentement, aussi émerveillé que la première fois par la haine sauvage de ce marin, le capitaine Achab. Je n'imaginais pas qu'on pût haïr avec une telle force, et à l'époque, je croyais que le livre était trop exagéré. Le seul individu que j'associais au concept de haine était Orphée. Le triste et affligeant Orphée. Je ne ressentais pour lui qu'une antipathie profonde et je me doutais qu'il devait bien me la rendre. Pourtant, le mot qui me venait toujours à l'esprit pour définir notre relation était la haine. Une haine qui, comparée à celle du personnage du livre, n'était qu'une colère infantile, mal intentionnée et stupide.

Orphée avait quasiment mon âge - il était peut-être mon aîné d'une ou deux années - et nos vies avaient parcouru des voies parallèles, comme si nous étions des clones.

Pendant des années, Orphée et moi avions été une épine plantée dans le pied de l'autre, chacun s'ingéniant à être le plus désagréable pour l'autre. Notre rancœur remontait à l'enfance, et bien que j'aie oublié comment elle avait commencé, elle stagnait entre nous de façon permanente. Nous avions acquis des goûts similaires, fréquenté des lieux communs, entrepris des études identiques. Nous avions tous deux la même ambition. Nous existions parce que nous étions le prolongement, en négatif, de l'autre. Et, bien évidemment, nous ne nous supportions pas. Nous n'y étions jamais parvenus. Nous n'avions jamais été des individus rationnels. Nous nous comportions comme de petits appendices d'Achab, poursuivant le mirage d'une baleine blanche. Je crois me souvenir qu'à l'époque de notre adolescence, au moment où nous nous lancions sur le sentier de la séduction, j'avais volé le cœur d'une jeune fille dont il s'était épris. Puis il avait contre-attaqué avec les mêmes armes, et il n'avait plus jamais été question de trêve entre nous. Nous poursuivions désormais le fantôme de Moby Dick, sans aucun autre motif que l'habitude.

Dans l'urba-bus, horrifié par tout ce que la haine pouvait détruire, j'ai regretté de n'être jamais parvenu à un accord avec Orphée, de ne pas l'avoir mieux connu. J'avais l'espoir que lorsqu'il partirait à l'Armée - parce que je n'avais aucun doute de la direction où l'entraînerait son caractère violent –, il nourrirait les mêmes pensées à mon égard. Je me trompais. J'aurais dû savoir que la rancœur faisait autant partie de lui que ses yeux bridés.

Les yeux d'Orphée avaient une forme qui trahissait son ascendance. Ses pommettes renforçaient cette impression. Orphée appartenait à une famille composée de deux pères et une seule mère, mais aucun des trois n'était asiatique. Nul ne connaissait l'existence d'un troisième mari décédé. La marque de son métissage ne scandalisait personne, excepté lui-même. Dans un monde où l'unique liberté était celle du sexe, être métis de père inconnu était parfaitement normal. On en comptait des centaines. Enfants, nous avions vite constaté à quel point Orphée avait honte d'être né en dehors du mariage, sans qu'aucune véritable raison ne justifie ce sentiment. Cela le torturait, et lorsque nous ne disposions d'aucune autre arme, nous l'attaquions là-dessus.

Cela a probablement été une expérience terrible. La morale étroite et puritaine de mon antagoniste s'expliquait parfaitement par son amertume de se savoir né bâtard. Il était fils unique, ce qui alimentait aussi son caractère intolérant. Et il se plaçait systématiquement au-dessus du reste du monde. La première chose que l'on apprend dans une famille nombreuse est de coopérer. Il ne l'a jamais fait.

Orphée... Aujourd'hui, j'éprouvais des regrets pour lui. Pour moi, aussi. Tiépolo m'avait conseillé un jour de choisir soigneusement mes ennemis. J'avais répondu que je les choisirais intelligents. Que je serais toujours prudent. Je ne savais pas si Orphée était une personne intelligente, mais, à coup sûr, il avait constitué un bon ennemi. Étrangement, alors que je ne pensais plus jamais le revoir, je commençais à le craindre.

Le doux balancement de l'urba-bus m'a plongé dans le sommeil. J'ai fait un rêve horrible dans lequel j'étais un cétacé blanc poursuivi sans pitié par un marin fou aux yeux bridés.

Chapitre 4

Il était clair que je n'étais rien d'autre qu'un ignorant perdu dans la pagaille de l'aéroport. Je n'avais pas assez de drachmes pour louer un robot porteur et je traînais péniblement mes deux valises tout en cherchant du regard un panneau d'affichage lumineux ou un informateur susceptible de me renseigner. Cet endroit était différent de tout ce que j'avais connu. Les gens entraient et sortaient, et les vols se succédaient à intervalles d'une demi-minute, chargeant et déchargeant habilement leur marée de chair amorphe. Je pensais que le terminal de l'aéroport serait l'endroit le plus magnifique que je verrais de toute ma vie, mais là encore, je me trompais.

J'étais un plouc endimanché et je ne me sentais plus maître du monde. Deux jours plus tôt, j'étais roi : New York avait réalisé mon étude prospective et me considérait apte. Orphée me détestait plus que jamais. Une prostituée expérimentée m'avait initié aux secrets de la coupole. Deux jours plus tôt, je tenais l'univers dans ma main ; je venais d'accéder au monde des élus. Deux jours plus tôt, j'étais un vainqueur. À présent, je n'étais plus qu'un sot ébahi, trop timide pour demander mon chemin. Chaque homme, chaque femme, chaque vêtement étaient différents du précédent, et tous étaient si surprenants que je m'efforçais de ne pas ouvrir la bouche, cramponné à mes valises pour ne pas les lâcher et me gratter la tête en signe d'incrédulité.

Les Lunariens, en particulier les femmes, marchaient raides et ankylosés par la gravité, engoncés dans leurs exosquelettes et haletant à chaque pas. Mais je ne me moquais pas d'eux. Je savais que dans les lieux adaptés à leur propre gravité ils évoluaient avec une adresse et une grâce que je ne rêvais même pas d'atteindre.

Seule Wim, bien plus tard, serait capable de les surpasser et de m'étonner. Il y avait une jeune femme blonde, élancée comme une fleur, qui patinait à l'intérieur d'une cage de verre, en apesanteur, percevant quelques oboles pour son attraction. Elle avait son petit public, auquel je me suis joint. J'ai tendu une pièce de cinq drachmes à un homme engoncé dans une combinaison isobare qui devait être son mari, et je me suis émerveillé du spectacle. Les évolutions me paraissaient extraordinaires et j'ai réalisé avec quelle maladresse j'avais dû me mouvoir, deux jours plus tôt, dans la coupole de plaisir avec cette prostituée. Pour la première fois depuis mon adolescence, j'ai rougi, me demandant si je l'avais satisfaite ou si j'avais été un mauvais amant. J'ai écarté ces pensées désormais inutiles et j'ai profité de la représentation. C'était mon premier contact avec le théâtre. À l'époque, il n'était pas si mal vu.

Le spectacle s'est terminé et j'ai quitté l'attroupement en serrant mes valises. Un militaire aux cheveux ras, taillé comme une armoire à glace, attendait de pied ferme devant un couloir, tiré à quatre épingles dans son uniforme resplendissant. Il devait être officier, mais à ce moment-là, je ne savais pas identifier les galons. Alors que j'hésitais à m'approcher de lui, il m'a tiré d'embarras.

« Evans ? Hamlet Evans ? »

J'ai été surpris qu'il s'adresse à moi en utilisant mon nom. Je me demandais comment il pouvait le connaître. La réponse était pourtant évidente, et je me suis morigéné de ne pas y avoir songé plus tôt. New York avait envoyé un rapport, une description et une photo. C'était très simple.

« Oui, c'est moi, Monsieur.

— Tu as une place sur la navette et on t'attend au Monastère, n'est-ce pas ?

— C'est exact, Monsieur.

— Très bien, mon garçon. Suis-moi. »

J'ai obéi. Il devait mesurer plus de deux mètres et sa mâchoire carrée, barrée d'une cicatrice, lui donnait un air redoutable. Il était deux fois plus large que moi, avec des bras si courts qu'ils se seraient sûrement déboîtés s'il avait voulu croiser les mains. C'est ce que j'ai pensé à l'époque. Un harnais de puissance s'enroulait autour d'un de ses poignets, remontait le long du bras, traversait ses épaules et passait sous ses omoplates pour redescendre vers l'autre main, où il se terminait autour du poing. Ainsi armé, l'homme pouvait démolir une paroi de métal d'une seule pichenette. Ou presque.

Il m'a conduit dans une pièce où attendaient quatre ou cinq garçons de mon âge, voire plus jeunes. Il m'a ordonné d'attendre son retour avec les autres pendant qu'il vérifiait quelque chose et il est parti, faisant trembler le bâtiment à chacun de ses pas. Les militaires... Ils me faisaient si peur que j'oubliais presque à quel point je les détestais. J'ai rendu grâce à Rab de ne pas être l'un d'entre eux. J'étais petit et pas très fort, mais avec quelques opérations ils auraient pu me transformer en colosse, même si, pour y parvenir, il fallait me vider de mes organes.

Nous sommes restés seuls, à nous regarder jusqu'à ce qu'un petit rouquin se racle la gorge. La glace s'est alors rompue et nous avons commencé à sympathiser. Après tout, nous allions devoir nous supporter durant trois longues années. La conversation était banale. Le genre d'échange que l'on tient lorsqu'on est nerveux et qu'on se connaît mal. Chacun de mes compagnons d'aventure se faisait une idée différente du Monastère. Il y avait des versions pour tous les goûts, toutes erronées, y compris la mienne.

La conversation s'est tue quinze minutes plus tard, lorsque la porte s'est rouverte. L'officier revenait, sûr de lui et droit comme un mastodonte, suivi par deux hommes, de simples soldats. Ou peut-être s'agissait-il de généraux, mais ils ne portaient aucune décoration. Ils étaient très jeunes.

« Très bien, les bleus, la navette sera prête dans quelques minutes, a déclaré l'orang-outang aux galons, commençant une terrible harangue. Avant qu'on vous appelle pour embarquer, je veux attirer votre attention sur un point. Un seul. La Confédération des Planètes, la Corporation, a davantage besoin de soldats que de poètes. Vous avez choisi cette dernière voie. Priez pour être à la hauteur. Vous allez coûter beaucoup d'argent, plus que tout ce que vous pourriez gagner en sept vies, alors soyez prévenus. Le Monastère est un lieu de paix. Une enceinte sacrée, éloignée des routes habituelles de nos croiseurs. Vous y serez protégés. Vous devrez en sortir avec un bon classement si vous voulez qu'un vaisseau demande vos services. Si vous êtes de mauvais poètes, vous servirez comme ménestrels, et c'est une vie que vous n'apprécierez pas, mes mignons. Une vie de chien. Vous irez de monde en monde en chantant jusqu'à ce que vous tombiez raides morts.

» Mais si vous vous montrez dignes du poste, si vous obtenez une bonne qualification en tant que poètes, les Forces Armées seront toujours vos alliées, car d'une certaine manière nous dépendons de vous. Un poète est aussi important à bord qu'un soldat. En fait, son grade est celui d'un sous-officier. Ne me demandez pas pourquoi. Vous devriez le savoir, vous qui êtes au courant de tout. Mais je vais tout de même vous l'expliquer. Je vais débiter ma rengaine encore une fois. Et que je n'entende pas un souffle pendant que je parle.

» Les poètes sont nécessaires à la Conquête. Autant que les chevaux clonés ou les fusils laser. Vous, futurs poètes, possédez le pouvoir d'étendre la culture et le savoir terrestres. Votre mission est la propagande. Votre Art, si vous voulez. Je n'y vois pas d'objection. Nous, les militaires, considérons que votre publicité est essentielle. Même Rab a besoin de cloches. Vous êtes utiles parce qu'il est bon de créer une mythologie et une histoire communes partout où passent nos hommes. Quand on est soldat, il est bon de voir ses actes passer à la postérité.

» Vous allez être les créateurs d'une poésie qui chantera nos exploits. Ce sera une poésie propre, parce que nous sommes des types propres. Ce sera une poésie claire, parce que tout le monde doit pouvoir la comprendre. Tout le monde a le droit de la chanter. Si l'un d'entre vous désire l'immortalité, qu'il rentre chez lui. La poésie épique que vous allez composer sera anonyme. Les auteurs sont accessoires. Seuls les héros comptent. Si l'un d'entre vous veut devenir l'une de ces ordures autonomes, un écrivain indépendant, qu'il s'en aille maintenant. La poésie épique est anonyme parce qu'elle appartient à tous, et votre œuvre n'est pas supérieure au ménestrel qui la diffuse ou aux gens qui la recréent.

» Sachez, mes petits chiens savants, que les poèmes changent, que lorsqu'ils plaisent on les adapte. La chanson de geste continue de se répandre et vous, qui n'êtes qu'une brique dans la construction du mur, vous êtes oubliés, parce que vous ne valez pas mieux qu'une petite merde écrasée sous ma botte. Ne croyez pas que vous pourrez jouer les dieux en vertu de ces conneries de rimes et de métrique. Cela ne vous servira à rien. Regardez-moi. Regardez-moi bien. Toi, le rouquin, dis-moi si tu penses que je sais lire. Eh bien, je ne sais pas. Ça ne m'a jamais servi à rien. Je suis capitaine de la Corporation. Je manie avec plus d'habileté que toi une cochonnerie d'ordinateur, je suis expert en armement de tous types et je peux piloter correctement un vaisseau bien que je ne sois pas programmé pour l'accouplage. À quoi me sert la poésie ? J'ai vécu quarante ans sans savoir lire. Qui se soucie d'une merde, même si elle est bénie ?

» Oh, mais vous êtes utiles, ne vous complexez pas. Vous êtes utiles parce que vous êtes faibles. Vous n'êtes pas aptes à devenir soldats, cela se voit au premier coup d'œil. Je pourrais vous tuer tous les six d'une seule main. Et avec l'autre, pendant que je vous mets en pièces, je pourrais me branler. Facile. Si l'un d'entre vous croit que j'exagère, qu'il se lève et qu'il fasse un pas. Personne n'ose ? Tant mieux.

» Je vous ai dit que vous êtes utiles. C'est vrai. Il faut se fier à la parole d'un soldat, parce qu'un soldat ne ment jamais. Vous êtes utiles parce que vous êtes complémentaires. New York et ses homologues de la Corporation pensent également à vous. Vous ne pouvez servir ni en tant que soldats, ni en tant que pilotes. Il ne vous reste que vos pauvres études et vos quelques lettres. La Corporation ne veut pas que vous vous sentiez inutiles pour autant, mes enfants. Voilà pourquoi on vous réserve le poste de poète. Les livres vous aideront. Vous pourrez mettre votre savoir au service de la Conquête.

» Je suis sûr que vous avez déjà entendu une chanson épique. Vous connaissez sûrement plus d'une ballade. Certaines sont vieilles de plusieurs centaines d'années. D'autres se perdent dans la nuit des temps. Il y en a une ou deux qui datent du Premier Moyen Âge. Comme je vous le dis. Je n'exagère pas. Pas du Second Moyen Âge ou de l'actuel. Des chants du Premier Moyen Âge, de courtes romances, sans aucune valeur guerrière. Cela prouve qu'il est important d'être poète. Une chanson traversera les siècles, comme la Corporation et la Conquête.

» Vous avez aussi entendu parler des Renaissances. Ces périodes idylliques où on disait que la culture, votre seule arme, était plus importante que la guerre. Si vous voulez mon opinion, ce sont des bobards. De la foutaise. La guerre persiste aujourd'hui, comme elle a toujours persisté, et la culture ne dure pas. Laquelle des deux est la plus forte ? Prenez cet exemple. Écoutez-le et réfléchissez-y bien. Le Premier Moyen Âge a duré mille ans. La Première Renaissance à peine cinq siècles. Le Second Moyen Âge a duré sept cents ans, et la Seconde Renaissance est arrivée parce que nos soldats, en se répandant dans l'espace, ont fait pression sur le pouvoir pour qu'on découvre un moyen de dépasser la barrière de la vitesse de la lumière. C'est grâce à la nécessité primordiale de la Conquête que la Seconde Renaissance est arrivée, même si elle n'a été qu'une parenthèse d'à peine cent cinquante ans. Le Troisième et Glorieux Moyen Âge que nous vivons domine depuis déjà trois siècles et il durera bien plus longtemps. Il se consolidera encore davantage. Et il le fera parce qu'il a été démontré que la Conquête est une bonne chose. Si nous nous dédions tous à l'écriture de livres, comme vous le faites ou allez le faire, où irait la Corporation ? Comment pourrions-nous conquérir de nouvelles planètes ? Dites-le-moi. De quelle manière survivraient les gens ? En lisant ? Non ! Nous devons nous répandre et apporter notre Croisade jusqu'aux coins les plus reculés de l'univers ! Cela justifie que l'on restreigne le droit à la culture, quoi qu'on vous dise au Monastère. Nous allons d'abord soumettre les galaxies. Ensuite, il sera bien temps d'apprendre à lire à ceux qui le désirent.

» Pour ma part, je n'échangerais pas ma place contre la vôtre. J'aime être soldat. C'est bon de combattre. Mes ordres sont de mettre en orbite l'avion qui expulsera la navette vous transportant jusqu'au Monastère, et pas d'argumenter sur ce que vous allez apprendre ou ce qu'on vous enseignera avant que vous veniez nous rejoindre dans la Conquête. Mes ordres sont de vous mettre en orbite et de vous y laisser. Ensuite, le pilote de la navette vous conduira jusqu'au Monastère et vous y déposera. Je ne peux qu'exécuter les ordres et vous souhaiter bonne chance.

La Corporation a besoin de vous. Ne nous décevez pas. Ni aujourd'hui, ni jamais. »

Il s'est tu juste assez longtemps pour nous regarder l'un après l'autre droit dans les yeux, nous intimidant assez pour nous ôter l'idée de rentrer chez nous. Nous savions tous que s'il ne tenait qu'à lui, on nous raserait le peu de cheveux qui nous restaient et on nous transformerait juste assez pour que nous puissions devenir de bons soldats. Heureusement, cela ne dépendait pas de lui, mais de New York, et il n'avait d'autre solution que d'obéir aux ordres. Il nous a contemplés avec des yeux plus froids que le métal qui l'entourait, comme s'il était capable de savoir, d'un seul regard, qui serait un bon poète ou non. Puis il a recommencé à parler. Mais, cette fois, il a été plus bref et beaucoup moins violent.

« Il est temps de partir. La navette attend, a-t-il dit en consultant une horloge incrustée dans l'ongle de son majeur. L'un d'entre vous est-il déjà allé dans l'espace ? »

Nous voyant tous nier énergiquement de la tête, il a poursuivi :

« Je m'en doutais. Vous n'êtes même pas allés sur la Lune, hein ? J'espère que vous ne serez pas malades au décollage. Troy, donne deux pilules à chacun d'eux. Vite. »

L'un des soldats s'est avancé en sortant de sa ceinture une poignée de pilules qu'il nous a distribuées. Le rouquin a pris les siennes d'un air dégoûté après les avoir reniflées.

« À quoi servent ces cachets, mon capitaine ? » a-t-il demandé en déglutissant pour avaler les comprimés.

Le militaire lui a lancé un regard oblique tandis qu'il se retournait et que son énorme corps bouchait la porte. Le rouquin s'est redressé. Il n'attendait probablement pas de réponse.

« À vous éviter de chier de trouille pendant qu'on arrive à l'avion. Prenez vos bagages et suivez-moi. »

Nous lui avons emboîté le pas, mais c'était difficile. Une seule de ses enjambées valait quatre des nôtres et il paraissait à peine avoir besoin de respirer. Lorsque nous sommes arrivés à la navette, nous étions six aspirants poètes morts de fatigue.

« Regardez-la bien, les gars, a-t-il dit en montrant l'avion et la fusée blanche qui lui était accolée. N'est-elle pas magnifique ? Gravez cette image dans vos cerveaux d'insectes et pensez à un bon poème à lui dédier. Aucun poète n'a jamais chanté la beauté des navettes. Voyons si l'un d'entre vous le fera un jour. »

Quelqu'un l'a fait. Le poème se récite toujours, et il n'est populaire que parmi le personnel des aéroports, ce qui prouve qu'il n'est pas très bon. Il possède une douzaine de variantes, si bien qu'il est difficile de déterminer quelle était la version d'origine. Il s'intitule *La Flèche de l'espace*. Évidemment, je n'en suis pas l'auteur.

Le capitaine nous a conduits à l'intérieur de l'avion, puis nous a fait embarquer à bord de la navette. Il a ensuite disparu, nous laissant seuls à compter nerveusement les minutes qui restaient avant notre premier décollage. Nous n'avions aucune raison d'avoir peur. Le décollage se déroulerait exactement comme pour un avion intercontinental, et la navette ne se mettrait en marche qu'après la mise en orbite. Nous attendions tous avec impatience le moment de voir, pour la première fois, l'espace.

Il y a eu une espèce de grincement, un *ziiiif* désagréable, et nous nous sommes retournés tous les six pour voir ce que c'était et d'où cela venait. De l'autre côté du couloir, sur un fauteuil roulant qui glissait à un peu plus d'un mètre de hauteur, un homme avançait. Il était monstrueux. Ses jambes étaient coupées à hauteur des genoux, et il n'avait qu'un moignon en guise de main droite. La moitié de son crâne était occupée par une plaque de métal. Les yeux, le nez, la poitrine et l'épaule semblaient avoir été enlevés. Le corps de l'homme était parsemé d'aiguilles, propres et plantées au millimètre près, qui ne paraissaient pas le faire souffrir.

« Par Rab ! a gémi le gamin assis près de moi. Qu'est-ce que c'est ?

— Le pilote. Ça doit être le pilote, ai-je répondu dans un murmure, véritablement effrayé par la présence de ce monstre.

— M... Mais... Pourquoi est-il comme ça ? C'est horrible !

— Sinon, il ne pourrait pas diriger ce truc, a commenté le rouquin assis derrière nous, aussi impressionné que moi. Ses jambes ne lui sont d'aucune utilité pour l'accouplage. Ni le bras. Toutes ces aiguilles sont les endroits où s'insère l'ordinateur. Ces prothèses lui sont indispensables pour guider le vaisseau.

— Et les jambes ? ai-je ajouté. Et le bras ? Comment se débrouille-t-il quand il ne pilote pas ?

— Du métal. La moitié de son squelette est faite de métal organique. Dans la rue, habillé comme n'importe qui, il n'est pas différent de toi ou moi. Mais ici, il n'a pas besoin d'être comme nous. C'est peut-être un monstre sur Terre, mais c'est un dieu dans l'espace. Mon frère est pilote, c'est comme ça que je le sais. Heureusement qu'à la maison, c'est un homme ordinaire. »

Le pilote a atteint la porte du cockpit, faite d'un matériau opaque ressemblant à du métal plastique, et il a fait pivoter sa chaise avec un nouveau grincement. Il nous a regardés avec un air d'autosatisfaction et nous a adressé un sourire effrayant. Il a agité le moignon de son bras en signe de salut.

« Bonjour les gars ! Je suis votre commandant de bord. Mon nom n'a pas d'importance, vu que vous n'aurez pas besoin de moi. Ah ah ! C'est une blague. Nous atteindrons l'orbite d'ici quinze minutes, puis je piloterai. Je dois vous conduire au Monastère, m'a-t-on dit. Un endroit très ennuyeux, je vous préviens. Je préférerais vous déposer sur l'une de ces planètes plus accueillantes, où de jolies filles ont besoin de beaux jeunes gens. Ah ah ! Mais c'est mon devoir. Et vous arriverez au Monastère, parole de scout. Ah ah ! Vous me verrez plus tard. Vous m'entendrez, je veux dire. Au revoir, les gars ! »

La porte s'est ouverte et, avec un nouveau rire, il est entré dans le cockpit. D'où j'étais, je ne distinguais que quelques lumières et des câbles. Deux minutes plus tard, l'avion s'est mis à rouler. La voix du commandant de bord a résonné dans nos écouteurs.

« Il y a un bouton sur le côté droit de vos sièges. Poussez-le et restez immobiles. »

Nous l'avons pressé et n'avons pas bougé. Une bande de plasti-cristal est venue nous enserrer le torse, nous attachant aux sièges. J'ai entendu un énorme bruit, et une poussée formidable nous a révélé que l'avion décollait. Nous sommes montés, plus vite que je ne pouvais l'imaginer. Les pilules faisaient leur effet, car j'étais très calme. Je n'avais même pas mal au cœur.

À travers le hublot, je voyais le monde se rétrécir de seconde en seconde. J'étais sur le point de voir le continent tout entier lorsque la vitre s'est teintée de bleu, puis est devenue complètement opaque et sombre.

« Eh, que se passe-t-il ? a protesté l'un des garçons.

— *Cccc'est le capitaiiiiine qui vous parrrrrle*, a dit une voix difficile à identifier comme celle de l'homme que nous avions vu un moment plus tôt. *Nous allons décrochhhher la navetttte. Resssssstez tranquilles. Nous mettttons le cap ssssur le Monassssstère*.

— Rab nous protège, d'où sort cette voix ? ai-je demandé, effrayé.

— C'est l'accouplage, a gémi le rouquin qui ressentait comme moi la force de plus en plus terrible de l'accélération. Il a fusionné avec l'ordinateur et il est à la fois machine et homme. À présent, il guide le vaisseau d'instinct.

— *Cccccc'est le capitaiiiiiine qui vous parrrrrle*, a répété la voix sur un ton métallique, sépulcral et inhumain. *Faiiiiites de beauuuux rêeeeeves*. »

À peine avait-il terminé sa phrase qu'un pincement horrible m'a étreint la nuque, juste sous le bulbe rachidien. La piqûre m'a fait hurler et j'ai eu la sensation, tandis que l'aiguille se retirait et que je perdais progressivement connaissance, qu'on m'avait injecté un liquide glacé. J'ai pensé immédiatement - et j'en ai même senti l'odeur - à du whisky *on the rocks* circulant librement dans mon corps. J'ai eu très froid. Puis j'ai basculé dans l'inconscience, et la dernière chose dont je me souvienne est le choc de mon menton contre ma poitrine.

Chapitre 5

« *Cccccc'est... taiiiiiine... parrrrr...* »

La voix venait de très loin, perdue dans une brume musicale doublée d'un bruit de ferraille, aussi lointaine que la flèche qui cherche une cible où planter sa pointe métallique. Elle cherchait à traverser le vide qui avait noyé mon cerveau.

« *Cccccc'est... capitaiiiiiine... vous parrrrrle...* », a répété la voix. Cette fois, le son était moins désagréable et je suis parvenu à saisir le sens des mots. J'ai levé légèrement la tête, mais ma vision s'est troublée sous l'effort et j'ai dû la baisser de nouveau. Un filet de bave s'écoulait paresseusement de ma langue et je sentais un battement dans mes tempes. Ce n'était pas un marteau, mais le flux de mon propre sang ravivé.

« *Cccccc'est le capitaiiiiiine qui vous parrrrrle...* », a annoncé pour la troisième fois la voix métallique. Habitués à sa tonalité monocorde, nous n'étions plus effrayés. *« Réveillez-vvvvous, les garççççççons, nous approchons de notre dessssssstination. À quatorzzzzzzze point sssssssssix, vous ssserez au Monasssssstèrrrrrrre. »*

La communication s'est interrompue. J'ai tendu la main du mieux que j'ai pu et j'ai tenté de regarder l'heure. Treize point zéro quatre, toujours en heure terrestre. Il restait encore soixante minutes avant la fin du voyage. Je ne m'attendais pas à reprendre conscience aussi vite. Le garçon attaché à côté de moi avait encore les yeux fermés.

Une nouvelle piqûre nous a injecté une substance tiède destinée à nous ranimer. Je me préparais à protester : mon corps allait ressembler à une pelote d'épingles. Mais j'y ai renoncé. Cela n'aurait servi à rien. Le voyage depuis la Terre avait duré presque un mois et nous avions passé la majeure partie du trajet endormis. De temps en temps – toutes les heures ? – la voix métallique avait crépité, avec son gloussement horrible et stupide, pour annoncer un changement de cap ou indiquer notre nouvelle position après correction de la trajectoire. Toutes les heures – tous les siècles ? – nous avions reçu des piqûres dans la nuque pour dormir, ou des piqûres pour nous réveiller, brèves et rapides, parfaitement calculées pour n'infliger qu'une douleur temporaire, similaire au picotement d'une aiguille au bout d'un doigt, mais qui à la longue étaient extraordinairement agaçantes. Tous les siècles – ou bien étaient-ce des ères ? – une bouillie blanchâtre et grumeleuse nous avait alimentés par giclées comme des nourrissons lorsque la faim perturbait notre sommeil, et nous l'avions avalée sans chercher à comprendre. Ceci était notre baptême de l'espace, notre premier voyage à bord d'une navette. Nous ne nous étions même pas rendu compte que nous avions été récupérés par un croiseur conventionnel qui avait recraché notre navette après l'avoir amenée à destination. On nous avait laissés inconscients lors du saut en hyperespace, peut-être parce que nous n'y étions pas préparés, ou bien parce que, endormis comme des bébés, nous ne causerions aucun problème ni aucun dommage. Toute l'expérience de ce voyage s'était réduite à des drogues et de la gelée mêlées à des voix stéréophoniques et à des rêves délirants. Mais à présent, le dénouement approchait.

Un peu plus tard, à peine quelques minutes avant notre arrivée, les hublots se sont éclaircis. L'unique heure que nous avions passée éveillés nous avait paru longue et angoissante, mais nous avons été récompensés lorsque la silhouette inconnue mais néanmoins familière du Monastère est apparue, devant une tache bleue lumineuse.

« *Le vvvoilà, les garççççons*, a tonné la voix du capitaine. *Votre fffoyer. Regarrrrdez-le bien, parccce que durant trrrrois ans vous ne le rrrrreverrez pas sssous cccet angle. Ne vous ssssemble-t-il pas jjjjoli ?* »

À vrai dire, je partageais son avis, bien que le Monastère ne soit qu'un astéroïde gigantesque, irrégulier, d'une couleur étrange que j'identifiais comme un brun grisâtre. Il tournait autour d'une étoile naine, et sa température de surface – d'après ce que j'ai appris plus tard – restait constante, sous les trente degrés. L'orbite était artificielle, induite par les hommes, comme tout le reste.

La navette s'approchait rapidement, et le planétoïde a pris peu à peu des dimensions incommensurables. Le capitaine nous a offert un survol complet et nous avons pu voir d'en haut les irrégularités capricieuses du terrain, les chaînes de montagnes et les petites mers. Partout resplendissait la main de l'homme.

« Ccccc'est le capitaiiiiiine qui vous parrrrrle… Nous nous ssssséparons icciiiiii. Bon voyaggge et bonne chancccce. »

La communication s'est interrompue et une détonation a retenti au-dessus de nous. Le ventre de la navette s'est ouvert et nous avons eu la sensation de tomber. L'habitacle que nous occupions s'était détaché, transformé en un projectile sans guide fonçant à une vitesse phénoménale dans l'atmosphère de l'astéroïde.

À travers les hublots, nous distinguions la planète – nous ne pouvions pas l'appeler Terre – qui tournait, encore et encore, comme un tourbillon grisâtre cherchant à nous avaler. J'ai expliqué à mon voisin, en même temps que je me rassurais moi-même, que ce n'était pas la planète qui tournait, mais la toupie spatiale qui nous transportait. En haut, dans l'espace, la navette, totalement vide à l'exception de la cabine où résidait le pilote, retournait vers le vaisseau mère qui nous avait éjectés alors que nous étions encore inconscients. Nous n'avons plus entendu parler de cet homme, et cela valait mieux, tant son souvenir nous mettait mal à l'aise. Nous étions tous terrifiés. J'étais persuadé que nous allions nous écraser au sol, transformés en une masse aplatie ressemblant à un gâteau sec. Il n'était pas très agréable de tomber dans un cylindre depuis l'espace, sans personne à bord pour le guider. Il n'était pas non plus rassurant d'être incapables de bouger, attachés comme nous l'étions à nos sièges.

À moins de mille mètres de la surface, l'habitacle a changé de cap, laissant le soleil couchant derrière nous. Nous avons traversé la ligne jour/nuit puis nous avons commencé à descendre en ralentissant. Enfin, il est apparu. Toutes lumières allumées, il avait l'allure d'un paquebot aux premières heures de la nuit du réveillon. Il scintillait comme une femme parée de bijoux. D'en haut, il nous semblait minuscule, même si nous savions qu'il était énorme. Le complexe donnait son nom à tout l'astéroïde. Le Monastère.

Contrairement à ce que nous avions prédit, l'habitacle, totalement contrôlé à distance, s'est posé sans incident. Il a plané le long du sol et nous avons à peine senti l'impact du train d'atterrissage contre la piste. Quelques secondes plus tard, l'engin s'est arrêté et les harnais de sécurité qui nous emprisonnaient se sont détachés.

« Et maintenant ? a demandé le rouquin en s'étirant, le dos engourdi, comme le mien, après être resté immobile si longtemps.

— Eh bien, je suppose qu'il faut sortir. Tu n'as pas l'intention de rester ici, j'espère.

— Oh non ! Pas une minute de plus. Crois-tu qu'il y aura un comité d'accueil ? »

Je le pensais, mais je n'ai pas eu le temps de répondre. L'écoutille de l'habitacle venait de s'ouvrir avec un grincement sonore, et avant même de nous en rendre compte, nous marchions déjà vers la sortie, les pieds mous comme du chewing-gum. Mon cerveau se comportait comme un moteur poussif en train de crachoter du sang.

Dehors, trois hommes - ou du moins, trois silhouettes à l'air humanoïde - nous attendaient. Ils étaient seuls. La vive lumière qui brillait derrière eux nous empêchait de les distinguer clairement. L'un d'eux était grand, l'autre trapu. Le troisième était normal. Un léger souffle de vent soulevait légèrement leurs habits.

« Bienvenue au Monastère, mes enfants », a déclaré l'un des trois.

Je n'ai pas pu déterminer qui avait parlé. Mais la voix était agréable et subtile, comparée à celle du pilote qui nous avait amenés.

« Ceci sera votre maison durant les trois prochaines années, a-t-il poursuivi. Nous espérons que vous vous y sentirez bien, et que vous tirerez profit de notre enseignement. »

Il a laissé les mots flotter dans l'obscurité, emportés par l'agréable brise nocturne, et nous a examinés - du moins je le suppose - tout en croisant les mains sur son ventre. C'était l'homme qui se tenait au centre. Nous percevions mal ses traits, mais lui nous voyait parfaitement. Nos visages, aveuglés par la lumière, formaient un véritable spectacle. Depuis ce jour, à chaque fois que je me suis remémoré l'expression de mes cinq camarades, je n'ai jamais pu m'empêcher de rire. Et je devais arborer la même.

« Mais pour l'heure vous devez être fatigués, après un si long voyage. Demain, vous pourrez visiter les lieux. Au Monastère, vous aurez beaucoup de temps pour la découverte. Venez. Suivez-nous. »

Les trois personnages se sont mis en marche et nous leur avons emboîté le pas jusqu'à l'entrée des bâtiments. Là, ils ont murmuré quelque chose que nous n'avons pas compris et ils nous ont séparés. Chacun d'eux a pris en charge deux d'entre nous. Le rouquin et moi avons été conduits par celui qui semblait le plus grand, qui marchait sans bruit. Il devait être pieds nus.

Les couloirs que nous traversions étaient plongés dans l'obscurité, et chaque pas semblait être une aventure extraordinaire. Notre guide nous a recommandé de ne pas parler, car d'autres clercs se reposaient. Nous avons obéi, un peu intimidés. Pour ma part, le silence me donnait une furieuse envie de pousser des cris perçants, mais je me suis retenu.

Le moine s'est arrêté et a manipulé un dispositif. Un pan du mur s'est déplacé, et l'homme a murmuré que c'était ma cellule. Je suis entré. Je m'accommodais peu à peu à la pénombre, et j'ai vu les barreaux de la porte se remettre en place. Les pas du moine et du rouquin se sont éloignés, se fondant dans l'atmosphère irréelle qui régnait dans l'édifice. J'imaginais que des fantômes devaient s'y promener.

J'ai tâtonné pour chercher un lit ou un endroit où je puisse m'asseoir, mais je n'ai rien trouvé. La cellule était vide, rasée comme la tête d'un militaire. Il n'y avait que quatre murs nus, contre lesquels je me suis cogné, car je n'avais aucun moyen d'évaluer les dimensions exactes de ma cellule. Dans le noir, elle m'avait tout d'abord paru immense. Puis j'ai compté mes pas, tentant de me représenter mentalement ses véritables dimensions. Elle était petite. De la taille normale d'une chambre sur Terre.

Je me suis adossé contre le mur et je me suis laissé glisser lentement. Je me suis retrouvé assis sur le sol. On m'avait dit qu'au Monastère la vie était austère, mais à ce point, cela frisait le ridicule. Ils auraient pu au moins nous mettre une paillasse, même infestée de parasites. Si je devais rester pendant trois longues années dans ce cube vide, mes os le sentiraient passer.

J'en étais encore à me demander ce que je faisais là quand le bruit de la porte qui s'ouvrait m'a fait lever les yeux. Je ne voyais rien, bien sûr, mais j'étais certain qu'il y avait quelqu'un. J'ai tenté de pénétrer du regard l'obscurité, mais je n'ai réussi qu'à me faire mal aux yeux.

« Tu es Hamlet Evans, n'est-ce pas ? » a demandé une voix chaude que j'ai identifiée comme celle de l'homme qui nous avait parlé un peu plus tôt.

Les mots formaient un flot énergique, sensuel et séducteur, dû à de nombreuses années de pratique.

« Oui... »

J'ignorais quel titre lui donner, et j'ai choisi celui que je jugeais le plus approprié, et qui s'est avéré correct.

« Oui, mon Père.

— J'ai lu tous tes travaux. Ils sont prometteurs, le sais-tu ? Mais tu as encore beaucoup à apprendre, mon fils. Cette valise, c'est ton bagage ? »

J'étais surpris qu'il puisse voir si facilement dans l'obscurité, alors que je ne distinguais même pas la paume de ma main à dix centimètres de mon nez. Cela rendait l'interrogatoire étrange.

« Oui. Elle contient quelques vêtements. À côté, il doit y en avoir une autre plus petite. Dedans, j'ai mis tous mes livres.

— Oh, des livres. Intéressant. Cela ne te dérange pas que je les regarde ?

— Bien sûr que non, mon Père.

— Mmm... Ce sont des titres pertinents. Hamlet, mon fils, tu as plutôt bon goût. Les as-tu tous lus ?

— Évidemment, mon Père.

— Voyons... Mmm... Le Marchand de Venise, de William Shakespeare. Savais-tu qu'une pièce de cet auteur porte ton nom ?

— Evans ? Non, je l'ignorais.

— Non, pas Evans, a-t-il corrigé avec un petit rire. Hamlet. Ici, tu pourras peut-être en lire quelques extraits. C'est bien, mais n'essaie pas d'imiter ton homonyme, mon fils. Il se faisait passer pour fou et il a mal fini. »

Dans l'obscurité, je voyais une ombre se découper sur le fond noir du mur, et je l'entendais feuilleter les pages de mes livres. J'étais de plus en plus fasciné par cette voix, par la paix et l'érudition qui émanaient de ses mots, et par cette fichue aptitude qu'avait son propriétaire à lire en l'absence de toute lumière.

« Ah, Moby Dick, du sieur Melville. L'as-tu lu également ?

— Oui, mon Père. Trois fois. Mais je pensais que c'était un livre anonyme.

— Un livre anonyme ? C'est ce que tu croyais ? Non, ce n'est pas le cas. Nous savons maintenant qui l'a écrit. Peut-être que sur Terre, on n'en sait pas grand-chose, mais ici, au Monastère, nous sommes absolument sûrs de son auteur. Un de nos clercs a effectué des recherches et a même pu établir une date approximative. Tu l'as compris ? Le livre, je veux dire.

— Oui, même si certains passages m'ont semblé un peu confus. Je ne sais pas exactement à quoi ressemblaient les baleines, et j'ai du mal à imaginer un bateau en bois, comme ceux qui sont décrits. »

L'homme ne m'a pas répondu. Durant plusieurs minutes, un silence morose s'est installé.

« Écoute, mon fils, je vais emporter tes bagages et tes livres. J'espère que cela ne te dérange pas. Ici, tu sais, ils te seront d'une piètre utilité. Nous te donnerons de la lecture.

— Bien, mon Père.

— J'ai cru comprendre que tu es daltonien. Est-ce vrai, mon fils ? Confonds-tu le rouge et le vert ?

— Je vois bien le rouge, mon Père. En revanche, je ne sais pas à quoi ressemble le vert. Je ne perçois pas certaines tonalités intermédiaires, mais je m'en accommode assez bien. Les médecins m'ont dit que c'était irréversible. J'espère que cela ne m'empêchera pas de devenir poète. Est-ce un inconvénient, mon Père ?

— Oh, non, mon fils. Cela ne pose aucun problème. Ne t'inquiète pas. Bien, je dois partir. Repose-toi. Tu dois être épuisé après un si long voyage. »

La porte a chanté de nouveau, s'ouvrant et se refermant, puis je n'ai plus rien entendu. J'ai d'abord eu l'impression que le moine était encore là, puis le silence m'a fait comprendre que j'étais seul. Une étrange conversation pour un étrange moment. Je suis resté assis, le dos appuyé au mur, jusqu'à ce que la fatigue de ma tête se transmette à tout mon corps. Je me suis alors endormi si profondément que j'en ai oublié la dureté du sol et la solitude qui suintait des quatre murs veillant sur mon sommeil.

Chapitre 6

Dès notre première journée au Monastère, nous avons appris à nous lever tôt et à nous coucher à la nuit tombée : l'initiation d'un moine n'était pas très différente de celle d'un soldat. Officiellement, nous étions des clercs, bien que ce terme ne revête aucune signification religieuse. La connotation du mot évoquait des ecclésiastiques, mais les faits remettaient les choses à leur juste place. Nous étions des clercs, c'est-à-dire des aspirants à la charge de poète de la Corporation, des apprenants de toute la culture recensée dans les archives du Monastère. Même si nos éducateurs étaient des serviteurs de Rab, l'Église ayant pour mission de veiller à la préservation du savoir, nous ne recevions, parmi nos multiples sujets d'étude, que quelques notions élémentaires de mythologie, juste assez pour pouvoir donner une teinte héroïque aux poèmes que nous composerions plus tard. Nous n'étions pas venus au Monastère pour devenir des archanges, mais pour essayer d'acquérir les règles nécessaires à la pratique de notre futur art. Par ailleurs, le culte religieux était en déclin depuis des siècles. New York et ses prédécesseurs avaient compris que la meilleure façon de soumettre les masses n'était pas de les laisser croire en l'existence d'une vie meilleure dans l'autre monde, récompense de l'au-delà, mais de répondre à leurs instincts basiques en leur offrant un quotidien satisfaisant qui détruirait en eux toute idée de rébellion et de changement. Voilà pourquoi le sexe était libre. Si le principe fédérateur, le lien social, au Premier Moyen Âge, s'était appuyé sur la crainte de Dieu et la Croisade, notre époque avait instauré à sa place le culte d'Éros et la Conquête. Mais tout cela, je l'ai appris plus tard, lorsque j'ai réalisé que le système était tellement immuable et parfait que les hommes avaient oublié la manière de dire « non » et préféraient troquer leur liberté, s'ils y croyaient encore, contre un confort relatif, des rations de nourriture correctes et une dose démesurée de sexe pour satisfaire l'insatiable désir de luxure induit par le pouvoir en place. Nous avions appris à faire de notre sexualité une monnaie d'échange, et le côté spontané que je croyais voir dans la liberté sexuelle, là-bas, sur Terre, était faux, artificiel, alimenté par les hautes instances. La jouissance de nos corps était devenue une activité aussi parfaitement planifiée que le travail à la Fabrique, l'asservissement de nouveaux mondes ou la restriction toujours plus grande de la culture. Car un peuple qui ne sait pas est un peuple qui ne demande pas, et qui ignore la différence entre le bien et le mal, l'artificiel et le naturel, le faux et le vrai. Sans une once de connaissance, rien n'est possible. Sans le recul apporté par le savoir, on ne peut imaginer le changement. Le rideau de fumée derrière lequel s'émoussent les rêves est constitué de trois éléments : un estomac plein, un esprit non formé et un corps désirable avec lequel copuler jusqu'à l'épuisement. C'est aussi simple que cela. Nous avions du pain et des jeux, et en échange la Corporation nous tenait sous sa coupe. Parfait, diabolique et bien programmé. Et pourtant je n'en soupçonnais rien, ce premier jour. Mon premier jour au Monastère.

Je me souviens que j'ai eu l'impression que je venais de fermer les yeux quand on m'a forcé à me réveiller. Une lumière vive inondait ma cellule, et des bruits de cavalcades, vaguement familiers, se faufilaient comme s'ils rampaient dans les couloirs. Je me suis levé péniblement, les muscles engourdis d'avoir dormi à même le sol, mais curieusement reposé, débarrassé de l'hébétement que je ressentais quelques heures plus tôt. En me levant, la première chose que j'ai regardée a été la porte, dont les barreaux métalliques m'enfermaient toujours. Bien qu'il soit facile d'imaginer que toute l'agitation à l'extérieur était due à une sonnerie de clairon ou à des cloches, je n'ai pas osé sortir de ma cellule. C'était mon premier jour au Monastère, je ne pouvais donc pas savoir ce qu'on attendait de moi, du moins en théorie. Il y avait la possibilité, jamais très éloignée, que je me perde dans les couloirs et que je ne sois jamais retrouvé.

La porte s'est ouverte en produisant le sifflement qui m'était désormais familier. Je me suis retourné et j'ai découvert un homme barbu, vêtu d'une robe de moine brune, qui se tenait sur le seuil. Il portait dans ses mains un paquet de ce qui ressemblait à des vêtements. J'ignore s'il s'agissait d'un des trois hommes qui nous avaient accueillis sur la piste, la nuit précédente. Je ne pouvais le reconnaître. Ce n'était pas celui qui m'avait rendu visite durant la nuit, car il n'avait pas la même voix. La sienne était plus aiguë, mais elle restait calme, tempérée par cette agréable tonalité musicale qui semblait avoir été programmée chez tous les religieux.

« Bonjour, frère. J'espère que tu as passé une bonne nuit », a-t-il déclaré en me fixant droit dans les yeux, le regard éclairé par une lueur à mi-chemin entre ferveur mystique et amusement.

Avant que je n'aie le temps de lui répondre par une demi-vérité, le moine a posé la main sur un carré dessiné dans le mur près de la porte, et un bourdonnement à peine audible a accompagné le déplacement d'une section du mur qui s'est dépliée jusqu'à former le lit dont j'avais rêvé la veille. Depuis mon réveil, je n'avais pas remarqué l'interrupteur et, bien évidemment, je ne pouvais en soupçonner l'existence la veille, dans l'obscurité. Il ne m'a pas fallu beaucoup de réflexion pour deviner que j'avais subi un rite d'intégration. Cette mauvaise blague avait pour but de nous montrer qu'au Monastère les règles étaient établies et que la vie serait aussi dure que le sol sur lequel nous avions dormi. Mes os ont protesté contre ce traitement, mais mes lèvres se sont courbées en un large sourire. Il fallait encaisser les coups avec bonne humeur. Tiepolo me le répétait toujours. Le temps viendrait où je pourrais les rendre, plus tard, si l'occasion se présentait. Pour l'heure, il valait mieux feindre le désintérêt, la stupidité, ou le cynisme.

« Je t'ai apporté tes habits, frère. S'il te plaît, change-toi et donne-moi ceux que tu portes. »

Il m'a tendu ce qu'il avait appelé « habits », et que je n'aurais pas qualifié ainsi : un vêtement matelassé, d'une seule pièce, couleur marron, plein de fermetures éclair et de poches sur les bras et les jambes. J'ai pris le paquet et j'ai vérifié la taille. Elle était correcte. J'ai commencé à me dévêtir sous le regard concupiscent du moine. Il n'y avait rien d'anormal à ça, mais je me suis rapidement senti agacé. De nombreuses rumeurs circulaient à propos des moines, et celui-ci agissait comme s'il n'avait pas vu un gamin nu depuis une bonne dizaine d'années.

Une fois habillé, je lui ai remis les vêtements avec lesquels j'étais arrivé. Ma tenue chic, mon plus bel habit, confortable et à la dernière mode. Cela m'attristait, mais j'avais laissé derrière moi les disco-salles, les spectacles 3D, les longues heures à folâtrer au bord de la mer, les drogues permettant de jouir merveilleusement et longuement, ainsi que ma chevelure et mes maquillages.

Le moine a pris le tas de linge et m'a invité à le suivre. J'ai obéi, prêt à découvrir dans toute sa splendeur l'activité diurne du Monastère. Les simples ballerines à semelles lisses qu'il m'avait données n'étaient pas très pratiques, ou bien je n'y étais pas habitué, mais j'ai eu rapidement l'impression d'avoir parcouru mille kilomètres.

Cucullus non facit monachum. L'habit ne fait pas le moine. J'en ai été rapidement convaincu, alors que j'accompagnais mon précepteur jusqu'à notre destination, où qu'elle soit. Les vêtements étaient confortables et n'avaient probablement pas été portés par quelqu'un d'autre avant moi, mais je les trouvais trop serrés à certains endroits stratégiques, et il n'était pas agréable d'avoir l'air provocateur, avec mes attributs ainsi mis en valeur aux yeux de la foule. Au début, il était difficile d'engager une conversation conventionnelle avec les autres clercs, impressionnés que nous étions par l'atmosphère d'austérité dégagée par le Monastère, et par la présence sobre, presque asexuée, qu'imposaient nos uniformes - je ne parvenais pas à les appeler « habits ». Tous les regards convergeaient vers des points similaires, preuve que ce qui est dissimulé derrière un morceau de tissu, fût-il minuscule, semble plus attirant que ce qui est montré ouvertement. Quelques centimètres de toile matelassée avaient suffi à créer chez nous un sentiment de pudeur. Un sentiment si stupide qu'il ne paraissait même pas drôle. Toute une vie habituée à l'échange sexuel et à la nudité des corps, et voilà que l'anormal devenait la règle. Un morceau de tissu produisait magiquement de la honte et du ridicule en nous.

Avec les femmes, c'était pire. Le tissu dessinait leurs courbes, même là où on ne les voyait pas d'ordinaire, et il les couvrait comme une seconde peau ; le vêtement était plus provocant que les tenues qui pullulaient sur Terre, moins exotiques, certes. Le fait que cet habit soit obligatoire, qu'il emprisonne des parties que jusqu'à présent nous étions habitués à contempler sans tabous, nous inspirait de la honte, puis du désir, puis une honte générée par ce désir. Cela bloquait nos relations, nous obligeant à nous étudier à la dérobée, de côté, comme si nous craignions d'être surpris lors d'un acte prohibé. Quelle stupidité ! Nous avons mis près d'un mois à réaliser que la pratique de l'amour libre était également permise au Monastère - ou pas ? - et que même les pères oubliaient leur statut et batifolaient tranquillement entre eux ou avec les élèves, garçons ou filles. Dès lors, il n'y a plus eu aucun problème et nous nous sommes accomodés du fait de nous regarder et de nous sentir observés jusqu'à ce que la question des vêtements provocants cesse d'être d'actualité. La normalité est enfin revenue, nous rapprochant un peu des coutumes de la lointaine Terre.

J'ai raconté tout cela pour montrer à quel point notre formation dans ce lieu a été étrange, pour expliquer nos difficultés à nous acclimater à cette atmosphère singulière, où tout se résumait à étudier, écrire et composer, sans aucun souci d'ordre monétaire ou alimentaire, même si la nourriture était frugale. Nous avions l'impression de vivre une parenthèse, oubliés du commandement de New York, des astronefs et du but primordial de la Conquête, bien qu'on nous rappelât constamment notre devoir envers la Corporation qui nous nourrissait, et comment un poète devait exprimer sa fidélité à New York et à la tradition du Monastère.

Nous nous sentions différents. Comme si nous nous trouvions en dehors de l'engrenage, placés en un point inerte, une zone morte de la machine qui pouvait continuer à tourner sans se soucier le moins du monde de notre performance, parce que sa production était inéluctable et que l'écrou que nous étions était aisément remplaçable par un nouveau, graissé, poli et flambant neuf, capable de tourner, dans un sens ou dans l'autre.

Nous nous sentions différents, même si nous savions parfaitement ce que nous étions, ce que nous allions devenir. Plus tard, j'ai appris qu'un poète n'est pas plus indépendant de l'ordinateur qu'un pilote ne l'est de sa moitié mécanique. Notre relation se résumait à une faveur en échange d'une autre faveur. Le Monastère nous apportait une connaissance que nous n'aurions pu acquérir nulle part ailleurs. Ce savoir, nous le rendrions à la Corporation, sous forme de vers, à chaque fois qu'il faudrait créer un chant épique. Le capitaine l'avait dit, à l'aéroport : nous n'étions qu'une pierre de plus dans le mur. Et on ne nous témoignerait aucune considération. Au bout du compte, nous finirions tous dans l'oubli. Qu'aujourd'hui nous nous pensions différents n'y changerait rien.

Mes trois années au Monastère ont été une répétition consciente et monotone du premier jour. Il n'y avait jamais plus de temps libre que nécessaire. Le savoir ne tenait peut-être pas de place, mais il demandait du temps. Des milliers d'heures de notre temps. Les disciplines les plus importantes formaient ce qui, autrefois, s'était appelé *trivium* : rhétorique, grammaire et dialectique. Cet enseignement était complété par un second groupe, le *quadrivium* : arithmétique, géométrie, musique, astronomie. L'ensemble composait le groupe des sept arts libéraux propres à l'homme libre. Les trois premiers nous concernaient plus directement, dans la mesure où nous allions devoir composer de la poésie, et nous y consacrions nos plus grands efforts. Les quatre autres nous paraissaient moins importants, mais on nous les imposait également. Je détestais l'arithmétique et la géométrie – de la même manière que j'avais abhorré la chimie à la Fabrique, sur Terre –, tout en sachant qu'elles pourraient m'être utiles, surtout si je me trouvais un jour déconnecté du cerveau calculateur de mon vaisseau spatial. J'appréciais davantage la musique, utile pour donner à mes poèmes un rythme approprié, et je trouvais l'astronomie passionnante, parce qu'elle recensait des étoiles et des mondes où je pourrais me retrouver, arborant mon titre de poète.

Mais il n'y avait pas que ces matières qu'un novice, un aspirant poète, devait connaître. J'ai étudié tant de langages que je suis parvenu à accumuler un savoir précieux à verser dans mes futures chansons de geste. J'ai appris à parler et à penser couramment dans des formes de communication classiques perdues aujourd'hui : le latin, le sanscrit, le grec, sans oublier toutes les manifestations de la langue romane, ainsi que chacune des inflexions locales de la langue standard. J'ai acquis la capacité de composer dans une douzaine d'idiomes et d'être compris et chanté sur une centaine de mondes. Et j'ai lu. Plus de livres qu'on n'aurait pu en imaginer, dans des dizaines de dialectes anciens, dans des manuscrits si usés et si antiques que chaque page me semblait sur le point de tomber en poussière au contact de mes doigts. J'ai traduit ou adapté des chansons de geste perdues qui étaient populaires bien avant le Premier Moyen Âge, à l'époque où les hommes n'étaient pas encore des sauvages et les héros parcouraient les mers uniques, se perdaient, et assiégeaient valeureusement des cités pendant des mois ou des années. Et j'ai résumé, synthétisé, analysé, cherché et finalement créé. Trois années qui ont duré comme trente, avec à peine un jour de repos par semaine, travaillant du matin au soir, de la première lueur du jour à l'obscurité de la nuit, fébrile et épuisé, découvrant les merveilles de la connaissance et vivant dans ce seul but.

Nous devions encore apprendre à cuisiner, une tâche que nous prenions en charge une fois par mois, à tour de rôle. Et nous nous occupions des champs, semant et récoltant des fruits naturels qui auraient coûté une fortune sur Terre. Nous pêchions dans les mers voisines durant les périodes autorisées. Nous nous spécialisions dans des travaux manuels et développions des compétences qui nous seraient utiles en cas d'urgence à bord d'un vaisseau. J'avais toujours été très mince et ma stature était celle d'un Terrien. C'est pourquoi j'ai été formé au travail des « reptiles » : j'ai appris, lors de simulations, à me glisser dans les conduits froids ou surchauffés d'un vaisseau à la dérive, en traînant entre mes mains ou mes dents un hypothétique outil à transporter à l'autre bout de l'endroit où je me trouvais, la proue ou la poupe, sans même avoir le temps de céder à la claustrophobie ou d'essuyer la sueur qui me coulait dans les yeux. Je ne pouvais pas m'arrêter pour respirer ou changer de position : au-delà d'un certain délai, le faux vaisseau était supposé entrer en phase d'autodestruction et je devais sortir si je ne voulais pas y laisser ma peau. Un entraînement efficace qui me serait très utile, plus tard.

Et deux heures par jour, nous nous consacrions à l'entretien de notre corps, au développement de nos muscles, à l'exercice physique qui nous faisait craquer sous la douleur, jusqu'à ce que nous nous transformions en tueurs efficaces et invisibles. Nous devions nous familiariser avec le maniement du laser car il nous apportait le pouvoir et la sécurité corporelle. Il nous fallait être prêts à bondir comme des ressorts, en cas de besoin. Lors des batailles, chaque homme devait prendre soin de lui-même, évitant de distraire les soldats de la Conquête pour sauver la vie d'un simple poète. L'ennemi ne faisait pas de différence entre un hussard en cape blanche, un fantassin bardé de métal, ou un pauvre écrivain prenant des notes pour les transmettre et les réécrire. Pour l'ennemi, tous les représentants de la Terre étaient les mêmes et symbolisaient l'envahisseur. Au début, je ne comprenais pas le sens de cet apprentissage de la violence. Ma profession serait celle d'écrivain et non de soldat, et je ne trouvais aucune justification à ces matins blêmes. Mais un jour, l'un des instructeurs a ôté ses habits et m'a montré une énorme cicatrice blanche qui lui zébrait tout l'abdomen, m'expliquant que durant la trentième bataille de Pollux, il avait servi comme poète et qu'une lance bien dirigée l'avait ouvert de haut en bas comme un animal de sacrifice. L'ennemi l'avait attaqué avec l'intention de le clouer en haut de sa pique et de l'exhiber, accroché à son étendard. Il avait dû, de ses propres mains, égorger et étriper l'assaillant. Puis il avait soigné comme il le pouvait la plaie qui saignait abondamment – nous apprenions également la médecine – jusqu'à ce que l'équipage de son croiseur – le Maelström, je crois – rentre d'une incursion de six jours en territoire hostile et le ramène à bord du vaisseau. Et pendant tout ce temps, il avait continué de prendre des notes. Dès lors, je n'ai plus émis aucune objection lors des cours de défense, même si je continuais de penser que j'allais être poète, et non assassin.

Quelqu'un a dit que si on a une vocation très précise, c'est parce qu'on a aussi des aptitudes très fortes. J'ignore si c'est vrai. En tout cas, au Monastère, on m'a fait constamment douter de mes rêves. Nous nous couchions épuisés – quand il ne fallait pas préparer toute la nuit un exposé pour le jour suivant – en nous demandant si tout cela en valait la peine, et je m'endormais toujours en me répétant : « Je ne sais pas, je ne sais pas, je ne sais pas… »

Il ne restait presque plus de place pour les distractions. Et pourtant, j'ai trouvé le temps de tomber amoureux.

Chapitre 7

Hroswitha. Je ne l'ai pas remarquée avant la troisième ou quatrième semaine de notre séjour. J'avais été très occupé à jauger mes camarades, à nouer de nouvelles amitiés, à lier connaissance avec un tas de gens. Aucun des futurs groupes n'était encore formé. Les rapports étaient encore en gestation, susceptibles de changer. Mon premier cercle de relations, au Monastère, a été composé des six garçons terriens qui m'avaient accompagné à bord de la navette. Notre destin commun nous liait, nous unissait ; notre court passé partagé nous distinguait des autres clercs. J'ignore si c'était bon ou mauvais, mais cela permettait de se raccrocher à quelque chose pour survivre, de savoir qu'aucun de nous n'était seul. Au sein du groupe, le rouquin s'est avéré être un garçon sympathique et amical, un conteur habile et un très bon interlocuteur ; nous sommes devenus de grands amis le temps qu'a duré notre apprentissage. Il s'appelait D'Halmar Byrne. Mais nous préférions, par paresse ou bien par affection, l'appeler tout simplement Rouquin. Il écrivait de beaux poèmes d'un lyrisme instinctif, concentrés et poignants, pleins de passion, bien structurés. Rien, dans ses vers, n'était gratuit ni exagéré, et la violence qui en débordait parfois imprimait à l'ensemble une sonorité, une plasticité, un emportement que je lui ai toujours enviés. Le connaissant, je ne doutais pas qu'il suivrait un destin parallèle au mien, plus tard. Mais je vous parlais d'elle. De Hroswitha, dont je n'avais pas soupçonné l'existence dans les premiers temps. Pourtant, avec le recul, je reconnais qu'il a été très difficile de ne pas la voir.

Rouquin et moi étions en train d'étudier ensemble, dans une des bibliothèques du Monastère, préparant le premier des essais thématiques que nous devrions rendre au cours des trois prochaines années. Un devoir de grammaire, si je me souviens bien. La bibliothèque contenait plus de trente mille volumes et il était totalement interdit de parler dans les salles de lecture. Une mesure qui me paraissait ridicule et que je ne parvenais pas à comprendre. Jusqu'à ce que je rencontre Hroswitha.

Je me suis levé pour remettre sur son étagère l'un des manuscrits que nous venions de consulter. En haut d'une des échelles métalliques, était perchée une femme à laquelle je n'ai prêté aucune attention, car tous les vêtements étaient similaires et on ne différenciait aucune fille d'une autre. C'est du moins ce que je pensais à l'époque. Je me suis approché de l'échelle et j'ai replacé le volume parcheminé dans l'espace vide où il était classé à l'origine. J'étais loin de me douter que dans la seconde précédant ma rencontre avec Hroswitha, la fin du monde allait se déchaîner.

Quatre ou cinq livres d'une épaisseur respectable ont dégringolé autour de moi avec un bruit énorme, comme celui d'une détonation ou d'un coup de tonnerre. Aucun ne m'est tombé dessus, fort heureusement, mais je n'ai pu retenir un cri de frayeur. Toutes les personnes présentes dans la bibliothèque - elles étaient peu nombreuses, Rab en soit remercié - m'ont regardé avec mépris, comme si, au lieu de crier de peur, j'avais égorgé quelqu'un, comme si j'étais responsable du désastre. J'ai souhaité mourir, me désintégrer, disparaître de la vue de ces gens indignés, mais rien de tout cela ne s'est produit. Je n'ai eu d'autre choix que de me baisser pour ramasser les volumes tombés, dans l'espoir d'échapper aux regards accusateurs, tout en sachant que je n'étais en aucun cas coupable de cette pagaille. Lorsque je me suis relevé, les bras chargés de livres, Hroswitha était plantée devant mon nez. Elle m'a présenté des excuses avec un sourire angélique. J'en ai perdu la voix.

Elle était terriblement grande, ce qui me donnait des complexes. Ma bouche arrivait juste à hauteur de ses seins - je mentionne ce détail parce qu'il est symptomatique - et elle brûlait de s'y poser. L'une des fermetures éclair de son habit était à demi ouverte au niveau du cou, laissant apparaître quelques centimètres de peau brune et sublime. Oui, Hroswitha était noire. Mulâtre de troisième ou quatrième génération, probablement. Elle avait hérité des yeux clairs – je crois qu'ils étaient verts – de sa grand-mère blanche, du nez fin et droit de son père, du teint doux et lumineux, couleur caramel, de générations de sangs mêlés. Ses cheveux étaient courts et lisses, comme ceux d'un enfant, et ses pommettes, saillantes et brillantes, me rappelaient celles d'Orphée, bien qu'elles fussent nettement plus érotiques. Hroswitha m'a paru naturelle et captivante, la plus belle des novices ayant jamais mis les pieds au Monastère. Elle me souriait en continuant de s'excuser, tandis que je luttais pour retrouver ma voix, perdue en un point encore inexploré de mon corps. Je crois que j'avais la bouche ouverte.

« Excuse-moi, a-t-elle dit d'une voix suave, bien timbrée, intelligente. J'ai flanqué un sacré bazar.

— Pas grave, ai-je répondu en fermant la bouche avec difficulté. Tu n'as fait tomber que cinq livres. Ce n'est pas beaucoup.

— Aucun n'est abîmé ? » a-t-elle demandé en m'en prenant un des mains sans me laisser le temps de répondre.

J'ai senti un frisson de désir monter inexorablement le long de mon corps.

« Non, je ne crois pas. Ils sont tous intacts. En un seul morceau… Tu veux que je t'aide ? Je suis assez fort. »

Elle a baissé les yeux et m'a regardé. La ligne fine de ses lèvres m'a offert un sourire exclusif.

« Merci, mais je crois que je pourrai me débrouiller seule. Ça te dérange de me donner le reste ?

— Quoi ? Euh non. Le reste. Non. Ça ne me dérange pas, je veux dire. Bien sûr que non. »

Je crois que j'ai dû dire d'autres bêtises, mais je ne me souviens pas de tout, heureusement. Je lui ai tendu les livres et elle les a pris en se penchant, les genoux serrés. Elle est remontée très lentement sur l'échelle, prenant soin de ne pas trébucher ou tomber de nouveau. Elle y est parvenue. Je l'ai regardée un bon moment, observant sa silhouette qui se balançait de droite à gauche, marche après marche, gracieusement couverte par le tissu matelassé, jusqu'à ce que je réalise qu'elle ne redescendrait pas tout de suite. Elle avait déjà oublié l'incident, ainsi que ma présence. Encore une fois, j'ai refermé la bouche, haussé les épaules et je suis allé rejoindre Rouquin.

« Tu as vu ?

— Oui, a grogné le garçon en esquivant mon coup de coude dans ses côtes, trop occupé à compiler des données pour me prêter attention. Tu as fait tout un foin.

— Mais non, pas ça, idiot ! Je parlais d'elle. »

Rouquin a lâché son crayon, se détournant de son livre, et il a levé la tête pour me lancer un regard circonspect. Je venais de prononcer le mot magique.

« *Elle* ? Une fille ? Tu veux dire que tu as des ouvertures ?

— Non, bon sang, parle moins fort ! Il ne s'est rien passé. Elle m'a à peine regardé. Elle n'a même pas fait attention à moi.

— Elle, elle... Mais qui ? Où diable est-elle ? Je veux la voir !

— Là-bas. Tout en haut. Tu la vois ? Ne regarde pas si ouvertement, abruti ! Tu veux qu'elle nous repère ?

— Ah oui, je la vois. Wow ! C'est un vrai canon, Hamlet ! Une reine... »

Il s'est interrompu, portant le crayon à sa bouche, et s'est plongé dans une intense réflexion avant de reprendre la parole.

« Tu ferais mieux de l'oublier, Hamlet.

— Hein ? Tu plaisantes ? C'est la femme de mes rêves, Rouquin ! Comment veux-tu que je l'oublie, maintenant ? »

Jusqu'à présent, la conversation s'était déroulée sur le ton de la plaisanterie, mais Rouquin venait de lui faire prendre un tour plus sérieux.

« Elle est noire, Hamlet. Tu n'as rien à voir avec elle, tu me comprends ? Rien. Tu as perdu la boule, mon pote. Qu'est-ce que tu cherches ? Tu veux qu'elle te consomme ? Qu'elle te dévore ? Arrête de penser à elle. Elle n'est pas faite pour des gamins comme toi et moi. »

Pas faite pour moi ? J'étais persuadé du contraire. Je ne trouverais jamais une meilleure occasion au Monastère. Je me moquais des légendes qui circulaient sur les femmes noires. Je n'y croyais pas. Il me semblait irrationnel qu'une femme, simplement parce qu'elle avait la peau sombre, puisse user un homme et le consommer comme une mante religieuse. J'étais un garçon cultivé, aspirant à devenir poète, et de telles stupidités ne m'intéressaient pas.

J'avais toujours trouvé aberrant le soi-disant cannibalisme sexuel de la race noire. Toutes ces élucubrations disant que les Noires pouvaient épuiser un homme et le séduire jusqu'à le laisser pour mort me paraissaient méprisables, iniques, infantiles. Au même titre que les croyances prétendant que le vent du nord invite au suicide, qu'une porte ouverte est de mauvais augure ou que le vol en rase-mottes d'un oiseau annonce la fécondité et l'agitation sexuelle. Il était vrai que, comme tous les êtres humains, j'avais tendance à compenser mon ignorance par de la superstition. J'entretenais même une cinquantaine de petites manies qui m'auraient fait rire aux éclats si je les avais vues chez les autres. Mais les légendes sur les Noires, si abondantes, ne m'avaient jamais fait beaucoup d'effet. On les réfutait aisément en raisonnant par l'absurde. Les femmes noires pouvaient consommer des hommes blancs, les hommes noirs étaient utiles dans les mines spatiales, mais il ne fallait pas qu'ils se reproduisent trop entre eux ? Soit. L'incident de Chesterhill ne devait pas se renouveler. Finies les batailles raciales. Plus de tueries sur Terre. Alors, pourquoi les responsables omniscients de la Corporation régulaient-ils – à leur avantage – la naissance d'un plus grand nombre de femmes noires que d'hommes ? Pourquoi procréaient-ils volontiers avec elles, abandonnant une ribambelle de mulâtres, comme Hroswitha, à leur propre sort ? On disait que les hommes de la Corporation, comme les soldats, étaient différents. Qu'ils étaient supérieurs au reste d'entre nous, les petites gens, le commun des mortels. Je ne le contestais pas, tout en ne l'acceptant pas non plus. Mais je ne comprenais pas pourquoi on encourageait le ségrégationnisme. La prétendue suprématie intellectuelle de notre race me paraissait délirante et atroce. L'ineffable homme blanc, maître de la Terre et des étoiles, incapable de s'approcher à moins d'un mètre d'une femme noire ? Il fallait être vraiment débile pour croire une chose pareille, et voilà que Rouquin me resservait cette histoire. C'était indigne de lui, de moi, ou de quiconque possédant une intelligence rationnelle et aspirant à devenir poète.

Quelque temps plus tard, avec Hroswitha, alors que nous batifolions ensemble, j'ai abordé le sujet. Je lui ai dit que je ne comprenais pas ce racisme à peine déguisé qu'encourageait insidieusement la Corporation. Puisqu'elle était toute puissante, pourquoi se souciait-elle d'alimenter, en cachette, tous ces préjugés sur l'amour primitif et agressif, et sur le mélange impossible avec les autres races ? Elle m'a regardé, presque surprise que je n'aie rien compris. Elle s'est redressée et m'a ébouriffé les cheveux d'un geste maternel et protecteur.

« Hamlet, Hamlet, Hamlet... Est-il possible que tu ne captes rien ? Que tu sois le seul à ne pas te rendre compte ? La Corporation ne se mêle pratiquement pas de ce racisme. Il faut l'appeler ainsi, mon chéri, c'est le mot. Il a suffi d'une toute petite pichenette, une seule fois, et la pelote a été lancée. Elle continue de tourner sans qu'il soit besoin de lui donner une nouvelle impulsion. En quelle folie crois-tu, Hamlet ? En une société sans préjugé racial ? En une utopie ? Tu es trop naïf. C'est peut-être parce que tu es daltonien. Imagine. Noirs, blancs, jaunes... si nous étions tous pareils. Pas en théorie, pas sur le papier. Si nous étions réellement les mêmes. Vraiment. Que crois-tu qu'il se passerait ?

— Je ne sais pas. Peut-être rien. Peut-être que tout resterait pareil.

— Tu es vraiment niais, mon ange. Tu ne sais pas lire entre les lignes. Imagine que vous les Blancs soyez seuls sur votre planète à la noix, ou dans cette galaxie stupide. Le racisme existerait-il ?

— Tu crois qu'il existerait ?

— C'est moi qui te pose la question, mon cœur. Mais je vais répondre à ta place. Bien sûr qu'il existerait. Naturellement. Pas parce qu'il est utile à la Corporation – et il l'est sans aucun doute –, mais parce qu'il est bien plus ancien. Vous autres, les hommes blancs tout-puissants, les sahibs autoproclamés, en avez besoin pour survivre. Non, je m'exprime mal. Nous en avons tous besoin. L'espèce humaine s'appuie sur ce principe pour aller de l'avant. Quelle que soit notre couleur, il nous faut absolument croire en l'existence d'un inférieur en dessous de nous. Pas en un supérieur, qui ne nous intéresse pas. Mais celui d'en bas, qui veut prendre notre place, et que nous devons combattre. C'est aussi simple que ça. Je le déplore mais c'est ainsi. Même parmi les parias les plus déshérités, tu trouveras encore des catégories. Ce mécanisme se met en place intuitivement. Il s'appuie sur l'instinct de supériorité de l'homme, sur la peur de devenir inférieur. Les boucs émissaires ont toujours existé. Les révoltes et les contre-révolutions nous éclairent sur ce point. L'Histoire est complexe et douloureusement nécessaire. C'est comme ça, même si cela ne me plaît pas. Cela ne veut pas dire que c'est utile. Imagine que nous ayons tous la même couleur, que nous soyons une race unique. Violette, si tu veux. Serions-nous tous les mêmes ? Non. Nous commencerions immédiatement à nous diviser, bien plus qu'aujourd'hui, quoi qu'en dise la Corporation avec son idée de Conquête. Les plus grands commenceraient à se sentir supérieurs aux plus petits, les blonds aux bruns, les droitiers aux gauchers, ou l'inverse si tu veux, peu importe. Les uns auraient honte d'appartenir à un clan ou à un autre - ce sentiment a toujours existé, et la Corporation en joue. Tu vois ? D'après moi, le racisme n'est qu'un masque de l'opposition des classes, un déguisement. Cette maudite xénophobie nous vient de l'intérieur, et si tu trouves une solution à ce problème, je suis preneuse. Je voudrais bien y croire, mais je pense que tu n'aideras jamais personne avec ta prose miraculeuse. J'ai parcouru le troisième niveau des archives de la bibliothèque. Ne te fie pas aux dires du père Espligares. Tu verras que l'histoire des guerres, Expansion et Conquête incluses, émane en grande partie de l'absurde instinct tribal qui habite nos pauvres carcasses. Vérifie par toi-même. Les livres sont là-bas. Pour en revenir à mon idée précédente, et pour aller encore plus loin, nous déboucherions sur des préjugés des uns contre les autres, sur une ségrégation entre hommes et femmes, et sur une sorte de racisme sexuel, pour ainsi dire, qui mettrait fin à l'espèce humaine, l'une des meilleures choses qui puissent arriver. Et maintenant, arrêtons cette stupide conversation. Reparlons-en un autre jour, Hamlet. Ce genre de discussion me met hors de moi et me rend paranoïaque. »

Hroswitha était un véritable élément subversif, et plus d'une fois, au Monastère, elle a eu son lot de démêlés avec les pères, fermement cramponnés à leurs idées. Je pense que si elle était née à une autre époque, elle serait devenue ce que les livres appelaient une activiste. Ou peut-être pas, parce que sa désillusion concernant New York, la Corporation, la Conquête, la suprématie des valeurs de l'humanité ou la confiance dans le futur - une désillusion que j'avais du mal à partager à l'époque - l'avait rendue méfiante envers tout changement susceptible d'améliorer la situation. Elle attaquait verbalement - elle avait compris l'inutilité de la lutte contre l'ordre établi -, et à juste titre le plus souvent, tout ce qu'elle croyait mauvais ou imparfait. Mais elle ne proposait aucune alternative, s'il y en avait une, parce qu'elle ne trouvait aucune raison d'y croire non plus. Hroswitha était révolutionnaire à part entière. Pessimiste jusqu'à la parodie, désabusée, elle ne considérait même pas son idéalisme comme de l'anarchisme. Elle était convaincue que l'espèce humaine était sans espoir, qu'elle ne valait pas la peine qu'on se batte pour elle, et qu'il aurait mieux valu pour tout le monde que nos ancêtres ne soient jamais descendus de leur arbre.

Je n'ai jamais su - pour reprendre le fil de mon récit, après avoir encore une fois cédé à ma maudite tendance à la digression - si mon amour pour elle était dû à un coup de foudre. Je n'aurais pu le jurer. On dit que l'amour ne s'explique pas. Hros l'analysait comme une canalisation intellectuelle de l'instinct sauvage de l'hominidé qui sommeille en nous. Pour le poète que j'ai toujours prétendu être - un poète authentique qui n'a pas besoin de l'aval de la Corporation - ce sentiment est ineffable. Je n'ai jamais trouvé les mots pour écrire sur l'amour. Les chansons de geste réclamées par la Conquête ne l'exigeaient pas. Cela m'a sauvé.

Je n'ai jamais su, donc, si mon amour pour elle était le résultat d'un coup de foudre. En tout cas, il grandissait sans répit, devenant plus fort à chaque minute. Je me suis rendu compte qu'il m'arrivait quelque chose d'étrange quand j'ai commencé à remarquer son absence, à me languir de sa peau foncée qui troublait mon repos et perturbait mes rêves. Je la retrouvais dans les couloirs aseptisés, droite et sereine comme une déesse, allant d'un corridor à l'autre, toujours chargée de livres, jamais assez seule à mon goût. Et je la voyais arriver aux interminables cours des moines, l'habit mal boutonné, entrouvert sur une double lune sombre ondulant au fil de ses mouvements, son corps couleur caramel se déhanchant comme s'il se balançait dans un vent inexistant. Et je disais en plaisantant que mon cou avait bien dû gagner un centimètre de hauteur à force de la chercher des yeux, de la regarder prendre des notes ou bâiller discrètement durant les sermons imbuvables du père Hurt, ou à force de lui sourire en articulant un *Comment ça va ?* silencieux à chaque fois que nos regards se croisaient au-dessus de la tête des gens.

Par la suite, une fois la glace rompue, nous avons commencé à bavarder pendant nos rares temps libres, entre deux leçons, dans les escaliers ou les couloirs. J'ai appris son nom, Hroswitha. Hroswitha, Hros. Je me fichais qu'elle porte un nom de nonne et moi un nom de fou, comme ils disaient. Je me suis laissé aller, m'abandonnant à elle, ma religieuse, ma brillante novice à la peau foncée, qui se distinguait, par ses qualités, de la gent féminine peuplant le Monastère. Après avoir appris son nom, je l'ai murmuré à voix basse, comme pour l'appréhender en totalité, comme si je craignais d'en oublier une syllabe, une lettre, un son.

Peu à peu, nos contacts se sont multipliés. Nous échangions des livres, nous nous aidions pour les devoirs, et les objets qu'elle me prêtait étaient imprégnés de son odeur, de son parfum. Et je suis tombé amoureux de son écriture, des signes tracés de sa main où je devinais chaque geste déchiffré, chaque mot pas encore prononcé, chaque message traduit dans la langue froide des nombres, des racines et des exposants. Chacun de ces minuscules détails me rapprochait davantage d'elle. Je l'enviais car, bien qu'elle soit Africaine, elle était allée une fois à Paris, où il ne reste quasiment plus aucun Noir. J'éclatais de joie dans mes habits de clerc lorsqu'elle venait directement à moi, sans que j'aie à trouver un prétexte pour lui parler, comme : « Peux-tu vérifier la dernière citation ? »

Puis une paranoïa que je n'avais jamais ressentie sur Terre, où je ne prenais pas les femmes au sérieux lorsqu'elles me disaient : « Sers-toi de moi, utilise mon corps, fais-moi l'amour plus fort, j'aime ça, Hamlet », s'est déchaînée. Une panique terrible m'a envahi comme un lierre bardé d'épines, le jour où j'ai eu l'intuition, plus que la certitude, que Hroswitha, Hros, me cherchait avec les mêmes excuses débiles que celles que j'utilisais pour l'aborder, que ses phrases toutes faites étaient aussi vides de sens que les miennes, qu'elle me tournait autour avec les mêmes œillades maladroites.

Un soir, nous nous trouvions dans ma cellule pour préparer un devoir, elle assise devant mon pupitre – parce que j'avais maintenant un pupitre – et moi près d'elle, noyé dans son parfum, perdu dans la contemplation de son joli petit nez. Je lui ai susurré : « Hros, j'adore ton nez », et je lui ai pris la main. Je me suis serré doucement contre elle, et je l'ai embrassée impulsivement sur les joues, glissant vers ses lèvres humides où elle venait de passer la langue. J'ai ressenti ce baiser comme un coup de fouet, comme le claquement d'un laser. J'ai cru qu'elle allait s'indigner, me décocher un coup de pied bien placé et partir, m'abandonnant à mon triste sort. Mais Hroswitha n'a pas bougé. Elle m'a laissé continuer. Tandis que ma bouche prenait la sienne et que mon nez touchait timidement le sien, elle a tranquillement rassemblé les livres et les crayons, replié le pupitre contre le mur, toujours sans cesser de frôler doucement mes lèvres, puis elle m'a poussé en arrière. Me caressant de ses mains de colombe noire, elle a tiré sur les fermetures éclair de mon vêtement, délicatement, pour ne pas accrocher la peau, et j'ai défait les siennes, ivre de sa respiration, avide de son corps. Elle m'embrassait et je la parcourais dans une exploration que j'aurais voulue infinie. Nous avons fait l'amour dans la douleur de la première rencontre, dans la tendresse du don de soi, avec l'impression d'être seuls dans l'immense froideur blanche du Monastère, comme des exilés. Elle était douce comme un oiseau tombé du nid, violente comme la lutte exsangue de l'amour. Ensuite, nous sommes restés allongés, sans rien dire. Je sentais son cœur contre le mien, sa peau de nuit, chaude, contre ma peau de jour. C'était glorieux.

« Triple imbécile ! ai-je déclaré à Rouquin le lendemain matin. Elle ne m'a pas dévoré ! Tu vois, je suis bien vivant. »

Chapitre 8

Loué soit Rab !
Grand créateur, ô père bien aimé,
Si belle fortune ne vais vous reprocher.
Car gente dame, à moi va se donner.
Et en chantant, ma bouche va éveiller
Son corps joli, où mes bras sont cloués
Pour la bataille que nous allons mener.
Combat d'amour de deux corps embrassés
Dans cette sphère, pour toute la nuitée,
Jusqu'à l'aube, et pour l'éternité
Dans le chant que je vais lui dédier.

Loué soit Dieu !
Mon bienfaiteur, celui qui m'a permis
De m'enivrer de ce corps alangui.
Parfum de nèfle et goût sucré de fruit,
Elle m'affole avec ses os jolis,
Ses lèvres rouges, ses seins hauts et petits,
Sa peau de nymphe, ses fesses rebondies.
Elle me murmure : « Mon beau clerc si gentil,
Prends-moi bien fort, enfonce-moi ton vit !
Je suis ribaude et catin de grand prix.
Satisfais-moi, mon désir assouvis
Sur cette couche, où tu seras conquis
Par mon art, jusqu'à perdre l'esprit. »

Loué soit Rab !
Qui m'a offert ces instants merveilleux
Et le doux flux de son corps si soyeux !
Femme d'expérience aux gestes licencieux,
Tu fais de moi un esclave joyeux,
Émerveillé, et comblé, et heureux.
Ta vulve ouverte brûle comme le feu.
Tes tatouages te parent comme un livre précieux
De tout ton corps, je rassasie mes yeux.
Serpent à plumes ou dessins mystérieux,
Je vous effleure dans mes assauts fougueux.

Loué soit Dieu !
Oncques ne connus si belle donzelle,
Aussi habile, aussi douce, aussi frêle.
Et forte aussi, car la bouche d'icelle,
Par un oui, devient arme mortelle
En promettant les délices et le ciel.
Elle vous lèche et votre esprit s'emmêle
Et point n'existe de jouissance plus belle.
Dans cette sphère, au bord de l'irréel,
Je l'ai goûtée, j'ai aspiré son miel,
De ma semence elle a pris tout le sel.

Loué soit Rab !
Dans cette sphère, ses joyaux si brillants
M'ont fait penser au lointain firmament
De la vieille Terre, qui me manque tellement.
Fille à soldats, toi qui en comblas tant,
Fille de joie, qui m'aimas tout autant,
Je souhaiterais, par mon art, à présent,
En quelques mots, célébrer tes talents
Et honorer nos si jolis moments.
Que ta légende soit portée par le temps
Et par les bouches qui reprendront ce chant.

Un soir, alors que j'étais au Monastère depuis un peu moins d'un an, j'ai trouvé, en rentrant dans ma cellule, l'un des moines, le père Espligares, qui avait fouillé dans mes affaires et qui lisait ce poème avec un intérêt évident. Au début, j'ai été mécontent de cette intrusion, maudissant les barreaux de la porte qui ne jouaient qu'un rôle décoratif. Mais le sentiment n'a duré que quelques secondes, jusqu'au moment où j'ai réalisé quel texte le religieux était en train de lire. Ensuite, j'ai rougi de la tête aux pieds, me raclant la gorge pour signaler ma présence et attirer son attention avant de fixer le sol. Le père Espligares n'a pas semblé remarquer mon trouble, ou il n'y accordait aucune importance. Il a continué tranquillement sa lecture, me faisant un signe de la main pour que j'entre et que je me taise. Il était assis au bord de mon lit, les jambes écartées, et avait à peine levé les yeux pour me regarder.

J'ai obéi. Je craignais sa réaction. Le poème racontait ma rencontre avec la prostituée, sur la Terre, et mon expérience dans la coupole de plaisir. Il proposait une sorte de divagation sur chacune des légendes que pouvaient évoquer les différents tatouages qui ornaient toute la surface de son corps. Ce n'était pas précisément le type de création qu'encourageait le Monastère. Je l'avais composé plus comme un exercice de style que comme une narration sentimentale des événements. En réalité, je ne ressentais pas du tout ce que j'avais décrit. Ce n'était pas un souvenir, mais une composition. L'argument était plus fictif qu'autre chose, et des tatouages originaux de la prostituée du Caban Jaune ne restait que celui qui donnait son titre à l'histoire, celui du serpent à plumes qui rampait de façon provocante et lubrique sur son dos. J'avais écrit le poème pour moi-même, et je l'avais montré uniquement à Hroswitha et à Rouquin, dans le but de susciter le désir de l'une et la jalousie de l'autre. Je ne croyais pas que les pères puritains seraient heureux de savoir que l'un de leurs excellents clercs écrivait des vers érotiques durant ses rares moments de temps libre. Ils pouvaient le prendre mal. Ils pouvaient me châtier en public par une centaine de coups de fouet. Ils pouvaient me confiner au cachot durant un an, ou réduire ma ration alimentaire de trois quarts. Ils pouvaient même m'expulser. Nous étions là pour apprendre à chanter la guerre, la lutte, la vengeance par le sang, l'honneur et la Conquête, tout ce qui comptait pour le destin de l'espèce humaine, et non la rencontre insignifiante d'un aspirant poète et d'une moins que rien. Et à présent, le père Espligares, lors d'une de ces incursions qui lui avaient valu le surnom de Fouineur, avait découvert mon œuvre maudite.

Il a arrêté sa lecture sur un passage qu'il paraissait avoir déterminé à l'avance et a posé les feuilles sur ses genoux comme s'il était en train de jouer la scène dramatique d'une mauvaise représentation. Il m'a dévisagé longuement, avançant vers moi sa face bouffie, rouge comme les vignes que nous cultivions dans les champs, tout en me regardant par-dessus les bésicles qui flanquaient ses petits yeux myopes. Il était le seul homme à lunettes que j'aie jamais connu. Je me demandais quelle étrange promesse l'obligeait à les porter.

« Eh bien, frère Evans, intéressante découverte. Très intéressante. C'est de toi, vraiment ? a-t-il demandé en agitant une page sous mon nez. Une vraie catachrèse. Une hyperbole.

— Euh… Oui, c'est de moi, père Espligares. Je…

— C'est bon. Très bon. Je dirais que c'est une véritable découverte. Il y a quelques défauts à corriger, mais le résultat est assez valable. Pourquoi ne m'as-tu pas dit que tu écrivais une œuvre lyrique ? »

J'ai tardé à réagir. Je ne comprenais pas. Je m'égarais. Je croyais qu'il me faisait une blague, sous la forme du sarcasme le plus pur, mais il disait la vérité. Il avait vraiment aimé. Il pensait que je n'étais pas si mauvais. Il n'allait pas me punir pour m'être éloigné de la norme. Ni me reprendre pour mon attitude. Par Dieu, c'était à n'y rien comprendre. Les entorses à la règle, chacun sait en principe comment les éviter.

« Je pensais que c'était mauvais, pour ce que j'en sais. Que vous alliez me punir pour écrire de telles choses. Je ne croyais pas que cela pourrait intéresser quelqu'un, mon Père. Je l'ai écrit pour m'entraîner à la versification de la chanson de geste, aux pieds, aux rimes et aux tirades, tout ça. Sur Terre, je ne travaillais que sur des vers libres, avec des allitérations plus élaborées. Ce qui ne me sert à rien, ici. J'ai pensé que rédiger ce genre de poème serait un bon exercice, un apprentissage.

— C'en est un, mon fils. Même si c'est trop lyrique pour une chanson de geste. Tes futurs poèmes devront être plus… brutaux ? Oui, brutaux. Plus secs, si tu préfères ce mot. Plus arides. Tu écriras de la poésie épique, tu ne dois pas l'oublier. Sois conscient que tu vas chanter la guerre, et que tu devras la glorifier. Une tuerie ne sera jamais pareille à un bouquet de roses ou au ventre d'une femme. Souviens-t'en. Tu as donné un titre à ton poème ?

— Oui, mon Père. J'avais pensé l'appeler *Le Serpent à plumes*. Mais je ne pensais pas que c'était si lyrique.

— Ça l'est. Malgré le champ sémantique belliqueux sous-jacent. Très lyrique, mon garçon. Habitue-toi à être moins… botanique. Moins de fleurs, Hamlet. Moins de fanfreluches. Le poème ne doit pas être gnangnan, mon fils.

— Gnangnan ?

— Ce n'est pas que ton poème le soit, en réalité. Chaque mot a sa raison d'être. Il s'agit d'une relation amoureuse et presque tout est permis dans ce contexte. Mais pense que tu vas chanter la Conquête, et donc utiliser moins d'adjectifs ou de constructions compliquées. La phonétique doit être primordiale, mais ne cherche pas non plus des mots qui ne puissent être remplacés par d'autres. La sonorité compte, mais dans certaines limites. Ne fais pas tant référence à Rab. Oui, je sais qu'ici cela te sert d'anaphore, mais dans beaucoup d'endroits on ne donne pas tant d'importance à Dieu, ou on adore d'autres êtres élémentaires. Ou bien on ne croit en rien pour ne pas se compliquer la vie. »

Il avait dit tout cela sur un ton mélancolique qui a humidifié les verres de ses lunettes, comme s'il se souvenait de temps anciens auxquels il n'avait pu appartenir, lorsque son ordre était puissant et la mission des pères dominicains encore influente.

« D'accord, Hamlet ? a-t-il demandé.

— Je m'en souviendrai, mon Père.

— Ce titre… je l'aime bien. Il est énigmatique, tu sais ? Il suggère plus qu'il ne raconte. Il peut devenir accrocheur, populaire. N'abuse pas des archaïsmes, et ne change pas trop les mots pour respecter une rime, ou bien tu ne seras pas compris. N'altère pas la syntaxe ou on se moquera de toi. On croira que tu ne sais pas organiser ta pensée avec cohérence. La moquerie est habituelle quand on ne comprend pas quelque chose. Oh, je vois que tu as assez bien construit tes strophes, mais une autre fois veille à les rendre plus séparées. Que la césure soit plus forte. Que l'on ait une meilleure ponctuation entre les vers. Lorsqu'il chante ou qu'il récite, le ménestrel doit pouvoir respirer, tu ne crois pas ?

— Oui, mon Père.

— Cette référence à la Terre, c'est bien. Elle rappelle la mission et l'origine de la Conquête. Oui, tu as raison. Ce n'est pas si botanique. Il y a un champ sémantique acceptable consacré à la lutte. Je ne l'avais pas remarqué auparavant. *J'ai enfoncé mes bras*, c'est très approprié. J'aime bien. La comparaison du coït avec une bataille n'est pas très originale, mon fils, mais elle est efficace. Ne mets pas trop d'emphase sur la condition religieuse du narrateur, ou tu ne seras jamais populaire. Les soldats rejetteront le texte.

— Il y a une référence aux militaires, mon Père. Quand j'écris *Fille à soldats, toi qui en comblas tant*, il me semble.

— Oui, j'ai vu. C'est très bien, mais cela paraît trop artificiel, fait pour plaire. Cela sort de la norme. On remarque ta posture qui souhaite contenter tous les publics. Dans le futur, raconte l'histoire à la troisième personne, et fais en sorte que ton protagoniste soit un soldat. Sans grade. Pas un officier. Un soldat ordinaire. Un *miles gloriosus* qui soit accepté dès le début de la chanson. De cette manière, le processus d'identification se propagera dans tous les endroits où ira le chant. Si c'est nécessaire, inclus-toi dans la chanson, donne ton opinion, mais en renforçant toujours celle du héros pour qui on chante. En donnant l'impression d'être cultivé, sans vouloir être sous les feux de la rampe. Nous autres religieux ne sommes pas très populaires aux confins de l'ordre civilisé, mon fils. Certains nous prennent pour des parasites, engraissés aux dépens du travail de la Conquête.

— Je le sais, mon Père. »

Il a repris les feuilles et s'est remis à lire pendant quelques minutes. Puis il s'est arrêté de nouveau et m'a montré une page.

« Ici, dans le vers soixante-huit, après l'invocation de Rab, il manque quelque chose, non ?

— Où ? Ah, oui. Je n'ai pas trouvé de mot adéquat pour la rime. Comme c'était une ébauche, j'ai décidé de passer au vers suivant et d'attendre jusqu'à ce que je trouve un qualificatif adapté. Je pensais y revenir à la rédaction finale.

— D'accord, d'accord. Mais cela met en évidence un souci, mon garçon. Si tu as des problèmes à trouver les bons mots, imagine ce que ressentiront ceux qui essaieront de mémoriser le poème et de le recréer. Souviens-toi que nous parlons d'assonances, cher Hamlet. Si la rime était consonante, le problème se multiplierait et ton poème ne serait jamais connu du public.

— C'est pour cela qu'on n'utilise pas une mesure fixe des vers, mon Père ? Pour aider la mémorisation de ceux qui vont réciter ?

— Précisément. Si nous écrivions des sonnets, des rondeaux ou des ballades, avec des vers comptés et millimétrés, et des rimes rédigées à la perfection, premièrement ils donneraient la sensation d'être très élaborés, et on aurait conscience d'un auteur, ce qui irait contre la mission universelle d'information des poèmes épiques. Et vlan ! Ils se changeraient en quelque chose d'étranger. En un travail sans valeur. En second lieu, se souvenir de tous les mots dans l'ordre poserait un problème, et la métrique deviendrait irrégulière, tôt ou tard. Le travail n'aurait servi à rien. Enfin, en troisième lieu, ceux qui sont censés s'approprier le poème ne savent ni lire ni écrire. Ils se fichent des règles de la poésie. Ils prendraient le poème et le changeraient à leur convenance, supprimant tout ce qu'ils considèrent comme superflu, ou l'enrichissant si cela leur semble plus joli.

— Je comprends cela, mon Père, mais je croyais qu'il fallait travailler les mots comme du bois. Les polir et les réviser jusqu'à ce que l'œuvre soit parfaite.

— C'est le cas. Qui a prétendu le contraire ? Écoute, nous sommes des hommes cultivés. Nous disposons d'un savoir qui périra avec nous, même si le Monastère et New York perdurent. Notre science n'intéresse personne. Les autres n'ont aucun intérêt pour la connaissance. Ils ne prennent même pas la peine de trouver quelqu'un qui leur apprenne à lire. Qui t'a appris ?

— Un de mes pères. Puis je suis entré dans une École d'État. J'ai passé l'examen et j'y ai perfectionné mon éducation.

— Il y avait beaucoup d'aspirants comme toi ?

— Non, mon Père. Cela exigeait un niveau de connaissances dont tout le monde ne dispose pas, et c'était très cher.

— Exactement. Ils ne prennent pas la peine d'apprendre. Et la Corporation ne peut pas se consacrer à chacun. Je respecte cela. Ceux qui arrivent au Monastère ont été évalués et sélectionnés sur leurs propres travaux de débutants. New York effectue des calculs prospectifs et établit avec une faible marge d'erreur les qualités de chacun. Nous n'acceptons que les meilleurs. Sois conscient que ceux qui disposent de connaissances basiques ne représentent qu'un pour cent de la population totale. Je sais que tu préférerais te consacrer à un art plus à ton goût, te débarrasser de la rime si tu le souhaites, travailler sur des figures littéraires plus élaborées, comme le chiasme ou la litote, ou les métaphores les plus extravagantes. Nous avons tous été confrontés à ces tentations. Et à quoi est-ce que cela sert ? À rien. Ils ne te comprennent pas. Ils récitent tes vers et ils sont perplexes. Ce n'est pas pour eux. Ces poèmes te satisfont, toi, et parfois même pas. D'après ce que je perçois de toi, tu ne seras jamais content de ce que tu écris. Créer, c'est se saigner peu à peu pour ne pas gagner grand-chose. Je n'ai pas raison ? Tu n'es pas d'accord ?

— Si, mon Père. Je crois que je ne serai jamais totalement satisfait de ce que j'écris. Créer, pour moi, est un acte vital qui remplit sa fonction et perd tout intérêt lorsque l'œuvre est terminée.

— Tes poèmes parviendront à te plaire. Tu les aimeras quand tu les entendras dans la bouche de ceux qui ne les comprennent peut-être pas, mais qui les chantent spontanément devant toi, sans savoir que tu en es l'auteur. Alors tu comprendras ce qui est bon ou mauvais dans ta poésie, parce que dans cette refondation qui se produira un peu partout dans l'espace, au fil du temps, le créateur collectif, anonyme, se débarrassera de tous les conglomérats sans valeur que tu auras mis. Et ta chère métaphore incompréhensible se simplifiera pour devenir une comparaison simple, ta litote se changera en une affirmation émoussée, et ton chiasme perdra sa structure en croix pour se réduire à un simple groupe de vers parallèles.

— Notre travail est de nous prostituer, alors ? De servir de canal à des mots et à des sentiments qui ne seront pas inaltérables ?

— Si tu veux le voir de cette manière, oui. Tu devras te prostituer, comme la femme de ton poème, pour que ton œuvre dure. Ton œuvre, et pas toi. Nous sommes le canal d'une expression dont la Conquête a besoin. Ce n'est pas quelque chose que New York ou la Corporation exigent. C'est la conscience du destin commun des hommes qui le demande. Prostituer ton art ? En quelque sorte, oui, si tu considères que l'art est tien. Mais il ne t'appartient pas à toi, ou à moi. Le Monastère est un simple dépositaire. Tu es comme un billet. Tu n'es pas une valeur en soi, mais la mesure de cette valeur. La culture se livre à toi parmi un million d'individus, et tu dois chanter pour eux tous, pour ceux qui n'ont pas la capacité de le faire. À partir de la base que tu crées, un poème nouveau va s'élaborer, qui aura un développement et une mort différents de ce que tu avais imaginé, mon cher petit.

— Mais si je crée un travail qui me paraisse satisfaisant, il pourra ne pas plaire aux autres. Pour en revenir à l'exemple de la taille du bois, si je n'affine pas mon art, il ne servira à rien. Il n'apportera rien, pas même à moi. Comment les gens vont-ils l'accepter ?

— Hamlet, mon cher garçon, tu devras affiner ton art.

— Je dois m'autocensurer ?

— Mon Dieu, non. Je veux dire que tu dois choisir, parmi tous les mots, les plus pertinents, ceux qui semblent les plus spontanés, qui échappent à toute érudition, à tout culte, et qui peuvent être récupérés dans leur intégrité par ceux qui, au final, devront les accepter et les respecter, ou bien les refuser et les changer. Oui, je sais. Tu peux demander, alors, à quoi sert tout ce charivari sur le *trivium* et le *quadrivium*, ainsi que la rhétorique, la culture et la spécificité de l'art pour les minorités. Tu les études pour ne pas être dominé par ces aspects. Pour apprendre. Pour que tu saches que tout a déjà été inventé et qu'il n'est pas bon de compliquer les choses, de les rendre hermétiques, incompréhensibles. Rappelle-toi que même si les poèmes sont destinés à un public inculte, grossier parfois, le poète doit toujours être sublime. Tu te trouveras sur un piédestal au-dessus de leurs têtes. Et bien qu'ils ne sachent quasiment rien, ils sont extraordinairement exigeants. Tu auras le temps de t'en rendre compte.

— Alors… nous écrivons en sachant que rien n'est immuable. Que n'importe qui peut changer le sens de nos vers.

— Tu continues à vouloir t'approprier tes poèmes, Hamlet. Tu dois t'en défaire. Ils ne sont pas à toi. Ils appartiennent à chacun de ceux qui les écoutent. Le meilleur compliment que puisse recevoir l'un des vers que tu rédigeras, mon impétueux Hamlet, c'est qu'il obtienne des variantes, qu'il se différencie de ta création. Une chanson de geste qui ne serait populaire qu'à un seul endroit, au sein d'un groupe particulier d'individus, ne peut pas être bonne, même si le résultat est parfait sur le plan littéraire. La minorité ne nous intéresse pas. Il faut toujours chercher le plus grand nombre. Nous vivons une époque héroïque, mon garçon, et ce que nous écrivons, nous le faisons pour tous. Nous produisons pour les autres, et ce sont eux qui, en fin de compte, nous donnent leur approbation.

— Donc il est primordial de rechercher la popularité ?

— Pas seulement la popularité, mon garçon. Il faut parvenir à intégrer la communauté à l'intérieur du poème. On ne recherche pas la popularité, mais un degré supplémentaire : la tradition. Le chant rejoindra la multitude et elle pourra le changer à sa guise. Comme si les gens étaient les vrais auteurs de tout le poème. Tu comprends, Hamlet ? As-tu d'autres questions à me poser ?

— Je crois que non, mon Père. Je vais devoir réfléchir à tout cela. C'est un peu confus.

— Je le sais. Je suis moi-même passé par cette situation, lorsque j'étais un jeune clerc comme toi, avant que je ne décide de devenir moine et de quitter mon poste sur un vaisseau de guerre pour intégrer ce lieu de paix. »

Il s'est levé et a fait quelques pas avant de reporter son attention sur les feuilles qui avaient été à l'origine de toute cette conversation.

« J'aime cette métaphore de sa langue qui peut être mortelle quand elle promet le plaisir, et qui le donne aussi. Et là, quand tu dis *Sa langue, une épée, ses seins, des couteaux*. C'est très agressif. Cela sonne bien. Tu as terminé le poème ?

— Pas encore, mon Père. Il manque encore un morceau. La fin. Une trentaine ou une quarantaine de vers. En deux phases, j'espère.

— Mmmm... Cela fera combien de vers, au total ?

— Le volume habituel d'un chant. Il ne sera pas plus long que le *Kurtzepos*. Il n'atteindra pas les mille vers.

— C'est bien. Lorsqu'il deviendra populaire, il pourra atteindre le *Grossepos*, plus ou moins, avec quantité de variantes. Ne te complais pas trop dans les scènes d'amour ou bien cela deviendra une leçon de pornographie lorsqu'il sera colporté et qu'on y ajoutera des passages encore plus osés.

— Vous voulez dire que vous allez le recommander ?

— Et pourquoi pas ? »

Il a souri, joignant les mains en un signe de prière, avant de poursuivre :

« Même s'il est excessivement lyrique, ton poème s'apparente à une chanson de geste. Les prostituées rendent de bons services à la Corporation, et on ne les a pas assez chantées. Les chansons populaires écrites par les troupes spatiales - ou inventées et mémorisées, puisque peu de soldats savent écrire - sont assez grossières, sordides, sans aucune qualité, et ne vantent pas la Conquête. La majeure partie d'entre elles n'est pas compilée au Monastère. Même New York ne les a pas dans ses archives. Finis le chant et fais-le-moi parvenir afin que je le transmette le plus rapidement possible. Au mieux, il deviendra populaire et lorsque tu sortiras d'ici, il comprendra des milliers de vers et on l'entendra partout. Ou peut-être sera-t-il transformé en une série de petits chants brefs et épicés, un par tatouage. Un dernier conseil : joue davantage sur le clin d'œil complice. Adopte un ton plus léger. Le thème n'est pas si sérieux.

— Bien, mon Père.

— Remets-toi au travail, et transmets-moi la version définitive. Et quand tu auras d'autres productions du même genre, laisse-moi les lire en premier. D'accord ? Et, mon fils... cette femme était-elle aussi fougueuse que tu la décris ? »

Il est parti en riant. J'étais satisfait, mais également en proie à une foule de sentiments contradictoires. Entre les deux possibilités qu'il avait envisagées, c'est la seconde qui s'est produite. Le poème est devenu une série de petites chansons piquantes, récitées avec plaisir dans les bordels de certains endroits de la

Corporation, surtout sur la Terre. Sans être mon meilleur travail, c'est celui qui est devenu le plus célèbre, plus encore que les chants de bataille que j'ai écrits lorsque j'ai servi à bord d'un astronef. Sur Mandara, des années plus tard, j'ai vécu un curieux incident en relation avec ce poème. Mais je le raconterai en temps voulu.

Chapitre 9

Sur Terre, durant mes réunions avec le Cercle, j'avais toujours craint davantage l'indifférence que la critique, et davantage le silence que les huées. Mes amis ne commentaient jamais ce que j'écrivais. Ils restaient devant moi, les bras croisés, avec parfois un sourire et le plus souvent un air condescendant. Ils ne disaient jamais un mot, que ce soit pour féliciter ou critiquer mon travail. Cela m'agaçait. Me peinait. Me faisait douter, me demander si ma voix ne portait pas ou s'ils étaient sourds. Je revendiquais mon droit à être critiqué, à confronter les points de vue sur les sensations - plus que sur les idées - que j'avais tenté de mettre dans mes poèmes, à savoir si ce que je faisais était nul ou non. Aucun d'eux ne paraissait réaliser pourquoi j'avais utilisé tel ou tel mot, quel était le sens de cette phrase qui faisait référence à quelque chose qu'ils devaient théoriquement connaître, à quoi se devait le choix de cette séquence d'images ou de cette autre. J'attendais une discussion ouverte sur mes écrits, qui les concernaient autant que moi. Mais ils ne disaient jamais rien, ou quand ils le faisaient c'était pour s'éloigner du sujet de manière désastreuse, lançant des théories qui m'auraient fait mourir de rire si elles ne m'avaient pas fait pleurer de tristesse à l'idée que je ne m'exprimais pas correctement ou qu'ils ne savaient pas me lire. Aujourd'hui, je pense que je mélangeais un peu tout. Je reconnais que j'étais tout aussi silencieux et absent lorsqu'ils parlaient de leurs propres créations. Aujourd'hui, je sais que le Cercle était effectivement un groupe fermé, une geôle sans horizon et sans issue qui nous condamnait à l'intolérance et à l'échec. Aujourd'hui, je suis sûr que ni Gnel, ni Orphée, ni Enrit, ni tous les autres, et pas même moi, ne savions ce que nous avions entre les mains. J'ai envié plus d'une fois leurs destins, si différents du mien, si opposés.

L'analyse des écrits, au Monastère, était tout autre. Au Monastère, il n'y avait pas de place pour l'indifférence. Elle ne faisait pas partie du jeu. Chaque poème était décortiqué, mis en pièces, analysé mot par mot, corrigé, systématisé, réassemblé, censuré, discuté. Tellement que, parfois, je souhaitais retourner à ces jours anciens où mes travaux passaient sans peine ni gloire sous les yeux de mes compagnons. Au Monastère, les critiques allaient au fond des choses, et parfois elles blessaient jusqu'à l'os.

Les conversations avec les moines étaient aussi importantes que les études et la lecture des codes et des archives. Je crois qu'elles m'ont beaucoup servi, plus que les heures passées devant les pages imprimées des parchemins. Bien plus. Les moines avaient été poètes. Ils avaient servi à bord d'astronefs pour chanter la Conquête, comme nous nous destinions à le faire. Ils connaissaient les doutes que nous allions éprouver. Ils nous aidaient à composer des vers, une activité antique et inefficace avant l'existence de la Corporation. Ils nous conseillaient sur tous les aspects que comportait notre endoctrinement, et ces dialogues étaient toujours intéressants. Nous y découvrions à chaque fois quelque chose de nouveau que nous n'avions pas encore compris. Ils nous captivaient avec leurs voix musicales en perpétuelle représentation, parce que cela faisait autant partie de la formation que les exercices de style. Je crois que j'ai appris beaucoup de ces discussions critiques, même si parfois elles me démoralisaient ou me faisaient souffrir.

Car tous les commentaires n'étaient pas aussi compréhensifs que ceux du père Espligares. Il existait ce que nous appelions le double visage du Monastère, sa face sombre. De nombreuses critiques étaient impitoyables, sardoniques, scandalisées au seul motif qu'une virgule était mal positionnée. Elles étaient pleines de rage, d'incompréhension. L'absence de communication et la violence verbale de ces voix bien timbrées pouvaient faire plus de mal que le fouet ou le châtiment par la violence physique. La colère de ces regards était déconcertante car ils pouvaient passer du mépris à la pitié en une alternance cyclothymique. L'orgueil et l'isolement systématique faisaient s'accumuler en moi une rage intense, m'emplissaient de honte, de douleur, de peur. Et dans ce domaine, mes trois années au Monastère ont paru longues, presque interminables. En de rares moments, entre les bras de Hroswitha, dans la solitude de sa cellule ou de la mienne, je me consolais de tout ce cauchemar qui nous enterrait et nous écrasait. Parfois, nous nous sentions comme des enfants qui ne comprenaient pas pourquoi ils devaient agir d'une certaine manière, pourquoi les choses devaient être noires, et pas blanches, pourquoi ce que nous considérions comme bon était mal. Nous avons envisagé de nombreuses fois de tirer notre révérence, de retourner sur Terre, à la Fabrique, à charrier de la merde s'il le fallait. Nous souhaitions oublier cet environnement nauséabond une fois pour toutes. Mais alors ils revenaient vers nous, mus par la force de l'habitude, avec leurs sourires agréablement chaleureux qui nous trompaient, qui nous égaraient, et nous nous retrouvions dans l'impasse. L'histoire repartait de zéro et nous nous disions que tout cela n'était pas si mal, que le prodige de la connaissance valait bien les peines, les insultes et l'incompréhension, qu'une seule page écrite compensait cette misérable intolérance.

Il n'y a aucun mal qui ne soit suivi d'un autre mal. C'est une superstition en laquelle je crois. L'expérience la plus pénible que j'ai vécue au Monastère a été précédée d'une horrible nouvelle : Tiepolo et Jason, l'un de mes frères, étaient morts. Une explosion à la Fabrique. La moitié de l'installation avait été soufflée et ils figuraient parmi les vingt personnes disparues qui faisaient partie de l'équipe de nuit. On n'avait même pas pu retrouver de corps. Ils avaient été exploités dans une usine de recyclage et à présent ils étaient réduits en bouillie. Quelle plaisanterie macabre ! Dévoués à la Fabrique jusqu'au bout. À synthétiser des protéines jusqu'à se retraiter eux-mêmes par leur propre mort. Le vieux Tiepolo n'avait pas pu voir s'accomplir son vieux rêve. Le petit-fils que la famille espérait avait été une fille, et on avait dû substituer à mon prénom celui de Suetonia. Pas de chance.

La lettre de la Terre a été apportée à ma cellule avec du retard. Je l'ai lue de nombreuses fois, jusqu'à mémoriser chaque mot, avant de la détruire. Ensuite, j'ai pleuré comme un gosse, ce que j'étais. Je ne voulais pas écrire une élégie en leur honneur. Il est trop facile d'écrire sur les morts qui nous hantent, sur les proches qui nous ont ouvert le chemin. Trop douloureux. Je me refusais à le faire.

Je ruminais la nouvelle lorsque la porte de ma cellule s'est ouverte. Le père Hidacio, l'abbé, est entré. C'était un petit moine quasiment chauve, grassouillet, comme ses trente collègues. C'était lui qui nous avait accueillis sur la piste, la nuit de notre atterrissage au Monastère. J'avais reconnu sa voix quelque temps après, lorsqu'il m'avait rendu visite dans ma cellule avec la même assurance qu'aujourd'hui. Je n'ai eu qu'à le regarder pour savoir qu'il m'apportait l'autre mauvaise nouvelle.

« Clerc Evans, réponds-moi », a-t-il déclaré en me faisant signe du doigt pour que je me lève de mon lit et que je le regarde.

Il nous désignait toujours par notre rang lorsque quelque chose allait mal.

« Est-ce toi qui as écrit *cela* ? »

Il avait tellement insisté sur le dernier mot que j'aurais pu entendre chacune des lettres en italique. Dans ses mains, il agitait un paquet de feuilles roulées comme si elles étaient une arme primitive. Je les ai reconnues immédiatement.

« Oui, mon Père. C'est moi qui l'ai écrit.

— Ne me mens pas. D'où as-tu sorti ces idées ? De quelles sources t'es-tu inspiré et pourquoi ne les as-tu pas citées ?

— Il n'y en a pas, mon Père. J'ai tout écrit moi-même. Cette théorie est la mienne. »

J'avais souri en répondant parce que je croyais qu'il considérait mon travail comme bon. C'était une erreur. Je n'aurais pas dû la faire. Cela a semblé l'indisposer. Le sourire était interdit au Monastère.

« *Ne me mens pas* », a-t-il répété, les yeux brillants.

De nouveau, j'entendais les lettres en italique.

« Je ne vous mens pas, mon Père. C'est moi qui ai écrit cela. Personne ne m'a aidé.

— Je veux les sources.

— Je n'en ai utilisé aucune.

— *Les sources* !

— Il n'y en a pas. »

C'était vrai. Je n'ai pas l'habitude de mentir. Aujourd'hui, je ne me souviens plus du contenu des pages, et je crois sincèrement qu'elles n'avaient rien d'extraordinaire. Il n'y avait aucune raison de s'alarmer. Mais je les avais vraiment écrites seul, sans consulter aucun texte. Cela faisait un moment que je rédigeais mes travaux par moi-même, sans me servir des règles et des citations apocryphes des livres. J'avais découvert les grandes lacunes et les contradictions facilement détectables dans tous ces florilèges, et j'en avais conclu que cela me faisait perdre un temps précieux que je pouvais investir de manière plus rentable dans d'autres activités. Avec Hroswitha, par exemple. J'avais rédigé ce travail particulier très tard dans la nuit. J'avais sommeil et j'étais fatigué parce que, au lieu de dormir, j'avais fait la bête à deux dos avec Hros jusqu'à ce que nous tombions tous les deux d'épuisement. Le délai de remise de cet essai était planifié au matin suivant et je n'avais eu d'autre solution que de le rédiger à la va-vite, en une seule nuit. J'avais fumé plusieurs joints de hasch et j'avais écrit, visiblement inspiré, artificiellement lucide. C'est pourquoi je n'avais qu'une vague idée de ce que mon texte disait, de l'ampleur de sa subversion, si elle existait, une opinion à attribuer au père Hidacio et non à moi. Mais je ne l'avais copié d'aucune source. Je le jure.

« Tu ne peux pas avoir écrit cela, a continué l'abbé, dont les yeux s'étaient changés en deux puits obscurs à la couleur assassine. C'est trop fort. Tu n'es pas prêt à produire une telle chose, tes autres travaux le démontrent. Dis-moi quelles sont tes sources.

— Il n'y a aucune source, mon Père. Je vous l'ai dit.

— Les sources.

— Il n'y en a pas, ai-je insisté, de plus en plus agacé. Je n'ai pas eu le temps d'en consulter et c'est pourquoi j'ai développé le thème par moi-même. J'ignore si mon travail est bon ou pas, s'il est obscène ou sacré, mais je l'ai fait seul. Par le Démon, si j'avais consulté le moindre exemplaire des archives, je l'aurais cité à la fin ! Vous ne voyez pas qu'il n'y a aucune source ? »

J'avais débité ma tirade en haussant la voix, ce qui n'appuyait pas ma thèse. Mais la tension accumulée, conjuguée avec les nouvelles que je venais de recevoir, me poussaient au bord de l'explosion. J'avais du mal à me contrôler.

L'expression « par le Démon » n'a pas du tout plu au père Hidacio qui a affiché une mine incrédule.

« Écoute-moi bien, Hamlet Evans, a-t-il dit en reprenant son ton paternaliste si particulier. Je suis ici depuis trente ans, et je sais lorsqu'un clerc développe une idée, ou quand il la recopie. Je ne sais pas d'où tu as sorti ce matériel, puisque je n'ai pas pu lire moi-même tous les florilèges, mais je suis sûr d'une chose : ce travail n'est pas le tien. Aucun d'entre vous n'aurait pu le produire. Vous êtes des incultes à moitié analphabètes qui ne savent même pas combien de vers compte un sonnet. Et tu prétends me faire croire que tu as écrit cela ?

— Oui, je l'ai fait. Et un sonnet compte quatorze vers, même si je n'ai aucune idée de la putain d'utilité d'une telle connaissance. Je vous ai dit que j'ai rédigé ce travail. Je vous le jure. Vous ne croyez pas en ma parole ?

— Ta parole ? Tu as une parole, toi ? Tu as un honneur ? Ne mens pas et dis-moi quelles sont tes sources. Il ne t'arrivera rien. Tu ne seras pas suspendu. »

À ce point de la discussion, j'étais pâle, et lui, tout rouge. Mes ongles étaient plantés dans mes paumes au point de saigner. Sale tête de mule. Le plus triste était que je ne pouvais même pas citer un livre au hasard. Il irait le lire, il verrait que le travail ne venait pas de là, et il reviendrait me voir, encore plus énervé qu'avant. Je ne voulais pas non plus sauver mon honneur par un mensonge. J'avais une parole, des principes. Je les ai toujours.

« Les sources ? Allons, Hamlet, sois compréhensif. Ne fais pas l'enfant. Je sais que tu ne peux pas être l'auteur de ce travail. Aucun de ceux qui sont ici non plus, je te l'ai déjà dit. C'est trop profond. Allez, ne mens pas. Nous devons connaître les sources pour que ceux qui viendront après toi puissent également les consulter. Dis-moi d'où tu as pris tes idées.

— Je ne les ai prises de nulle part. Si vous ne voulez pas me croire, c'est votre problème, mon Père, ai-je répondu pour mettre un point final à la discussion. Vous parlez beaucoup de conscience. La mienne est tranquille. Je suis heureux que mon travail vous ait plu, mais je crois que vous me surestimez. Peut-être que c'est vous qui avez lu un peu trop. Je crois que je n'ai rien découvert de nouveau. Je vous dis que ce travail est le mien. Je l'ai fait tout seul. Vous pouvez me croire, ou non. Vous pouvez me suspendre, me faire fouetter ou me renvoyer sur Terre. Remplissez votre devoir. Je vous dis que je suis l'auteur du texte. C'est ma parole contre la vôtre, et il n'y a rien d'autre à dire, mon Père. Si cela ne vous dérange pas, j'aimerais que vous partiez, maintenant. J'ai reçu de mauvaises nouvelles de la Terre et je ne suis pas en état de poursuivre une discussion de ce genre. Je voudrais rester seul. »

J'ignore s'il était sur le point de me croire ou non. Je m'en fichais. Peut-être l'avais-je impressionné, ou peut-être qu'il s'était lassé de me regarder. Il a simplement fait demi-tour et il est parti après avoir marmonné un « Comme tu veux, nous en reparlerons ». Je n'avais aucun doute que s'il avait pu claquer la porte, il l'aurait fait. Mais le boîtier de fermeture contrôlait automatiquement les barreaux et un tel acte de violence était impossible.

Évidemment, il n'a pas validé mon travail. J'ai dû le refaire, cette fois sans l'aide du hasch, en consultant des livres, et j'ai obtenu une note moyenne, plus basse que celle que je méritais. En fin de compte, le père Hidacio s'en est sorti la tête haute. Mais je n'ai pas courbé l'échine. L'incident m'avait éclairci les idées. J'ai encaissé le coup et j'ai gagné des forces pour le futur. Un jour, je prouverais au père Hidacio qu'il se trompait sur moi. Je lui montrerais jusqu'où je pouvais aller, que mes limites étaient infinies. J'étudierais assidûment et je lui ferais ravaler sa stupide arrogance. J'étais prêt à tout supporter. Je n'abandonnerais pas. Je terminerais mon endoctrinement au Monastère, et c'est lui-même qui devrait venir me couronner. Je n'avais pas courbé l'échine devant lui, mais il la courberait devant moi. Il le ferait. Il reconnaîtrait qu'il avait fait erreur, que je pouvais être aussi bon que n'importe qui d'autre. Qu'il aille en enfer avec sa méfiance. Je lui donnerais du « Maintenant tu vas voir ».

Le père Hidacio, l'abbé du Monastère, est mort tranquillement dans son sommeil quatre mois plus tard. Il n'a rien pu reconnaître. Il ne m'a pas couronné durant la cérémonie de remise des diplômes. Il n'a pas su qu'il se trompait. Il est parti sans avertissement et ne m'a laissé qu'une sensation de vide aussi horrible que celle que j'ai éprouvée le jour où j'ai quitté ma cellule. Le père Hidacio était mort. Il s'était enfui dans l'autre monde sans avoir courbé l'échine.

Chapitre 10

Hroswitha. Il me faut reparler d'elle. Encore une fois, je manque de mots pour le faire. Cela demande du travail de traduire un sentiment en séquences ordonnées, de simplifier tout ce qu'un jour nous avons vécu pour le réduire à un langage contrôlé par des virgules et des points. Hroswitha. Je ne sais pas. C'est dû en grande partie à ce qu'elle disait. Elle prétendait que l'amour sortait de nous comme une nécessité, comme une chose qui battait à l'intérieur, sauvage et indomptée, et que notre ego de personnes rationnelles canalisait pour ne pas se sentir tributaire de l'instinct. Peut-être qu'elle avait raison. Peut-être que sa pensée était erronée. Peu importe.

Au Monastère, il y avait des choses plus importantes, plus transcendantes que le simple amour. Nous avions l'enseignement, la connaissance, la culture. Nous avions le sexe, les étreintes rapides dans la pénombre, la drogue inhalée, les yeux vides, comme un poison qui nous rongeait. Nous avions l'amitié, la poésie, le désir d'être fidèles à la Conquête, la doctrine. L'amour n'était pas essentiel. Il n'apparaissait pas comme nécessaire. Attrape-le s'il passe mais ne le cherche pas, mon garçon. Laisse-le. Et cependant c'est l'amour qui nous a aidés le plus à tout supporter, à apprécier plus clairement le côté exceptionnel de ce que nous vivions. L'amour, pour lequel tout était à faire, à côté duquel tout le reste devenait provisoire, périssable. Il n'était pas surprenant, alors, de voir des couples ou de petits groupes de clercs développer plus que de l'amitié lors d'un travail créatif, puisque nous étions de jeunes animaux prêts à profiter intelligemment d'une présence physique, et qu'il fallait valoriser chaque minute au Monastère, dans toutes les matières, dans tous les aspects de notre personnalité, que cela soit ou non à l'ordre du jour, nécessaire à un poète ou non, important pour la Corporation ou inutile. Il n'était pas rare de rencontrer un couple comme le nôtre au Monastère. Tout le monde vivait plus ou moins de telles situations, en duos, en groupes ou entre personnes du même sexe. Mais c'est mon histoire qui compte. Et mon histoire d'alors avait un nom : Hroswitha.

Hroswitha. C'était une femme très intelligente. Beaucoup plus que moi, qui ne me considérais pas comme un garçon futé. Du moins, pas à ce moment-là. Hroswitha a toujours été la meilleure, dans tous les domaines, et mon apprentissage était comblé par toute cette maturité qui suintait de ses pores. Hroswitha m'éduquait et m'apprenait beaucoup plus que ce que j'étais capable de lui transmettre.

Elle avait quatre ans de plus que moi. Elle était née sur l'un des nouveaux continents, au sud de l'Afrique, mais elle avait toujours beaucoup voyagé. L'un de ses pères était un homme important avec un emploi bien rétribué par la Corporation, et Hros avait eu accès à une culture qu'elle complétait et perfectionnait au Monastère. J'ignore ce qu'elle y faisait, en vérité, parce qu'elle n'avait pas besoin de travailler pour vivre, ni de se donner la peine d'apprendre, puisque sa famille était puissante et qu'elle aurait pu vivre auprès des siens. Mais Hroswitha refusait d'être la bâtarde à la peau sombre de son clan, la jolie fille. Elle avait toujours été une rebelle. Elle s'était initiée à l'amour libre de façon plus ouverte que la plupart des gens. J'avais commencé à l'âge normal pour un homme, à douze ans, avec la cérémonie d'initiation sexuelle commune à tous. Elle, à douze ans, avait choisi d'expérimenter certaines variantes du sexe le plus raffiné. À quinze ans, elle s'était enfuie à Paris avec une amie, et à elles deux elles avaient formé un mariage qui s'était enrichi d'un jeune homme. Lassée de vivre sans rien faire d'autre que baiser et être baisée, elle avait abandonné Paris et, après de nombreuses années de questionnement et de préparation, elle avait postulé pour devenir poète. Quand sa demande avait été approuvée par New York, elle avait quitté la Terre pour venir au Monastère. Hroswitha était bisexuelle, l'avait toujours été, et elle n'avait aucun de mes stupides préjugés en la matière. Une fois, notre relation avait été sur le point de basculer parce que j'avais refusé de participer à un trio avec un autre clerc, un garçon énorme appelé Minos, qui ressemblait à un taureau. Il n'était pas beau. Je ne le trouvais même pas sympathique.

« Ne sois pas préhistorique, Hamlet, m'avait-elle dit. L'amour n'a rien à voir avec l'acte sexuel. Tu le sais mieux que moi. Je t'aime, mais j'ai envie de coucher au moins une fois avec Minos. C'est un gentil garçon.

— Gentil ? Il est pédant et arrogant. Je n'aime pas ce type. Je le déteste. En plus, il pue la sueur. Il empeste.

— Hamlet, pourquoi on n'essaie pas ?

— Je regrette. Je suis une antiquité, un déviant. Je n'aime pas les hommes. Comprends-moi, Hros.

— Toi aussi, comprends-moi, âne bâté rétrograde. Je te demande d'essayer une fois. Une seule fois. Et on ne le refera pas. Que cela se passe bien ou pas, on ne recommencera pas. D'accord ?

— Une seule fois, hein ? Tu verras que non. Je suis sûr que ce mastodonte va te voler à moi. Une seule fois ? Et pourquoi avec lui ? Pourquoi lui, en particulier ?

— Je l'aime bien.

— Et moi je le déteste. C'est un rustre. Tu l'as entendu parler ? Tu l'as bien écouté ? Il ne comprend rien ! As-tu lu ses poèmes ? C'est un... botanique ! Il est clinquant.

— Hamlet, que Rab te vienne en aide. Ne sois pas si obtus. Ne sois pas si primitif.

— Moi ? Primitif ? C'est lui qui est primitif ! Ce n'est qu'un primate un peu développé ! Va lui parler ! Discute avec lui ! Mais trouve d'abord quelqu'un pour te traduire ce qu'il dit !

— Hamlet, je ne cherche pas une conversation. Je veux juste coucher avec lui. Ça ne m'intéresse pas de savoir comment il écrit. Je sais qu'il est moins bon que toi. Je souhaite juste qu'on s'amuse avec lui. Une seule fois.

— Une seule fois. Très bien. Mais pourquoi avec lui ? Tu ne préfères pas Rouquin ? C'est un garçon sympathique. Un ami. Avec lui, je pourrais. Il est comme mon frère. Nous n'avons aucun secret. Tu n'aimes pas Rouquin ? Tu ne l'apprécies pas assez pour l'inclure dans notre groupe ?

— Hamlet, tu es jaloux, et c'est un sentiment stupide. Je t'aime. Toi seul. Tu n'as pas de souci à te faire à ce sujet. Je ne vais pas te quitter pour quelqu'un d'autre. Rouquin est un gentil garçon. Je l'aime bien. Je l'apprécie beaucoup, mais je ne veux pas faire l'amour avec lui. Il ne me fait pas envie.

— Oui. C'est Minos qui t'intéresse.

— Exactement. Minos et toi.

— Et si je refuse ?

— Je le ferai toute seule avec lui.

— Tu en serais capable ?

— Pas toi ?

— Avec lui ? Non ! Avec une autre novice, peut-être.

— Ah, nous y voilà, Monsieur ! Avec une autre fille, tu le ferais. Avec n'importe quelle dévergondée un peu idiote, tu baiserais avec plaisir. Si je te proposais qu'on partage avec une femme, tu accepterais, n'est-ce pas ?

— Je pense que oui.

— Mais pas l'inverse. Tu ne peux pas me partager une seule fois avec un garçon, hein ? Tu es un ver de terre, Hamlet. Aussi dégoûtant et vil que les serpents des légendes. Tu es antédiluvien. Un protozoaire. Je regrette de t'avoir connu, repoussant jeune homme. Si je l'avais su plus tôt ! Je te détesterais si je ne t'aimais pas tant. »

J'ai cédé, évidemment. Comme toujours. Je l'aimais trop. Les femmes sont parfois difficiles à comprendre, et en outre elle avait raison. Je suis obtus. Je suis préhistorique. Toutefois, la relation avec Minos n'a pas été aussi satisfaisante qu'elle l'espérait. Ce pédant avait très mauvais goût. Il s'intéressait plus à moi qu'à Hros. Maudit abruti. Il était aussi maladroit que lorsqu'il tentait de parler, si bien qu'il ne m'a rien volé. Fidèle à sa parole, et sans doute déçue du résultat - ce n'était pas ma faute, j'avais fait des efforts -, Hroswitha ne m'a pas proposé de recommencer. Peut-être qu'elle a éprouvé l'envie de répéter l'expérience avec un autre, mais elle ne l'a pas dit. Je ne le lui ai pas rappelé non plus. Il nous restait si peu de temps ensemble que je voulais la garder pour moi tout seul autant que possible.

Durant la dernière année, notre relation s'est renforcée. Nous savions qu'il ne restait que quelques mois, que nous n'aurions pas d'avenir commun. Nous nous cachions fréquemment des autres clercs et nous jouions à imaginer des futurs, à partager des souvenirs. C'était triste de vivre cet amour maudit, d'avoir la certitude que tout se terminerait et que nous ne nous reverrions jamais. Elle poursuivrait son chemin et moi le mien. Ce seraient des voies parallèles, aussi distinctes que la vie et la mort, que l'épée et la plume. Nous ne nous reverrions jamais. Jamais. Il ne nous resterait que les souvenirs. Les mêmes que ceux que je suis incapable de transcrire. Hroswitha. Hros. Quel dommage que cet amour perdu. Quelle tristesse. Rab s'était complu à jouer avec nous, comme s'il était un dieu terrible de la mythologie, et nous les héros des livres que nous lisions, comme si nous devions batailler pour la mythique Troie dans une guerre qui n'était plus la nôtre. Notre relation avançait irrémédiablement vers sa fin, mais nous nous consolions en pensant que chaque nuit n'était pas un jour supplémentaire que nous perdions mais une expérience de plus que nous gagnions. Nous ne cherchions pas à lutter, puisque tout était déjà dit. Nous savions à quoi nous nous exposions lorsque nous avions commencé à nous aimer. Nous savions que New York avait déjà prévu notre futur. Peu importait que deux fous, poètes de surcroît, s'aiment avec un fanatisme aveugle. Nous étions deux particules de poussière, deux numéros sur les plans de la Conquête. Numéro un, Hroswitha. Numéro trois mille, Hamlet. Il n'y avait rien à faire. Inutile de tergiverser puisqu'il n'y avait pas de victoire possible. Nous profitions de notre temps en baisers furtifs, en étreintes passionnées, et nous parlions de la manière de construire les chants, sans jamais aborder le fait que nous ne nous reverrions jamais.

Le temps passait et il nous restait de moins en moins de choses à apprendre. Une fois par semaine, durant notre seul jour de liberté, que les autres clercs passaient à se reposer ou à se mettre à jour sur leur travail, nous préparions nos affaires et nous nous promenions jusqu'à la mer toute proche, à sept kilomètres du centre du Monastère où on nous instruisait. Là, nous nous amusions à jouer les poissons et nous nous plongions dans les eaux blanches comme le ciel. Nous courions le long des rives, nus comme sur les plages du pays, sur Terre, et nous faisions l'amour sur les récifs noirs. Hroswitha accueillait mes assauts en même temps que ceux de la mer, et nous jouions notre vie sur chacune des arêtes effilées de la roche, en une relation mêlant le sang, la solitude et l'amour, qui excitait nos corps autant que nos esprits, qui nous laissait humides, déchirés et contents. Ensuite, avant de rentrer, avant la nuit, Hroswitha se perdait en nageant sur l'horizon délavé, ou elle courait sur la ligne à peine dessinée des vagues. Ou bien elle restait allongée pour laisser le soleil lécher sa peau sombre et pour sentir le souffle du vent chaud caresser la toison brillante de son pubis. Je restais assis sur le sable piqueté de petits points d'or, les coudes posés sur les cuisses, la tête appuyée sur les paumes, à regarder la mer tout en pensant à la Terre avec nostalgie.

Chapitre 11

Et notre rêve s'est finalement accompli : les trois années du séjour au Monastère se sont terminées. Trois années longues, utiles mais insupportablement lentes et qui, à présent qu'elles s'achevaient, paraissaient brèves et trop courtes. Trois années fécondes, ardues, mais la dureté de l'apprentissage avait servi à quelque chose. Nous étions poètes, nous pouvions maintenant nous considérer fièrement comme des hommes de la Corporation, même si l'échelon que nous occupions était bas. Nous étions poètes. Les vraies difficultés restaient à venir. Nous allions nous y confronter dans le futur, lorsque nous servirions sur un vaisseau de guerre et que nous chanterions avec nos vers la gloire et le pouvoir de la Conquête. Des poètes.

La grande cérémonie de notre couronnement a été grandiose. La plus éblouissante qu'il m'ait été donné de connaître. Comme une illusion échappée d'un conte de fées, d'un livre de chevalerie. Merveilleuse. Il m'est très difficile de la décrire. Il fallait avoir été là. Il fallait l'avoir vécue, sentie, vue.

La veille, une demi-douzaine de vaisseaux s'étaient mis en orbite autour du Monastère – les mêmes qui nous emmèneraient bientôt loin d'ici – et plusieurs délégations militaires étaient descendues à la surface pour assister à notre intronisation. Les clercs observaient avec des yeux brillants l'agitation des uniformes chamarrés et les ordres déconcertants qui ressemblaient à des aboiements. Il fallait nous y habituer, mais nous avions encore du temps pour cela. Le couronnement à venir nous obsédait, il nous tenait éveillés chaque nuit depuis des jours. Le fait que nous ne nous reverrions jamais ne nous perturbait pas vraiment.

À midi, vêtus d'armures en fibre de verre, très jolies mais terriblement inconfortables, nous nous sommes mis en rang, en une double file ordonnée dont chaque mouvement avait été préparé et répété mille fois. Nous avons marché vers l'Autel de la Cérémonie, jusqu'au temple dont les portes cyclopéennes attendaient, ouvertes, comme une bouche de trente mètres prête à nous engloutir. Des troupes d'assaut en uniforme d'apparat escortaient notre groupe, et des escadrilles d'intercepteurs monoplaces nous survolaient en rase-mottes, entrant et sortant furtivement de l'atmosphère, pour nous saluer. La Corporation se mettait en quatre pour nous.

Des généraux de conquête, droits dans leurs armures noires parsemées de décorations, ont accompagné le père Hurt, le nouvel abbé, dans le presbytère. Derrière eux, sur un tapis à l'emblème de la Corporation, se mêlaient les autres moines. Ils seraient nos instructeurs et nos accompagnateurs durant la cérémonie. Ils étaient également en tenue de gala. Je ne sais plus s'il y avait de la musique, mais je devais probablement l'écouter si c'était le cas.

Un à un, nous sommes entrés dans le sanctuaire, traversant les couloirs jusqu'à ce que nous arrivions devant le groupe de moines et de guerriers. Là, nous nous sommes arrêtés, avec une crainte superstitieuse. C'était la première fois que nous découvrions l'intérieur de la grande enceinte de l'Autel. Elle ne s'ouvrait que tous les trois ans, pour la cérémonie. Les hauts murs étaient coiffés de voûtes impressionnantes, et sur les arcs incurvés se trouvaient des gargouilles à l'allure terrible, déformées par les pâles reflets de la lumière. J'ai réalisé qu'il ne s'agissait pas de monstres, mais de représentations de soldats et de moines munis d'épées aussi larges que ma ceinture. Leurs yeux de marbre et de gypse étaient vides. Leurs attitudes raides les faisaient ressembler à des momies pétrifiées ou en extase, comme si elles ressentaient un souffle de vie fugace. Il y avait dans l'air un arôme familier, mêlé à l'odeur du vide et de l'humidité. Ce n'était pas de l'opium, mais de l'encens.

Hroswitha s'est séparée du reste du groupe et a fait quelques pas timides. Dans l'architecture hyperbolique qui nous dominait, elle paraissait toute petite. Elle a été la première à être couronnée.

C'était elle la meilleure, la première parmi tous les clercs. Mon cher Rouquin est passé en second. J'ai déjà dit que c'était un type malin. Moi, j'étais quatrième. Un classement honnête si on considère que nous étions presque deux cents.

Lorsque mon tour est venu, le père Espligares, mon accompagnateur, m'a pris le bras et m'a guidé jusqu'au pied des marches. Là, je me suis agenouillé, la tête baissée. L'un des généraux a dégainé lentement sa longue épée d'argent véritable. Le père Hurt l'a prise et m'a touché doucement les épaules, comme s'il craignait de me couper en deux. À cet instant, j'ai serré contre moi notre livre emblème : *L'Énéide*. Ce n'était pas mon épopée favorite, mais je l'appréciais. En ce moment de gloire, cela m'aurait été égal de tenir dans mes mains un livre d'Orphée lui-même. Des trois chants épiques de l'époque ancienne, je préférais *L'Odyssée*. J'admirais Ulysse parce que c'était un héros humain, intelligent. Son arme principale serait la mienne : l'esprit, les mots. Mais le vieux marin errant ne pouvait pas nous accompagner à la cérémonie du couronnement. Il se languissait du retour à la maison, et nous ne pouvions pas repartir à Ithaque. Rentrer chez nous ne faisait pas partie de notre tâche pour la Conquête. Dans des villes comme Troie, la mythique Ilion, des héros valeureux avaient combattu sans craindre la mort, offrant leurs jeunes corps en un culte à la gloire. Notre mission n'était pas celle du brave Ulysse, dont le courage m'avait fasciné dans le onzième chant - son évocation des morts, notamment, et son humilité feinte lorsqu'il disait s'appeler Personne - ni celle d'Hector, dont je comprends si bien l'amour pour Andromaque, ou encore celle d'Achille, dont je détestais la soif de sang. Notre rôle était similaire à celui du valeureux Énée : sortir de sa maison et fonder une nouvelle patrie sur une autre terre. Notre travail consistait à raconter de près les réussites d'une fondation. Énée et ses descendants avaient créé un empire nouveau. Nous allions suivre ses traces. La Conquête était le but, la destinée, l'ultime patrie. C'est pourquoi *L'Énéide* était notre livre emblème, pour être à la fois le recueil et la création des deux autres chants. Quel dommage que l'histoire n'ait pas retenu qui en était l'auteur. *Sic transit gloria mundi*, mon garçon.

Le père Hurt a ensuite levé la couronne de laurier et l'a déposée délicatement sur ma tête. Ensuite, il m'a relevé. Je me rappelle encore avec émotion ses paroles :

« Lève-toi. Mets-toi debout, Hamlet Evans, poète, aède, serviteur de la Conquête. Que ta plume agisse comme une épée et que la Corporation ne t'abandonne jamais. Va, mon garçon, et bonne chance. »

Il a répété deux cents fois sa formule, avec des variantes adaptées au nom de chaque nouveau poète, et quand il a eu fini de parler et que les pâles lumières bleuâtres ont illuminé toute la salle, laissant entrevoir plus clairement les silhouettes des voûtes, l'un des deux militaires, le plus gradé, a fait un brusque pas en avant et a craché :

« Poètes, ce jour doit demeurer gravé à jamais dans vos cœurs. Vous avez coûté beaucoup d'argent à la Corporation. Vous entretenir a été un luxe justifié uniquement par le moral des soldats engagés dans la Conquête et parce que les poètes précédemment sortis du Monastère ont largement démontré leur utilité dans notre Croisade. Sinon, aucun d'entre vous ne serait là. Vous avez coûté beaucoup d'argent, parce que toute la culture que vous avez aspirée ici est un cadeau précieux qu'il est difficile de rembourser. Cette installation, le Monastère, pourrait servir de base militaire avancée. Ce sanctuaire aussi. Ne l'oubliez pas. Les archives, les livres, les ordinateurs, votre enseignement et votre nourriture, votre linge, la paie que vous avez perçue durant ces trois ans sont des choses que vous devez aux hommes qui donnent leur vie pour la Corporation dans l'espace. Vous devez tout cela à New York qui pense à tout, qui connaît la façon dont le présent doit se dérouler afin que le futur qu'il nous a prévu devienne possible. Vous devez tout cela à la Corporation. Et en son nom, au nom de New York, des troupes de l'espace que je commande au péril de ma propre vie, je vous le dis : poètes, vous pouvez maintenant mettre à profit tout ce que vous avez appris dans ce lieu saint. C'est le moment de démontrer que New York a eu raison de vous choisir, que les soldats ont raison de célébrer vos poèmes et de se divertir avec les chansons que composent d'autres poètes, et avec celles que vous allez bientôt écrire. Je vous dis, au nom de la Conquête et en mon propre nom, que l'espace vous attend comme une seconde patrie, et que vous allez y plonger comme dans le giron d'une mère. Je vous le dis : ne trahissez pas la Conquête, ne trahissez pas nos espoirs. Poètes, la meilleure façon de ne pas le faire est de chanter. Chantez la Conquête et ainsi nous saurons que nos efforts n'auront pas été vains ! Chantez la Conquête et nous serons fiers de vous ! »

Les soldats qui nous escortaient ont applaudi frénétiquement, solidaires avec le discours de leur chef. Mes compagnons poètes les ont imités, un peu surpris, avec un dixième de seconde de retard. Je me suis uni à eux, sans avoir vraiment conscience de la raison pour laquelle je le faisais.

Nous avons quitté le Monastère au crépuscule, embarqués comme du bétail dans le ventre des astronefs. Au fil du temps, le souvenir de cette période est devenu flou. Il me semble avoir rêvé les mois et les années vécus au Monastère, et j'ai fini par croire que j'étais encore dans la navette, en route depuis la Terre. Lorsque Rouquin n'était qu'un gamin anonyme, sans nom et plein de taches de rousseur. Lorsque Hroswitha n'existait pas encore. Lorsque Tiepolo, Orphée, le Cercle, la Fabrique et le Caban Jaune étaient encore frais dans ma mémoire, et que le corps de la prostituée marquait mon esprit de façon indélébile, à l'instar du serpent à plumes tatoué sur sa peau. Lorsque le Monastère était un lieu inconnu et tant attendu qui s'offrait, sous une couche de nuages, à nos yeux de gamins touchés par la chance, et que le pilote à la voix de métal qui nous avait tant impressionnés se transformait en un être étrange, échappé des pages maudites d'un livre. Tout paraissait encore à venir, comme prédestiné. Comme si j'en avais l'intuition sous l'effet des sédatifs pris durant ce premier trajet dans la navette. Mais tout avait été réel. Et j'avais beaucoup changé. J'étais devenu plus sérieux, plus sûr de moi-même, plus réfléchi. J'avais appris. Le temps avait passé trop vite. Les premiers jours dans l'espace semblaient encore si proches. Mon Dieu, trois années.

Nous avons débarqué sur une station orbitale proche d'une planète qui tournait autour d'une géante gazeuse. Là, nous allions dire au revoir à nos compagnons. Nous avions quinze jours de liberté avant que l'on nous désigne une affectation probatoire. Hroswitha et moi souhaitions rester ensemble aussi longtemps que nous le pouvions. Nous n'avions pas le temps de voyager jusqu'à la Terre, et nous n'y tenions pas vraiment. Nous ne voulions pas y retourner. Nous avons décidé de descendre sur le planétoïde, qui se situait dans les limites du monde civilisé – une différence avec ce que nous connaîtrions ensuite. C'était un joli monde. Une petite Terre. Un Monastère où tout était libre et luxueux, horriblement cher. Ici, toute chose avait son prix. N'importe laquelle. Je n'ai jamais su le vrai nom de cette planète, mais je n'aurais pas été surpris qu'elle s'appelle Arcadie.

Hros voulait prouver qu'elle n'était pas comme moi, et elle a promis de m'offrir une compensation pour la relation avec Minos au Monastère. Les premiers jours, nous avons eu des contacts avec une jeune fille blonde au visage angélique, nommée Nelida, qui s'est offerte à nous avec un discours aux pirouettes habiles, promettant mille délices si nous acceptions de l'acheter. Nous l'avons fait. Elle, qui ressemblait à un ange, a démontré dans l'intimité des connaissances poussées en matière de perversion. Elle était adorable. Nous avons passé des heures à faire l'amour tous ensemble dans des coupoles beaucoup plus raffinées que celle de ma première sortie sur Terre. Il était agréable de flotter comme sur un nuage à l'intérieur, humant le parfum de Hroswitha mêlé à celui de cette fille, de voir la chevelure dorée de Nelida se fondre dans la voluptuosité sombre de ma chère Hros, de sentir comment elles m'aimaient tour à tour avec des murmures de gazelle, de jouer à découvrir ce que savait faire cette bouche juvénile. À d'autres moments, nous partions nous promener vers l'intérieur de la planète, dans des jungles suffisamment inexplorées pour qu'elles paraissent vierges, pour que nous nous sentions dans la peau de colons découvrant cet Éden, comme si nous étions oubliés sur ce planétoïde. Et nous copulions sous les arbres, impressionnés par leur hauteur qui montait à l'assaut du ciel, émerveillés à l'aube par le lever du gigantesque globe de gaz, sorte de soleil, dont je ne parvenais pas à distinguer la couleur. Parfois, nous plongions avec des équipements spéciaux dans des lacs à l'eau douce et nous nous aimions dans les profondeurs, écrasés par la pression, inondés de désir jusqu'à l'âme. Nous avons fini par payer ses services à Nelida, après nous être rassasiés une dernière fois de cette élève qui nous a tout enseigné, et nous nous sommes enfin retrouvés seuls, Hroswitha et moi, à nous caresser timidement pour ces derniers moments. Nous avons fait l'amour, non dans un désir d'exploration, comme avec Nelida, mais comme un ravissement, comme une célébration de ce terrain de jeu qui avait été le nôtre, un peu comme le dernier repas du condamné à mort durant sa dernière nuit. Nous avons fait l'amour en sanctifiant des lieux inconnus en d'autres temps, des lieux qui seraient mémorisés pour ne plus jamais exister ensuite, après le dernier instant. Nous nous sentions plus désespérés que faibles. Nous nous sommes aimés avec une fureur inévitable, mêlée du détachement qu'éprouve celui qui n'a rien à perdre parce qu'il n'a jamais rien possédé.

Nos adieux ont duré une semaine. Puis l'idylle a pris fin. Hroswitha s'est envolée vers une destination inconnue et je suis parti rejoindre mon affectation probatoire sur un navire nommé la Torche. Nous n'allions plus jamais nous revoir.

Chapitre 12

La Torche, le navire à bord duquel j'ai servi, n'était pas un vaisseau de guerre mais un croiseur régulier en patrouille perpétuelle aux alentours des Confins, près de mondes où l'arrivée de la civilisation était imminente. J'y ai séjourné pendant un an comme assistant-poète auprès d'un vétéran dont le nom était Narcisse Hall. Durant tout ce temps, je n'ai vu aucune bataille réelle et, par conséquent, je n'ai pas eu l'occasion de composer de jolis chants dédiés à la Conquête. Ce dont j'ai été témoin, ce n'étaient que des escarmouches sans intérêt contre des groupes insignifiants de rebelles. J'ai aussi assisté à des compétitions sportives épiques, presque mortelles, entre soldats de différents navires qui voulaient démontrer la supériorité de leurs escadrons respectifs, dans des batailles qui trouvaient leur origine entre les jambes ouvertes d'une femme nue offerte sans vergogne, ou dans l'alcool mal digéré, ou encore dans les mises placées inconsidérément sur des paris à la lumière mêlée d'opium d'une taverne. Ces joutes étaient divertissantes, mais n'offraient aucune valeur poétique. J'ai dû me contenter de boire, de fumer, de baiser et de chanter avec les soldats, oubliant parfois mon envie juvénile d'écrire des poèmes épiques. Cette année devait être consacrée à un apprentissage pratique, et je n'avais pas encore vu une seule bataille concrète. Décevant.

« Détends-toi, gamin, me disait Narcisse en vidant une coupe de vin après l'autre. La vie d'un poète offre peu d'émotions. Ne crois pas qu'il y ait une bataille glorieuse tous les jours. Ah ! Beaucoup le souhaiteraient. Ne te plains pas si tu deviens aussi vieux que moi. Que préférerais-tu ? Te faire éventrer la panse par un couteau ennemi ? Oublie ces rêves stupides et trinque avec moi. Par le cul de la vieille pute du capitaine Narcisse ! »

Mon poète instructeur se donnait lui-même le grade de capitaine, comme une ritournelle moqueuse dans laquelle je distinguais un fond de tristesse. Narcisse était un type bien, ou il aurait pu l'être s'il ne buvait pas tant. Il était bien loin de la célébrité et de la gloire que moi, son assistant inculte et vaniteux, je rêvais d'atteindre. Durant onze années, il avait servi la Corporation comme poète, à vivre l'aventure et le danger pour de vrai, et n'était sur la Torche que depuis trois ans. Il ne perdait pas une occasion de me prodiguer des conseils. J'étais là pour ça. À un moment donné, un homme peut avoir davantage besoin d'un disciple que d'un maître. Narcisse avait atteint ce point.

« Les fils de pute, ils me font bien rire. Ils te collent à moi pendant une année standard, comme si j'allais te servir une poignée de merde noire. Comme si tu allais rencontrer un enregistreur installé en plein milieu des bombardements d'une incursion. Ils te font croire tout ça, Hamlet. Une année de service ? Une année à vivre les expériences de près ? Tu t'es fait baiser par ceux qui t'ont raconté ça, mon gars. Tu t'es fait baiser par ces fils de pute. Une année de vacances, je te dis ! Une année entière sans voir d'autres tirs que les pets de ton instructeur ! L'expérience réelle ? De la merde. C'est aussi absurde que si tu te prenais pour un marin après une année en mer sans avoir vraiment vécu ou vu aucune tempête. Tu perds ton temps avec moi. Durant cette maudite année, tu ne verras rien d'intéressant. Rien du tout. À ta santé ! »

Narcisse avait servi deux années sur un vrai vaisseau de combat, en première ligne, dans ce que les phalanges de l'espace appellent un brise-glace. Il avait eu la chance de participer à quelques combats sur le Maëlstrom, le vaisseau qui avait acquis la gloire la plus grande, après la destruction de l'invaincu Phoenix durant la dernière bataille de Pollux. Il avait pu écrire de bons poèmes sur sa propre expérience des combats. Parfois, pour l'agacer, je lui rappelais ce fait, parce que c'était la seule manière de connaître vraiment le déroulement d'une guerre d'expansion que nous étions supposés chanter, l'unique façon de savoir comment s'organisait une bataille, devant les yeux d'un poète.

« Du sang, mon garçon. Du sang de tous les côtés, répondait invariablement Narcisse. Par vagues entières. Ce n'est pas une expérience agréable, quand bien même tu aimerais le rouge. Des flots de sang. Et le bruit infernal des tirs, des lasers, et de ce putain de statique qui te rend dingue. Oh, le statique. C'est le pire. Et le vacarme de la mort, gamin. Les cris et le sang. Trop de sang. Si tu vois ça un jour, tu n'aimeras pas. Je t'assure. Tu auras envie de te barrer le plus vite possible. Tu te chieras dessus. Là-bas, ils tirent pour de vrai et ils n'en ont rien à foutre que tu sois poète ou que tu n'aies pas de munitions. Du sang. Trop de sang. »

Ensuite, Narcisse avait l'habitude d'entonner une chanson, un vieux poème de guerre dont il niait être l'auteur, même si je soupçonnais que c'était le cas.

Hild ! Hild ! Hild !
Et la mort et le sang nous retrouvons ici.
Hild !
Un grand salut à vous, cadavres et corps gonflés,
Et dépouilles flétries, toutes blessées de ma main !
Maudite a été l'heure où il fallut entendre
Le maudit nom de l'homme qui vous donna le jour !
Hild !
Que vos langues soient sèches, que vos yeux soient enflés,
Ou avec cette épée je devrai massacrer
Vos pauvres os moisis qu'autrefois j'ai brisés !
Que maudite soit l'heure où je vous vis mourir !
Hildegicel ! Hildegicel ! Hild !

Il chantait constamment cette chanson, avec un accent morbide sur les « Hildegicel », un terme désignant les « gouttes de sang » que l'on trouvait dans de nombreux poèmes, et sur le mot faisant allusion à la mort, « Hild ». Ce n'était pas un poème structuré selon les règles poétiques que j'avais apprises au Monastère, mais écrit dans un style libre inspiré des chansons de geste qui circulaient, ou que composaient les guerriers ivres dans les maisons de plaisir que la Corporation dispersait dans les mondes colonisés. Le ton nécrophage de la chanson, sa complaisance pour le mauvais goût et le sang me paraissaient fascinants.

« Hamlet, marmonnait Narcisse, les yeux dans le vague, complètement saoul, la Conquête n'est pas jolie. La splendeur de la bataille n'a pas un arrière-goût agréable.

— Vous êtes ivre, Narcisse. Vous ne savez pas ce que vous racontez.

— Ivre ? Moi ? Mais qu'est-ce que tu crois ? Bien sûr que je suis bourré ! Bourré et drogué jusqu'à la couenne. Ne joue pas les pisse-froid. Qu'est-ce que tu t'attendais à trouver ici ? Un bigot comme ceux du Monastère ? Un poète sublime ? Oui, je suis saoul. Complètement imbibé d'alcool. Le Doc dit que je pourrais pisser du vin. Et il n'exagère pas. Toi aussi, tu devrais picoler. C'est agréable. Ça te met la tête à l'envers, pleine de brume, toute floue. Tu arriverais même à te trouver beau, jeune Hamlet.

— Je suis beau, vieil ivrogne. Ne l'oubliez pas. Et je bois déjà. Depuis que je suis avec vous, je n'ai rien fait d'autre. Il n'y a pas la moindre escarmouche à chanter !

— Escarmouche ? Tu veux voir une escarmouche ? Je dirai au capitaine qu'il nous prépare la prochaine. Tu veux vraiment en voir une ?

— Pourquoi pas ? Je suppose que je suis là pour ça. Je ne comprends pas votre maudite habitude d'enfreindre les règles en inventant vos poèmes. Un jour, vous vous ferez attraper.

— Et qu'est-ce qu'ils vont me faire ? Me virer ? Me renvoyer sur Terre ? Je suis trop vieux pour ça. Avant, je demanderai aux mômes (c'est ainsi qu'il appelait les soldats) qu'ils me balancent dans l'espace. Boum ! Un fils de pute en moins ! Toute l'éternité debout ! *Je suis heureux de vivre, je suis heureux de mourir, et je resterai là, couché, avec mes dernières volontés.* Stevenson. C'est ça que je ferai. Mais avant ça, j'attendrai qu'on t'organise une escarmouche. Je te la montrerai moi-même. La prochaine sera pour toi. Et tu pourras la chanter à ta guise. D'accord ?

— D'accord.

— Ne reviens pas sur ta parole.

— Non. Vous non plus.

— Attention ! Le joli garçon que voici veut voir une vraie escarmouche ! Eh bien, tu vas l'avoir, gamin. Par Rab lui-même que tu vas l'avoir ! À ta santé ! »

En général, Narcisse ne descendait pas à la surface lorsque les soldats débarquaient, quelle que soit leur mission. Il restait à bord du vaisseau mère, avec moi, à écrire fébrilement des notes tout en mastiquant des pilules stimulantes. Puis il inventait des poèmes, après avoir demandé aux soldats revenant à bord comment les choses s'étaient déroulées. Il avait une théorie : inutile de mettre un pied sur les planètes pour voir la troupe écrabouiller ces « malheureux insurgés », car une fois qu'on a vu une bataille, on les a toutes vues. Les poèmes qu'il écrivait ensuite n'étaient pas différents de tous les autres. Je n'ai jamais su si le reste des poètes en service utilisaient la même méthode que lui, ou si leur connaissance du terrain était réelle.

« Ne crois pas que le capitaine Narcisse est un couard, mon garçon, se justifiait-il. Je ne le suis pas. Tu aurais dû me voir, là-bas, au bord du Maëlstrom. Ça, c'était un navire. Pas de la merde. Le Maëlstrom. Toujours en première ligne, gamin, voilà où j'étais. Comme un frère siamois collé aux basques du leader durant les incursions. Je ne suis pas un trouillard.

— Je n'ai jamais dit que vous l'étiez, Narcisse. Pas que je m'en souvienne.

— Tu ne l'as pas dit, mais tu l'as pensé, mon garçon. Ta petite tête blonde a conclu : *Narcisse a la trouille, Narcisse est un putain de couard qui a les miches.*

— Ne soyez pas stupide. Je n'aurais jamais formulé ça de cette manière. Je suis plus raffiné que vous.

— Petit crétin ! On verra comment tu t'exprimeras quand tu seras parti d'ici depuis deux ans. À côté de toi, j'aurai l'air d'une vierge.

— En tout cas, je serai moins malpoli que vous. Personne ne peut vous battre. »

J'ai pris une longue inspiration, puis j'ai menti :

« Je ne pense pas que vous êtes un couard. Je ne l'ai jamais pensé.

— Bien sûr que tu l'as pensé ! Tout le monde, à bord de ce foutu navire, croit que les poètes sont des poules mouillées, des petites natures. Et tu sais ce que je leur dis ? Tu le sais ?

— Non. La seule chose que je sais, c'est que vous devriez boire moins et lever le pied sur l'opium et les pilules.

— Merci du conseil, Docteur. Je vais faire comme ça, bien sûr. Mais va te faire foutre, mon pote ! Ça fait huit ans que je prends ces saloperies et je n'ai pas encore essayé le crack. Même s'il a l'air usé, le vieux capitaine Narcisse est en pleine forme.

— C'est ça, vous allez très bien. Maintenant, on va se coucher.

— Je ne veux pas dormir. Je n'en ai pas envie. Je veux te l'expliquer encore, mon petit. Que je ne suis pas un trouillard. Que je ne l'ai jamais été.

— D'accord. Vous ne l'êtes pas et vous ne l'avez jamais été. Et maintenant, vous allez vous taire ou bien il faut que je vous injecte un sédatif ?

— Tu n'en serais pas capable. Je suis plus fort, plus adroit et plus intelligent que toi. Et plus courageux. Tu aurais dû me voir en pleine bataille. Tu aurais dû me voir en première ligne, à mémoriser ces putains de rebelles. Ah ! C'était le bon temps. Le Maëlstrom, c'était un sacré navire, pas comme cette poubelle rouillée qu'est la Torche. C'est une merde. Tu aurais dû me voir en train de composer des chants sous les tirs de ces fils de putes. Tu aurais... »

J'ai appris bien plus tard que Narcisse avait été le seul survivant d'un terrible massacre. Les rebelles, des sauvages qui ne possédaient même pas d'armes modernes, l'avaient salement torturé et il était revenu traumatisé. Si bien que les médecins ne craignaient pas seulement pour sa vie, mais aussi pour sa santé mentale. Lorsqu'on l'avait retrouvé, il était couvert de sang des pieds à la tête, écorché, à l'état de loque. Rien que la chirurgie ne puisse réparer. Mais son état psychique était tout autre chose. Il avait été abandonné pendant des jours, cloué à un poteau, la tête baissée, en train de marmonner des comptines pour enfants. « Ding, ding, dong, ding, ding, dong, frère Jacques, frère Jacques... », ce genre de choses. Ses mains raccommodées se tordaient parfois lorsque la drogue qu'il avait ingérée lui provoquait des crises d'épilepsie. La Corporation avait pris son état en considération et l'avait retiré du service en première ligne pour l'affecter sur un navire relativement plus sûr, comme la Torche. Narcisse avait échappé de peu à la folie. La drogue qui le minait avait été son refuge.

« Écoute, Hamlet. Les gosses descendent sur cette planète naine de couleur verte. Bon, je sais que tu ne captes pas les couleurs. Toi et ton maudit daltonisme. Les gosses débarquent pour imposer la justice. Et qu'est-ce qu'ils font ?

— Je l'ignore. Comment voulez-vous que je le sache si nous ne les accompagnons jamais pour voir ?

— Je vais te le dire. Je te le dirai si tu me passes un peu de poussière d'ange.

— Pas question. Vous en avez eu assez. Vous avez pris deux doses ce matin. Si vous continuez, ça va finir très mal.

— Tu me fais chier. Passe-moi la poussière d'ange ou tu vas le regretter.

— Bon sang, d'accord. Mais vous devriez aller voir le Doc pour lui demander de vous désintoxiquer.

— Laisse le Doc où il est et passe-moi ce que je te demande, Hamlet. J'en ai besoin. »

Je lui ai tendu le flacon et il l'a saisi d'une main tremblante. Il ne s'était pas encore rallongé sur le lit qu'il avait déjà descendu son pantalon. Comme si l'opium et les capsules stimulantes n'étaient pas suffisantes, Narcisse avait commencé à devenir accro à la poussière d'ange. Il se l'est étalée copieusement sur les parties génitales, le massage lui provoquant une érection. Ensuite, poisseux et plus calme, comme s'il flottait dans un univers où n'existe que le plaisir, il a continué de marmonner. J'étais sûr qu'il ne me voyait même plus.

« Mmm écoute. Je vais t'expliquer. C'est... très simple. Les gosses débarquent. D'ac... cord ? Le leader de la patrouille et ses deux douzaines de gosses. Passe-moi un peu de vin. Les rebelles se cachent... se camouflent... tentent de s'échapper jusqu'à ce qu'ils décident d'attaquer. C'est... Mmm... Ou bien nos gosses les surprennent. Que crois-tu qu'il se passe ? Qu'imagines-tu ?

— Je suppose qu'ils se battent. Des tirs, du feu, des morts. Tout ça.

— *Je suppose qu'ils se battent*, m'a-t-il singé, les yeux fermés, la bouche ouverte, le phallus dégoulinant. Mmm... Parfois, non. Il n'y a pas de temps pour la lutte. Des tirs, du feu et des morts, oui. Ça, c'est sûr.

— Sans lutter ?

— La plupart du temps, non. Combien de temps... dure une escarmouche... Mmm... dans les montagnes, à ton avis ?

— Une heure ?

— Parfois beaucoup moins. Les gosses... débarquent, dégainent et tirent. Et c'est... Mmm... fini. Les rebelles... n'ont rien vu venir. La bataille... ne dure pas vingt minutes !

— Alors pourquoi ils mettent des jours à remonter à bord ?

— Gamin, tu manques... d'imagination. Mmm... Parfois, ils ne les trouvent... pas tout de suite. Des fois, ils... Ils organisent une longue battue. Quelquefois, les... femmes des rebelles sont baisables, quand elles sont... Mmm... humanoïdes. Et même si elles... sont horribles, il y a des espèces... qui peuvent accueillir trois soldats à la fois... Mmm... dans le même trou. Gamin, un guerrier... ne profite pas que des prostituées... dans les postes reculés. Tu devrais... le savoir, toi qui réclames... constamment une femme. Mmm... Sur les planètes, en bas, il y en a, et elles... ne coûtent que quelques égratignures au début, et quelques tirs à la fin. Mmm... Tu vois... ce que je veux dire. »

Il m'a regardé par-dessus son sexe en érection et m'a fait un clin d'œil égrillard.

« Vous voulez dire qu'ils les violent et les tuent ? ai-je demandé.

— Oh, Rab, tu aurais dû... Mmm... me prévenir que tu m'envoyais un ingénu ! Bien sûr... qu'ils les tuent ! Que veux-tu... qu'ils fassent ? Qu'ils les... récompensent ?

— Je ne sais pas. Je ne pensais pas que nos soldats agiraient de cette manière.

— Écoute, Hamlet. Mmm... Le monde... n'est pas beau. L'univers n'est pas... juste. Rien n'est bien fait.

— Ça, je le savais. J'ai arrêté de sucer mon pouce depuis longtemps.

— Ces femmes sont... des ennemies. Aussi dangereuses, et parfois plus, que leurs maris. On voit bien... que tu ne les as jamais vues... prendre les armes. Elles sont pires... que les hommes. Et tu sais... pourquoi ? Mmm... Non, bien sûr... que non. Il n'y a qu'à... regarder ta tête. Parce qu'elles peuvent... se reproduire.

— Vous m'en direz tant !

— Ne te moque… pas de moi ! Tu vas… comprendre. Les soldats… dézinguent toute vie intelligente qu'ils rencontrent en bas, et ils le font… Mmm… pour une raison. S'ils épargnaient les femmes, le problème… resurgirait quelques années… plus tard. Il y a des espèces hermaphrodites… dans toute cette partie des Confins. D'autres… sont douées pour la parthénogenèse. Mmm… Ça t'amuserait que nos guerriers… engrossent ces femelles et qu'ensuite leurs propres bâtards… se battent… contre la Corporation pour leur indépendance ? Pour éviter… ça, ils tuent… toutes les créatures… qu'ils rencontrent.

— Ça doit être épouvantable.

— Ça l'est. C'est l'une des raisons… Mmm… pour lesquelles je n'aime pas descendre avec eux. Les escarmouches sont… terriblement vulgaires, et un poète… a peu de choses… à décrire, surtout si c'est un type… Mmm… sensible. On ne peut même pas… baiser correctement. Les gosses… se bagarrent pour… Mmm… un joli nid douillet… où fourrer leur bite. Et tu ne peux que regarder… et attendre… qu'ils te laissent les restes, s'ils y consentent.

— Je ne parlais pas de ça.

— Je sais… de quoi tu parlais. Laisse-moi poursuivre… Mmm… Les escarmouches sont… tellement mineures… qu'il faut les étoffer… Mmm… si tu veux les chanter. Il faut faire preuve… de beaucoup d'imagination… au moment d'écrire les poèmes. Et s'il faut inventer… Mmm… des choses, autant tout inventer, non ? C'est pourquoi je reste… en orbite et je me contente… d'imaginer que les soldats… Mmm… accomplissent des actes… glorieux. C'est plus joli, moins… répugnant, et plus sûr.

— Je crois que la guerre n'est pas aussi reluisante que je le pensais.

— Je te… l'avais dit. Mmm… Oooohhh… »

Il s'est affalé contre l'oreiller, les jambes toujours ouvertes, et a cessé de parler pour se concentrer sur les fantaisies érotiques et oniriques induites par la poussière d'ange. Narcisse était réellement sonné. Il ne suivait aucun traitement contre la dépendance, et ses prises s'emparaient facilement de lui, le dévoraient. C'était un véritable drogué. Son organisme était totalement dépendant des stimulants pour vivre. Je ne l'ai pas dit, mais il était aussi maigre qu'un clou et sa peau ressemblait à de l'écorce, tant elle était rugueuse. Pourtant, Narcisse était loin d'être aussi âgé qu'il paraissait être. Il n'avait que trente-cinq ans.

Son autre penchant, à part la dépendance et sa tendance à parler tout le temps de la guerre et de sa valeur, c'étaient les femmes. Il était littéralement obsédé par elles, comme tout bon vétéran de l'espace. Il était poly et copulait sans aucun problème avec n'importe quelle espèce ou sexe, avec une grande facilité. Narcisse se vantait constamment de sa virilité, et du fait qu'il avait fréquenté autant de femmes, d'hommes et d'humanoïdes qu'il y avait d'étoiles dans le ciel. Il prétendait qu'il avait des relations sur une cinquantaine de planètes et qu'il connaissait comme le fond de sa poche tous les recoins du gigantesque astronef.

« Tu peux me demander ce que tu veux, gamin, et je te le donnerai, a-t-il soudain déclaré après un long moment, d'une voix plus claire. Ce que tu veux. Je peux t'obtenir n'importe quoi à bord de ce navire. Tout ce que tu désires, sauf une femme. S'il pouvait y avoir une maudite femme à bord ! Oh, il y en a trois, d'après ce que je sais. Trois pilotes. Elles ont beaucoup de trous, mais aucun n'est adapté ! Ah ah ! Ce n'est pas drôle ? Passe-moi la poussière d'ange, petit. C'est ainsi. C'est la vie. Un plaisir authentique. À ta santé ! »

Narcisse a tenu sa promesse et m'a emmené avec lui lors de l'escarmouche suivante, contre un groupe de contrebandiers qui faisaient du trafic d'espèces. Ils étaient presque une centaine, armés jusqu'aux dents. Il avait raison. Je n'ai pas du tout aimé ce que j'ai vu.

Chapitre 13

« Tu veux voir comment une planète évolue d'un million d'années en un seul jour ?

— Si c'est gratuit, oui.

— Ça l'est. Le capitaine dit que dans une semaine nous arriverons à temps pour voir le miracle, alors prépare ta plume parce que tu devras écrire sur l'événement.

— Cela semble un bon thème.

— Nous verrons. »

Avec cet échange, Narcisse venait de m'annoncer que la Torche allait enfin sortir de sa patrouille habituelle. Juste au moment où je commençais à désespérer, New York, ou son équivalent de la Corporation dans ce lieu si éloigné, avait décidé qu'il était temps d'élargir à nouveau les limites du monde exploré. L'infini se faisait chaque jour de plus en plus petit. Nous allions quitter les Confins et, durant des jours, circuler librement sur les chemins de l'espace inexploré, exposés à des dangers inconnus qui ne figuraient pas sur les cartes de navigation. Merveilleux. Narcisse et moi le verrions en première ligne, avec la mission de le chanter. Le thème était prometteur. Au moins, nous sortirions de la routine à laquelle nous étions habitués. Même s'il n'arrivait rien d'important, ce petit voyage serait une expérience.

Une semaine plus tard, comme l'avait annoncé le capitaine sans se tromper - ce qui est facile lorsque celui qui fait la prédiction est un ordinateur -, nous avons atteint notre planète de destination : une boule déformée, d'un bleu similaire à celui de la Terre, qui tournait candidement sur son axe. Elle était couverte de nuages, des formations volatiles et changeantes de couleur marron. Elles ressemblaient à de la fumée invoquée par une sorcière, et c'est ainsi que nous les décririons ensuite, dans la chanson. Nous nous sommes approchés de la planète et nous avons été déçus de constater - du moins, c'est ce que j'ai ressenti - que nous n'étions pas les premiers à venir aussi loin. Presque deux douzaines de vaisseaux étaient déjà là, et il en manquait encore quelques-uns.

« Eh ! Qui sont-ils ? » ai-je demandé à Narcisse, un peu agacé. Je craignais qu'ils nous retirent l'exclusivité.

« Oh, ce sont des croiseurs, gamin. Tout le secteur Plus Ultra Confins est là. Le vaisseau le plus grand est l'Ivoire, un navire de guerre de première ligne. Les plus petits sont des patrouilleurs réguliers, comme le nôtre. Les autres sont des vaisseaux cargo.

— Je croyais que nous devions participer à une opération militaire.

— Tu *croyais* ? Mais c'est une opération militaire. Qu'est-ce que tu imagines ? Que les vaisseaux cargo sont des civils ? Ils sont là pour la même chose que nous. Nous allons organiser un carnaval, là-bas, à la surface. Tu as peur des lézards ?

— Je n'en ai vu qu'en hologrammes. Pourquoi ?

— Oh, pour rien. Tu verras. »

Les vaisseaux flottaient dans l'espace, alignés comme des bandes de Möbius sur leurs jolies orbites elliptiques. Avec la distance, ils paraissaient aussi petits que mon poing, mais nous savions tous qu'ils étaient plus gros que la Torche. Les vaisseaux montaient et descendaient comme un carrousel métallique sans fils, conservant la même formation millimétrique, sans dévier de leur orbite autour de l'atmosphère, comme s'ils appréciaient cette danse placide. Le spectacle, dans l'aube de la planète bleue, était magnifique. Il ne manquait qu'une musique appropriée pour bercer leurs rêves de fer. J'ai pensé à Wagner.

Nous avons attendu une heure. Puis, du ventre de l'Ivoire, le navire de guerre, sont sorties plusieurs navettes qui ont plongé rapidement dans la couche de nuages pour s'y perdre. Les patrouilleurs réguliers, y compris le nôtre, les ont imitées quelques minutes plus tard, lorsque le centre de commande a vomi un ordre. J'ai pris place dans l'une des dernières navettes, accompagné par Narcisse. Seuls deux croiseurs sont restés en orbite, perdus là-haut, attendant patiemment que les kamikazes nettoient le terrain.

Notre navette est entrée en contact avec l'atmosphère, la traversant comme un couteau qui coupe l'air. J'ai lancé un coup d'œil à l'indicateur thermique et j'ai vu que la température était anormalement haute. En théorie, la friction aurait dû s'arrêter plus tôt. Peut-être que quelque chose allait mal. J'en ai fait la remarque à voix haute, contrôlant attentivement le ton que j'utilisais.

« Calme-toi, m'a dit le pilote, un sergent. Il n'y a rien d'anormal. Ce fichu globe subit un effet d'hiver atmosphérique, c'est tout. Les couches de nuages réfractent la lumière et cela génère de la chaleur. Nous allons transpirer, mais nous passerons. Sois tranquille. Tout va bien. »

Nous avons poursuivi notre descente puis nous avons atterri au sommet d'un promontoire, dans une immense clairière qui dégageait de la fumée sans discontinuer, comme un volcan. Inutile que les soldats m'expliquent ce qui se passait ; je ne suis pas un imbécile. On nous avait dégagé le terrain, rien de plus. La chaleur et l'épaisse fumée grise qui s'élevait en tourbillons fantasmagoriques provenaient de bombes incendiaires que les premières navettes, descendues de l'Ivoire, avaient balancées avant notre arrivée. Je commençais à réaliser que Narcisse ne plaisantait pas quand il disait que la planète allait évoluer d'un million d'années avec notre intervention. C'était ce qui se passait. Nous l'aidions à changer. En la dévastant.

Nous sommes sortis du lanceur, asphyxiés par la fumée et la chaleur. Autour de nous, on ne voyait qu'un écran de brume grise. Rapidement, nous avons commencé à pleurer et à tousser. Le sergent, qui ne semblait pas affecté, nous a ordonné de baisser nos visières et de respirer par le filtre du masque. Nous avons obéi. Plus personne n'a toussé.

« Attention, a crépité le communicateur dont le son était altéré par le crissement des explosions de statique. À toutes les unités. Sortez les hélicos et mettez-vous en formation pour la battue. Signes de vie vers l'est. Je répète. Signes de vie vers l'est. Préparez vos armes.

— Roger. Roger. D'accord. D'accord. À vous. »

Le sergent a immédiatement fait décharger deux coptères, stockés et transportés comme du simple matériel à bord du vaisseau. Stimulés par les cris de leur supérieur, les soldats les ont mis en état de marche en deux minutes. Les deux appareils étaient de taille moyenne, l'un plus gros que l'autre, et paraissaient étonnamment anachroniques dans cet environnement primitif.

« Tous à bord du premier hélico ! a hurlé le sergent. Vous, les poètes, vous montez dans le second. Caporal, fais attention à eux. Fais-leur voir ce qui se passe en toute sécurité. Ne l'oublie pas. Maintiens-les hors de danger. Vole suffisamment haut pour qu'aucun insecte ne tente de les mordre.

— À vos ordres, chef !

— Vous autres, têtes de singes, armez vos lasers et chargez vos armes ! Il va y avoir de l'action ! En avant ! »

Les soldats ont trotté jusqu'à l'appareil et le coptère a décollé, guidé par les mains d'acier du sergent, si bien que nos uniformes rutilants de poètes ont été couverts de sable et de cendres, de bas en haut, à l'exception du casque. Narcisse s'en fichait. Pas moi. Mon superbe uniforme d'aspirant, d'un blanc immaculé, était devenu dégoûtant. On aurait dit que je m'étais baigné dans une flaque de boue. Merde.

L'appareil s'est perdu dans le ciel, et nous sommes restés plantés là, à suer comme des vers. De loin, nous pouvions entendre des échos d'explosions, probablement des bombes incendiaires, et nous pouvions apercevoir des monstres mécaniques survolant les traces noires qu'ils étaient en train de semer. Nous n'entendions rien d'autre, à l'exception du battement intermittent des ailes des coptères que nous ne distinguions plus et, de temps en temps, le sifflement des lasers. Je mourais d'envie de savoir ce qu'il se passait.

« Très bien, a dit le caporal, en une réplique exacte des attitudes du sergent, tics inclus. Maintenant, on décolle. Montez à bord, Messieurs. Vous allez assister à un vrai spectacle. »

Nous nous sommes empressés de sauter à l'intérieur et le coptère s'est élevé dans les airs, agile comme une sauterelle. Nous avons survolé le plateau où nous avions fait halte, et au-delà des nuées artificielles, nous avons vu apparaître le paysage originel dans toute sa splendeur. Il y avait de la végétation partout. Haute et luxuriante, elle semblait avoir grandi dans tous les sens. Tout devait être vert, parce que je ne captais que des tons gris et jaunes. Les arbres étaient gigantesques, encore plus colossaux que les magnifiques sapins-ciguë qui avaient protégé nos corps ardents de passion sur Arcadie, et paraissaient sans fin. Ce monde était réellement jeune, au tout début de son développement, en pleine évolution.

« Eh, descends plus bas, s'est insurgé Narcisse, qui mastiquait ses pilules sans cesser de prendre des notes. D'ici, on ne voit rien.

— Le sergent a dit que je devais voler en altitude, s'est excusé le caporal. Je le regrette.

— Écoute, nous avons un travail à faire. Tu es au courant, non ? Nous devons chanter les putains d'événements qui se déroulent en ce moment même. D'ici, la vue est jolie mais on ne distingue absolument rien. Tu ne voudrais pas que nos chants décrivent une immense tache verte, pas vrai ? Alors vole en rase-mottes et ne t'occupe pas de notre sécurité. Les forces rebelles n'ont pas d'armes à longue portée, si je ne m'abuse ? Descends et arrête de te prendre pour notre mère. »

Le caporal a tenté de protester, mais Narcisse l'en a empêché avec véhémence. Je me contentais de regarder par la fenêtre en essayant de ne pas rire.

« Il n'y a pas de *mais*. Tu descends.

— Très bien, mais c'est ta responsabilité, Narcisse.

— Je l'assume. Dirige-toi vers l'ouest. Il y a du mouvement, là-bas.

— À vos ordres », a répondu machinalement le caporal.

Il n'avait pas osé insister. Narcisse et moi avions le grade de sous-officiers, même si cela ne nous servait que dans de rares situations comme celle-ci. Le pilote a entamé une manœuvre et le coptère est descendu. Tandis que nous volions plus bas, nous avons pu distinguer un peu mieux la fuite de plusieurs formes de vie primitives, plutôt insignifiantes. Des créatures vaporeuses aux ailes flexibles et transparentes comme le plastique ont traversé notre trajectoire, surprises par notre vitesse et par notre forme. Narcisse a souri, rédigeant un rapide portrait de leurs silhouettes.

La situation lui suggérait visiblement de nombreuses idées pour son poème.

À certains endroits, les soldats étaient descendus des appareils et progressaient à présent en formation, à travers les bois et les marécages, tirant ici ou là contre tout ce qui bougeait. Nous volions au-dessus de leur tête, faisant suffisamment de bruit pour attirer leur attention. Certains saluaient notre passage par des gestes obscènes.

Frustré d'avoir dû nous obéir, notre pilote a voulu se distraire un peu à nos dépens. Il a commencé à zigzaguer comme un dingue entre des arbres dont j'ai essayé de retrouver le nom sans y parvenir. De nouveau, le Monastère ne me servait à rien, et Narcisse avait raison, comme d'habitude. Je me suis cramponné à mon siège. Les virages me retournaient les tripes mais je ne me suis pas plaint. Narcisse non plus. Nous ne voulions pas donner l'impression que nous nous sentions mal. Notre silence n'a pas trompé le caporal.

« Du courage, les poètes ! a-t-il lâché, amusé. Encore quatre ou cinq arbres, et après il y a une clairière. Les secousses sont bientôt terminées. »

Effectivement, elles se sont achevées, mais par un mouvement encore plus brusque. À peine avions-nous atteint la clairière qu'une tête énorme et horrible est apparue en dessous de nous, nous coupant le chemin. Sa bouche était grande ouverte, noire comme l'espace profond, et pleine de dents. C'était un monstre. Il s'est mis à rugir. L'écran de protection avant a cédé sous l'impact sonore. Le pilote a bravement tenté d'éviter de plonger dans le trou noir entre les mâchoires de la bête et le coptère s'est retrouvé projeté vers le haut, hors de contrôle pendant deux secondes.

« Un dragon ! » a hurlé le caporal.

J'ai également crié sans m'en rendre compte. Seul Narcisse avait l'air inconscient de l'apparition du monstre. Sans doute à cause de la drogue.

« Un fils de pute de dragon qui a failli nous bouffer ! » a répété le militaire.

Ainsi, Narcisse ne s'était pas moqué de moi quand il m'avait demandé en souriant si j'avais peur des lézards. Bien sûr que je les craignais. Ils étaient terrifiants. Et celui-là avait été sur le point de nous tuer.

« Bâtard de fils de pute ! gesticulait le pilote en tentant de reprendre le contrôle de son appareil. Saloperie ! Tu vas voir ! »

Le coptère a cessé sa montée et les choses sont revenues à la normale. En bas, le monstre ressemblait à une gigantesque tache brune au milieu des arbres. Un mélange de crapaud et de serpent. Abominable. Le pilote a manœuvré son appareil qui s'est remis à descendre.

« Viens, petit dragon, viens, chantonnait-il. Viens, que je te donne une pilule. Viens, viens, fils de pute. »

De nouveau, l'énorme tête a surgi de la végétation, deux fois plus grande que le minuscule coptère. Il a encore rugi, un son incompréhensible qui ne signifiait peut-être rien. Cette fois, l'écran de protection était prêt à encaisser la vibration et il n'a pas cédé. Les pupilles jaunes de l'animal observaient chacun de nos mouvements, ses dents affûtées prêtes à nous croquer. Heureusement, le monstre n'avait pas de mains, et il pouvait difficilement nous atteindre.

« Prenez bien note, poètes. Moscho Tazieff fait sa première prise du jour. Notez-le. C'est mon nom. »

Trois roquettes ont surgi du ventre du coptère, laissant derrière elles une trace de fumée sulfureuse, et ont fendu l'air jusqu'à atteindre la tête du saurien en trois endroits distincts. Elles ont explosé, ouvrant d'énormes cratères dans la peau brune et écailleuse. La suite n'a pas duré plus d'une seconde. Le corps du monstre a éclaté avec un grondement interne, se décomposant en des monceaux de chair molle et sanglante. Curieusement, cela m'a fait penser à Moby Dick. À Orphée.

« C'est ça, tu l'as atomisé, Moscho Tazieff, puisque c'est ton nom, espèce de salopard ! s'est exclamé Narcisse, qui paraissait en colère. Tu l'as réduit en bouillie. Qu'est-ce que tu veux ? Qu'on te donne une médaille ? Ta petite blague, à zigzaguer entre les arbres, a failli mal finir. Avec des types comme toi, on ne va pas aller bien loin. Fais plus attention, bordel !

— Quoi ? Ce bâtard voulait nous bouffer ! Il voulait me tuer ! Et ce connard de poète me dit de faire attention ? Mais qu'est-ce qui t'arrive ? Tu as chié de trouille ? Tu aurais fait mieux ? Ce monstre nous a quasiment tués ! Salopard toi-même ! »

Il n'a rien ajouté. Je l'ai observé à son insu et j'ai remarqué que, derrière son masque à oxygène, il était blanc comme un linge. Comme nous. Narcisse a encore grommelé quelque chose à propos du monstre tandis que le pilote cherchait un lieu pour se poser, un endroit loin de l'horreur où nous pourrions reprendre nos esprits. Il nous fallait repousser la peur dans un coin, puisque nous venions d'apprendre que la porte de l'enfer pouvait ressembler à la gorge béante d'un dragon.

CHAPITRE 14

Au milieu de l'après-midi, une fois que le danger a été éradiqué, que les reptiles à l'aspect monstrueux ont cessé de troubler la zone et ses environs, et que le continent sur lequel on nous avait fait débarquer a été complètement nettoyé, le centre de commande de la force d'invasion a donné un ordre. Les vaisseaux cargo de la Corporation sont alors descendus à la surface pour y déverser des milliers de techniciens et des tonnes de matériel. Immédiatement, les hommes ont commencé leur travail d'abattage, à une vitesse folle, comme si la planète risquait de sombrer d'un moment à l'autre sous le poids de ses plantes, comme s'ils pourchassaient des rongeurs que l'on venait de surprendre et qui allaient s'enfuir. Je ne comprenais pas la raison de cette précipitation. La planète était entièrement sous notre contrôle. Il ne restait plus aucune vie pour s'opposer à la force dissuasive des armes.

Les forêts qui tapissaient la surface ont été rasées consciencieusement, jusqu'à ce qu'il ne reste plus un seul arbre pouvant témoigner de ce qu'avait été le paysage quelques heures auparavant. Si on avait tenté de décrire à un nouveau venu l'aspect originel du terrain au moment de notre arrivée, il n'en aurait pas cru un mot et il nous aurait pris pour des fous. Les scies électriques, les rayons laser, les escadrilles d'automates et la maîtrise des techniciens se chargeaient, seconde après seconde, de contredire notre thèse. Ils ont nettoyé une zone de mille kilomètres carrés dans le cours de l'après-midi, en une incessante course contre la montre dont l'unique but paraissait être l'érosion. La planète acceptait, impassible, déjà morte, tout le travail d'évolution que nous étions en train de créer, et je me suis mis à penser que les arbres prenaient cela pour un juste châtiment. C'est pourquoi ils ne protestaient même pas lorsqu'ils étaient débités avec efficacité sur un autre site, et mis sur des tapis roulants pour être transportés à l'intérieur des navires sans perdre de temps. L'opération à peine terminée, il faudrait repartir rapidement vers les Confins parce qu'il n'y avait pas de temps à perdre : nombreuses étaient les planètes qui attendaient leur tour d'être spoliées. Même le vent acceptait silencieusement notre travail de saccage. Toute la planète orbitait à son rythme habituel, gardant un calme anormal qui ressemblait à un signe avant-coureur du passage de la faux.

Les sauriens décimés, ces bêtes innocentes qui n'imaginaient pas leur destinée, ont produit une tuerie fructueuse, d'autant plus horrible que nous, les soldats, les poètes, les hommes, ne ressentions aucune haine envers eux, du moins pas au début. Tout le ressentiment est venu après, lorsque les proies étaient déjà mortes sous le talon de nos bottes, quand nous prenions la pose pour la postérité et que nous devions nous persuader que nous avions accompli un acte juste, parce qu'il est plus facile de massacrer sans pitié un ennemi défini comme mauvais. Notre dissonance cognitive s'est alors réduite et nous avons pu conclure que nous étions des gens éduqués et raisonnables, réconfortés de nous sentir libérés de la culpabilité d'une victime qui mérite son châtiment puisque nous l'avions jugée nuisible.

Tous les soldats n'avaient pas été aussi inconsidérés que notre tête brûlée de pilote – ce type appelé Moscho Tazieff, dont le nom s'était gravé pour toujours dans un recoin de ma mémoire –, et la viande de la majorité des monstres a pu être récupérée et conservée. On a retiré adroitement leur peau écailleuse, et la chair a été découpée en d'épaisses tranches sanguinolentes que l'on rangeait dans des chambres de stockage, à bord des navires frigorifiques, prêtes à être commercialisées à prix d'or dans d'autres secteurs de la Corporation, alors que leur capture n'avait quasiment rien coûté. De nombreux soldats, usant de leur droit à prendre des trophées sur ces centaines de lézards qu'ils avaient massacrés, conservaient, avec un fétichisme qui m'a paru logique sur le moment, des morceaux d'os prélevés sur les animaux, essentiellement les dents. Ils les portaient en colliers ou en boucles d'oreille pour se pavaner auprès des prostituées dans les lupanars que la Corporation semait sur son passage, à tous les coins de la galaxie. Mais la plupart des hommes se regroupaient autour de feux de joie où ils faisaient rôtir avec jubilation des morceaux de viande de la taille d'une cuisse d'homme, tandis que les ballades épiques couraient d'une bouche à l'autre et que la mémoire était avivée à grandes goulées du meilleur vin. Les officiers partageaient volontiers ces moments de distraction, considérant qu'ils avaient rempli efficacement leur devoir, fiers de l'obéissance et de l'estime de leurs troupes. Les cris et les ordres étaient oubliés, comme s'ils n'avaient jamais existé, prêts à se reproduire dès que ces instants de partage seraient terminés.

Narcisse Hall, qui continuait à prendre des notes sur les dimensions des arbres et des sauriens, et qui demandait aux soldats leurs impressions sur toute l'opération, sur la façon dont ils avaient agi, comment ils s'étaient sentis, s'est approché d'un des foyers sans éprouver la moindre difficulté à se frayer un passage, puis il a émergé, un instant plus tard, avec deux assiettes garnies de viande grillée. La taille des filets était à peine plus petite que moi.

« Goûte ça, gamin, a-t-il déclaré, la bouche ouverte, les oreilles écartées, les yeux plissés. C'est un menu digne d'un roi. Ne prends pas cet air dégoûté et mords là-dedans. Tu me diras après si c'est bon. »

J'ai accepté son cadeau juteux et sanguinolent. Je n'ai eu aucun regret à le consommer, si c'était cela que Narcisse attendait. Aucun scrupule. Il émanait des foyers une odeur envoûtante, et je n'avais pas mangé de vraie viande, quelle qu'en soit l'origine, depuis des années. Depuis mon départ de la Terre, près de quatre ans plus tôt, je n'avais rien goûté de tel. Au Monastère, tout ce que nous cultivions ou pêchions était synthétique, avec un arrière-goût de plastique, fruit d'innombrables recyclages ou synthèses de matières semi-organiques. À bord de la Torche, la nourriture était en conserve. Impossible de distinguer sa nature animale ou végétale. Peut-être que nous ne mangions que des pierres. La viande du lézard, en revanche, était savoureuse, très douce. C'était bon, même si le morceau était beaucoup trop gros pour moi, peu habitué que j'étais à ces libations pantagruéliques.

« Tu n'en veux plus ? m'a reproché Narcisse avec un geste désolé. Tu as déjà fini ? Ça coûte un paquet de drachmes, Hamlet ! Sur un millier de mondes on te tuerait pour mettre la main sur ton assiette ! Et c'est gratuit pour ceux qui sont ici !

— Je sais, je sais. C'est délicieux, mais je ne peux rien avaler de plus. »

Je me suis incliné en arrière pour m'appuyer paresseusement sur ce que je prenais pour un rocher. Mais c'était le crâne d'un lézard, encore couvert de lambeaux de chair. Je me suis redressé précipitamment.

« Je suis crevé. À présent, tout ce que je veux, c'est dormir, Narcisse. La journée a été chargée. Réveille-moi quand c'est le matin. D'accord ?

— Te réveiller ? Gamin, tu es complètement fou ! Ce fichu lézard a dû te rendre patraque. Nous devons nous mettre en mouvement !

— On rentre déjà ?

— Bien sûr que non ! Où crois-tu aller ? La chasse continue. Le nord est notre prochaine étape. Encore des arbres à tailler et des lézards à envoyer en enfer. Cette planète doit devenir aussi lisse que ma poitrine, Hamlet. Prépare-toi. On part dans une demi-heure !

— Oh, Narcisse, ils n'ont peut-être pas besoin de nous dans tout ce bazar. Pourquoi ils ne nous laissent pas dormir ?

— Je doute que nous puissions dormir avec tout ce boucan. Écoute. »

Il a attiré mon attention sur l'infernal son de crécelle qui ressemblait aux stridulations d'un grillon aux ailes métalliques.

— Même mort, tu n'y parviendrais pas, a-t-il repris. Nous devons écrire un poème épique sur tout ce qui se passe ici, tu te souviens ? C'est notre travail. Ils nous paient pour ça.

— Narcisse, je ne vois rien de beau ou d'épique dans cette tuerie. Écrire ? Je ne crois pas que je pourrais rédiger plus de dix lignes sur tout ça, et je m'endormirais avant d'avoir fini sous l'effet de l'ennui. Ici, il n'y a aucune bataille, aucune émotion.

— Mais il y en aura. Il y en aura, mon garçon, a-t-il lancé en m'adressant un clin d'œil prouvant qu'il tramait quelque chose, un autre de ses tours de magie. Réveille-toi et commence à prendre des notes sur ce que tu vois et entends. Les actions nocturnes sont habituellement très intéressantes. »

Il est reparti, à la recherche d'un morceau de viande, de vin, de distraction et de compagnie. Je l'ai vu s'éloigner en titubant, tandis que je luttais pour garder ouverts mes yeux qui souhaitaient désespérément se fermer et rester tranquilles pendant quelques heures. J'avais vu trop de choses durant cette journée. Toutes épuisantes. Pour chasser le sommeil, je me suis levé, provoquant une symphonie de craquements dans mes os qui protestaient. J'ai pris deux capsules de caféine qui m'ont immédiatement requinqué, me remplissant d'une nouvelle énergie artificielle. J'ai craché, et une sensation de dégoût m'a envahi à l'idée que cette saveur aigre-douce qui baignait l'arrière de mes lèvres était du lézard.

Une heure plus tard, trois douzaines de coptères volaient vers le nord, comme une escadrille d'anges obscurs apportant la mort dans le sillage de leurs ailes. Tout en haut, dans le ciel, des petits points de lumière, plus gros que des étoiles, signalaient l'orbite des vaisseaux de la Conquête. On pouvait les voir très clairement à travers les nuages devenus quasi inexistants suite à l'action de l'homme. En bas, la surface était sensiblement différente de l'explosion de vie que nous avions trouvée en arrivant dans le secteur. Partout, la vue aérienne le montrait parfaitement, des humains et des androïdes accomplissaient leur travail de coupe, arrachant des arbres qui avaient vécu des centaines d'années sans notre aide. Les machines de fer, comme de sinistres fourmis noires, circulaient ici et là, transportant tout ce qui, des heures plus tôt, avait été libre, sauvage et beau.

Le nord était une zone marécageuse où les arbres poussaient, obscurs comme le cœur d'un singe. Maintenant que nous volions au-dessus de la canopée, nous pouvions distinguer, dans le sous-bois humide, des formes floues : des lézards. Plus horribles que ceux que les soldats avaient tués à la lumière du jour, couverts de bave et si puants que le filtre de mon masque ne parvenait pas à bloquer une sensation de nausée. L'idée que, un peu plus tôt, j'avais consommé une chair pareille, celle d'un de leurs parents peut-être, me rendait malade. Mon estomac n'était pas aussi solide que je le croyais. Le balancement du coptère, de bas en haut, en plein milieu de ma digestion, contribuait à augmenter mon malaise, et je ne pouvais même pas prendre un tranquillisant. Je les avais perdus quelque part entre la Torche et le coptère. J'ai juré solennellement de ne pas remanger de viande pour le temps qu'il me restait à vivre, qu'il fût court ou long. C'est une promesse que je n'ai pas pu tenir. Elle était stupide.

« Attention. Leader à tous les appareils. Descendez en rase-mottes. Je répète. Descendez en rase-mottes. Préparez les explosifs et soyez prêts à arroser. Bonne chance ! »

Une demi-douzaine de coptères, ceux qui transportaient des poètes comme nous, ont pris de l'altitude. Le reste de l'escadrille est descendu en piqué vers la tache obscure, en bas. Ils ont rasé le haut des arbres et, avant de modifier leur trajectoire, ils ont commencé à lâcher des bombes. Des nuages de couleur rougeâtre, en forme de champignons, se sont élevés au-dessus des racines noueuses baignées de ténèbres.

« C'est du gaz », a expliqué le pilote, un substitut de Moscho Tazieff qui, cette fois, avait été chargé d'un transport de troupes plus divertissant pour lui.

L'homme servait à bord d'un croiseur similaire au nôtre, le Wotan.

« Du gaz hautement toxique, a-t-il poursuivi. Nous n'avons pas utilisé de bombes incendiaires. Dans cet environnement humide, elles n'auraient aucun effet. Mais le gaz à lui tout seul en finira avec la majorité des insectes de cette planète. Ces actions deviennent de plus en plus simples.

— Oui, le romantisme se perd, ai-je rétorqué avec une ironie à peine voilée. D'ici peu, il ne restera plus aucune bête à démolir dans toute la galaxie, hein ?

— Oh, ne crois pas ça, mon garçon. Il y a des milliers de planètes similaires à celle-ci, mais elles sont un peu plus loin. Elles ont encore de la matière première à offrir. Tu n'avais jamais participé à une de ces incursions évolutives ?

— Le gamin est aspirant, est intervenu Narcisse, considérant qu'il était resté muet trop longtemps. Tu n'as pas vu son uniforme ? Il est sale, mais il est blanc. C'est la première fois qu'il assiste à un massacre de ce type.

— Oui, mais j'ai déjà vu deux ou trois choses du même genre, pas aussi importantes ai-je précisé. Des escarmouches avec des contrebandiers.

— Vraiment ? a demandé le pilote. Ça fait au moins cinq ans que nous ne rencontrons plus de contrebandiers dans la zone où nous patrouillons. Il semble que nous les ayons expulsés de notre district, ou qu'ils aient appris à bien se cacher. La vie devient ennuyeuse. »

Le coptère est descendu un peu pour que nous puissions mieux voir comment agissait le gaz lâché sur les créatures du marais. Les autres appareils de l'escadrille nous avaient devancés et ils lâchaient leurs bombes si loin que nous ne les distinguions même plus. Ils n'étaient plus que des points sur l'écran du radar.

« Regardez, a signalé le pilote en montrant un reptile jaunâtre qui donnait des coups de queue de plus en plus faibles dans la boue. Le gaz agit rapidement. Ils ne le sentent même pas.

— Ce n'est pas toxique pour l'être humain ? a demandé Narcisse en reniflant à travers son masque à oxygène qui lui couvrait à peine le nez.

— Si tu le respires directement, ça te mettra par terre, oui. Mais ce n'est pas contagieux. Ni toxique. Tu peux descendre là-bas et mordre la peau épineuse de cet animal, et il ne t'arrivera rien. Oh, peut-être que tu te blesseras la langue.

— Avec Narcisse, ai-je plaisanté, je dépouillerais d'abord l'animal entier. Des années d'alcool doivent lui avoir laissé une langue aussi râpeuse que du papier de verre.

— Très drôle, a ronchonné mon poète instructeur. Ton sens de l'humour est désopilant.

— Eh, les poètes, a répliqué le pilote, regardez en bas. On dirait un cimetière d'éléphants. »

Il avait raison. Parmi les flaques de boue et les arbres tordus, des bêtes s'alignaient, certaines flottant encore, d'autres à moitié noyées, formant de petits îlots de corps sans vie.

« Fascinant.

— Tu crois ? D'ici peu, ces opérations n'auront même plus besoin de types comme nous. Ils tireront des navettes pilotées à distance, pleine d'explosifs au gaz, et ensuite les vaisseaux cargo descendront pour faire leur boulot sans s'inquiéter. Ah, l'espace n'est plus ce qu'il était ! Si tu ne vis pas à bord d'un navire de guerre, dans un brise-glace de première ligne, tu ne sais pas vraiment ce qu'est l'émotion. Nous sommes en train de tuer l'aventure. Un jour, on n'aura plus besoin des soldats. Vous verrez.

— C'est sûr, ai-je déclaré, le sourire aux lèvres, avec un scepticisme nerveux qui me donnait envie de rire. C'est sûr. »

L'automatisation dont parlait le pilote ne s'était pas encore produite, mais toute l'opération avait été incroyablement peu coûteuse, aussi simple qu'ouvrir et fermer les yeux. La planète n'avait pas été aidée à évoluer en un jour, comme l'avait prétendu Narcisse en exagérant, mais en un peu plus de deux semaines, au prix de quelques vies humaines. Certains soldats étaient morts écrasés ou dévorés par les reptiles, surpris au milieu d'une avancée ou à la suite de tirs de lasers ratés. Beaucoup d'autres avaient perdu la vie dans les marais. Les ondes radio émises par leurs tenues signalaient clairement que l'équipement était intact, submergé dans des mares de boue de vingt mètres de profondeur, sans signes d'activité biologique chez les porteurs. Deux coptères s'étaient percutés en plein vol nocturne, partant en flammes. Quinze soldats de moins. Quelques hommes avaient été écrasés lors de la taille des arbres, d'autres avaient péri suite à un défaut de fonctionnement de leur masque à oxygène, isolés en plein milieu des incendies, et certains avaient respiré plus de gaz que la quantité à laquelle leurs poumons pouvaient résister. Rien de plus. Une cinquantaine de pertes en échange de tout un monde. L'affaire était rentable.

Certains navires ne sont pas partis. Ils sont restés sur la planète, baptisée en grande pompe « Nouvelle Ultima Thulé », pour établir une tête de pont jusqu'à ce que la limite des Confins l'atteigne et que la colonisation humaine vienne en finir avec elle en suçant minutieusement toutes les ressources qu'elle contenait encore. Ce nouveau monde n'avait pas que des tonnes de viande et de bois à offrir à la Corporation. Il y avait des gisements miniers très riches : de l'or, de l'argent, du fer, du charbon. De l'énergie géothermique. De grandes poches de pétrole encore en formation. Des réservoirs de gaz utilisables. L'unique problème sérieux était les nuages et la chaleur infernale qu'ils produisaient, mais un peu de pluie artificielle en viendrait à bout, en les dissolvant. La planète, enfin, allait évoluer. Elle allait devenir un globe moderne prêt à entrer dans le cercle raffiné de la civilisation. Bienvenue au club, petite.

Avant de quitter Ultima Thulé (le mot « Nouvelle » avait été rapidement abandonné, même s'il existait déjà une autre planète portant le même nom), Narcisse s'est réuni avec certains poètes des autres vaisseaux. Il était très désireux de faire valoir son point de vue sur la manière dont devaient être écrits les poèmes épiques relatant l'événement. Parmi tous les autres poètes, celui qui a le plus attiré mon attention, à part une fille pas désagréable qui servait à bord d'un croiseur, était Aramis, affecté à bord de l'Ivoire, à qui tous accordaient un traitement de faveur. Ce n'était pas pour rien qu'il risquait sa vie en première ligne. Aramis était un homme de grande stature, fort, avec une constitution qui l'apparentait davantage à un pirate qu'à un poète. J'ai été choqué par l'amulette qu'il portait, pendue à son épaulette droite, comme un gallon excentrique. On aurait dit une mèche de cheveux humains. C'était le cas.

Le vieux Narcisse s'en est sorti plutôt bien avec sa lubie. Les poètes ont applaudi son inventivité et ont promis de ne rien écrire jusqu'à ce que nous (nous !) ayons présenté un brouillon de travail, comme des premières épreuves. Une fois de retour à bord de la Torche, j'ai réalisé en quoi consistait la proposition de mon poète instructeur. Jamais la fantaisie de Narcisse ne l'avait emmené aussi loin : il voulait faire croire que les reptiles que nous avions exterminés étaient doués d'intelligence, qu'ils étaient une espèce méchante et malfaisante. C'était une idée si farfelue qu'elle m'aurait paru stupide si elle n'avait pas été en elle-même redoutable, maligne. Des reptiles doués d'intelligence. Avec une vie consacrée au mal. Rab me vienne en aide, cela revenait à tordre complètement l'histoire. Nous aurions pu l'écrire sans avoir jamais mis les pieds ici. J'en ai déduit que, puisque les autres poètes avaient accepté de falsifier ainsi les faits, cela ne devait pas être la première fois qu'ils agissaient de la sorte.

« Gamin, ceux qui ne sont jamais venus ici croiront tout ce que nous chanterons. Absolument tout. Ils avaleraient même l'idée d'un crabe capable de résoudre des problèmes topologiques !

— Mais ce n'est pas juste ! Rien de ce que vous proposez n'est arrivé ! Ce n'est pas réel !

— Et alors ? Qui s'en préoccupe ? Tu crois que quelqu'un va s'en rendre compte ? Cela ne fera plus de mal aux lézards. C'est trop tard. Allez, laisse-moi embellir ce massacre et ensuite tu continueras le récit. D'accord ? »

Il n'avait pas tort. Cela ne pouvait faire de mal à personne. La recréation littéraire serait plus belle que la froide énumération des faits réels. Mentir ne pouvait plus causer de dommages. Les lézards gisaient en tranches, à des milliers de kilomètres du lieu que nous avions nommé Ultima Thulé. La vérité n'était pas intéressante. Elle n'était pas belle. Elle ne méritait pas d'être chantée. La fantaisie, en revanche, nourrirait un poème épique magistral, baroque et guerrier, similaire à ceux des légendes des Ascarides, les asticots mythiques qui avaient combattu les soldats en un autre lieu qui, je le comprenais à présent, était fictif. La vérité était horrible. La fiction du récit transcenderait et rendrait beau ce cruel massacre.

Narcisse était plongé dans son travail lorsque la Torche a laissé derrière elle le nouveau monde, perdu entre les étoiles, lisse et pâle comme une bille de marbre. Il a écrit le refrain du poème en quelques heures, puis il a commencé la rédaction des premiers vers, sans consommer de capsules ou d'opium durant tout ce temps. Il ne se droguait jamais quand il écrivait.

« Tiens, a-t-il dit quand il a jugé que son travail était suffisant, comme il s'y était engagé. Continue. On va voir comment tu te débrouilles. Où as-tu foutu cette putain de poussière d'ange ? »

Il a trouvé le flacon et s'est abandonné rapidement à ses plaisirs oniriques, se berçant de gémissements dans lesquels on pouvait deviner la satisfaction d'avoir esquissé le poème. J'ai récupéré les pages et lu son travail. Cela disait ceci :

Vous auriez dû les voir ainsi que je les vis !
Ces monstres reptiliens à l'infâme couleur,
Créatures pensantes et dépourvues d'honneur,
Hideuses et méchantes, vicieuses jusqu'aux tréfonds,
Ces bêtes qui nous haïssent, nous, la Corporation.

Ils attaquèrent lâchement avec des cris sauvages
Propres à glacer le sang du guerrier le plus sage !
Dans le dos, par traîtrise, ces hordes de voyous
Nous prirent par surprise pour massacrer nos dames
Avec leurs bouches jaunes qui dévorent les âmes.
Voyez mourir les hommes, avec la dague, l'épée !
Voyez mourir les bêtes, trahies, ensorcelées !
Voyez mourir les hôtes, de la Conquête sacrée !
Ils attaquent sans relâche, sans montrer leur visage
Sans trêve ni répit, plus de calme, plus rien
Ils ne veulent que la mort, notre sang pour seul bien !
Ils se teignent les dents de nos braves blessures !
Les armes en avant, ils attendent, pour sûr
De conquérir mille mondes de leur rage chasseresse
Soumettre cent étoiles par leurs hordes vengeresses !
Ils ont tué sans prévenir, aux toutes premières heures.
Nos blessures à venir se teinteront d'honneur.

Il était allé jusque-là dans l'élaboration du poème. Je l'ai relu plusieurs fois, déterminant quelle serait la rime suivante, puis je l'ai corrigé et continué. Il n'était pas si mal. On le chante toujours aujourd'hui.

Chapitre 15

Excalibur ressemblait à la garde brillante d'une épée, d'un fleuret. C'est peut-être ce qui lui avait donné son nom. Je n'ai jamais su sur quels critères s'appuyait New York pour les choisir, mais peu importe. Celui-ci était bien trouvé. Il était euphonique, et en effet Excalibur était constituée d'acier. C'est là que j'ai été envoyé lorsque ma période d'apprentissage sur la Torche s'est achevée, et que j'ai perdu le grade d'aspirant pour gagner celui d'authentique poète. La transition entre les deux états a été à la fois douce et violente, inattendue et joyeuse, car le temps passe très vite dans l'espace. Je pourrais dire que dans l'espace les années volent, si le jeu de mots n'était pas si mauvais, si éculé. Les blagues usées sont l'un des plus grands risques du métier de clown.

Excalibur était - et doit toujours être - la plus grande station orbitale construite par la Corporation, un véritable bijou d'ingénierie architectonique, réalisée avec goût en dépit de la norme. Pendant trois semaines, je n'ai rien fait d'autre qu'errer de haut en bas sur les avenues de ses différents niveaux. Je dépensais avec bonheur la paie de toute une année en des articles inutiles plus chers les uns que les autres. J'ai également pris le temps de m'informer sur l'un des chants épiques les plus récents, une des variantes de la bataille d'Ultima Thulé, comme on l'appelait alors, où les dragons, naturellement, vomissaient du feu et étaient couverts de plaques de fer. L'imagination de Narcisse avait été dépassée par celle du créateur anonyme de cette version. Même si je le jurais sur ma vie, nul ne croirait ce qui s'était réellement passé là-bas. J'ai appris que Hroswitha servait sur un croiseur de l'autre côté d'Ophiuchus et que Rouquin avait été légèrement blessé à la jambe. Je n'ai eu aucune nouvelle d'autres gens que je connaissais. Le Monastère continuait ses activités, imperturbable, figé comme toujours sur son orbite. L'unique nouveauté était la mort du père Hurt, qui n'avait pas encore été remplacé. J'ai eu de la peine pour lui. Ma crainte était qu'un jour on substitue aux moines humains des machines contrôlées de loin par une légion de techniciens. C'était un futur possible, puisque les principaux dirigeants de la Corporation commençaient déjà à douter de l'utilité de la culture. Tout sentimentalisme mis à part, le nouveau groupe de novices comptait quelques talents, de jeunes idéalistes que je ne rencontrerais jamais. Rien de plus. La Terre restait égale à elle-même. Elle n'avait pas encore explosé en morceaux. C'étaient les nouvelles les plus importantes que le monde s'était chargé de créer pendant mon absence. La routine.

Excalibur était un endroit très agréable et il y avait des filles intéressantes, peut-être un peu trop frivoles, trop inconsistantes, mais je commençais à m'ennuyer. J'avais ma nomination de poète en poche et tout ce que je voulais, c'était l'utiliser, raccrocher ma robe blanche d'aspirant et m'habiller comme le vétéran que j'étais censé être. Il ne restait plus qu'à savoir sur quel navire j'allais servir, mais la décision finale tardait à venir et ma paie s'amenuisait de jour en jour. Je n'ai malheureusement jamais su gérer mon argent. Je ne suis pas doué en affaires. Si mon ordre de mission n'arrivait pas rapidement, il ne faisait aucun doute que j'allais connaître la faim. Aujourd'hui, j'en ris. Je ne savais pas alors ce que c'était que d'être fauché, de ne rien manger, pas même un morceau de pain, pendant six jours - il a fallu que j'attende d'arriver sur Pénitence pour connaître tout cela de près. Mon romantisme n'était même pas à la hauteur ; il était horriblement démodé. Je me voyais, magnifique et sans défense, en train de mendier de la nourriture dans les coursives d'Excalibur. L'idée de devenir un paria me paraissait attrayante, auréolée d'une brume lumineuse. À l'époque, je ne savais pas à quel point les choses peuvent tourner mal lorsqu'on prend la mauvaise pente. Il m'a fallu attendre huit autres années avant de vivre ma fiction pour de vrai. Et là, j'aurais voulu tomber raide mort, qu'on me fouette jusqu'au sang pour avoir été aussi stupide.

Je désirais être affecté à bord d'un brise-glace, un navire en première ligne. Cette idée m'enthousiasmait, et les raisons en étaient très claires. J'avais vu de près ce qu'un croiseur conventionnel avait à offrir. Et le mot qui le résumait le mieux était : ennui. Je savais que la possibilité d'être envoyé sur un vaisseau de combat était très faible, et c'est pourquoi j'avais peu d'espoir que cela se produise. Il fallait être très bon et avoir une sacrée chance pour y parvenir. Il fallait jouer avec le rêve et le hasard. Il fallait compter sur la recommandation de quelqu'un d'important, un poète ou un administrateur. Bon sang, je voulais de l'aventure et de l'émotion. Je n'étais pas enchanté par l'idée de passer le reste de ma vie enfermé à bord d'un navire comme la Torche, aussi désabusé et sceptique que Narcisse. Je commençais à parler comme lui, et j'avais même préparé quelques idées d'histoires pour les glisser dans de futurs poèmes, tant je m'ennuyais. Il fallait que quelqu'un me sorte d'Excalibur et me renvoie vers les Confins. Le fait que la station orbitale reste statique me rendait claustrophobe. Je voulais partir de là, et vite. Les années dans l'espace volent. C'était ce que je croyais. Ah ! Trois semaines, cloué sur terre, c'est la mort.

J'ai eu la chance de mon côté, ce que les joueurs auraient appelé une bonne main. Du moins au début. La nouvelle m'a tellement surpris que je me suis mordu la langue, je crois. J'avais enfin ma destination. Ils m'envoyaient sur le Bifröst, l'unique vaisseau de combat exclusivement peuplé de soldats féminins. Des femmes guerrières par milliers, et moi le seul homme à bord. Tout puissant Rab, c'était incroyable. La misogynie de New York avait décrété qu'un tiers des troupes de l'espace seulement serait féminin, sans que nul n'en sache exactement la raison, et il n'y avait qu'un seul brise-glace à l'équipage féminin : le Bifröst, le fameux arc-en-ciel et sa cohorte de valkyries. Oh, par la peste, soit j'étais ivre – impossible puisque je ne buvais rien d'autre que du jus de citron vert depuis un bon moment –, soit on m'avait fait une blague, le passe-temps favori des soldats lorsqu'ils s'ennuient et qu'aucun gradé ne vient leur aboyer dessus. J'ai vérifié l'ordre de mission : ils ne s'étaient pas trompés. Il n'y avait aucune erreur. C'était bien mon affectation. Narcisse en pâlirait lorsqu'il apprendrait la nouvelle. Il serait capable de bouffer les murs de la Torche en sachant que j'allais être seul au milieu d'un troupeau d'amazones, et en première ligne de surcroît. Je savais que je serais heureux, à l'idée qu'elles étaient capables de venir à bout de moi. Elles pourraient me consumer, je mourrais épuisé, heureux de faire mon devoir. En contrepartie, j'écrirais les poèmes les plus féroces et les plus beaux qu'on eût jamais vus. Des poèmes différents, avec une foule de petits détails originaux. Avec une touche érotique. C'était une chance inouïe, et elle m'appartenait totalement. Je me suis procuré à la hâte des informations sur ma destination, et j'ai dépensé le reste de mes drachmes. Il me semble que je l'ai fait lors d'une fête, mais je n'en ai gardé que quelques images : celles de deux corps aux courbes affriolantes.

Ensuite, la chance a tourné. Juste au moment où j'empaquetais mes affaires, prêt à partir à la rencontre de mes valkyries, l'épaule endolorie à cause du mauvais fonctionnement d'une coupole, le contre-ordre m'est parvenu. Je ne rejoindrais pas le Bifröst. On m'avait trouvé quelque chose de mieux, de plus urgent. L'équipage de beautés pouvait attendre un peu son nouveau poète, parce qu'on avait besoin de moi ailleurs. On m'envoyait sur l'Ivoire, immédiatement et sans possibilité de refuser le transfert. L'Ivoire. Je me souviens de l'avoir vu se profiler dans l'atmosphère d'Ultima Thulé. L'Ivoire.

Je me suis effondré. J'ai perdu la parole et j'ai maudit New York dans les termes les plus grossiers que je connaisse. À voix basse. Puis je me suis consolé en pensant qu'après tout, ce n'était pas une si mauvaise destination, et que le vaisseau sur lequel on m'envoyait était perpétuellement en situation de combat, ce que je déduisais du grand nombre de poèmes épiques dont il était le protagoniste. Je me suis souvenu que son poète attitré était Aramis. Quelque chose avait dû lui arriver si on appelait un bellâtre comme moi pour le remplacer.

Il ne me restait d'autre option que rejoindre ma destination. Mon futur m'attendait, dans un recoin du même système qu'Excalibur. L'Ivoire rentrait d'une mission difficile, et se trouvait en cale sèche tandis qu'on réparait les dommages causés par la dernière escarmouche. Je devais me présenter rapidement devant son capitaine. Sans perdre de temps, avaient-ils dit d'un ton direct et laconique. J'ai revêtu pour la toute première fois le costume bleu clair et argent des poètes de la Corporation. Je mentirais si je disais que j'ai ressenti quelque chose de spécial en l'enfilant. Je me trouvais juste très beau. J'avais retrouvé mes cheveux longs, et mon uniforme, avec ses alamares et sa cravate, me donnait une allure polie et distinguée. Je me suis contemplé dans le miroir, y redécouvrant le jeune Hamlet qui avait été, sur Terre, un dandy. Puis j'ai cessé de retenir ma respiration et j'ai baissé les épaules. Bien que ce soit un costume d'apparat, il était lourd - plus de cinq kilos. J'ai eu une bouffée d'angoisse en imaginant combien pèserait l'uniforme de combat, même sans le casque et l'équipement d'oxygène.

Je suis parti immédiatement en direction de l'Ivoire. J'étais le seul occupant de la navette, ce qui m'a poussé à me croire important. C'était ça, la gloire : avoir un billet réservé sur un vaisseau de liaison, sans tranquillisants pour éviter les réactions étranges durant le trajet. J'étais un vétéran avec une année d'expérience dans l'espace, là où les frontières de la Corporation bougeaient sans cesse, et je n'avais plus besoin des piqûres agaçantes de mon premier voyage depuis la Terre. J'étais euphorique, même si le souvenir de mon innocence perdue me faisait me sentir vieux. Pourtant, à peine quatre années avaient passé.

L'Ivoire n'était pas loin. Le quai où des centaines d'hommes travaillaient à sa réparation se trouvait à moins de sept heures de vol d'Excalibur. Mon vaisseau de destination n'était pas aussi grand que la station orbitale, mais il paraissait aussi énorme. À son côté, la Torche aurait ressemblé à un crapaud, et la navette sur laquelle je voyageais, à une mouche. Il brillait d'une lueur opaque, triste et fusiforme comme un sinistre cafard métallique. Il aurait dû s'appeler Thanatos. À mesure qu'il nous attirait dans son rayon tracteur, le navire a rempli tout mon champ de vision, devenant une tache encore plus noire que l'espace lui-même. J'ai estimé qu'il devait contenir cinq mille soldats, mais je me trompais. Le vaisseau hébergeait dans son ventre dix mille guerriers armés des appareils les plus sophistiqués inventés par l'homme, parce que la guerre est chère. Au milieu d'eux, je ne serais qu'un poète. Seul. J'en ai eu le vertige.

La coque nous a dévorés, et après une symphonie d'accouplements et de grondements métalliques, un panneau s'est ouvert. J'ai pu sortir de la navette pour pénétrer sur le navire. À peine avais-je franchi le portail que j'ai remarqué un homme en train de m'attendre. Il portait un uniforme blanc de hussard avec quatre manches qui pendaient sur les côtés de sa veste, luxueuses et inutiles. Il était grand, et sur son visage brillait une paire d'yeux amusés et chaleureux. Il n'avait pratiquement pas de nez.

« Tu es Hamlet, le poète ? » a-t-il demandé en avançant d'un pas vers moi.

Il s'est redressé et a claqué bruyamment des talons. Je l'ai imité, mais ma tentative a paru pitoyable. Il avait l'avantage. Il portait des bottes militaires, et moi de simples chaussures.

« C'est bien moi, Monsieur.

— Ravi de te rencontrer. Le capitaine Wayne m'envoie pour t'accueillir. Mon nom est Whynnom Salvador, premier lieutenant de bord.

— Enchanté. Je m'appelle Hamlet Evans.

— Suis-moi, s'il te plaît. Le capitaine veut te voir. Il voudrait discuter avec toi avant de nous remettre en route.

— Bien sûr. »

Le lieutenant Salvador s'est mis en marche et je l'ai suivi en l'observant à la dérobée. Malgré sa silhouette altière, il n'était pas beaucoup plus grand que moi et ses membres, proportionnés et souples, avaient une vague allure féminine. Il parlait d'une voix douce dans laquelle j'ai cru percevoir un accent latino, mais ce n'était pas une grande déduction, étant donné son nom de famille. Son uniforme de hussard me paraissait trop formel pour un usage quotidien à bord. C'était un vêtement d'apparat, porté quasi exclusivement durant les parades ou les occasions spéciales, ce qui signifiait qu'on m'avait réservé un accueil protocolaire. Par Rab, pourvu que ce ne soit qu'un détail.

Tandis que nous cheminions dans les coursives, j'ai noté que l'intérieur du vaisseau n'était pas très différent de celui de la Torche, même si la distance entre les parois était plus grande et l'air plus respirable. Les soldats que nous croisions se retournaient un instant pour me regarder, me repérant comme le nouveau poète. Ils étaient tous vêtus d'uniformes verts, que j'ai toujours perçus comme gris. J'étais de plus en plus intrigué par ce qui était arrivé à mon prédécesseur, le dénommé Aramis. Je m'en doutais un peu, mais je voulais être sûr avant de tirer des conclusions hâtives.

Nous sommes arrivés à la cabine du capitaine. Le lieutenant Salvador s'est déplacé sur le côté, faisant de nouveau claquer ses bottes, et il m'a présenté à l'homme dans les mains duquel reposait le destin du vaisseau, Ares Wayne.

« Bienvenue à bord, poète », a tonné la voix du gradé pardessus le bureau derrière lequel il était assis.

Comme lors de mon arrivée au Monastère, j'avais la lumière en face et je n'ai pu distinguer qu'une silhouette vague dans la vive lueur de l'éclairage. À droite, les yeux de marbre d'un buste me regardaient fixement. *Napoléon*, ai-je pensé.

J'ai cligné des yeux et le militaire a éteint la lampe. Il s'est levé et est venu vers moi, à petits pas. Une pile de papiers sur la table était maintenue par un casque d'assaut, mais j'ignore si c'était pour m'impressionner.

« Je suis Ares Wayne, le commandant de ce navire. Nous vous attendions. »

Il a tourné la tête pour regarder Salvador.

« Vous pouvez disposer, lieutenant. Faites circuler la consigne de partir dans la demi-heure qui vient.

— À vos ordres, Monsieur. »

Whynnom Salvador s'est éclipsé, me laissant seul avec le capitaine. Wayne était un homme massif et fort. Au Monastère, on m'avait appris à éviter les clichés, mais il avait l'allure d'un taureau, épais et fier. Il en imposait dans son costume noir orné de l'épaulette de commandant. Ses sourcils broussailleux lui barraient le front. Je sais que cela semble impossible, mais il avait les yeux si clairs qu'ils m'ont paru transparents. Il avait des yeux de cadavre. Des yeux de mort. J'ai su tout de suite que c'était le genre d'homme capable d'appuyer sur le bouton de la guerre et de rester là pour l'éteindre ou le rallumer autant de fois que nécessaire, intervenant sur le front de manière directe ou non. Le pouvoir transpirait de chacun des pores de sa peau.

« Quel est ton signe astrologique, poète ? » a-t-il demandé en tournant autour de moi, comme s'il allait déployer une cape imaginaire.

Je ne comprenais pas bien. J'étais toujours déconcerté lorsque les militaires me parlaient. J'ai réalisé plus tard que celui-là avait une propension déconcertante à changer de sujet. Avec lui, je me suis senti perdu très souvent.

« Je vous demande pardon, Monsieur ?

— Ton signe astrologique. Le mois de ta naissance. Bélier, Poisson, Capricorne… Tu sais.

— Je suis né le quatre octobre, Monsieur. Je suis du signe de la Vierge, ai-je précisé, mais il avait déjà fait le calcul et il a prononcé le mot en même temps que moi.

— Vierge. Oui, ça se voit à ta façon de t'habiller. Les Vierge sont très élégants. C'est ce qu'affirment les experts, et ils ont raison. Une fois, j'ai connu une fille Vierge qui avait l'air belle même avec cinq centimètres de boue sur le corps. L'astrologie t'intéresse ?

— Pas vraiment, Monsieur. En réalité, je n'y connais pas grand-chose.

— Moi, elle me fascine. Le poète qui était là avant toi, ton prédécesseur, était un expert. Il calculait les thèmes astraux à une vitesse incroyable. Il était même meilleur que moi. Laisse-moi réfléchir. Ton ascendant doit être…

Il m'a dévisagé comme si j'avais la réponse écrite sur le front. J'ai tenté d'éviter son regard sans y parvenir.

— Ton ascendant doit être Sagittaire. C'est ça ?

— Je crois que oui, Monsieur.

— Je suis Lion. Nous allons bien nous entendre, poète. Pendant un moment, j'ai cru que tu serais Poisson ou Scorpion, en te voyant entrer. Ce sont des signes envers lesquels je ressens un antagonisme. Avec lesquels je ne m'accorde pas bien. Tu connais un Poisson ? Ne sont-ils pas insupportables ?

— Je ne sais pas, Monsieur, me suis-je excusé.

Hroswitha était Poisson, mais je ne voulais pas le lui dire. Je m'y connaissais peu en astrologie.

— Oui, je le sais. Au Monastère, ils ne vous enseignent que des conneries. Les mathématiques ? Un ordinateur fait mieux que toi, et sans se tromper ! L'astrologie est une passion utile, elle peut t'aider à te connaître mieux et à prévoir le futur. Tu es superstitieux, poète ?

— Un peu, Monsieur. Comme tout le monde, je suppose.

— Bien. Au moins, tu es sincère. Je ne supporte pas ceux qui refusent de passer sous une échelle en prétendant qu'ils ont peur que quelque chose leur tombe dessus. Ils mentent. Ils ne passent pas par superstition, point final. Personnellement, je ne traverserais jamais quelque chose qui forme un triangle. Je le reconnais. Je suis sincère et je l'avoue. Je n'ai pas raison ?

— Oui, Monsieur. Je suppose que je ne le ferais pas non plus. »

Il a reculé d'un pas, les mains jointes dans le dos. Il paraissait attendre un changement de décor ou chercher un nouveau sujet de conversation. Napoléon continuait de me regarder avec ses yeux chargés d'histoire morte.

« Bien. Tu verras comme nous allons bien nous entendre, poète. Ce vaisseau est un bon navire. Le meilleur des meilleurs. Il y a dix mille gamins à bord et je suis leur Mère l'Oye. C'est comme ça qu'ils me surnomment. C'est gentil, non ? »

C'était son surnom affectueux. J'ai su ensuite qu'il en avait aussi un autre, moins reluisant, qu'il ne connaissait pas. En cachette, les soldats l'appelaient Capitaine Sanglant, pour des raisons évidentes. J'avais dû les faire répéter plusieurs fois pour être sûr que j'avais bien compris. Capitaine Sanglant.

« Tu as vécu ton baptême du feu, poète ?

— Oui, Monsieur. J'ai servi pendant un an à bord de la Torche, et j'ai assisté à quelques escarmouches avec des contrebandiers. Je ne sais pas si on peut considérer ça comme des batailles. J'ai aussi participé à l'action sur Ultima Thulé.

— Je sais. Aramis t'a remarqué. Il a raconté que tu avais fait du bon travail sur le poème épique. Je crois qu'il l'aimait beaucoup. Moi, je te le dis franchement, ça m'est égal. C'est trop imagé. Cette histoire n'était pas héroïque, il n'était donc pas nécessaire de la chanter. Il y en aura d'autres. Il y en a toujours.

— Je suis de votre avis, Monsieur. Je n'ai pas aimé mentir sur ce massacre.

— Ce massacre ? Oui, peut-être. Mais c'était nécessaire, poète. Ne l'oublie pas.

— Bien sûr, Monsieur.

— C'était une action indispensable pour la Conquête et la Corporation. Le chant que vous avez écrit, toi et ton poète instructeur, a beaucoup aidé à promouvoir ce site. Tu le savais ? À présent, c'est l'une des colonies de prospection au futur le plus prometteur.

— J'en suis heureux, Monsieur.

— Tu aimes la musique ? »

De nouveau, il m'a regardé droit dans les yeux. Nouveau changement de conversation.

« Naturellement, Monsieur. Beaucoup. »

J'aurais pu lui rappeler que les Vierge ont, d'après ce qu'on dit, un talent spécial pour la musique et la danse, mais je me suis tu. J'étais pressé de partir.

« Quel genre de musique aimes-tu ?

— Pas mal de choses, Monsieur. Hoff, Goodman, Williams, surtout. Quand j'étais sur Terre, j'appréciais les chansons tactiles à la dernière mode. Mais j'ai arrêté de suivre tout ça.

— Tu connais Custer ?

— Je n'ai pas entendu parler de lui, Monsieur. C'est un nouveau musicien ?

— Non, ce n'est pas un musicien. C'était un militaire. Un Yankee des temps anciens. Tu dois le connaître. Il existe plus de trois cents films sur lui.

— Custer, le cow-boy ? C'est de lui dont vous parlez ?

— Lui-même. George Armstrong Custer. Le général Custer. Un bon militaire. Un homme d'honneur.

— Je le connais, Monsieur. Je crois qu'il est mort durant une grande bataille. Dans un lieu appelé Little Bighorn. Je ne connais pas bien l'histoire antérieure à la Corporation, mais je ne vois pas quel rapport le général Custer pouvait avoir avec la musique, si je peux me permettre de le dire, Monsieur.

— Oh, tu peux. Tu connais *Garry Owen* ? Tu aimes ? »

Devant mon air d'ignorance, il a chantonné quelques notes en s'accompagnant de ses doigts qu'il agitait de haut en bas sur un tempo de deux-quatre. Sans doute connaissait-il la mélodie par cœur.

« Tu aimes ? a-t-il répété.

— Oui, Monsieur. C'est une marche très joyeuse.

— Vraiment ? Dans les films, ils racontent que Custer la fredonnait en mourant. Tu as dû voir ça quelque part. Je la chante également durant les batailles. C'est une sorte de plaisanterie, tu sais. Ça rend nerveux les attaquants et donne du cœur au ventre à nos hommes. Tous les vaisseaux de guerre ont leur hymne, et pour l'Ivoire c'est *Garry Owen*. Nous l'interprétons en hommage à Custer. Ce type a été un grand militaire. L'un des meilleurs. Mais on l'a perdu, comme Napoléon. »

Il a saisi le buste, l'a soulevé en l'air et l'a passé dans son autre main.

« Tu connais Bonaparte, n'est-ce pas ?

— Bien sûr, Monsieur.

— Custer et Napoléon ont commis, à leur manière, la même erreur. Quand Bonaparte criait *Vive la France*, c'était lui-même qu'il acclamait. C'est là qu'il s'est trompé. Custer a fait la même chose. Ils ont tous deux mis en avant leur propre survie au détriment des intérêts qu'ils défendaient. Ici, cela n'arrivera jamais. Lorsque nous attaquons en formation, nous le faisons en sachant que nous ne sommes pas importants. Les gamins comprennent qu'ils le font pour la Corporation, pas pour la gloire d'un général. Et tu sais une chose ? On se sent meilleur, on porte moins de responsabilités. On sait qu'on ne commettra pas d'erreur historique. Peut-être que dans le futur nul ne se souviendra de nos actes, mais il est sûr que personne ne viendra nous faire des reproches. C'est pourquoi nous conservons ce buste de l'Empereur, et que je fais interpréter *Garry Owen*. Ainsi, nous n'oublions pas que c'est la Corporation qui est derrière tout ça.

— Cela me semble une position très sensée, Monsieur.

— Bien sûr. À bord de l'Ivoire, on exige du capitaine la même chose que du dernier de ses membres d'équipage, même s'ils sont à demi morts et qu'il leur manque la moitié des jambes. Je te le dis pour que tu saches que le poète de mon navire ne recevra aucun traitement de faveur.

— Je n'en attends aucun, Monsieur. Je viens uniquement pour accomplir mon devoir.

— À la bonne heure ! Sur d'autres navires, le poète est un élément décoratif, un parasite de plus. Sur le mien, le poète est aussi utile qu'un soldat, et en tant que tel il se doit d'apparaître sur le champ de bataille. C'est un vaisseau de première ligne, pas d'arrière-garde. Quand il y aura du grabuge, tu descendras dans une navette comme n'importe lequel de mes hommes.

— C'est ce que j'attends, Monsieur.

— C'est tout, poète. L'Ivoire doit appareiller. Rappelle-toi que ce vaisseau possède une longue tradition guerrière, couverte de gloire, et que jamais jusqu'à présent nous n'avons reçu de plainte d'aucun poète. Ton prédécesseur a été un grand homme. J'aurais voulu le persuader de laisser la poésie de côté pour devenir officier. Il avait l'étoffe d'un héros, et c'est pourquoi il s'est fait tuer. J'espère ne pas regretter la confiance que je suis prêt à placer en toi.

— Je m'efforcerai de ne pas vous décevoir, Monsieur.

— Je n'en attends pas moins, poète. Tu peux disposer. Nous nous reverrons durant la traversée. Bonne soirée.

— Bonne soirée, Monsieur. »

Je me suis mis au garde-à-vous, j'ai salué et je suis sorti. Devant la porte, m'attendait un soldat qui m'a conduit sans un mot jusqu'à ce qui serait mon refuge. J'étais rouge comme une pivoine, et c'était peut-être pour cela qu'il se taisait, alors qu'il aurait voulu me poser mille questions. Je suis resté seul à déballer mes affaires, et quelques minutes plus tard, une fois les derniers problèmes techniques réglés, l'Ivoire a largué les amarres. Nous sommes enfin partis dans l'espace.

Chapitre 16

L'espace. Il fallait le définir parce que, sinon, on risquait de devenir fou. Il fallait en réduire les concepts pour ne pas se sentir écrasé par sa magnificence. J'imagine l'espace comme un bol sans fond, comme une gorge infinie qui n'en finit pas de vous avaler, comme un animal mythique qui ronronne d'un calme fait de moquerie et de vent. C'est ma manière de simplifier les choses, la seule façon de savoir que je suis entier dans l'immensité de noirceur et de lumière qui me sert de paysage. Les anciens navigateurs des océans d'eau n'auraient jamais pu imaginer notre vie de navigateurs des océans du ciel. Comme nous, ils avaient appris à se sentir infiniment petits dans la coque de noix qui leur servait de lit, mais les similitudes s'arrêtent là. L'espace n'est pas la mer. Le concept d'étoile n'est pas le même que sur Terre. L'espace est métal. Obscurité. Ennui. Silence, parfois. Mais l'espace est, surtout, solitude. La pire situation qu'un homme puisse vivre, la plus paradoxale, la plus invraisemblable. Un homme seul dans le cadre infini des soleils et des mondes, cela paraissait absurde, et pourtant c'était réel. Je me retrouvais seul à l'intérieur d'un navire où vivaient dix mille âmes comme la mienne. Je me sentais unique dans un destin commun qui nous unissait au-delà des rangs et des niveaux, parce que mon complexe n'a jamais été l'infériorité mais la différence. Je me sentais seul. C'était insupportable et terrible de vivre ces périodes d'amertume, d'endurer de longues phases de dépression sans personne à qui se confier. À cet égard, Narcisse m'a beaucoup manqué. Personne ne m'avait préparé à cela. Mon apprentissage à bord de la Torche avait été bien différent. J'ai fait l'expérience directe que dans l'espace, l'amitié ne signifie rien. Un soldat ne se fait pas d'amis, ne crée pas d'attaches qui durent trop longtemps, ne fait confiance à personne, et j'en connaissais la raison, douloureuse et simple. Il n'était pas bon d'avoir un ami tout en sachant qu'il risquait de ne pas revenir de la prochaine escarmouche. Il n'était pas réjouissant de voir les viscères et les os d'un camarade éparpillés sur une herbe nouvellement conquise, nouvellement ouverte à la vie. Les yeux révulsés se concentraient difficilement sur la voix réconfortante d'un ami tandis que le laser brûlait les tripes et que la mort saisissait les os en un accord barbare, au rythme d'un allegro. Les soldats, la troupe, ceux d'en bas étaient différents de moi. Ils avaient aussi, je le savais, leurs sentiments. Cela les trahissait. Ce n'était pas une partie de plaisir que de voir six hommes revenir d'une expédition d'une centaine de personnes, de lire dans leurs yeux l'horreur et la douleur de vies fauchées en un instant, d'assister au rituel du rafistolage de leur corps, de la réparation de leur âme, du colmatage des plaies à vif qui criblaient leur mémoire. Il n'était pas agréable d'avoir un ami qui mourrait peut-être devant vous, le lendemain ou dans un an, peu importait le moment ou le lieu, parce que c'était prévisible. Il n'y avait aucun plaisir à croiser son regard avant que la mort ne l'emporte, le détestant à ce moment parce qu'il était libre, qu'il échappait à l'horreur et qu'il vous laissait là, au milieu du chaos, à verser des larmes en sirotant de l'oxygène au milieu du massacre. Ce dernier regard vous hanterait, plus tard, dans les nuits silencieuses et monotones du vaisseau spatial, à un million de mondes de distance, bien loin de celui où les tombes flottantes murmuraient le nom de tous les amis perdus, à trois mille vies de cette mort qui vous avait marqué. Non. Dans l'espace, j'ai compris l'attitude des soldats. Leur absence de sentiments, devrais-je dire. J'ai compris pourquoi ils étaient maussades, grossiers, fuyants. Pourquoi ils préféraient la violence et le rire à la méditation et au silence. J'ai compris leur empressement – et je le partageais aussi – à vivre les événements à fond, à profiter de chaque nouveauté jusqu'au dernier moment. J'ai compris et j'ai regretté cette horrible vérité. Dans l'espace, on ne peut pas se faire d'amis. Pour votre bien, il vaut mieux ne pas en avoir. Il vaut mieux supporter la solitude. Cette agonie est préférable à la mort de quelqu'un que vous auriez pu aimer.

L'espace. Cette gorge infinie qui m'aimait et me faisait souffrir à la fois m'a condamné à une éternité de solitude, à une seconde immense de silence. Sans alternative, je passais les heures et les années à me souvenir de vieux amis effacés pour toujours, de spectres que j'avais connus là-bas, sur Terre, dans la ville. Je me souvenais, dans un délire stupide, de mes amantes occasionnelles, de l'impudeur tacite des plages, des déceptions amoureuses si fréquentes. Des années plus tard, il me semblait que ces moments étaient encore vivants et que j'aurais pu les toucher du bout des doigts, avec quelques efforts. C'était curieux. Je me souvenais de mes années d'études, lorsque le mot Monastère n'était encore qu'un terme sans signification pour moi. Et avec ce souvenir, surgissaient les amis d'enfance, cadavres d'un temps disparu. À mesure que les images remontaient, les femmes refaisaient surface, avec la double douleur de les avoir désirées et de les avoir prises, ou le regret de ne les avoir jamais possédées. Des femmes m'apparaissaient en rêve avec un corps sur lequel je n'avais jamais posé les lèvres, avec des yeux multicolores qui ne m'avaient jamais contemplé, avec des sourires que j'aurais voulu faire miens, comme si tout et rien n'était vrai. Femmes d'eau et de glace, de cendre et de temps. Combien en avais-je perdu au fil des ans ? Combien n'avaient même pas soupçonné mon existence ? Femmes de couleur et de feu, de grêle et de ciel. Pauvres d'elles, encore ancrées sur les rivages de la Terre ; pauvre de moi, qui prétendais m'envoler un jour comme un oiseau. Écrasé au centre de la masse noire de l'Ivoire, du cafard, comme je l'appelais, perdu au milieu de l'espace, à moitié dévoré par cette gorge immense, je pleurais la perte d'une enfance et d'une jeunesse que je ne pourrais jamais retrouver, l'absence de contacts que je n'établirais plus, même si je le voulais. Et le plus drôle, c'est que je ne me souvenais pas avec précision des femmes que j'avais aimées. J'étais incapable de me remémorer quels attributs m'avaient séduit. Je ne parvenais pas à revoir leurs bras, leurs jambes, leurs seins, leurs cuisses entrouvertes. J'avais oublié les caresses, les chuchotements, les peines et les joies partagées. Je me rappelais ce qui n'était jamais arrivé, ce que je désirais le plus, aujourd'hui. J'imaginais de longues conversations sur des sujets insignifiants où je me dévoilais à chaque mot, des discussions sur la musique, la religion, le sexe, et encore mille autres choses que je ne connaissais pas. Ces femmes ne m'intéressaient pas parce qu'elles étaient des femmes en soi, parce qu'elles pouvaient me compléter, mais parce qu'aujourd'hui, perdu au milieu des étoiles, je réalisais qu'elles avaient été des êtres humains comme moi, avec une vie entière à commenter, à analyser et à m'offrir. J'ai appris, en allant à la base des choses comme seul l'espace peut vous pousser à le faire, qu'un homme, une femme, m'intéressait de la même manière qu'une pièce de monnaie. J'ai appris que ce qui importait n'était pas la valeur esthétique, ni le nombre de crédits que la Corporation investissait dans ses structures externes. J'ai appris que je m'intéressais aux vies qui avaient été marquées, aux petites histoires qui les cabossaient, à celles qui avaient laissé des millions de petites empreintes. C'était ce que j'attendais d'un homme, d'une femme. C'était ce que j'avais voulu sans m'en rendre compte. L'histoire intérieure, le sentiment au-delà de l'anecdote. Par Rab, j'avais mis tellement de temps à le réaliser qu'il était dommage d'être passé à côté de tout cela. La Terre était bien loin. Les amis, les amantes, les filles adorées de loin ne reviendraient jamais. À présent, j'étais seul, là-haut, et il me fallait accepter mon chagrin. Tout ce que j'avais aimé, tout ce que j'avais rejeté, sciemment ou non, ne reviendrait jamais. J'étais seul et je devais l'accepter.

Alors, si l'espace signifiait vivre à côté de celui que vous croisez, si l'espace signifiait ignorer le sillon sanglant que la mort trace sur ses lèvres, si l'espace signifiait cela, il était inutile de regarder le passé. Il n'y avait pas de place pour le regret. Hroswitha, Narcisse, Gnel, Orphée - mon pauvre et cher Orphée - avaient été une partie de moi, une partie qui n'existait plus. Cet Hamlet Evans élégant, cultivé, fanfaron, écrivain nostalgique, était resté en arrière. Seul Hamlet, le poète, avait survécu. Tout ce qui l'avait précédé n'avait été qu'un tremplin vers ce moment. Ce qui avait valu la peine, à l'époque, n'était plus que du lest qui m'encombrait. C'était un poids inadapté, un obstacle à l'avenir que la gorge immense me réservait, et je n'avais d'autre choix que de me débarrasser de ce fardeau. Adieu, donc, aux amis que je n'avais jamais eus, aux ennemis que je n'avais jamais haïs. Adieu mon amour, adieu mes amours, adieu mes aventures ratées ou rêvées. Adieu Céleste, Mireia, Niebla. Adieu à tous, et bonne chance. Hamlet Evans était mort. Le jeune homme que j'avais été n'existait plus. Je devais devenir un homme dur, et j'y étais presque. Si les soldats survivaient sans amis à bord de l'Ivoire, alors je le ferais aussi. Je leur prouverais que je pouvais devenir aussi dur qu'eux. Plus dur encore, comme du métal inflexible. Si personne ne me faisait confiance, très bien. Je ne ferais confiance à personne. Notre relation serait purement utilitaire. Je ferais attention à ne pas établir des liens trop intimes. Je montrerais que j'étais capable d'y parvenir.

Car il y avait de la solitude, mais pas d'isolement, ce qui, en réalité, aurait été plus facile. Il n'y avait pas d'amis, mais il y avait des connaissances, des étrangers aux visages familiers à qui parler, des gens avec qui partager des points de vue, des enseignements qui compensaient ce que l'on ratait sous d'autres aspects. Je ne les appelais pas *amis*, parce que je doutais qu'ils le soient vraiment, parce que la norme avait dépouillé de son sens réel ce mot proscrit. Je n'avais pas d'amis sur le vaisseau, mais je ne vivais pas non plus à l'écart. J'étais seul, mais pas désabusé. Je rencontrais des hommes qu'il aurait été intéressant de connaître dans un autre contexte, des soldats de la Conquête qui vivaient et mouraient avec une grimace sardonique sur les lèvres, comme s'ils demandaient pardon d'avoir cédé à l'appel de la mort. Oh, oui, il y en a eu beaucoup. On les remplaçait les uns après les autres et il m'arrivait même de confondre leur nom. Jemis ? Hacton ? Teuco ? Peu importe. C'étaient d'autres individus. Des inconnus que j'avais croisés, qui avaient débarqué un jour et n'étaient pas revenus, des soldats qui avaient courbé l'échine au combat et ne l'avaient jamais redressée. C'était tout. Je ne verserais aucune larme pour personne. Je me l'étais interdit.

Je n'ai eu aucun ami. Mon histoire d'alors a été celle d'une solitude, et peut-être qu'elle l'est encore. J'ai appris à connaître certains d'entre eux, et j'ai ressenti du désespoir pour certains plus que pour d'autres, bien sûr. Le lieutenant Salvador, par exemple. C'était un brave type. Je l'ai regretté. Et Turin aussi, dont je garde le souvenir des blessures sous la bâche en plastique. Oui, peut-être qu'ailleurs, j'aurais pu les considérer comme des amis. Dans un autre lieu, mais pas dans l'espace. Sûrement pas dans l'espace.

Chapitre 17

L'ombre d'Aramis flottait dans tous les recoins de mon sanctuaire, imprégnant de son aura de bandit de grand chemin tout ce qui lui avait appartenu. Son fantôme gravitait sur chaque mur, sur chaque écran tridimensionnel, dans chaque livre et chaque film qui garnissait les étagères, dans chaque verre, dans chaque vêtement. Mon sanctuaire était hanté par son odeur, par sa présence de moine-guerrier écrivant des vers. Assis dans la cabine, alors que je fumais du hasch, que je relisais d'anciens chants ou que je regardais les archives télévisées, j'entrevoyais la silhouette floue et enjouée de mon prédécesseur, avec, accroché à sa manche comme une bannière, le galon fait de cheveux humains, et avec sa moustache blonde de bretteur, digne du mousquetaire qu'il devait être. Assis là, loin des soldats et des fusils, comme si les murs pouvaient occulter la pâle lueur des étoiles, je m'interrogeais sur l'homme qui s'était assis à ma place, qui, comme moi, avait composé des poèmes, qui avait laissé ses empreintes sur les livres dont j'avais hérité. Je m'interrogeais sur sa vie et il apparaissait, à l'improviste, derrière les mots d'un sonnet. Il se matérialisait sans que personne ne l'ait invité à venir. Sa voix résonnait sur une bande magnétique où il n'aurait dû y avoir que de la musique. J'entendais son souffle là où je m'attendais à ne trouver que des poèmes perdus et des livres poussiéreux. Aramis. Son fantôme errait dans tout le navire. Son spectre se promenait dans les coursives à chaque fois que je le faisais, comme si la mission de le réincarner m'avait été assignée, et j'ai dû attendre longtemps, très longtemps, avant qu'ils cessent de m'appeler le nouveau poète, le successeur d'Aramis, « Aram..., pardon, Hamlet ». Parce que je ne savais plus moi-même qui j'étais à ce moment-là, parce que tout, sur le navire, s'ingéniait à se souvenir de l'homme qu'il n'avait peut-être pas été, du poète dont je commençais à douter de l'existence, qui avait peut-être été l'invention de dix mille soldats solitaires qui avaient créé un fantôme pour se libérer de la solitude et de la peur.

Mais non. Aramis avait existé. Il existait. Il était encore là, comme ses poèmes, dans la bouche et dans l'esprit de tous les hommes à bord, au même titre que la mémoire d'une épouse sur n'importe quelle station orbitale, comme les blessures que le silence cicatrisait, comme une plaie ouverte, comme le souvenir doux-amer d'une bataille perdue. Aramis était là, et j'ai mis du temps à l'affronter en face. J'ai mis du temps à réagir pour me faire ma propre place, pour imposer mon nom dans la bouche de ceux qui l'avaient connu, pour laisser son style derrière moi et forger le mien, ce style anonyme que nul ne distinguait car on pensait que les poèmes épiques s'écrivaient d'eux-mêmes, au point qu'il ne paraissait guère nécessaire qu'un poète les transcrive. Et pourtant mes premières chansons sur l'Ivoire ont été accueillies avec scepticisme, surtout de la part du capitaine, parce qu'Aramis les aurait composées de telle manière, qu'il aurait décrit la bataille autrement, et que quand il était passé là il avait écrit ceci. Aramis. Son ectoplasme moustachu avait marqué les méandres et les recoins de ma propre âme parce que je lui devais mon poste, parce que c'était lui qui m'avait recommandé comme successeur potentiel. J'ai dû lutter contre l'ombre d'Aramis jusqu'à ce que je la bannisse, jusqu'à ce que je cesse d'être son prolongement, jusqu'à ce que je ne sois plus considéré comme l'apprenti, le nouveau poète, le garçon aux vers imitant le fantôme d'un héros mort. Alors j'ai pu commencer à être vraiment moi, le poète Hamlet, celui qui inscrivait dans son encre dégoulinante le sang versé par un millier de morts.

Aramis. J'ai lu sa production entière, toutes ses chansons de geste, tous ses poèmes lyriques occultes, toutes les batailles dans lesquelles il était intervenu comme chroniqueur, comme témoin, et parfois comme acteur. Et bien que je porte les stigmates de la comparaison sur mes épaules d'azur bordées d'argent, bien que je redoute de le voir traverser les murs pour s'interposer entre moi et l'équipage, bien que je déteste la façon dont ils me regardaient quand ils le voyaient dans mes yeux, je crois que j'ai appris à connaître cette moustache blonde bien mieux que tout le monde. Et pourtant je ne l'avais vu qu'une seule fois à Ultima Thulé. Parce que personne, mieux que moi, son successeur, sa projection, sa continuation, personne ne pouvait interpréter ses poèmes et savoir avec quelle douceur, quelle rage ou quelle haine il avait transformé telle ou telle métaphore en une simple comparaison, telle ou telle litote en une déclaration brute, tel ou tel chiasme en deux vers parallèles, comme l'avait expliqué le père Espligares quelques années auparavant, à l'ombre de ma cellule silencieuse et tant regrettée du Monastère. Nul autre que moi ne pouvait comprendre le potentiel artistique de cet homme, de ce mort. Nul ne pouvait savoir de quelle manière la guerre l'avait gâché, comment elle me gâchait ou allait me gâcher. Il n'y avait que moi pour dire qu'il était l'un des meilleurs poètes que j'aie jamais connus, aussi bon que les auteurs des parchemins que j'avais dû lire avec grand soin pendant mes années de clerc, aussi bon que Narcisse Hall, mon maître discrédité, aussi bon que Hroswitha, que Rouquin, et que moi-même, peut-être. Il était sacrément bon. Aramis, le poète, le bandit, le voleur, s'est révélé à moi comme un homme exemplaire, comme une sensibilité soumise au joug stupide et inutile de la destruction, et dans ses poèmes, il n'était pas rare que je détecte un ton sous-jacent de reproche, un clin d'œil subtil condamnant toute cette horreur. Ou bien, dans mon empressement à décrypter ce spectre en le rapprochant de moi, j'ai compris que, s'il n'avait pas été un lâche, comme le croyait Narcisse Hall, il n'avait pas été pour autant un homme intègre, au sens premier du terme. Aramis était loin d'être un héros. Le Capitaine Sanglant le connaissait mal, même s'il se vantait souvent de ses affinités avec lui. À tant regarder les étoiles, Mère l'Oye ne voyait plus le sol sur lequel reposaient ses bottes. Aramis n'avait pas été un héros. Il suffisait de lire ses poèmes pour s'en rendre compte. Aramis ne serait pas devenu un génie militaire, quoi que Wayne veuille me faire croire, car son ignorance en la matière se décelait par une analyse approfondie des tactiques de guerre qu'il décrivait dans ses chansons. Aramis était mort au combat, certes, mais sa mort n'était pas celle de Roland, ni celle d'Achille, et encore moins celle d'Hector. En interrogeant les soldats, j'ai appris qu'Aramis était tombé dans une embuscade avec la patrouille qu'il accompagnait - une patrouille qui allait manifestement se faire écrabouiller. Ils avaient été attaqués, et une centaine d'hommes avaient été tués, dont lui. La plupart d'entre eux n'avaient même pas eu le temps de sortir leur arme et de tirer. C'était cela, être un héros ? Mourir stupidement sous un ciel qui n'était pas le sien ? Peut-être. Alors, il n'y avait pas tant de différence entre Aramis et Narcisse Hall, l'unique survivant d'une tuerie similaire, considéré comme un couard par tous, y compris par lui-même. J'ai réalisé que si c'étaient les héros qui faisaient l'histoire, c'étaient les lâches qui la racontaient.

Ainsi, une fois la grande énigme d'Aramis éclaircie et sa personnalité révélée, son fantôme a cessé de se manifester. Les murs se sont refermés, et il y a eu un moment où il n'est plus venu. Parfois, il est vrai, la pâle silhouette de son ombre apparaissait dans mes poèmes et je constatais alors, avec douleur et dérision, que nous nous étions tous les deux mis d'accord sur le même constat, sur la même façon de raconter l'histoire, comme si l'Ivoire nous imposait ses critères, au-dessus des nôtres. Cela s'est produit, par exemple, lorsque nous avons traversé un orage magnétique entre deux étoiles naines. L'Ivoire allait de l'une à l'autre, comme une bille suspendue à un fil invisible, et les murs semblaient chanter joyeusement un hymne à la mort. Ce jour-là, tout le monde avait eu peur, y compris le Capitaine Sanglant. Une éruption plus intense que la normale, une erreur d'appréciation de l'un des pilotes, un chavirement trop prononcé pouvait nous plonger dans la zone d'attraction gravitationnelle de l'une ou l'autre des étoiles, nous faire tomber dans le puits où l'enfer est jaune, et l'histoire du vaisseau invaincu se serait terminée en ferraille tordue. L'incident a paru durer un siècle, jusqu'à ce que l'orage magnétique se calme, jusqu'à ce que les deux soleils soient loin derrière nous. Je jure que ces instants ont été les plus effrayants qu'il m'ait été donné de vivre, même si j'avais traversé des tempêtes bien pires. C'était terrible d'être le témoin impuissant des soubresauts angoissants et colériques de l'Ivoire. Je voyais le navire comme une baleine mécanique, une sorte de Moby Dick qui, entre une étoile et une autre, entre un enfer et un autre, tentait de nager sans être vue. C'était horrible. L'électricité semblait constamment sur le point de lâcher et l'air se raréfiait. Il devenait visqueux, obscur. C'était l'impression que j'avais. Ou bien tout cela faisait partie de mon imagination, malmenée par la lumière, les secousses et l'opium. Les soldats tombaient au sol, comme des enfants qui ne savent pas encore se tenir debout. Le plus effrayant, c'était le son : les grincements et les cliquetis qui montaient de l'intérieur du vaisseau, le ver de la peur qui rampait en gémissant tout autour de nous, infectant de panique les hommes et les androïdes. Une fois sa mission accomplie, il repartait, toujours en chantant, comme la mythique sirène Lorelei :

Viens à la mort, viens, pour chanter avec moi,
fais résonner mon corps.
Va et viens, je t'attends, sous l'éclat des soleils,
moi qui serai ta nymphe.
Va et viens, je t'absous des crimes et des péchés,
viens dans mes bras ouverts.
Va et viens dans ma vulve, grande ouverte au soldat,
au poète, à l'amant.
Va et viens, pour connaître le plaisir de la mort,
l'éternelle agonie.
Va et viens, va et viens, assiste à ton suicide,
à ce rythme macabre.
Va et viens.

Je désirais écrire, touché par la folie entre les murs caquetants du navire-prison. Je voulais chanter, uni à la cantate sublime qui montait et descendait de ses entrailles. Je voulais crier, dans le délire d'un amant déchu, la sonate des sirènes devenues étoiles, de l'enfer devenu plaisir. Mais plus tard, après que la fatigue, les secousses, le bruit et la douleur se sont calmés, plus tard, une fois reposé et rassuré, prêt à trouver un peu de temps libre pour retranscrire ce poème dicté par la femme des étoiles, prêt à tracer dans un pentagramme éternel cette horrible chanson lubrique, je me suis rendu compte qu'Aramis – Aramis, oui – l'avait fait avant moi, utilisant presque les mots que j'allais choisir, adoptant presque le même rythme, comme s'il existait vraiment une connexion supra-individuelle entre nous, comme si l'Ivoire exigeait des chansons redondantes, parallèles, ou que Lorelei était revenue à la vie.

Chapitre 18

Un jour, un mois, un an après avoir quitté Excalibur - cela n'a pas beaucoup d'importance, car le temps ne compte guère là-haut –, un moment après avoir quitté la station orbitale, donc, le capitaine Wayne et moi-même contemplions depuis la passerelle l'obscurité piquetée de sel, l'anneau noir que quelqu'un de moins sentimental que moi avait défini comme l'espace. Mère l'Oye s'amusait à me faire la leçon. Il paraissait heureux en ma compagnie et, pour être honnête, je dois avouer que je ne me sentais pas trop mal en sa présence, surtout quand il me laissait la parole et ne jacassait pas à tort et à travers. Au loin, entre les spirales de lumière, de faibles points lumineux tourbillonnaient dans leur orbite spectrale immense.

« Sais-tu ce que sont ces points, poète ? » a-t-il demandé en désignant l'un d'eux.

Wayne ne m'appelait jamais par mon nom. Je doutais même qu'il le connaisse.

J'ai regardé dans la direction que pointait son doigt, troublé par la profusion de soleils. J'ai hésité avant de répondre.

« Des satellites, Monsieur ? »

Il a nié de la tête comme s'il voulait se dévisser le cou, puis a refermé l'index et retiré sa main. Il s'est tourné vers moi, a levé les bras, écarté les jambes et m'a adressé son meilleur sourire de fauve.

« Regarde, maintenant. »

L'écran a zoomé de plusieurs unités et je n'ai plus distingué que le contour flou de quelque chose qui avançait. Pendant un instant, j'ai eu l'impression que les points ressemblaient à des bras et des jambes, mais j'ai rejeté cette idée absurde.

« Je n'y vois pas très clair, Monsieur. Ils se déplacent très lentement pour des satellites. Ce sont peut-être des épaves abandonnées, ou des restes de vaisseaux.

— Ni l'un ni l'autre. Mère l'Oye va t'offrir un indice. Écoute. »

Il a allumé quelque chose, se déplaçant avec une agilité inconcevable pour quelqu'un de sa taille. Après un craquement d'électricité statique, une voix étrange a résonné dans la pièce. Une voix irréelle, appartenant à un homme mort.

« *Soldat de première classe Travis Elwood. Vaisseau de combat Scorpion. Je suis mort au combat sur Monde Mouette. Coordonnées dans l'ellipse : vecteur six. Si vous m'entendez, voyageurs, sachez que j'ai offert ma vie à la Conquête. Ne pleurez pas ma mort. Longue vie à la Corporation. Soldat de première classe Travis Elwood, terminé.* »

L'épitaphe tournait en boucle, récitée par une voix atone qui ne pouvait logiquement pas appartenir au soldat mort. J'ai examiné le point lumineux et les poils de ma nuque se sont dressés.

« Un homme ?

— Un soldat, poète. Un martyr de la Conquête, tu l'as entendu. Regarde plus loin. Tu en verras d'autres. »

L'écran a répété son avancée jusqu'à ce que six ou sept autres lumières apparaissent, à présent moins vacillantes. Oui, c'étaient des hommes. Ils flottaient, bras et jambes écartés. Les corps morts tournaient, en extase, engoncés dans leur combinaison d'assaut, cryogénisés et conservés pour l'éternité. Les voix caquetaient sur la console, toutes semblables, toutes distinctes, chacune répétant son message triomphant, débitant son nom, son grade, sa position orbitale, et récitant son petit laïus, maintenant et pour toujours, comme si la découverte d'une cinquantaine de corps flottant comme des êtres vivants dans l'espace était un événement à célébrer. À la vue de cette petite fête privée, j'ai décidé que je n'avais pas envie d'y participer.

« Un cimetière, Monsieur ?

— Oui. Un cimetière militaire. Lorsqu'un soldat meurt en mission, s'il est possible de récupérer son corps, on le lance dans l'espace avec les honneurs, et il orbite autour du lieu où il est mort, comme un phare. »

L'écran avait continué à zoomer, grossissant les plis déformés des uniformes, les décorations, les insignes, les drapeaux, les réservoirs d'oxygène vides, les doigts enfermés dans les gants, les bottes à l'éclat métallique. Finalement, il a montré une énorme tête, dont le casque portait le nom « Walter Johnson », parfaitement lisible dans le champ de vision de la caméra. Derrière le treillis de verre sombre, je percevais les yeux perpétuellement ouverts sous des paupières figées, reflétant une agonie sans fin. Je devinais les pupilles qui ne se contracteraient plus à la lueur du soleil. J'imaginais les blessures qui avaient déchiré ce corps jamais guéri, poisseux d'un sang devenu poussière, infligées par un agresseur décrit comme une hydre agitant ses têtes dans le vent.

« *Officier de deuxième classe Wilbur Salomon. Vaisseau de combat Scorpion. Je suis mort au combat sur Monde Mouette. Coordonnées dans l'ellipse : vecteur dix. Si vous m'entendez, voyageurs, sachez que j'ai offert ma vie à la Conquête. Ne pleurez pas ma mort. Longue vie à la Corporation. Officier de deuxième classe Wilbur Salomon, terminé.* »

« Regarde-les, poète, a déclaré le capitaine en me contemplant de ses yeux pâles. Ils resteront ainsi pour toujours. Ils ne seront pas recyclés, ni utilisés pour générer de nouvelles vies sur les mondes de la Corporation. Nous autres, astronautes, sommes des créatures de l'air, et rien ne peut nous empêcher de passer les années de notre mort dans l'éther. Regarde-les bien. Peut-être que toi et moi, nous y serons un jour, à tourner pour l'éternité autour d'une boule rouge. »

L'écran est sorti du champ jonché de cadavres, et le capitaine l'a rétracté. De nouveau, les corps des martyrs, comme il les appelait, sont devenus des traînées de lumière, trop lointaines pour être identifiées.

« Au début, on les a laissés là pour des raisons de commodité, a expliqué Capitaine Sanglant. Nous n'avions pas le temps de les ramener chez eux ou de les enterrer sur l'un ou l'autre de ces mondes. Va savoir de quelle partie de la galaxie ils venaient.

Même New York deviendrait fou s'il cherchait à le calculer. Par la suite, il a été convenu qu'il serait magnifique de leur rendre un dernier hommage, et il a été ordonné que les hommes dont les corps pouvaient être récupérés soient laissés en orbite là où la mort les avait fauchés. Très peu sont retrouvés, crois-moi. Après un massacre, les cadavres semblent avoir disparu. Tu n'avais jamais vu un de ces cimetières auparavant ? Que diable as-tu fait pendant ton année probatoire ?

— Très peu de choses, Monsieur. Il y a eu peu de pertes sur la Torche. Je ne me souviens pas qu'il y ait eu d'autres morts qu'à Ultima Thulé, et on n'a pas pu récupérer les corps. Nous n'avons certainement pas traversé d'endroit comme celui-ci.

— Je vois. Comme je te le disais, au début on a juste laissé les cadavres dans l'espace. Parfois avec leur combinaison, quand il était impossible de l'enlever sans détruire le corps. Puis quelqu'un s'est rendu compte qu'ils étaient tombés pour la Corporation et la Conquête, et qu'ils méritaient plus que d'être jetés à la poubelle. Ils avaient droit à une petite place dans l'histoire, une place infinitésimale si on prend en compte les dimensions de l'espace. Les scaphandres ont été dotés d'un système capable de générer l'énergie nécessaire à leur maintien en orbite et à la diffusion en boucle d'un message.

— Le dispositif se recharge, Monsieur ?

— Effectivement. Il exploite l'énergie des courants stellaires, des éruptions magnétiques, des champs lumineux. Il en soutire même au vaisseau, en ce moment, sur notre passage. »

J'ai compris pourquoi la combinaison d'assaut était familièrement appelée, parmi les soldats, le sarcophage. J'étais déjà très mal à l'aise en la portant, et la mienne était spéciale, mais l'idée qu'enfiler une de ces armures revenait à mettre un pied dans son propre cercueil n'a pas arrangé les choses. Même si le concept de ces cimetières de l'espace avait sa part de romantisme, je n'avais aucune envie de considérer que je pourrais me retrouver dans le futur à orbiter comme l'un de ces morts.

« Ils répètent les coordonnées pour des raisons de sécurité ?

— Absolument. Pour éviter qu'on les confonde avec des déchets, des météorites, tout ce fatras qui inonde l'espace. C'est aussi pour nous empêcher de les approcher de trop près, au risque de les entraîner dans notre champ de gravité.

— Une traîne de mariée peu réjouissante. »

Mère l'Oye a souri à mon commentaire, surpris par mon humour noir. Soudain, comme si toute cette conversation avait été un présage, comme si la vue du cimetière avait été une sorte de prophétie, de prémonition, le lieutenant Salvador a fait irruption sur la passerelle. Ses cheveux ébouriffés tombaient sur ses yeux malicieux. Son nez inexistant avait l'air encore plus reculé que d'habitude. Son uniforme n'était pas tout à fait en place. Son front était parsemé de gouttelettes d'un liquide blanc. Il était venu en courant.

« Lieutenant Salvador ! s'est exclamé le capitaine, déguisant sa surprise derrière un ton sec. Qu'y a-t-il ? Vous avez bu ? »

Salvador s'est mis au garde-à-vous comme il a pu. Il avait l'air très nerveux. La trace d'un bleu se développait de manière disproportionnée sur l'une de ses pommettes.

« Non, Monsieur. J'aimerais que ce soit le cas. Il y a eu des problèmes à bord.

— Des problèmes ? Est-ce que l'un des garçons a recommencé à se battre ? Cela signifie qu'il est impatient de repartir au combat. Mettez-le aux arrêts pour dix jours, avec suppression de la moitié de sa solde. Vous connaissez la procédure. »

Salvador a secoué la tête en signe de dénégation.

« Ce n'est pas ça. Loin de là, Monsieur.

— Non ? Et cette jolie trace sur votre joue, c'est une caresse ?

— Il y a un passager clandestin sur le vaisseau, Monsieur. »

Le sourire de fauve d'Ares Wayne s'est effacé. Le mien, apparu devant l'embarras de Salvador, s'est également estompé. Le lieutenant semblait libéré d'un grand poids. Tout a basculé en un instant sur ce maudit navire.

« Un passager clandestin ? Sur l'Ivoire ?

— Oui, Monsieur. Et le plus grave, c'est que lorsque nous avons tenté de le capturer, il a tué deux hommes. »

Wayne est devenu livide. Puis son expression a changé. On aurait dit qu'il était sur le point d'exploser dans son uniforme noir, mais il est parvenu à se contrôler et a retrouvé son calme.

« Vous l'avez attrapé ?

— Oui, Monsieur, a répondu Salvador, montrant le bleu sur son visage. Ça n'a pas été simple, mais nous le tenons.

— Amenez-le-moi.

— À vos ordres, Monsieur. »

Whynnom Salvador a quitté la passerelle. Ares Wayne s'est retourné, a fixé son reflet sur l'écran ouvert sur l'espace et a attendu. Il avait complètement oublié que j'étais là. Une voix d'outre-tombe a répété son message :

« *Soldat de première classe Dallas Marquez. Vaisseau de combat Al-Mansur. Je suis mort au combat sur Monde Mouette. Coordonnées dans l'ellipse : vecteur quatre-vingt-treize. Si vous m'entendez, voyageurs, sachez que j'ai offert ma vie à la Conquête. Ne pleurez pas ma mort. Longue vie à la Corporation. Soldat de première classe Dallas Marquez, terminé.* »

« Le passager clandestin, Monsieur. »

Salvador était revenu, accompagné de deux gardes en uniforme gris. Ils encadraient un homme. Le resquilleur. Je l'ai regardé, mais il ne m'a pas vu. Ses yeux cherchaient ceux du capitaine qui ne s'était pas encore retourné. J'ai observé l'individu, le comparant mentalement aux hommes qui l'entouraient. Il était aussi grand qu'eux, et peut-être plus trapu, même si les soldats paraissaient plus imposants à cause de leur armure. Il avait les cheveux roux, s'éclaircissant par endroits au niveau des tempes. Il portait un vêtement ordinaire, pas très approprié dans l'espace, mais pas trop inconfortable non plus. Un filet de sang discret s'écoulait de la commissure de ses lèvres, et ses yeux lançaient des éclats de feu liquide. Il était plus calme que les deux armoires à glace qui l'accompagnaient, plus sûr de lui que Salvador, et même que le capitaine. En cet instant, parmi les personnes présentes, j'étais le seul à paraître nerveux.

« *Soldat de deuxième classe Norman von Haffe. Vaisseau de combat Al-Mansur. Je suis mort au combat sur Monde Mouette. Coordonnées dans l'ellipse : vecteur cinquante-neuf. Si vous m'entendez, voyageurs, sachez que j'ai offert ma vie à la Conquête. Ne pleurez pas ma mort. Longue vie à la Corporation. Soldat de deuxième classe Norman von Haffe, terminé.* »

« Ainsi, tu es un passager clandestin, hein ? a demandé le capitaine en se détournant à contrecœur de son point de vue sur l'espace. C'est curieux. Personne ne s'est faufilé sur ce vaisseau depuis près de sept cents ans. Quel est ton nom, intrus ? »

L'homme a soutenu le regard glacial du capitaine avec des yeux enflammés. Il a d'abord eu l'air de ne pas vouloir répondre, mais sa bouche s'est ouverte et il a craché un nom, en même temps qu'un filet de sang.

« Ptolémée.

— Un joli nom, par Rab. Dis-moi, Ptolémée, comment es-tu monté à bord ? Quand l'as-tu fait ? »

Le fraudeur a haussé les épaules. Cette fois, il n'a pas répondu. Il demeurait muet, et Wayne n'était pas d'une grande aide.

« Tu te tais, Ptolémée ? Tu fais bien. Ta voix n'est pas intéressante. Et je me fiche de la façon ou du moment où tu t'es introduit à bord. Tu sais quel est le châtiment pour les passagers clandestins ? Tu le sais ? »

Ptolémée a acquiescé. Moi aussi, par réflexe. Nous savions tous quelle était la sentence.

« Alors, dis-le-moi, Ptolémée.

— Vous allez m'éjecter dehors, a-t-il marmonné en montrant la vitre. Dans l'espace.

— Exact. Comment le sais-tu ? Tu as été soldat ?

— Oui.

— Alors tu savais à quoi tu t'exposais en montant à bord.

— J'en étais conscient.

— Et tu l'as fait quand même ?

— Oui.

— Ah ! La vie serait ennuyeuse s'il n'y avait aucun risque, n'est-ce pas ? J'aimerais t'aider, Ptolémée, mais je ne le peux pas. Tu le sais. La Corporation ne peut pas laisser ses vaisseaux de guerre devenir des navires de plaisance. Tu le comprends, non ? N'importe quelle croisière régulière aurait pu t'emmener où tu voulais. Pour quelques drachmes, elles résolvent tous les problèmes de distance. Je ne peux pas te venir en aide, Ptolémée, même si je le désirais. La Corporation a décidé pour moi.

— La Corporation pourrait… a commencé à dire le resquilleur, mais Wayne l'a interrompu, posant l'index devant sa bouche.

— Tt tt tt. Je ne te permettrai pas de salir l'honneur de la Corporation. Cela ajouterait des charges à ton cas, et la sentence a déjà été rendue. »

Il a reculé, contemplant son index taché par le sang qui maculait la bouche du passager clandestin, et l'a essuyé sur le vêtement de l'homme.

« Tu sais, Ptolémée ? Je t'envie.

— Alors accompagnez-moi dans l'espace.

— Non, non. Tu ne comprends pas. Je n'envie pas ta mort, bien sûr que non. Tôt ou tard, je quitterai ce monde, mais avec gloire, avec honneur. Je t'envie l'excitation de l'action. C'est vrai. Ne crois pas que je me moque de toi. Tu sais, la peur, c'est ce qui me manque quand je monte à bord d'un vaisseau. Le frisson. Je t'envie, vraiment. Ces heures à se cacher comme un rat avant de décider d'entrer, le temps passé à bord en espérant ne pas être découvert. L'angoisse. Le plaisir du risque. C'est ce que je t'envie. Tu comprends ?

— Je crois que oui.

— Je savais que tu le ferais. Je suis désolé de devoir t'infliger ça, Ptolémée. Vraiment. Un ancien soldat mérite une meilleure fin. Tu as dû être un bon combattant. Deux soldats tués et l'ecchymose sur la joue du lieutenant en disent long sur toi. J'aurais aimé t'avoir sous mes ordres, mais la loi est écrite. Elle est inexorable.

— Remplissez votre devoir, puisque vous y êtes contraint, mais ne me faites pas la morale.

— Ah, l'incompréhension… Laisse-moi parler, Ptolémée. Il y a si longtemps que je n'avais pas eu de resquilleur à bord que j'avais presque oublié comment ils se comportent. Poète, comment imaginais-tu un passager clandestin ? Comme ça ? Avec cette allure ? »

J'ai fait un pas en avant, comme l'imposait le règlement. Ptolémée m'a dévisagé.

« Non, Monsieur. J'ai toujours pensé qu'ils devaient être de belles filles ou des gamins en guenilles. Des créatures à moitié vêtues, assoiffées d'aventure.

— Je vois. Le cliché classique. Travaille ton imagination, poète. Développe-la un peu plus. Tu sais, Ptolémée ? Moi aussi, j'ai longtemps adhéré à la description que le poète nous a donnée. Oh, je ne doute pas que certains fraudeurs répondent à ces clichés. Mais pas ceux que j'ai vus au cours de ma carrière sur d'autres vaisseaux. Entre toi et moi, Ptolémée, la loi est claire. Et je pense que le cliché du passager clandestin faible et en guenilles essaie de la contredire. Parce qu'il pousse les gens à dire que nous n'avons aucun scrupule à envoyer un gamin dans l'espace, aucune compassion, et que c'est un crime de le faire. Tu sais, Ptolémée, j'aime tuer avec honneur. Pas par plaisir ou par haine. Maintenant, je vais le faire par obligation. Tu vois, je ne te connais même pas. Je ne te déteste pas, et je suppose que je ne t'aurais pas aimé non plus. Il n'y aura pas d'honneur à te jeter dans l'espace, tout comme il n'y a pas d'honneur à l'intérieur de toi. Mais je dois le faire, parce que la présence d'un resquilleur à bord met tout le vaisseau en danger, et que mon devoir me lie entièrement à lui.

— J'ai mis le navire en péril ?

— Oh, oui. Pas directement, bien sûr. Peut-être que tu aurais réussi à débarquer sans encombre. J'en doute, car nous nous rendons au-delà de la zone des Confins. Mais peut-être que tu serais sorti vivant de toute cette histoire et que le navire n'en aurait même pas eu connaissance. Mais il y a d'autres vaisseaux, d'autres resquilleurs et d'autres situations. L'oxygène, par exemple. Tu y as pensé ? Bien sûr que non. Tu n'en as pas tenu compte. Ni de la nourriture, ni des aléas d'un saut en hyperespace, ni les mille erreurs que l'on peut commettre en se faufilant sans être vu. Un vaisseau spatial n'est pas un bateau en bois, Ptolémée. Toi qui as été soldat, tu devrais le savoir. Une erreur de touche sur l'ordinateur, une porte hermétique qui ne se ferme pas correctement, un laser qui se déclenche accidentellement… Tout peut faire dérailler une mission, et un vaisseau tel que l'Ivoire coûte plus cher que tu ne peux l'imaginer, Ptolémée. Il existe de nombreuses formes de sabotage, mon ami. Tu vois, je n'ai pas d'autre choix que de te faire tuer. Pas pour moi, je te l'ai dit, mais pour la Corporation, pour la Conquête. Il faut t'éliminer, Ptolémée, car tu ne fais pas partie de l'espace, tu vis à ses dépens. Tu es un parasite, comme un ténia. Alors, pour préserver mon commandement, pour éviter que d'autres fassent la même bêtise que toi, ma seule option est de te balancer dans l'espace. Tu vois, il se trouve que j'en parlais avec le poète. Nous sommes proches d'un cimetière spatial. Tu vas rejoindre ces soldats, leur tenir compagnie. Peut-être qu'ils te permettront de réfléchir à leur gloire.

— Allons-y. Je suis prêt.

— Très bien. Adieu, Ptolémée. Ne t'inquiète pas, tu ne souffriras pas. La décompression sera si rapide que tu ne t'en rendras même pas compte. Crois-moi, Ptolémée, je le regrette. »

Wayne a fait un geste en direction des deux gardes qui ont posé la main sur les épaules du passager clandestin, prêts à l'emmener avec eux. Mais l'homme a été plus rapide. Il les a projetés sur le côté, les bras tendus, tel un Samson roux abattant les piliers du temple. Il a poussé un cri inhumain et a bondi vers moi. J'ai eu à peine le temps d'apercevoir une forme rosâtre et floue qui s'approchait puis je me suis retrouvé au sol, sur le dos, les yeux embués d'une brume colorée et le nez en sang. C'est alors que j'ai réalisé qu'il m'avait donné un coup de poing.

J'ai lutté pour me redresser, craignant que le géant ne bondisse sur moi, prêt à achever son œuvre, car je constituais la cible la plus facile et la victime la plus faible, mais il s'est dirigé vers Ares Wayne. Salvador était assis par terre, de l'autre côté de la pièce, se tenant la bouche d'une main et tentant de ramasser plusieurs dents blanches de l'autre. Une voix morte a répété sa litanie à travers la pièce :

« *Officier de première classe Leiton Wolfe. Vaisseau de combat Scorpion. Je suis mort au combat sur Monde Mouette. Coordonnées dans l'ellipse : vecteur vingt-deux. Si vous m'entendez, voyageurs, sachez que j'ai offert ma vie à la Conquête. Ne pleurez pas ma mort. Longue vie à la Corporation. Officier de première classe Leiton Wolfe, terminé.* »

Ptolémée était plus grand et plus fort que Wayne, mais il ne vivait pas de ses qualités physiques, ce qui était le cas du capitaine. Ce dernier lui a asséné un coup de poing qui a failli lui arracher l'oreille, puis lui a décoché un direct au visage. Mère l'Oye, qui s'était transformé en Capitaine Sanglant, a reculé d'un pas, fléchi une jambe et a attendu. Une demi-seconde plus tard, il a arrêté le poing de l'assaillant avec sa main droite, l'a retourné contre son propre corps et l'a coincé dans son dos. Il y a eu un craquement d'os brisés. Le passager clandestin a hurlé.

« *Soldat de deuxième classe Wellington Soran. Vaisseau de combat Scorpion. Je suis mort au combat sur Monde Mouette. Coordonnées dans l'ellipse : vecteur cent. Si vous m'entendez, voyageurs, sachez que j'ai offert ma vie à la Conquête. Ne pleurez pas ma mort. Longue vie à la Corporation. Soldat de deuxième classe Wellington Soran, terminé.* »

« Vous autres, debout ! a crié Wayne aux deux soldats qui gisaient encore au sol. Je ne vais pas rester comme ça jusqu'à la fin des temps ! Venez le chercher ! »

Les soldats se sont levés, ont ramassé leurs armes et les ont pointées sur Ptolémée. Salvador a demandé, sur le communicateur, qu'on envoie deux hommes de plus et un infirmier. Ares Wayne se balançait sur ses talons, noir et beau comme un fauve. Ça a été tout. Je n'en ai pas vu davantage. La douleur dans mon nez m'a fait tourner la tête, l'odeur de mon sang a fait le reste. Je me suis évanoui. Wayne m'a dit plus tard qu'il était surprenant qu'un coup aussi violent ne m'ait pas fracturé le crâne. Il a cru que j'étais mort jusqu'à ce qu'il me voie donner des coups de pied depuis le bas de l'échelle. Dans sa bouche, c'était un compliment.

Le dénommé Ptolémée a été lancé dans l'espace sans aucun état d'âme. Comme l'avait prédit le capitaine, il a eu une mort rapide et presque indolore, une mort annonçant que l'Ivoire avait basculé dans l'univers de la guerre. La guerre, qui venait à notre rencontre. La guerre, qui nous attendait comme un couteau sorti de son fourreau.

Chapitre 19

Hild ! Hild ! Hild !
Et la guerre, et la mort nous trouverons ici !
Hild !
Salut, ô toi, grande faux, reine du sommeil éternel !
Que soit maudite l'heure où, marchant vers ma gloire,
Je t'ai vue arriver pour tuer mes espoirs,
Ô dame incorruptible dont je fuyais l'appel !
Hild !
Ne me tends pas les bras, ne viens pas m'enserrer,
La guerre est ma maîtresse et elle m'a prévenu
Du risque d'embrasser tes lèvres si charnues !
Que soit maudite l'heure où tu vas m'emporter !
Hildegicel ! Hildegicel ! Hild !

La guerre, je l'ai compris, était un flanc ouvert où brûlait l'enfer, une plaie purulente sillonnée par un millier de démons. La guerre était un feu de sang qui se répandait en profondeur. Une femme aux seins coupés, posés sur un plateau d'argent, se lamentant dans une langue qui nous semblait étrange. Une enfant sans mains noyée dans une flaque de boue et de napalm. Une adolescente qui empruntait soudain le chemin de la corruption et de la mort. La guerre, c'était l'acier trempé, la poussière et la crasse coincés dans les poumons, dans le cœur, dans l'esprit. Bruit contre bruit, soif de tuer et goût de la chair. Tout cela, c'était la guerre, et l'horreur allait encore plus loin. L'agonie, la destruction, le sang. C'était cela, et j'étais là pour le chanter.

Je ne me souviens plus très bien du nombre de batailles auxquelles j'ai participé, des mondes que j'ai vu piller, des morts qui ont défilé devant moi. Rab soit remercié, je ne sais plus. Revivre mentalement toute cette horreur me prive de ma lucidité, me fait redevenir la bête que j'étais alors, contemplant avec les yeux froids et calculateurs d'un notaire ce que la Corporation jugeait comme mauvais. Je crois que l'impassibilité face à l'horreur a été le dernier rempart de ma santé mentale. Verrouiller mon esprit pour empêcher les images vues par mes yeux d'atteindre mon cerveau m'a sauvé. Sinon, j'aurais sombré dans la folie. J'ai appris beaucoup de choses sur la guerre en la vivant. J'ai appris que la guerre est toujours une, singulière. Même si les scénarios étaient différents, que les races à soumettre et les bataillons d'assaut se succédaient, c'était toujours la même guerre. Une seule guerre et rien d'autre. Une vipère venue de l'au-delà, un serpent immortel portant en lui la malédiction de l'homme. L'officier que j'avais rencontré sur Terre, à l'aéroport, juste avant de m'envoler pour le Monastère, avait raison. La guerre a toujours existé et elle durera toujours, même lorsque le cœur d'acier organique de New York cessera de battre et que la Corporation ne pèsera plus sur l'esprit des hommes.

« Du sang, mon garçon, du sang partout, avait résumé Narcisse Hall, une éternité auparavant. Du sang qui coule à gros bouillons. Beaucoup de sang. »

Cette planète n'avait peut-être pas de nom. Du moins, aucun de nous, qui y étions allés, ne l'avait jamais su. Nous la connaissions simplement, comme beaucoup d'autres, comme le front. Et dans ces mots se résumaient toutes les autres planètes comme celle-ci. Le front. Il faudrait du temps avant de pouvoir lui donner une appellation qui deviendrait son nom et remplacerait le vrai, s'il y en avait un. Pour l'instant, ce n'était qu'une autre planète, une halte forcée sur le chemin de l'Ivoire, un monde comme les autres que New York avait décidé de nettoyer. « Il faut éliminer les Nors, avait-il dit. Les Nors qui peuplent cette planète sans nom doivent être éradiqués. Allez-y, les gars. »

New York commandait et nous obéissions, parce qu'en fin de compte il avait toujours raison. Si les Nors, comme il disait, occupaient ce monde, cela signifiait que tôt ou tard ils allaient causer des problèmes, leur passe-temps favori. La tactique la plus élémentaire dictait que, dans l'intérêt de la Corporation, nous devions frapper maintenant, les surprendre avant qu'ils aient le temps de s'organiser et de faire une incursion dans les enclaves colonisées par la Terre, de les soumettre pendant qu'ils se consacraient à leurs querelles internes. Si New York nous mettait en garde contre le danger que représentaient les Nors, nous ne pouvions pas douter de sa parole. Il dictait la loi. Il veillait sur un futur meilleur. Si l'ordre donné par New York était de passer à l'attaque, mille phalanges de l'espace obéiraient, sans doute ni réticence, mais avec une foi fanatique, avec un réel désir de verser le sang.

Les Nors, ennemis du moment, étaient une espèce guerrière, disait-on. Ils avaient peuplé une douzaine de mondes il y a plusieurs siècles, avant que la Corporation n'exploite impunément les secteurs de l'espace où leurs empires avaient prospéré. L'existence d'une vie animale concurrente à la nôtre ne suggérait aucune promesse de paix, aucune possibilité d'alliance, parce que les Nors régissaient leur vie par une série d'étranges rituels que même New York ne pouvait comprendre. C'est ce qu'il nous avait fait croire. Il nous avait prévenus que les Nors, tôt ou tard, pourraient supplanter la Corporation dans sa progression vers les étoiles, car leur engeance était faite pour détruire, pour commander, à l'instar du genre humain. Quelqu'un devait donc les arrêter. C'étaient les ordres de la Corporation. Tuer avant d'être tué. Détruire avant d'être détruit. Asservir avant d'être asservi. Aussi simple que cela. Je doute que New York ait sourcillé avant de décider d'endeuiller l'espace en déclarant la guerre.

Les Nors. Le premier des conflits, le plus grave, avait éclaté trois ou quatre siècles plus tôt. La Corporation avait gagné, bien sûr. Sinon, elle ne se serait pas lancée dans une guerre. Vaincus, les Nors étaient alors devenus une espèce errante, condamnée à parcourir une centaine de mondes, éparpillée entre les soleils comme des grains de sable, en pleine déchéance parce que l'homme avait décidé d'interrompre leur évolution. Des rumeurs circulaient selon lesquelles des groupes de Nors vivaient comme des sauvages primitifs dans des grottes, sur des planètes pas encore soumises à la volonté de New York, dépourvus des outils les plus essentiels comme le feu ou l'art de la guerre. On disait que dans certains lieux encore inconnus, ils ignoraient la signification d'un simple laser, qu'ils vénéraient les soldats de la Corporation comme Rab lui-même, qu'ils venaient à leur rencontre et les saluaient comme leurs frères sous les cieux, et qu'ils souriaient de surprise lorsque les rayons de feu les dévoraient de l'intérieur, que le sang leur teintait les entrailles et que les troupes terriennes envahissaient leurs lieux saints, imposant, entre deux éclats de rire, la loi et le pouvoir de la force alliée à l'intelligence. Je ne croyais rien de tout cela. Je connaissais les nombreux mensonges qui circulaient de bouche en bouche puisque j'étais l'auteur de certains d'entre eux. Et d'ailleurs, je n'avais jamais vu de Nor, à l'époque. De ce fait, je me les représentais de mille manières, la pire d'entre elles les décrivant comme des buveurs de sang assoiffés. Plus tard, en apprenant à les connaître, j'ai constaté qu'ils n'étaient pas si différents des hommes. Je suppose que les deux espèces avaient eu un passé commun, que nous étions des êtres d'égale origine, des branches d'un même arbre, des opposés semblables aux deux sexes de la mante religieuse. L'un devait manger l'autre, et le plus fort avait déjà été désigné.

New York nous avait envoyés sur cette planète sans nom, la première de toutes celles que j'ai connues par la suite. Il m'est difficile d'établir une succession chronologique, parce que les souvenirs viennent dans le désordre, tous en même temps, et que je ne parviens pas à les démêler de manière cohérente. De toutes les façons, c'était là que nous irions, là où New York voulait que nous allions. Lorsque des colonies de Nors étaient repérées, où que ce soit, même si elles étaient éloignées et insignifiantes, toute la mission de conquête était interrompue, toute l'expansion était figée. L'objectif était alors de les traquer le plus rapidement possible. J'ignorais comment réagirait la Corporation lorsqu'il ne resterait plus aucun Nor, ou sur quelle espèce misérable tomberait la malédiction d'être déclarée la bête noire. Il y aurait toujours d'autres espèces, bien sûr. Il y en a toujours dans l'espace.

Les Nors, bien que poursuivis et acculés sans répit, ne restaient pas inactifs face à notre harcèlement. J'ai déjà dit qu'ils semblaient vivre pour la guerre, que l'existence se résumait pour eux à une sorte de rituel énigmatique. Les Nors savaient s'imposer, leur endurance était à la hauteur de la chasse que nous leur faisions. Je trouvais admirable leur volonté de survivre. Ils se battaient toujours avec acharnement, ce que les militaires comme le capitaine Wayne appréciaient. Après tout, ils vivaient de cette opposition.

« Ce sont de bons guerriers, poète. Les meilleurs qu'un militaire puisse souhaiter. Ce sont de grands ennemis. Ils vendent très cher leur peau. Ils savent combattre jusqu'à la mort et ne se plaignent pas. Écoute-moi bien, poète. S'ils étaient de notre côté, l'œuvre de la Conquête serait imparable. »

Oui, peut-être que s'ils étaient avec nous, les Nors auraient pu être de bons alliés. Sans doute. Mais nous ne pourrions jamais le savoir, pour la simple raison que personne ne le leur avait proposé. « Si vous voyez un Nor, tirez d'abord et parlez ensuite. »

La planète sur laquelle nous allions descendre était en plein conflit. Trois cuirassés tentaient de la conquérir depuis près d'un an, sans y parvenir. Les Nors qui s'y cachaient - ils avaient d'abord vécu tranquillement, et ensuite pris le maquis - étaient bien organisés et disposaient d'une légère avance technologique. Du moins, ils étaient parvenus à détruire complètement, depuis la surface, l'un des trois brise-glaces. Aucun homme d'équipage n'avait échappé à la mort, ni un seul soldat. Depuis, les deux autres vaisseaux tournaient autour de la planète, sur une orbite suffisamment éloignée pour se trouver hors de portée d'autres tirs. Ils scrutaient la planète jour et nuit. Un second abattage aurait été un coup dur pour la propagande de la Corporation. Un événement embarrassant. Plus tard, lorsque j'ai débarqué, j'ai appris que le brise-glace qui avait été anéanti était le Bifröst. J'ai pleuré la perte des valkyries, mais je n'ai pu m'empêcher de me réjouir. Si je m'étais trouvé à bord, si l'Ivoire ne s'était pas interposé sur mon chemin, ma carcasse tournerait en orbite au-dessus de l'atmosphère de ce monde.

Nous avions rejoint les deux vaisseaux survivants pour continuer la guerre, qui s'annonçait encore longue. Il faudrait une année supplémentaire pour que la planète cède et que les Nors se rendent. Une année difficile durant laquelle j'ai découvert que les militaires de la Corporation, à partir du grade de sergent, devenaient de plus en plus stupides, comme si les galons ne faisaient que dessécher le peu de cervelle qu'ils avaient. Leur niveau d'incompétence était ahurissant. Les abus d'autorité se répétaient chaque jour sous mes yeux sans que personne en haut lieu ne paraisse s'en rendre compte. Les soldats tués sur le front étaient des hommes, protestais-je intérieurement, et ils méritaient mieux que d'être envoyés au combat par un gradé inepte qui les menait à la mort. Certes, les Nors étaient un ennemi redoutable. Un rêve pour un militaire. Mais cela ne justifiait pas les massacres continus des patrouilles de reconnaissance. Une seule sur trois revenait, avec la moitié des hommes blessés ou morts. Qui fallait-il blâmer ? Je l'ignore. Je n'étais qu'un étranger dans ce vaste attirail de ceintures et d'uniformes. Je n'étais personne. À qui revenait la faute ? Malgré ce qu'avait dit Ares Wayne le jour où j'étais monté à bord, il fallait blâmer la soif de reconnaissance, la vision déformée des concepts de virilité et d'honneur, le désir d'ajouter une bande rouge ou jaune à une manche, quel que soit le nombre de vies, amies ou ennemies, que cette promotion avait coûté. L'honneur était rehaussé si vos hommes mouraient en braillant dans une flaque de boue.

Nous étions en train d'installer trois batteries sur une colline. Un bastion de rebelles nors se cachait dans des grottes de l'autre côté de la vallée. Ils allaient bientôt succomber à une offensive bien menée. Cela semblait clair, même pour un type comme moi qui ne comprend rien à la guerre. Le capitaine Wayne était peut-être un méchant en uniforme, un assassin gradé, mais il savait ce qu'il faisait lorsqu'il prenait les choses en main. Il m'avait envoyé à la recherche d'un peu d'action près des trois batteries, parce que je n'arrêtais pas de lui dire que je m'ennuyais. N'ayant pas d'autre possibilité de me distraire et n'ayant guère envie de rester au camp de base, j'avais décidé d'aller voir de plus près ce qui se passait sur le terrain. Nous avions volé en coptère cinq jours à l'est du quartier général, survolant des territoires calcinés où plus rien ne semblait vivre. Les coptères de l'Ivoire arboraient des bandes jaunes et noires qui leur donnaient une allure sinistre. Plus que jamais, ils ressemblaient à des insectes. Des insectes métalliques qui portaient sur leurs ailes l'intolérance et la mort.

La division était commandée par un enseigne, un jeune homme sec et pâle de mon âge appelé Roldan Bantham. Ce type imbu de lui-même voulait faire carrière dans l'Armée. Sa préoccupation première était l'avancement. La deuxième était l'entretien de son uniforme et l'épilation de sa moustache. C'était tout. Je doute que quelque chose d'autre lui ait jamais traversé l'esprit. Il aspirait à commander un brise-glace comme l'Ivoire. Heureusement pour la Corporation, il ne l'a jamais fait. Une balle perdue lui a traversé la tête le jour de l'armistice. Il avait confondu un groupe de Nors en fuite avec une patrouille de retour au camp.

Les batteries que nous transportions avaient été placées sur une colline en escalier qui dominait toute la vallée. De là, le paysage était magnifique. Ocre et rouge, si bien que je pouvais en saisir toutes les nuances. Nous avions installé une batterie tout en haut de la butte, et les deux autres sur les flancs. L'angle d'inclinaison de chacune d'elles dépendait naturellement de sa position et de sa hauteur. Même moi, je le voyais. Pas Roldan Bantham. La batterie située à une dizaine de mètres derrière nous semblait nous viser, et pas la cible. Pendant un instant, j'ai eu l'impression qu'elle voulait nous anéantir. Roldan Bantham ne paraissait pas s'en rendre compte.

« Parés à tirer ! », a hurlé ce crétin avec de grands gestes, faisant claquer ses bottes.

Il saluait prématurément les ennemis tombés au combat, comme s'il avait hâte d'en finir pour rentrer rapidement à la base.

« Roldan, lui ai-je dit, la batterie numéro deux n'est pas bien positionnée. Regardez l'angle de tir. Elle n'atteindra pas la cible. »

Roldan Bantham a tourné la tête vers moi, a levé un sourcil et remis de l'ordre dans sa moustache.

« Contente-toi de faire ton travail, poète. Observe, écris et laisse-nous jouer à la guerre. »

Puis il a renouvelé son ordre :

« Parés à tirer !

— Roldan, ai-je insisté, la trajectoire va faire tomber l'obus devant nous, si ce n'est pas sur nous. Ouvrez ce maudit communicateur et dites-leur de rectifier l'inclinaison du tube. »

Roldan Bantham s'est retourné, les deux sourcils arqués, avec une expression de colère presque comique. Il était raide comme un piquet.

« Poète, c'est moi qui donne les ordres. C'est clair ? Je ne voudrais pas avoir à me répéter une troisième fois.

— Mêle-toi de tes affaires, je sais. Mais si vous me faisiez le plaisir de regarder en arrière et de calculer vous-même la trajectoire, vous verriez que la portée de ce foutu canon n'atteindra pas l'objectif. Il va nous tirer dessus.

— Poète, je vais devoir faire un rapport au capitaine Wayne sur ton attitude. L'inclinaison est correcte. Les projectiles atteindront leur but. Arrête de faire des histoires et tais-toi.

— D'accord. Je m'en fiche. S'ils nous tuent, tant pis. Vous ne direz pas que je ne vous avais pas prévenu. »

Je ne pouvais rien faire d'autre. Mes galons n'étaient qu'un ornement, et même s'ils étaient réels, il était supérieur à moi. Je me suis bouché les oreilles et j'ai ouvert la bouche, prêt à recevoir le premier tir sur la tête.

« Attention ! Parés à tirer ! Ouvrez le feu ! »

Les trois batteries ont vomi leur ration de mort. Nous avons entendu un sifflement strident au-dessus de nos têtes. Il y a eu une poussière infernale et la température s'est mise à monter. L'air est devenu épais et chaud. Mon nez, pas encore remis du coup de poing de Ptolémée, a senti le changement soudain de pression et s'est mis à expulser du sang. Mes oreilles se sont bouchées. Par réflexe, je me suis jeté à terre. Puis cela a été l'explosion.

Le projectile a touché le sol à une dizaine de mètres devant nous. Une pluie de sable et de pierres s'est ajoutée à la légère bruine qui tombait. À côté de moi, Roldan Bantham se tenait debout, toujours aussi raide, mais son sourire s'était estompé. L'obus était passé quelques mètres au-dessus de nous et nous avait manqués de peu.

« Roldan, Roldan… ai-je murmuré en me relevant, tentant de contenir mon hémorragie nasale. Je n'aime pas me vanter, mais je vous avais prévenu.

— Occupe-toi de tes affaires, poète. Et va me faire soigner ce nez. J'ai horreur du sang. C'est un incident mineur. Une broutille. Souviens-t'en. »

Il s'est retourné vers les soldats qui manœuvraient le canon, tétanisés, et s'est mis à crier :

« Et vous, imbéciles ! Qu'est-ce que vous fabriquez ? Corrigez-moi cette trajectoire sur le champ ! Bande d'incapables ! Qui vous paie votre solde ? Les Nors ou la Corporation ? Occupez-vous de cette batterie, abrutis ! »

Je l'ai regardé s'avancer en direction des soldats, les réprimander sèchement tout en tortillant sa moustache. J'ai détourné le regard pour contempler les grottes des Nors, de l'autre côté de la vallée. Elles étaient intactes. Aucun des deux autres obus n'avait atteint sa cible. J'ai haussé les épaules. Ah, l'Armée…

CHAPITRE 20

« Eh, Hamlet, tu es réveillé ? »

J'ai ouvert un œil. Frappé par la lumière, tranchante comme la pointe d'une lance, j'ai dû le refermer. J'avais toutefois pu distinguer dans l'encadrement de la porte une ombre sans nez qui révélait l'identité de mon visiteur : Whynnom Salvador. Je me suis retourné et j'ai tenté de trouver refuge sous mes draps. Je croyais y être parvenu lorsque sa voix a insisté :

« Hamlet ! Tu es réveillé ?

— Vous voyez bien que non.

— Secoue-toi, alors. Le capitaine Wayne m'a envoyé te chercher.

— Moi ? Qu'est-ce que Mère l'Oye me veut encore ?

— Allez, Hamlet, debout ! Il veut que tu serves d'interprète.

— Hein ?

— Tu parles le nor, n'est-ce pas ?

— Je me défends un peu, rien de plus. Laissez-moi dormir, Whynnom. Pour l'amour de Rab, je vais mourir !

— Laisse la mort pour une autre fois. Le capitaine a besoin de tes talents d'interprète et tu ne peux pas refuser. C'est un ordre.

— C'est urgent au point de venir réveiller un pauvre poète fiévreux ?

— Tu en jugeras par toi-même, a dit la voix d'un ton amusé. Les Nors viennent de se rendre. Nous allons partir.

— Quoi ? » ai-je lâché en laissant mon rêve s'enfuir.

Devant mes yeux, encore meurtris par la lumière, est apparue l'image de Whynnom Salvador. Vêtu d'une cape de campagne, il était mouillé de la tête aux pieds. Il souriait avec un air si heureux que je n'ai pas eu besoin de répéter ma question.

« Les Nors se sont rendus, a-t-il affirmé. Je ne me moque pas de toi. Ils ont déposé les armes et le capitaine veut que tu viennes immédiatement pour t'occuper des formalités habituelles en pareil cas.

— D'accord, d'accord. Je me lève. Vous pouvez me passer mes bottes ? Elles doivent traîner quelque part, là-dessous.

— Je n'en vois qu'une.

— Ah oui. Je porte l'autre. J'avais froid à ce pied.

— Tu as toujours de la fièvre ?

— Elle s'accroche à mes basques comme une moule. Les antibiotiques du camp n'ont pas pu m'en débarrasser. Ça doit être une sorte de malédiction locale, le mauvais œil de cette planète.

— Tu n'es pas mort, non ? Alors arrête de te plaindre. La moitié des hommes de ma compagnie ont deux fois plus de fièvre que toi et ils sont plus malades. Pourtant, ils patrouillent en reconnaissance sous cette maudite pluie.

— Il pleut toujours ? »

Ma question était stupide. Il suffisait de voir l'état de Salvador, qui paraissait sortir d'un océan. Et de prêter attention au clapotement de l'eau sur le toit en toile de ma tente.

« Tu pensais que ça allait s'arrêter ?

— Non, bien sûr que non. Mais j'imaginais un jour d'armistice sous la lumière du soleil.

— Eh bien non. La pluie diluvienne n'est pas près de s'arrêter. Les Nors savaient très bien ce qu'ils faisaient quand ils ont décidé de se cacher sur ce monde.

— Ils ne se cachaient pas, Salvador. Ils vivaient ici. C'est nous qui les avons obligés à se dissimuler.

— Je sais. Pas besoin de me le rappeler. Mais je préfère le dire de cette façon. Je n'aime pas me sentir dans la peau du méchant de l'histoire.

— Moi non plus. On se sent moins responsable quand on inverse les choses, pas vrai ? Passez-moi ma cape. Merci. Allons voir ce que veut le capitaine. »

Nous avons quitté ma tente du même pas fatigué, comme si les semelles de nos bottes étaient lestées de fer et que nous étions mus par la simple inertie. L'aspect du camp était désolant. La pluie qui tombait sans interruption depuis six mois avait tout recouvert d'une croûte d'immondices, d'une pellicule putride et incommode. Des ruisseaux d'une eau noirâtre coulaient entre les tentes et les allées, érodant les câbles et les attaches sur leur passage. Devant nous, parmi les hommes qui n'étaient pas de service, certains trottaient, excités par la nouvelle que l'aventure était terminée, que les Nors ne couperaient plus de têtes, que nous pourrions bientôt remonter à bord de l'Ivoire. Beaucoup d'autres haussaient les épaules et continuaient à cirer inutilement leurs bottes, à fumer du hasch, à jouer aux dés en attendant de tricher ou à regarder la pluie avec l'air stupide de quelqu'un qui n'a jamais vu d'eau. Par Rab, comme il était loin, le camp étincelant des premiers jours, quand nous descendions du ciel en nous prenant pour des archanges capables de résoudre le conflit, quand nous nous pensions loin de la pourriture, de la fièvre et de la mort. Cette campagne avait changé les hommes.

« Tout est gris, a murmuré Salvador. Tout devient toujours gris, Hamlet. On dit que la mort est noire. Si c'est vrai, alors la guerre doit être grise.

— Grise comme l'acier.

— Comme l'acier lui-même. »

Pendant un moment, nous sommes demeurés muets. Nous nous contentions de marcher, enfoncés dans la boue jusqu'aux chevilles, produisant un agaçant bruit de succion à chaque fois que nous levions une jambe pour faire un pas de plus. Nous devions faire attention de ne pas glisser, car le sol avait été ramolli par les jours de pluie continus et par le passage des hommes tirant des munitions, des chariots et du matériel, ou se traînant eux-mêmes, tout simplement.

« Une cigarette ? a proposé Salvador en glissant la main sur sa poitrine, sous la cape, à l'abri de la pluie.

— Merci. Si le froid ne m'a pas déjà tué, je crois que le tabac ne le fera pas.

— Bien sûr que non. Zut ! s'est-il exclamé, l'air surpris. Il ne m'en reste qu'une !

— Fumez-la, alors.

— La moitié me suffira, a-t-il conclu en partageant la cigarette en deux moitiés presque identiques. Tiens. Si elle est plus courte, elle aura moins de risques d'être mouillée. »

Il a allumé sa partie, puis a fait de même avec la mienne, celle avec le filtre. En inhalant la fumée, j'ai retenu une envie de frissonner. Je mourais de froid et la fièvre n'arrangeait pas les choses. Trois années sous la température constante du Monastère, puis la vie à bord de la Torche, d'Excalibur et de l'Ivoire, où l'environnement était contrôlé, m'avaient fait oublier à quel point j'étais sensible aux caprices de la météo. Tout ce que je voulais, à présent que cette campagne était terminée, c'était un bon rasage, un bain chaud et juste assez de médicaments pour faire disparaître ma fièvre. C'était tout. Je pouvais même me passer de la compagnie d'une femme.

« Le nom de cette maudite planète devrait être Pluie », ai-je ronchonné en m'enveloppant de ma cape.

Whynnom a souri.

« Tu sais, commence à écrire et nomme-la de cette manière dans tes poèmes. Peut-être qu'ils la baptiseront ainsi.

— Vous plaisantez ?

— Alors que je suis trempé jusqu'aux os ? Bien sûr que non. Crois-moi, j'ai autre chose à faire que de blaguer. Je parle sérieusement. Ce ne serait pas la première fois qu'un poète donne un nom à un monde.

— Et pas la dernière. Bien, je suivrai votre conseil. Mais si le nom ne plaît pas, ce sera votre faute.

— D'accord. Va savoir où nous serons, toi et moi, quand cela se produira.

— Au moins nous ne serons pas morts ici, dans la boue. Gadoue, ce serait aussi un joli nom.

— Je préfère le premier. Il sonne mieux.

— Oui, il faut reconnaître que le deuxième est dégoûtant. Où croyez-vous qu'ils vont nous envoyer maintenant, Salvador ? Dans un autre endroit comme celui-ci ?

— J'espère que non. J'ai vu assez d'eau pour une centaine d'années. Je ne retournerai pas me baigner pour le reste de ma vie. Tu sais, j'aimerais aller sur une planète tropicale avec des vents chauds, des sables bleus, et des indigènes amicaux qui ne résistent pas jusqu'à la mort à nos exigences.

— Eh, le poète à bord, c'est moi !

— Je le sais bien. Qu'est-ce que tu en penses ? Tu n'aimerais pas passer une année sur un lieu paradisiaque ?

— C'est sûr. Mais avec notre malchance, nous serions dévorés par les moustiques et nous devrions passer notre temps à les chasser de la main ou du pied, ou nous cacher dans tous les recoins possibles à cause de la fièvre tropicale.

— Tu as raison. Oublie ça. Il est plus probable que nous passions trois ou quatre mois à nous ennuyer copieusement à bord de l'Ivoire, et qu'ensuite on nous envoie au-delà des Confins, vers un nouveau monde.

— Comme éclaireurs ?

— Plus ou moins. Bien sûr, si les Nors se pointent au milieu, tout le bazar recommencera.

— J'espère que non.

— Si Rab pouvait t'entendre. »

Nous sommes arrivés à l'endroit où nous attendaient Ares Wayne et une cohorte de gradés des deux autres vaisseaux. Ils n'avaient pas l'air très impressionnants, avec leur cape sale, imbibée d'eau, et les pieds enfoncés dans la boue, mais ils étaient nos supérieurs et il fallait les respecter. Nous nous sommes retenus de rire - Salvador était l'un d'entre eux, après tout - et nous leur avons adressé un salut martial, claquant nos bottes pleines de crasse.

« Bonjour, poète ! m'a salué Wayne, me tapant l'épaule de la paume de sa main, soulevant une cascade de gouttelettes de mes épaules. Comment va ta fièvre ?

— Toujours pareil, Monsieur. Elle ne monte pas, mais ne descend pas. C'est sûrement un virus local, et dans cette atmosphère, je dois avoir du mal à fabriquer des anticorps. C'est ce qu'a dit le Doc.

— Il doit avoir raison, comme d'habitude. Ce fils de pute ne se trompe jamais. Il ne nous reste que quelques jours à passer ici, poète. C'est presque terminé. Essaie de ne pas mourir avant qu'on soit sur le vaisseau. Peut-être qu'alors tu survivras.

— Je vais essayer, Monsieur.

— Viens, approche-toi. Je veux que tu voies quelque chose. Les Nors se sont rendus après la bataille de la nuit dernière. Nous les détenons ici. Tu parles leur jargon, n'est-ce pas ?

— Suffisamment pour me faire comprendre, Monsieur.

— Bien. Mon horoscope dit qu'aujourd'hui est un jour propice. Je n'ai pas pensé à regarder le tien, je m'en excuse. Je pensais que tu étais déjà mort. Bah, je plaisante. Suis-moi, poète. Suivez-moi, vous tous. »

Nous avons continué de barboter dans la vase jusqu'à ce que nous arrivions à l'enclos où les Nors avaient été parqués. Les clôtures n'étaient pas électrifiées, à cause de la pluie et parce qu'il n'y avait plus de courant dans le camp depuis trois semaines. En outre, les Nors s'étaient livrés d'eux-mêmes. Wayne pouvait dire avec fierté qu'il les avait battus, malgré les éléments qui s'étaient comportés en ennemis. Comparée à d'autres campagnes dont j'avais entendu parler, des campagnes sur des mondes désertiques où l'air était si chaud qu'il brûlait les poumons quand on le respirait, des campagnes sur des sphères gelées où on oubliait presque la guerre pour tenter de survivre à l'enfer blanc de la neige, celle-ci n'avait pas été particulièrement difficile, même si elle semblait l'être. Je la qualifiais de compliquée, pas de difficile. La pluie avait retardé bien des opérations, en avait fait échouer d'autres, avait fait enrager nos troupes. La pluie avait été l'alliée des Nors, qui arrivaient à s'échapper, protégés par le rideau d'eau. Ils pouvaient s'approcher à pas si calculés qu'on ne parvenait pas à les distinguer du bruit des gouttes qui tombaient. Ils pouvaient feindre des cris d'agonie dont il était impossible de déceler la provenance. La pluie avait contribué à retarder le moment de la victoire de la Corporation, mais c'était tout. Tout était terminé, à présent. Du haut des tours de guet, près des projecteurs, des soldats en tenue d'assaut surveillaient les ennemis vaincus, tels des bergers abrutis gardant leur bétail. Une foule de curieux, impatients de vérifier la nouvelle que tout était fini, qu'il ne restait plus rien à faire, s'approchait du site. Bientôt, le terrain céderait et ils se retrouveraient tous dans la boue jusqu'au cou.

« Les voici, poète. Ce sont eux qui ont tenu la Corporation en échec pendant plus de deux ans. L'épine dans le pied de New York, le grain de poussière dans son œil. Regarde-les. »

J'ai avancé de deux pas, prenant garde à ne pas glisser, et j'ai observé ce qui m'avait d'abord semblé être, sous la pluie, des taches brunes uniformes : les Nors. J'ai froncé les yeux à travers le rideau d'eau et j'ai pu voir, alors, les différences entre les individus. J'ai calculé leur nombre à la hâte, avec surprise, avec effroi. Par Rab, les prisonniers ne devaient pas être plus d'une centaine. Ils se tenaient en cercle, supportant stoïquement la pluie. Moins de cent. Et c'étaient tous des hommes.

« Il n'y a que ceux-là, Monsieur ?

— Oui. Lieutenant Salvador, expliquez-lui où sont les autres.

— Ils sont morts, Monsieur. Cela fait deux semaines qu'il n'y a plus d'autres Nors que ceux-là sur la planète.

— Seulement des hommes ? Et les femmes ? Que sont-elles devenues ?

— Mortes également, Hamlet.

— Mortes ?

— Elles ont décidé de se suicider avant de tomber entre nos mains, est intervenu Wayne. Les Nors commettent toujours ce genre d'actes stupides. Leur code de l'honneur, poète. Leur mode de vie. Les femmes de ces barbares se battent aussi durement que les hommes, et elles ont la sale habitude de se tuer avant la fin de la bataille quand elles savent que tout est perdu pour elles. Mieux vaut la mort que le déshonneur.

— C'est effrayant.

— Pouvait-on s'attendre à autre chose de la part de cette bande de sauvages ? Ils voient la vie comme ça et ils ne peuvent pas l'imaginer autrement. Cela leur convient. Qu'est-ce que cela change ? De toute façon, ces femmes allaient mourir tôt ou tard. Moi-même, je préfère périr que d'être fait prisonnier. Mais viens, poète. Je veux que tu leur parles en mon nom. Tu m'as dit que tu pouvais le faire, n'est-ce pas ? Dis à leur chef de se montrer. Dis-lui que le capitaine humain veut passer un marché avec lui. »

Le qualificatif d'humain qu'il se donnait m'a fait tiquer, car les Nors étaient semblables à notre espèce. Ils étaient aussi humains que lui et moi, mais j'ai décidé de ne pas le lui faire remarquer. Je suis entré dans l'enclos, trempé de sueur et de pluie, et j'ai contemplé les visages flous des survivants. J'ai répété plusieurs fois la proposition du capitaine, mais aucun d'entre eux n'a bougé ou fait signe qu'il me comprenait, ou même qu'il m'entendait. C'est alors qu'une voix s'est élevée au sein du groupe.

« D'égal à égal ? »

J'ai traduit au capitaine, qui a acquiescé. J'ai assuré la traduction dans l'autre sens, en langage nor.

« D'égal à égal. Le capitaine humain souhaite proposer un pacte. »

La marée des prisonniers s'est ouverte, comme un océan lorsqu'il crache un voilier, et l'un d'eux s'est avancé vers moi. Il ne paraissait pas se soucier de la pluie ou de la boue. Il m'a regardé. C'était un individu large, pas très grand, peut-être plus petit que moi. Ses cheveux ressemblaient à un duvet cuivré. Il portait un uniforme rouge d'où pendaient plusieurs ornements en fer qui rappelaient la dureté de ses yeux. Ses pommettes étaient presque hexagonales, très marquées. Elles semblaient taillées dans le verre. Elles n'étaient pas belles ou sensuelles comme l'avaient été celles de Hroswitha ou d'Orphée.

« Je suis le chef. Dis à ton capitaine qu'il s'avance et vienne ici. »

Je l'ai fait. Ares Wayne a jeté la cape qui lui donnait l'apparence d'une vieille entremetteuse et s'est avancé vers nous, s'enfonçant lourdement dans la boue. Il était peut-être du signe du Lion, mais en cet instant, il ressemblait davantage à un rhinocéros. Le visage nacré par l'eau, il a jaugé le chef. L'autre a fait de même.

« Dis-lui simplement ceci, poète. Demande-lui s'il veut se battre pour sa liberté.

— Pardon, Monsieur ?

— Dis-le-lui. Juste ceci. S'il aimerait se battre pour sa liberté. »

Un choc a parcouru les soldats les plus proches, qui pouvaient entendre, et un murmure a commencé à naître. Il a grandi, passant de l'un à l'autre comme un serpent magique, jusqu'à ce que tous, autour de la clôture, sachent de quoi il s'agissait.

« L'aiguille ! L'aiguille ! » ont crié certains, mais leurs voix se sont perdues dans la multitude.

J'ai répété lentement les paroles du capitaine en langage nor, veillant à éliminer les inflexions qui pourraient transformer cette proposition en une menace. Le chef m'observait avec des yeux méfiants : il n'avait aucune raison de me faire confiance. Puis il a compris que je ne devais être qu'un intermédiaire, puisqu'il a cherché le regard de Wayne.

« Tu veux lutter pour ta liberté ? a redemandé le capitaine.

— Je veux lutter pour celle de mon peuple. »

Wayne a acquiescé, me démontrant qu'il n'avait pas besoin que je traduise. Le geste du Nor en direction du groupe de survivants avait été suffisamment explicite.

« Demande-lui s'il n'a pas peur de mourir.

— Non », a répondu le Nor.

Il comprenait, tout comme moi-même, qu'il s'agissait d'un défi. C'était stipulé, au sein de la Corporation, comme l'une des lois les plus anciennes, mais aussi comme l'une des plus étranges et des plus ambiguës. Les êtres qui se rendaient aux troupes terriennes pouvaient mettre leur liberté en jeu si le chef humain acceptait de les défier sous le jugement de la raison, en un combat durant lequel on déciderait si la Corporation avait fait bon usage de son autorité. Cela paraissait absurde, mais c'était vrai. Les deux années de lutte dans ce monde diabolique pouvaient se révéler vaines si le défi était accepté et que le Nor battait le champion choisi par Ares Wayne. C'était totalement illogique, mais la guerre l'est aussi. J'ai continué ma traduction, si surpris que j'en avais oublié ma fièvre.

« Ton peuple sera libre, a dit Wayne sur le ton calme de celui qui se sait vainqueur. Si toi ou celui que tu choisiras pour te représenter battez notre champion. Je te propose un jugement de la raison, un duel d'honneur. Il n'y a pas de piège. Si tu gagnes, je jure par Rab que nous partirons d'ici et que vous pourrez continuer à vivre comme si rien n'était arrivé. »

Je traduisais en même temps que Wayne parlait. Je n'ai pas compris si le capitaine faisait cette proposition parce qu'il était certain que le duel se terminerait par la mort du Nor, ou si, en cas de victoire de ce dernier, il n'y avait rien à craindre d'eux. Ils étaient moins de cent, sans armes, sans vivres, sans femmes. Ici, ou sur n'importe quel monde-prison, ils ne tiendraient pas longtemps. Ici, au moins, ils auraient la consolation de terminer leur vie dans l'honneur.

« L'aiguille ! L'aiguille ! »

Le murmure s'était transformé en une clameur qui dominait le martèlement incessant de la pluie. Je commençais à comprendre quel genre de duel allait s'organiser, à mesure que je traduisais.

L'aiguille. Un brin de métal un peu plus fin qu'un fil de fer, extraordinairement solide. Une arme laser miniature était logée dans son extrémité, de sorte qu'on pouvait l'enfoncer facilement. N'importe quel idiot pouvait le faire. Si on exerçait un peu de pression, l'aiguille était capable de percer les os les plus durs, y compris la boîte crânienne. La difficulté était de la tenir, tant elle était fine. Elle pouvait facilement vous échapper, et dans ce cas la mort était inévitable. Si elle vous glissait entre les doigts, vous n'aviez ni le temps ni l'habileté de la ramasser. J'avais déjà assisté à un certain nombre de combats lorsque j'étais en période probatoire à bord de la Torche. Mais là, la tête du laser était remplacée par un paralyseur qui engourdissait immédiatement la zone qu'il piquait. La mort pouvait aussi être provoquée de cette manière, si l'élan de l'attaquant était suffisant. Mais généralement, on n'en arrivait pas là : les hommes tombaient, immobilisés par leurs blessures. Les compétitions auxquelles j'avais assisté mettaient en jeu des maîtres très habiles.

L'aiguille. Ares Wayne proposait au chef nor de jouer son avenir sur une seule carte. Le Nor ne pouvait que se plier à cette alternative, parce qu'il avait déjà tout perdu et qu'il pourrait peut-être gagner la liberté de son groupe. S'il mourait, il le ferait avec honneur, avait conclu Wayne. C'était toujours mieux qu'une reddition sans conditions. Le Nor avait accepté.

Il fallait préparer l'arène, aménager un espace pour la tragédie. La pluie et la boue étaient un inconvénient, car il serait très difficile de lutter en leur présence. On cherchait donc un lieu où la terre n'avait pas été trop remuée et où la boue n'était pas trop profonde. Un emplacement relativement ferme a été trouvé, sur ce qui était censé être un socle de pierre. L'endroit était cependant très glissant.

« Mon capitaine, a dit l'un des hommes qui avaient procédé aux préparatifs, avec la pluie, il est impossible de tracer le cercle de craie.

— Prenez de la farine, le cercle mettra plus de temps à s'effacer. Allez en chercher, vite.

— À vos ordres, Monsieur.

— Vite ! »

Avec le contenu d'un sac qui aurait provoqué une émeute sur n'importe quel monde relativement prospère, une épaisse ligne blanche a été tracée, en un cercle d'une dizaine de mètres de diamètre. Le résultat n'était pas aussi bon qu'avec un compas, mais je n'ai encore jamais rencontré un homme capable de dessiner un cercle parfait en tournant simplement le bras.

« Voilà. Choisis ton champion, barbare, a annoncé Ares Wayne en émettant un claquement qui ressemblait plus à un crachat, troublé qu'il était par la présence prochaine du sang.

— Ce sera moi.

— Très bien. »

Mère l'Oye s'est retourné pour scruter le groupe de subalternes le plus proche, à la recherche de l'homme qui représenterait la cause de la Corporation, car les lois étaient très strictes et qu'il ne pouvait pas le faire, vu son niveau de responsabilité dans le commandement du vaisseau. Il a interrogé Whynnom Salvador du regard, mais ce dernier lui a montré une blessure dans la paume de sa main, et il l'a écarté. J'étais soulagé qu'il ne soit pas désigné.

« Omar », a lâché Wayne d'un ton laconique.

Je devais admettre que ce choix n'était pas totalement injuste. Omar Quevedo était à peu près de la même taille que le chef nor, et Wayne aurait pu sélectionner n'importe lequel des géants de l'équipage, plus grand encore que lui. Capitaine Sanglant paraissait vouloir jouer franc-jeu, cette fois.

« Vous allez entrer dans le cercle, a-t-il fini d'expliquer au chef nor. Vous y combattrez. Si l'un d'entre vous s'approche trop près du bord, s'il recule jusqu'à dépasser la ligne blanche de farine, les hommes alentour auront le droit de le repousser.

— Puis-je faire confiance à la parole de ton capitaine ? m'a demandé le chef, dans un soudain élan de confiance qui m'a surpris.

— Je crois que oui.

— Et à toi ?

— Aussi.

— Quelle possibilité ai-je de gagner ? »

Il me regardait avec ses yeux rouges et métalliques. J'ignorais pourquoi il me demandait cela, ou ce qu'il voyait en moi. Je voulais lui dire que je n'étais qu'un humain parmi d'autres, que j'étais du côté de la Corporation, que comprendre sa langue ne faisait pas de moi un allié, que les autres étaient de mon côté, mais je me suis tu. Il me demandait s'il pouvait sortir victorieux de ce combat. À moi, un ennemi inconnu. J'ai regardé Omar Quevedo, qui esquissait des feintes de bras et se balançait de droite à gauche, comme une ballerine de cent kilos, sous la pluie. J'hésitais à répondre. J'envisageais de mentir. Puis j'ai décidé que, puisqu'il m'avait fait confiance, je devais lui dire la vérité.

« Quelle possibilité ai-je de gagner ? a-t-il demandé de nouveau.

— Aucune. »

Le Nor est entré dans l'arène et a été accueilli par des sifflets, naturellement. Puis Omar a fait de même et tout le monde l'a applaudi. Wayne les a rejoints, parce qu'il était le maître de cérémonie, le juge naturel choisi par la Corporation. Il tenait dans ses mains deux longs coffrets dans lesquels les aiguilles reposaient avec leurs promesses de mort.

« Attention ! » a annoncé la voix d'auroch de Capitaine Sanglant.

Le bruit de la foule s'est tu immédiatement. Dans le silence, on n'entendait plus que le murmure de la pluie.

« Attention ! Les Nors ont été de bons ennemis et ils se sont bien battus ! Maintenant, leur chef va combattre, et s'il bat notre champion, je vous donne ma parole que nous partirons d'ici et que nous les libérerons ! C'est un droit qui leur a été accordé par la Corporation et que je revendique pour eux. Dites-moi, soldats de la Terre, êtes-vous d'accord pour qu'ils fassent usage de ce droit ?

— D'accord ! D'accord ! L'aiguille !

— L'aiguille ! L'aiguille ! Oui !

— Très bien ! Je savais que je pouvais compter sur vous ! Nous allons rendre ce spectacle plus intéressant ! Écoutez-moi ! Nous allons jouer avec deux aiguilles ! »

Il y a eu un concert de louanges. Wayne a dû interrompre sa harangue jusqu'à ce que la clameur s'apaise.

« L'une d'elles est munie d'un laser, l'autre paralyse, a-t-il poursuivi. Quelqu'un s'y oppose ? Cela te convient-il, Nor ? »

J'ai traduit tout le discours à mon protégé, qui a acquiescé. Il n'avait rien à objecter. Wayne lui a tendu ses deux armes et il les a prises, une dans chaque main. J'ai alors découvert que les Nors n'ont que quatre doigts. Trois, et un pouce opposable. Tenir les aiguilles allait être extrêmement difficile.

« Celle de droite tue, ai-je expliqué au chef. Celle de gauche paralyse. Tu as le droit de tromper ton ennemi en changeant de main, mais seulement pendant le combat. À la fin, le laser doit se trouver dans ta main droite.

— Merci, humain. Dis-moi une chose.

— Ce que tu voudras.

— Tu sembles différent. Tu n'es pas aussi fort que les autres, je vois ta faiblesse. Pourquoi fais-tu ça ? Pourquoi es-tu ici ?

— Je ne sais pas. »

Wayne a donné le signal que le combat pouvait démarrer. Il a levé le bras droit vers les nuages, vers le ciel. Omar Quevedo allait offrir le spectacle de la mise à mort à tous ceux qui regardaient. La bataille avait commencé.

Au début, les deux adversaires se sont observés, comme s'ils hésitaient à passer à l'attaque. Omar Quevedo se déplaçait en cercle, replié sur lui-même, accroupi, offrant le moins possible de prises au Nor, qui évoluait dans la boue avec plus de grâce, sans craindre de glisser.

L'aiguille a tracé un sillon argenté sur la tête du Nor, frôlant sa touffe de cheveux mouillés, puis s'est retirée. Quevedo, qui tournait toujours autour de son adversaire sans le quitter des yeux, a compris que l'avantage de l'autre, s'il en avait un, résidait dans sa plus grande aisance au sol. Il fallait égaliser les choses pour gagner en sécurité. Il a levé les deux mains, comme pour attaquer le Nor par le haut, mais lorsque ce dernier s'est dressé pour parer les deux aiguilles, il les a abattues rapidement pour blesser la jambe droite de l'ennemi avec l'aiguille gauche, si vite qu'elle était à peine visible et, avant que l'autre puisse réagir, il a plongé l'aiguille droite, celle avec le laser, dans la cuisse gauche du Nor. Un filet de sang, moins rouge que le nôtre, a suivi le parcours de l'aiguille lorsqu'il l'a retirée. Le chef a poussé un cri de douleur que j'ai été le seul à comprendre, et qui signifiait « Dieu ».

Omar Quevedo a reculé de deux pas, laissant à son opposant le temps de se remettre de la douleur et de la surprise. Il était sûr de son triomphe et avait décidé de faire bonne figure. À présent que le Nor avait une jambe engourdie et l'autre blessée, il pouvait se consacrer à la pratique de son art, à la démonstration de la grandeur de son talent. Son visage s'est éclairé d'un sourire que j'ai trouvé détestable.

Le Nor contenait sa douleur et continuait à se mouvoir dans la boue qui commençait à se tacher de son sang, comme si la tentative de Quevedo avait échoué. Mais dans ses yeux on voyait que l'autre l'avait touché. Je craignais que, dans son empressement à blesser l'ennemi, il se trahisse et découvre son flanc. Il ne devait surtout pas le faire. Mais le Nor n'était pas un enfant ; il savait se battre. Il a répété presque à l'identique la manœuvre de Quevedo, mais au lieu de porter son attention vers les jambes, il a lancé le laser sur son visage et l'a anesthésié sur son flanc. L'oreille de Quevedo a laissé échapper un flot de sang et a jailli dans les airs, arrachée par la violence de l'attaque. Ses côtes arboraient une égratignure rouge qui a cessé immédiatement de saigner. Quevedo avait, lui aussi, ressenti la douleur et versé son sang. Il ne pouvait plus reculer à la manière d'un fauve car tout le côté gauche de son torse était paralysé.

« Il faut admettre qu'il se bat bien », a commenté Salvador, qui se tenait à ma droite.

Il paraissait à la fois déçu et heureux de ne pas représenter la Corporation à la place de Quevedo.

« En effet. »

Omar a grogné quelque chose que je n'ai pas compris, et s'est élancé vers le corps du chef nor. Il l'a frôlé mais n'a pu l'atteindre, car l'autre avait tourné rapidement sur lui-même et l'avait esquivé. Quevedo a trébuché et est tombé sur le sol boueux.

Un coup de haut en bas, et les deux aiguilles opposées se sont affrontées pour la première fois. Un coup de bas en haut, et les deux guerriers se sont engagés au corps à corps, en une masse mouvante de métal et de bras. Ils haletaient comme des chiens, trempés par la pluie et le sang. Ils se sont écartés de nouveau, après avoir essayé de porter un coup, sans succès.

Omar a encore reculé. Le Nor a fait un pas douloureux vers lui. Le Terrien a esquissé un sourire malicieux, brouillé par la pluie et la douleur. Et soudain, alors que tout le monde avait oublié cette possibilité, il a interverti les aiguilles. Désormais, l'aiguille de droite anesthésiait et celle de gauche offrait le sommeil éternel, l'oubli, la mort. Son adversaire devrait changer sa stratégie d'attaque et de défense. Et lorsqu'il le ferait, Quevedo changerait encore les aiguilles, autant de fois que nécessaire, jusqu'à ce que l'autre ne sache plus d'où pouvait venir la paralysie et d'où pouvait venir la mort.

Une traînée grise dans l'air à travers le flou de la pluie, et Omar a senti une aiguille toucher son nez. Il a reculé d'un pas, furieux et incapable de fermer les yeux, agacé d'être gêné par le rideau luisant de l'eau. Le Nor évoluait de plus en plus difficilement dans la boue, mais il gardait son calme. Je souhaitais que tout cela soit bientôt fini.

Quevedo a interchangé une deuxième fois ses aiguilles, tout en reculant, puis une troisième, une quatrième, une cinquième, jusqu'à ce que personne ne sache plus où était l'une et où était l'autre. Il se tenait tout près de la ligne de farine, qui commençait à s'estomper sous la pluie, et les hommes le repousseraient s'il la dépassait. Le Nor a également changé ses aiguilles, puis il a bondi. Les aiguilles se sont entrechoquées avec une telle force que les deux combattants ont dû s'écarter pour ne pas glisser et tomber. Le Nor a failli perdre son aiguille de la mort, qui glissait entre ses mains pleines de sueur, de sang et de pluie. Il a tenté de la stabiliser en s'aidant de son autre main, mais en le faisant il a offert son flanc droit à Omar Quevedo qui n'a pas manqué l'occasion. D'abord la douleur du laser, puis le calme de la paralysie. Le Nor a ouvert involontairement la main, et son aiguille est tombée, se perdant dans la boue.

Pour la première fois, le Nor a reculé d'un pas. Il avait l'air de souffrir atrocement. Le rouge de son sang était masqué par son uniforme humide. Ses jambes paraissaient de plomb et, lorsque je l'ai regardé dans les yeux, j'ai compris qu'il savait que tout était perdu. Ses chances de victoire étaient quasiment réduites à néant, plus minces que jamais. Il ne pouvait que retarder sa fin. Alors qu'il tentait d'esquisser un pas, il a réalisé que ses jambes ne pouvaient plus bouger, que la mort allait venir le surprendre.

Quevedo s'est avancé. La possibilité d'achever son ennemi était si proche qu'il lui semblait absurde de ne pas s'en réjouir. Le Nor n'avait plus ses deux aiguilles pour se défendre, et ce serait un jeu d'enfant de frapper son estomac, son entrejambe ou bien sa tête. Mais Quevedo avait l'intention de choisir l'option la plus risquée. Il prévoyait de lui transpercer la poitrine.

Cela s'est avéré très facile. Il a opéré une feinte qui a trompé le Nor, puis s'est élancé, l'épaule en avant, pour donner la mort. L'aiguille a traversé le centre de la poitrine, perçant le sternum et ouvrant une large entaille dans le dos, la pointe émergeant à égale distance entre les deux omoplates. Cela a été si rapide que personne n'a semblé remarquer l'attaque. Le Nor a crié quelque chose, un dernier cri teinté de rouge et de noir, qui ressemblait à un nom de femme, puis il s'est effondré sous l'effet de son propre poids. Omar Quevedo a retiré l'aiguille aussi vite qu'il l'avait enfoncée, il s'est écarté pour libérer l'homme déjà mort et, de la main gauche qui tenait l'aiguille paralysante, il a tracé un arc de cercle vers le Nor et l'a plongée avec une grâce suprême, en un mouvement subtil, dans la moelle épinière de l'ennemi qui s'écroulait, à l'arrière du cou. La pointe de l'aiguille est ressortie par l'un des yeux du cadavre qui tombait dans la boue. Il y a eu des projections de gadoue et de sang tandis que le Nor s'enfonçait dans la fange, les mains croisées, les jambes écartées, la bouche ouverte comme s'il voulait avaler toute la terre de ce monde. J'ai cessé de regarder lorsque la foule des spectateurs a brisé le cercle et s'est précipitée pour porter en triomphe le champion qui avait confirmé la vérité de la Corporation.

« Eh bien, ai-je dit à Salvador tandis que nous nous retirions tous les deux, c'est terminé. La résistance est finie.

— Tu te trompes, a-t-il répondu en secouant la tête d'un air pensif. Elle réapparaîtra n'importe où, prête à se faire écraser de nouveau pour renaître ensuite. La résistance, Hamlet, ne s'arrête jamais. Elle revient toujours. »

Chapitre 21

Whynnom Salvador ne semblait pas s'intéresser à l'astrologie, du moins pas comme le capitaine, mais sa prédiction de notre avenir s'est réalisée comme s'il l'avait lue dans les étoiles, ou vue dans une boule de cristal. Il avait raison sur toute la ligne. La planète a été nommée Pluie - l'honneur douteux d'être à l'origine de cette appellation me revient -, et est devenue, une fois la menace des Nors éliminée, un beau morceau de néant à ajouter à la collection de la Corporation.

La résistance est réapparue, sur une cinquantaine de mondes, sous la forme de nouvelles espèces s'opposant de toutes leurs forces à notre avancée. Quand la Corporation écrase un endroit au nom de la Conquête, un nouveau soulèvement se prépare déjà ailleurs, et un autre encore. Jusqu'à ce que la zone tout entière éclate en un chaudron bouillonnant qui proclame la présence effective de la guerre et que New York n'ait d'autre choix que d'employer des tactiques moins contemplatives que le maintien d'une campagne d'escarmouches où les soldats occupent un secteur pendant quatre mois, et ordonne l'emploi d'armes plus meurtrières, plus efficaces, ainsi que des écrasements massifs appuyés sur des stratégies de bataille infaillibles.

L'Ivoire a finalement fait demi-tour, comme l'avait prédit le lieutenant, et pendant de nombreuses semaines nous avons erré d'un endroit à l'autre, ballotés par les ordres indéterminés qui nous affectaient comme bouche-trous. Nous sommes passés d'une mission de pacification sur l'un des mondes déjà civilisés à des expéditions scientifiques où la guerre était mise de côté. Nous avons dû cartographier les irrégularités d'un massif montagneux quelconque, étudier les espèces animales qui avaient été laissées en vie par les troupes d'assaut qui nous avaient précédés, et détourner le cours de fleuves pour qu'ils irriguent des villes qui ne seraient peut-être jamais construites, au motif que les techniciens avaient repéré un point stratégique sur une esplanade qu'ils trouvaient très jolie. Nous sommes partis à la recherche de légendes qui parlaient de gisements d'uranium inépuisables, là où il n'y avait que de la poussière et les vestiges de ce qui avait été une colonie de prospection minière. Nous avons longé les limites des Confins, comme une chaîne de montagnes, jusqu'à ce que personne, à part l'ordinateur de bord, ne sache si nous étions encore à l'intérieur ou si nous en avions franchi les frontières. Nous avons mis en orbite les victimes tombées sur Pluie et ailleurs jusqu'à ce que notre sillage ressemble à la traînée d'une comète peuplée de jambes et de bras écartés dans le vent cosmique.

Nous avons fait mille choses, mais surtout nous nous sommes reposés. Nous avons oublié la brûlure de la fièvre, et les gouttes d'eau qui pilonnaient nos positions de la même façon que nous avions bombardé celles des Nors – mais la pluie ne charriait pas d'arrière-goût de poudre ou de sang. Nous avons chanté les exploits de nos braves dans les cent trois bordels que nous avons visités au cours de notre voyage, dans les maisons closes que notre joyeuse équipée a traversées, sur Bambou, sur Œil d'Or, ou sur Larme. Jusqu'à ce que nous ayons oublié à quel point une mise à mort peut être terriblement lente et pénible, et que nous ayons presque oublié les insomnies, la pulsation des coptères, les rafales de statique, les cris, la douleur, la saleté, la fatigue. Parce que tout s'effaçait avec une once d'opium et un rai de lumière illuminant le tatouage d'une prostituée dans une sphère, avec un peu d'air à respirer après l'oxygène vicié et froid du vaisseau, avec un peu de liberté pour endormir la partie agressive des animaux que nous étions et pour faire ressortir quelques miettes de notre côté sociable.

Jusqu'à ce que New York décide que nous nous étions suffisamment prélassés et nous envoie là où nous devions être. Alors que Pluie, comme tout ce que nous avions fait ensuite, avait été emportée, effacée de nos mémoires comme le cercle de farine autour de l'arène boueuse, sans que nous en soyons pleinement conscients, sans que nous sentions le temps passer, nous avons été envoyés pour remplir notre devoir, chargés d'accomplir notre mission de mort.

Dans cette deuxième étape, j'ai vécu des affrontements qui se sont terminés par une grande bataille dans laquelle tout l'équipage de l'Ivoire a été impliqué, au lieu des habituels petits groupes engagés dans des escarmouches. Cette guerre-là était beaucoup plus rapide, plus violente, mais aussi plus lointaine. Depuis le poste de commandement, je voyais les hommes effectuer des manœuvres en suivant les ordres radio du capitaine : d'abord les coptères, puis les troupes de cavalerie d'assaut, et enfin les fantassins à pied, se déployant et se repliant. Depuis notre point d'observation, la guerre se présentait comme une bande de soldats de plomb s'entre-déchirant au loin, entre les montagnes, à grand renfort de drapeaux et de couleurs, presque comme dans un film. C'était plus inhumain, mais aussi plus confortable, parce que la mort ne sautait pas aux yeux et qu'on pouvait se sentir presque détaché.

J'ai vécu six ou sept batailles de ce genre, en sécurité dans le poste de contrôle, heureux de ne pas être là-bas, au milieu de cette bataille macabre. Le vent apportait parfois l'odeur du sang, de la décomposition, des corps pourrissant à l'intérieur des uniformes. Je devais alors lutter pour ne pas vomir - j'y arrivais parfois - et pour continuer à écrire, à prendre des notes hâtives sur la situation dans la plaine, à dessiner les étranges croquis appris de Narcisse qui faisaient le bonheur du capitaine Wayne. Du haut de la hiérarchie, les pertes ne comptaient pas de la même manière qu'en bas, car il ne s'agissait pas d'hommes mais de figurines sur des plans stratégiques, de chiffres et de pièces sur un plateau, que l'ordinateur bougeait à sa guise. Et j'ai appris que la bataille la plus dure, la plus cruelle, celle qui blesse le plus, est la simple escarmouche - celle où l'on voit les yeux de l'homme en face de soi, quand on sait de quelle manière on va mourir ou le tuer -, et pas la grande bataille exécutée à la perfection par des marionnettes et leurs milliers de combats individuels, où l'on ne distingue que des taches brunâtres qui avancent ou reculent au milieu du tonnerre des mortiers, du sifflement des lasers et de l'éclat des armures de cristal-acier. J'ai vécu six ou sept grandes batailles comme celle-là, où nous ne faisions qu'arriver, détruire et repartir, sans savoir si c'était la responsabilité de Wayne ou si c'était New York qui se jouait de nous.

Les grandes batailles. Durant le cours des événements, le capitaine se montrait toujours impassible, maîtrisant parfaitement ses nerfs, plaisantant et bavardant avec les membres de son état-major, déplorant même les pertes de chaque camp. Il se comportait comme un géant aux émotions figées, comme une machine à commander qui n'avait jamais aucun raté. En fait, je ne l'ai vu perdre son sang-froid qu'à deux reprises.

La première fois, c'est arrivé de manière accidentelle, et presque logique, avec un nouveau groupe de soldats qui venaient de rejoindre l'Ivoire. Bien qu'en théorie ils aient été parfaitement préparés et que leur valeur ait été prouvée par le fait qu'ils étaient affectés sur un brise-glace, Wayne savait qu'ils étaient bien loin du compte. Il affirmait que le jeu de la guerre ne s'apprenait que par la pratique, et que toutes les académies - par lesquelles il était également passé - ne servaient qu'à nourrir ceux qui vivaient à leurs dépens. Fidèle à ce principe, il s'occupait personnellement de préparer les nouvelles recrues à sa façon, de la même manière qu'un mécanicien n'est pas satisfait tant qu'il ne connaît pas son véhicule de terrain pièce par pièce.

« Je vais me porter garant de vous, disait-il. Alors vous accepterez de vous fier à moi. C'est une bonne chose. Nous devons apprendre à nous connaître, sinon nous ne pourrons rien faire ensemble. Je dois vérifier ce que vous savez, si ce que vous avez appris est utile ou si ce sont des conneries. D'accord ? Nous allons bien nous entendre, vous verrez. Faites-moi confiance et tout ira bien. Je penserai. Vous agirez. »

Tous les nouveaux arrivants passaient par une période de formation initiale au cours de laquelle Wayne leur apprenait à sauter lorsqu'il sifflait, car il fallait bien leur faire comprendre qui commandait à bord. Ils allaient mourir pour la Corporation et la Conquête - s'ils avaient de la chance - et ils le feraient sous sa responsabilité. Il serait terrible que durant une bataille, les hommes ne réagissent pas comme il le voulait ; cela entraînerait la défaite, et l'Ivoire, malgré ses lourdes pertes, n'avait jamais été vaincu. Je n'en mettrais pas ma main au feu, mais je pense que Wayne savait jusqu'où chacun de ses hommes pouvait aller, parce qu'il les avait entraînés et modelés selon ses plans. Il ne connaissait peut-être pas mon nom, mais il était capable de mémoriser jusqu'à la plaque d'identité de chacun de ses soldats. Il les connaissait comme s'il les avait créés avec un peu de boue et une éponge, et il était si fier de ses troupes que, lorsqu'elles mouraient héroïquement, il se pavanait comme un paon, recevant toute leur gloire en retour.

« Regarde-les. Ils vont à la mort comme je leur ai dit de le faire. Ils meurent comme j'aimerais mourir. Je les connais bien, poète. Comme si je les avais mis au monde. Tu les vois avancer ? Maintenant, ils font partie de moi. Ils portent un peu de moi en eux. Ils pensent à moi. S'ils tombent, ils le font en sachant qu'ils meurent avec honneur. S'ils survivent, ils se souviendront demain qu'ils doivent leur vie au capitaine Wayne, à la bienveillance de Mère l'Oye, qui est l'un des leurs. »

C'était lors d'un exercice de tir sur cible programmée. Il dirigeait un petit groupe de jeunes inexpérimentés qui avaient été en but à toutes les plaisanteries imaginables depuis leur embarquement à bord de l'Ivoire. Puis c'est arrivé. Je regardais les recrues, idéalistes et stupides, mourant d'envie de se couvrir de sang et de gloire, et je me sentais vieux. Je savais que je n'étais pas comme eux, que je ne le serais jamais, mais je ne pouvais m'empêcher de m'identifier à leur empressement insensé. Je rêvassais sur le côté, me sentant comme un observateur et non comme le protagoniste de ma propre histoire, tandis que le capitaine se déplaçait parmi les soldats comme une poule couveuse au milieu de ses poussins – exactement comme Mère l'Oye.

« Maintenant, vous allez manier le laser. N'ayez pas peur. Il est un peu lourd, mais vous vous y habituerez vite. Voilà. C'est confortable, n'est-ce pas ? C'est conçu pour. À présent, vous allez mettre la main droite sur la gâchette, la gauche tenant le canon. Très bien. Je vois que vous savez comment vous y prendre. Si vous appuyez une fois sur la gâchette, la lumière jaillit pendant environ une seconde. Cette petite beauté tire ses rafales à intervalles de dix secondes. Non, pas de panique. Vous pouvez faire beaucoup de choses pendant ce temps. Appuyez une fois. Une seule. Ensuite, vous devez attendre qu'il se recharge. Puis vous serez en mesure de tirer de nouveau. Si vous appuyez sur la gâchette pendant ce temps, il ne se passera rien, laissez tomber et concentrez-vous sur autre chose. Si vous continuez à presser continuellement, vous serez surpris lorsque la décharge se produira alors que vous vous désespériez de la voir venir. Ne gardez jamais les deux mains occupées à quelque chose d'inutile. C'est un conseil. Sinon, vous ne vivrez pas longtemps. »

Les garçons ont acquiescé, paraissant tenir pour la première fois dans leurs mains une arme qu'ils étaient supposés connaître parfaitement. Certains gardaient leurs doigts loin de la gâchette et fixaient la bouche de l'arme, aussi petite qu'une tête d'épingle, comme s'il allait en sortir un éclair ou un projectile d'un calibre adapté à un canon. D'autres maniaient le fusil laser avec une insouciance étudiée, faisant parfois *pan pan* avec leurs lèvres, pas trop fort, comme des petits garçons avec un nouveau jeu de fléchettes, ou passaient l'arme d'une main à l'autre avec aisance, essayant de montrer à Wayne leurs compétences ambidextres.

« À présent, nous allons tirer. Si nous utilisions un fusil à projectiles, une arme conventionnelle, le recul serait un problème. Nous verrons cela ultérieurement. Il y a des moments où l'utilisation du laser est impossible et alors, si la gravité est basse, le recul devient gênant. Nous y reviendrons plus tard. Avec le fusil laser, cet inconvénient n'existe pas, et quand vous vous y serez habitués, vous ne remarquerez plus son poids. Une chose importante : ne comptez pas les secondes qu'il faut attendre entre deux tirs. Vous devez garder l'esprit clair et ne pas vous laisser distraire par les chiffres. Le temps viendra où vous saurez intuitivement quand vous pouvez tirer, ou pas. La meilleure façon d'apprendre une chose, c'est par la pratique et non par la raison. Vous le comprendrez par votre propre expérience. Donc rappelez-vous bien : ne comptez pas. Cela ne servira qu'à vous faire tuer avant la fin du temps de rechargement, parce que vous ne vous serez pas concentrés sur la provenance des tirs ennemis. Ne l'oubliez pas. Y a-t-il des interrogations ?

— Non, Monsieur », ont répondu en chœur toutes les recrues.

Je n'en ai jamais vu aucun poser la moindre question, qu'elle soit stupide ou intelligente, et pourtant j'ai assisté à beaucoup d'entraînements de ce genre. Soit ils se croyaient très savants, soit ils étaient lents à s'exprimer.

« J'espère que vous avez compris. Maintenant, nous allons nous exercer. Regardez la cible. Vue d'ici, elle a l'air proche, mais je vous assure qu'elle sera difficile à atteindre. La moitié d'entre vous n'y parviendra pas. Regardez. »

Il a esquissé un demi-tour rapide et a ouvert le feu presque sans viser. La cible programmée, une plaque imitant la silhouette d'un homme qui se mouvait à vive allure, a été frappée par un impact lumineux à l'endroit indiqué comme étant sa poitrine. Un « oh » d'admiration s'est échappé de la bouche de tous les jeunes soldats, qui ne connaissaient pas encore les capacités du capitaine Wayne.

Les recrues se sont mises à tirer. Leurs armes émettaient des sifflements intermittents qui ne semblaient pas près d'atteindre leur cible. L'un des hommes, le plus proche du capitaine, a tiré trois ou quatre fois. Puis il a semblé rencontrer des problèmes avec son arme. Il s'est tourné vers Wayne, le visant au niveau de l'estomac, l'index crispé sur la gâchette.

« Mon capitaine, cette arme ne veut pas tirer. »

Il a fait cette déclaration tout en risquant d'ouvrir le feu, avec une expression à la fois stupide et irritée, agacé que ce soit son fusil, précisément, qui refuse de fonctionner. Ares Wayne est devenu pâle, ses yeux ont brillé d'un feu glacial, et soudain il a arraché l'arme des mains de l'homme. Du revers de son autre main, il lui a asséné une gifle si violente que le garçon a été projeté en arrière d'une douzaine de pas, s'effondrant au sol, le nez et la mâchoire brisés par le coup. Tout s'est passé si vite que le jet de lumière n'a pas eu le temps de jaillir du laser.

« Imbécile ! a braillé le capitaine, son visage passant du blanc à un rouge écarlate. Espèce de bâtard dégénéré, tu n'as pas entendu ce que je viens d'expliquer ? J'ai dit d'attendre dix secondes entre les tirs ! Dix secondes ! Et tu n'appuies pas sur cette foutue gâchette en pointant ton arme sur un supérieur ! Tu voulais quoi, fils de pute, me tuer ? Attends dix secondes, et puis tire ! Comme ça ! »

Il a tiré une fois. L'impact du laser a atterri sur le sol, à quelques centimètres de la tête du soldat, soulevant un nuage de poussière. Il y a eu un nouveau « oh » teinté de peur, et Wayne a tiré une deuxième fois, à la fin de l'intervalle de dix secondes. Le garçon a hurlé, paniqué, car l'impact avait atterri entre ses jambes. Son pantalon s'est couvert d'une tache humide. Alors qu'il rechargeait le laser pour un troisième tir, Wayne a repris le contrôle de ses nerfs et a choisi de s'abstenir.

« Espèce d'idiot, a-t-il marmonné d'un ton redevenu normal, ne refais plus jamais une chose pareille ou je jure devant Rab que je ne tirerai pas sur le sol. Ne recommence pas. Lieutenant Salvador !

— Oui, Monsieur ?

— Emmenez cette recrue. Dix jours d'arrêt. Occupez-vous de lui. Et demandez au Doc de réparer son nez et de remplacer ses dents.

— À vos ordres, Monsieur.

— Quant à vous, bande d'imbéciles, qu'est-ce que vous fabriquez ? La cible est là-bas, et elle ne montre pas d'autre impact que le mien ! Notre poète pourrait la toucher les yeux fermés, et vous ne l'avez même pas effleurée ! Allez, tirez ! Et vous savez où il faut éviter de viser, maintenant ! Bougez-vous ! Avec des mollassons comme vous, la Corporation perd de l'argent ! »

C'était la première fois que je voyais Ares Wayne hors de lui. L'affaire n'a eu qu'une importance momentanée et nous l'avons tous oubliée rapidement. Sauf, peut-être, le garçon au nez cassé. Ce n'était qu'une anecdote. L'une de celles qui se produisent chaque jour sur un vaisseau de la Corporation, je suppose. Le capitaine s'était simplement laissé emporter par la colère, se changeant en un paquet de muscles irrationnel. La deuxième fois n'a pas eu une issue aussi heureuse. Sa négligence a provoqué une catastrophe.

Nous avions atterri sur un astéroïde irrégulier, bien au-delà des limites des Confins. L'Ivoire était resté positionné en orbite durant trois jours, et deux cents hommes étaient descendus sur le site, entassés dans le ventre de trois navettes. Whynnom Salvador avait pris le commandement du navire tandis que le capitaine Wayne descendait à la surface avec nous, ravi à l'idée de faire un peu d'exercice et d'annexer une nouvelle poignée de poussière.

L'astéroïde n'avait qu'une valeur purement stratégique, aucune richesse autre que sa localisation. Notre mission consistait, cette fois, à placer une poignée de traqueurs espions et suffisamment de projectiles nucléaires pour décourager quiconque d'entrer dans le domaine de la Corporation, si toutefois quelqu'un y pensait à l'extérieur des Confins. Les richesses minérales que le rocher pouvait contenir n'avaient aucun intérêt : elles étaient si insignifiantes que les techniciens de la Corporation les auraient épuisées en quelques semaines, et il y avait de meilleures perspectives ailleurs. En outre, nous ne nous attendions pas à rencontrer de forme de vie évoluée, pas même un organisme à peine civilisé. L'oxygène était si pur qu'un homme pouvait devenir ivre après l'avoir respiré pendant quelques secondes, et fou à lier en cas d'exposition plus prolongée. Nous devions porter des masques qui le filtraient en le mélangeant à de l'azote.

Quand les trois navettes ont touché le sol et se sont ouvertes, nous sommes sortis prudemment, car on ne sait jamais ce qui peut arriver sur un monde étranger. Devant nos yeux, le paysage était gris, avec de maigres pousses de vie végétale ; peut-être y avait-il des arbres ailleurs. Une chaîne de montagnes pointues se projetait vers le nord, produisant un curieux effet d'optique qui trompait l'œil en lui faisant croire qu'on pouvait la toucher du doigt. Il n'y avait rien d'autre. Cela semblait être tout.

Nous avons avancé d'environ deux cents mètres, avec des bruits de métal, désorganisés comme des fourmis sans reine. Le capitaine Wayne nous a fait former trois colonnes, avec des ordres secs qui ne reflétaient guère sa bonne humeur. Puis il s'est lancé dans son meilleur soliloque, une sorte de pantomime, sa grande scène de la parade.

« Moi, Ares Wayne, capitaine du cuirassé Ivoire, je prends possession de ce monde au nom de la Corporation », a-t-il déclaré d'une voix étouffée par le masque, tout en posant un genou à terre et en plantant l'étendard noir et or. Les synthétiseurs des trois musiciens de l'expédition ont entonné les accents de l'hymne qui nous rassemblait tous dans ce lieu, et les soldats ont présenté les armes. C'était une imitation assez acceptable du premier débarquement en Amérique, avec un Christophe

Colomb nouveau et plus fort, une vision monotone dont je commençais à me lasser.

« Je prends possession de ce monde au nom de la Corporation, et à partir de cet instant il sera connu sous l'appellation d'Alta Roca, comme me l'accorde mon grade de capitaine et comme le stipulent les lois de la Conquête.

— Allez-vous-en ! »

La voix nous a fait sursauter. Le capitaine a frémi et regardé autour de lui, agacé que sa grande scène soit interrompue. Deux cents fusils ont produit leur son particulier en s'armant, comme s'ils n'étaient pas sensibles à l'étonnement.

« Hommes de la Corporation, partez ! »

La voix semblait provenir de partout et de nulle part à la fois, de l'intérieur de la roche, presque, nous enveloppant de mots comme une toile d'araignée sonore. Le son était clair, retentissant. J'ai réalisé que celui qui nous parlait ne portait pas de masque respirateur. Nous avons attendu la suite du message, mais pendant quelques secondes a flotté un léger silence. Le drapeau noir et or se balançait doucement, inoffensif.

« Qui a parlé ? a grogné le capitaine, se relevant et faisant quelques pas pour s'éloigner de notre groupe. Qui est-ce ? Par Rab, montre-toi !

— Allez-vous-en !

— Qui es-tu ? Montre-toi ! »

Sur un rocher, un être s'est épanoui, comme s'il avait fleuri. Il s'est élevé de sa position, et par un nouvel effet d'optique, il a semblé occuper tout le paysage. Il se tenait debout, les jambes écartées, et il nous regardait. Il devait se trouver à une cinquantaine de mètres au-dessus de nous, mais il paraissait à la fois plus proche et plus éloigné. Il ressemblait à un homme. Je veux dire qu'il n'appartenait à aucune espèce humanoïde et que sa physionomie était des plus ordinaires. C'était un homme comme nous, un humain qui parlait couramment la langue standard de la Corporation, celle-là même que j'utilise pour écrire mes vers.

J'ai sorti mes jumelles pour l'observer. C'était un homme noir au crâne rasé et aux épaules proéminentes. Un filtre respiratoire était fixé sur ses narines, comme un os dans le nez d'un aborigène, de sorte que sa voix résonnait normalement. Entre ses bras, pendait une arme. Immédiatement, sans que je sache pourquoi, j'ai su que c'était un affranchi.

« Me voici.

— Qui es-tu ? Que fais-tu ici ? » a demandé Wayne, esquissant un nouveau pas en direction de l'apparition.

L'autre a haussé les épaules, entamant le plus terrible dialogue de sourds qu'il m'ait été donné d'entendre.

« Un homme libre.

— Nous le sommes tous. Personne ne te refuse ce droit.

— Vous ne me comprenez pas, militaire. Je vous dis que je suis réellement libre. C'est peut-être un mot vide de sens pour vous, mais pour nous il est plein de signification.

— Nous ? Alors tu n'es pas seul ?

— Non, je ne suis pas seul.

— Comme tu peux le voir, moi non plus, a-t-il affirmé en nous désignant d'un geste du bras. Dis à tes compagnons de se montrer. Je ne cache pas mes hommes, tu peux tous les compter.

— Je sais combien vous êtes. Et ce serait stupide de ma part de vous révéler notre nombre.

— Effectivement. Je t'aime bien, homme libre. Je veux connaître ton nom.

— Mon nom ne vous dira rien, militaire.

— Peut-être. Mais j'aime savoir à qui je parle.

— Moi aussi. Qui êtes-vous ?

— Un militaire de la Corporation, tu le sais déjà. Le capitaine Ares Wayne.

— Je suis Ercole Tagaro, et cet astéroïde est à nous. À présent que les présentations sont faites, partez.

— Je crains d'avoir mal compris, Ercole. Tu peux répéter ?

— C'est ce que je vous dis depuis le début. Partez.

— Ah oui ? Pourquoi ?

— Cet astéroïde est à nous. Nous n'avons pas besoin de vous. Nous ne voulons pas de vous. Et il n'y a pas suffisamment de place pour que nous vivions ensemble.

— Ensemble ? Je n'y avais pas pensé. Tu dis que cet endroit vous appartient ? Depuis quand ? Montre-moi l'acte de propriété de la Corporation. Je veux voir le sceau de New York. Tu l'as ? Je veux vérifier.

— Ne vous moquez pas de moi, militaire. Vous savez bien que je ne possède rien de tel.

— Vraiment ?

— Non. La Corporation n'est jamais arrivée aussi loin. Nous sommes dans l'espace libre. Là où la terre n'est à personne.

— N'as-tu pas dit que cette boule de poussière était à vous ?

— Maintenant, c'est le cas. Nous avons lutté âprement pour y survivre. Nous avons travaillé dur et nous n'allons pas laisser la Corporation nous prendre notre astéroïde.

— J'aimerais bien savoir avec quoi tu vas l'empêcher.

— Avec ça. »

Il a porté deux doigts à sa bouche et a sifflé. Aussitôt, une foule s'est élevée d'entre les pierres, près de lui, derrière lui, autour de nous. Beaucoup d'individus, blancs et noirs, femmes et hommes. J'ai pu apercevoir quelques modifiés. L'un d'eux avait quatre bras.

« Ah, je vois enfin qui vous êtes. Des mineurs ?

— Je vous l'ai dit. Nous sommes des hommes libres.

— Des mineurs. Tu sais, ton nom me dit quelque chose, Ercole Tagaro. Je crois que je l'ai entendu il y a longtemps.

— Peut-être.

— Oui, il me semble qu'on a parlé de toi, il y a quelques années. Et pas toujours en bien.

— Ce qui s'est passé à l'époque n'a pas d'importance. Ce qui nous intéresse, c'est le présent. Nous vous demandons de partir.

— Je ne peux pas faire ça, Ercole. Ce n'est pas de mon ressort. La Corporation décide pour moi.

— C'est ça. Vous, les militaires, vous vous cachez toujours derrière vos supérieurs, vous trouvez toujours quelqu'un sur qui reporter votre responsabilité, supérieur ou subordonné. Écoutez-moi, militaire. Je ne sais pas ce que vous tramez. Je ne sais pas ce que vous faites ici. Mais vous pouvez aller occuper n'importe quel autre monde. Vous et vos supérieurs. Il y a un millier d'astéroïdes à proximité, dans ce secteur. Choisissez-en un et plantez-vous dessus. Laissez-nous vivre sur ce qui nous appartient.

— On dirait que tu apprécies ce tas de pierres, Tagaro.

— Il est à nous. Nous y vivons depuis vingt ans et nous ne laisserons pas la Corporation nous le voler. Nous avons fui et nous sommes venus ici pour être libres, pas pour dépendre des caprices de New York. Partez et oubliez ce monde. Croyez-moi, il n'en vaut pas la peine. Il nous donne à peine de quoi vivre.

— Vous êtes cloués sur ce rocher depuis vingt ans ? Vous me surprenez, Tagaro.

— Oui, vingt ans, militaire. Depuis que nous avons acheté notre liberté à la Corporation.

— Acheté ? Maintenant, je sais qui tu es, Ercole Tagaro. Je sais avec quel argent tu as payé. Le sang.

— Votre argent, militaire. Et mon propre sang, en ce qui me concerne.

— Vous êtes des expatriés. Oui, je me souviens de l'incident. De votre... révolution, comme vous l'appeliez. Tout le monde t'a oublié, Tagaro. Tu le sais ?

— Je m'en doute.

— Personne n'a tenté de se révolter depuis, Tagaro. Tu peux me croire. »

Il mentait, bien sûr. Il gagnait sa vie en écrasant une rébellion après l'autre.

« Même si tu t'es échappé, personne n'est plus intelligent que la Corporation, a-t-il insisté. Elle est trop grande et trop puissante pour se soucier du sort d'un cafard tel que toi. Tu lui as offert une distraction intéressante. C'est pour ça qu'elle t'a laissé partir.

— Peut-être. Mais je préfère croire qu'au moins quelques-uns d'entre nous ont échappé à votre maîtresse si puissante. Et elle n'a jamais pu nous retrouver, malgré ce que vous prétendez.

— Jusqu'à aujourd'hui.

— C'est un accident, militaire. New York n'est pas aussi intelligent que vous le croyez. Vous vous trompez. Vous nous avez découverts par hasard, et ce fait n'entraînera aucune conséquence.

— Non ? Bien sûr, toi et tes compagnons, vous allez l'empêcher.

— Nous allons essayer. De toutes nos forces.

— Écoute, Tagaro, prends le vaisseau dans lequel tu t'es enfui, et pars plus loin au-delà des Confins, là où la Corporation mettra vingt ou trente années de plus à te retrouver. Ainsi, il ne t'arrivera rien. C'est le conseil que je te donne. Suis-le.

— Je ne peux pas. Cet endroit nous appartient. Nous avons sué sang et eau pour lui. Nous avons fui trop longtemps. Si nous devons nous battre à nouveau, alors qu'il en soit ainsi.

— Tagaro, écoute-moi. Partez maintenant. Après, vous ne pourrez plus sortir d'ici. Ce monde appartient à la Corporation. Montez dans votre vaisseau et disparaissez.

— Jamais !

— Écoute, ne sois pas buté. Suis mon conseil. Je vous offre la liberté. La vie.

— Ma vie et ma liberté sont ici.

— Et ta mort aussi, si tu restes. Tagaro, pour l'amour de Rab, arrête de me contredire. Monte dans ton maudit vaisseau et tire-toi !

— Non ! Vous, regagnez le vôtre et laissez-nous tranquilles, militaire ! Personne ne vous a demandé de venir ! Partez !

— Tagaro, tu es un homme courageux. Tu as du cran, je te l'accorde. Tu as tenu tête à la Corporation et tu t'en es sorti. Tout le monde ne peut pas en dire autant. À présent, sois prudent. Ne pousse pas ta chance. Le Diable est capricieux et il aime s'amuser. Alors écoute-moi. Obéis. Si tu veux que tes compagnons survivent, saisis la chance que je vous offre. Retournez à votre vaisseau. Partez d'ici tant que ma proposition tient toujours.

— Jamais. Nous ne pouvons pas faire ça, militaire. Pourquoi croyez-vous que nous sommes ici ? Pourquoi pensez-vous que nous n'avons pas choisi un monde plus habitable ? Nous avons atterri sur ce caillou parce que notre vaisseau ne pouvait pas nous emmener plus loin. Il était endommagé. Nous l'avons démonté pièce par pièce pour nous aménager des abris à l'intérieur des rochers.

— Vous n'avez plus de vaisseau ? Je suis désolé, Tagaro. Cela change la donne.

— Cela ne change rien, militaire. Nous sommes ici et nous y resterons.

— Parce que vous ne pouvez pas vous en aller, j'ai compris. Et si nous ne pouvions pas partir non plus ? Que se passerait-il ? Ne reste pas muet, Tagaro. Dis-moi ce que tu en penses.

— Je ne comprends pas.

— Oh, tu vas saisir tout de suite ce que j'essaie de t'expliquer. Hacton, Tennyson, Dumbridge ! Faites exploser les navettes ! »

L'expatrié est resté immobile. Seul un muscle de sa joue a tremblé, et peut-être que ses épaules se sont affaissées un peu. Curieusement, je me souviens de cette scène en revoyant Ares Wayne allumer effrontément une cigarette. Ce n'était pas possible, bien sûr. Il ne pouvait pas le faire avec son masque. Tagaro était intrigué par l'ordre de Wayne, même s'il ne le prenait pas au sérieux. Même sans les navettes, l'Ivoire pouvait nous récupérer quand nous le voulions. Nos communications ne seraient pas rompues. Nous pourrions quitter le rocher à tout moment. Mais peut-être que l'expatrié l'ignorait. C'est peut-être pour cela qu'il hésitait.

« Et maintenant ? a demandé Wayne avec un air sardonique tandis que les trois navettes volaient en éclats. Qu'en penses-tu, Tagaro ? Nous ne pouvons plus partir, à présent. Nous ne pouvons plus revenir en arrière. Il n'y a pas d'autre issue que celle qui se trouve devant nous. Celle que tu nous bloques, Ercole Tagaro. Tu m'entends ? Laisse-moi passer.

— Vous êtes fou, militaire. Vous venez de vous condamner à mort.

— Tu en es sûr ? Mon horoscope n'indique pas que c'est un jour pour mourir. Tu comprendras que je ne dois pas le détromper.

— Vous êtes cinglé.

— Non, Tagaro. C'est toi qui es déraisonnable. Ce morceau de roche est nécessaire à la Corporation. Comme elle t'a laissé y vivre, tu as cru qu'il t'appartenait. Maintenant, la Corporation le réclame. Elle vient prendre ce qui lui appartient, et nous sommes son bras armé. Nous avons raison parce que nous avons le pouvoir. Tu vois ce que je veux dire ? Sinon, je peux encore te l'expliquer, ce n'est pas compliqué. Mais je pense que tu as compris. Cet endroit va nous revenir. Oppose-toi à nous avec tout ce qui te tombe sous la main, si tu veux. Avec des pierres, si nécessaire. Si c'est la guerre que vous voulez, bande de salauds, vous l'aurez, sur mon âme. »

Les armes des expatriés ont cliqueté derrière les rochers, tandis que leurs sécurités étaient désactivées. Un nombre indéterminé de canons ont émergé entre les promontoires, pointés sur nous. Tagaro a levé son fusil devant son estomac, prêt à viser le capitaine. À cette vue, Wayne a pris un air satisfait.

« Musique ! a-t-il demandé en claquant deux doigts. Les gars, allons-y pour *Garry Owen* ! »

Les synthétiseurs ont lancé les premières notes de la marche militaire. Les accords ont d'abord sonné faux, mais en un instant la stéréophonie a atteint tous les pelotons de soldats, les éclaboussant d'une joie étrange. Wayne, dos aux musiciens, agitait sa main gauche, dirigeant l'orchestre avec son tempo classique de deux-quatre.

« Tu aimes ça, homme libre ? C'est de la bonne musique, n'est-ce pas ? Un esprit raffiné comme le tien devrait pouvoir l'apprécier.

— Éloignez-vous, militaire ! Vous êtes fou ! Partez de cet endroit ou je vous tue ! »

Il a porté le fusil à ses yeux et a visé avec. Toutes les étoiles du ciel se reflétaient dans la sueur qui coulait sur son visage. Je savais qu'il était prêt à tirer, mais il avait déjà perdu sa détermination et sa confiance en la victoire.

Wayne s'est retourné avec un sourire. Il paraissait chercher une répartie ingénieuse et, au moment où nous nous y attendions le moins, il a brandi son fusil laser, s'est accroupi et a tiré. Un trait rouge a jailli de la pointe de son arme et a touché le chef des expatriés entre les jambes, dans les testicules. Tagaro a bondi de quelques mètres en arrière, poussé par la douleur. Il s'était affalé au sol lorsqu'un autre impact a ouvert une entaille au-dessus de ses yeux.

Un hurlement, peut-être son propre cri de mort, a résonné, couvrant même les notes de *Garry Owen*. Le son ne s'était pas encore estompé que les expatriés dévalaient la colline en criant et en tirant sur nous. Une grêle de balles de gros calibre s'est abattue autour de mes pieds. Je craignais que l'une d'elles finisse par percer mon armure et que la mort me guette, quand quelqu'un m'a poussé. Je suis tombé à terre. J'ai levé la tête en baissant la visière de mon casque. C'était Wayne.

« Formez un cercle, vite ! » a-t-il crié en ramassant le drapeau et en le plantant là où je me trouvais.

Il était très pâle, les yeux plus clairs et plus morts que jamais, sous l'effet de l'excitation et de la panique.

« Par Rab, ils sont plus nombreux que je croyais ! Ils doivent être près de cinq cents ! »

Un projectile a frappé son armure, le faisant vaciller un instant. Un flot de sang, sombre comme du métal en fusion, a jailli de son flanc. Wayne a serré les dents, poussé un juron que je n'ai pas compris et a abattu d'une main experte les premiers assaillants, à une douzaine de mètres à peine. *Garry Owen* s'était terminé et repartait du début, avec son bourdonnement monotone.

Les expatriés arrivaient par vagues, sautant par-dessus le mur de leurs propres morts. Couper leur élan semblait aussi facile que de jeter des pierres dans une flaque d'eau. Je pensais que nous étions en train de gagner la bataille, que les ennemis étaient impuissants contre nous, comme d'habitude, quand l'un des musiciens a été touché et est tombé dans mes bras, le rythme de la chanson se perdant dans un méli-mélo de notes sans signification. J'ai regardé autour de moi, comme si l'un de mes défenseurs pouvait faire quelque chose pour ramener l'homme à la vie. Je voulais appeler de l'aide, mais ma gorge s'est serrée. De notre patrouille de deux cents hommes, il ne devait pas en rester plus de cinquante. Le sol, autour de moi, était jonché de cadavres en uniforme.

« Poète ! a hurlé le capitaine, blanc comme une poignée d'opium, tout en continuant d'utiliser son fusil laser. Prends une arme et tire !

— Quoi ?

— Tire, mon gars ! Ramasse un laser et fais-les cramer ! Ne reste pas là à me regarder, obéis ! Explose la tête d'un de ces chiens ! Vite, par Dieu ! Ils vont briser nos dernières défenses ! »

J'ai obéi. J'ai rampé sous le drapeau qui flottait, en lambeaux, et j'ai cherché une arme à tâtons. Il m'a fallu du temps pour la trouver, tant j'étais nerveux et effrayé. Une bataille n'est pas une chose glorieuse, mais tout semble encore plus ridicule vu du sol. Au-dessus de moi, le grondement continuait, mais *Garry Owen* devenait de plus en plus faible. Il ne devait rester qu'un seul musicien. J'ai pris un fusil laser des mains d'un soldat mort et je l'ai contemplé, me demandant si j'allais pouvoir tirer. Je tremblais. J'étais en train de me redresser sur mes genoux quand j'ai soudain réalisé que tout s'était arrêté. J'ai levé les yeux. Plus de lasers, plus de coups de feu, plus de *Garry Owen*. Le silence. Mon fusil à la main, l'esprit en ébullition, je me suis remis debout. Par Rab, je craignais d'être seul, d'être l'unique survivant.

Ares Wayne, souillé par la guerre - même son nom paraissait sale -, s'est retourné vers moi, vers les sept autres hommes qui restaient encore debout. Il n'était plus aussi pâle. Peu à peu, sa tension nerveuse s'est calmée. Il a agité le laser de sa main gauche, tenant sa blessure de la main droite, et a souri, l'air triomphant.

« Nous avons vaincu ! Nous avons gagné ! Ce maudit astéroïde est à nous ! »

CHAPITRE 22

La patrouille effectuait sa ronde sur un satellite qui gravitait autour d'une tache bleue floue, environ deux ans après l'incident sur Alta Roca. Nous étions à cheval. Cela pouvait sembler anachronique, avec toutes les technologies que nous maîtrisions, mais c'était ainsi. À bord de l'Ivoire, se trouvaient toutes sortes de machines de guerre sophistiquées, des chars et des batteries de terre, des véhicules capables de combattre dans l'air ou dans l'eau, mais il y avait aussi les premiers animaux que l'homme avait appris à utiliser à des fins meurtrières. Nous transportions des chevaux clonés, des monstres mutants capables d'aller là où les coptères ne parviendraient jamais, où les chars blindés seraient rapidement mis en pièces et les soldats d'infanterie décimés sans le moindre regret, si beaux et si pleins d'endurance soient-ils. La Corporation ne gaspille pas une seule drachme pour quelque chose d'inutile. Les chevaux clonés, bien sûr, justifiaient amplement la part du budget qui leur était allouée. Leur efficacité était diabolique partout où ils étaient employés. Sur leur dos, lors d'un raid, un bon cavalier pouvait manœuvrer plus facilement que le plus habile des pilotes, et faire plus de dégâts que deux chars d'assaut en même temps.

L'utilisation des chevaux avait d'autres explications que celles simplement logistiques ou esthétiques : les chevaux consommaient moins. Ils pouvaient parcourir des kilomètres, entraînés comme ils l'étaient, sans avoir besoin de l'eau ou de la nourriture que n'importe quel monde hébergeant la vie pouvait de toute façon leur fournir. Ils n'avaient pas besoin de pièces de rechange et ne tombaient jamais en panne. Ils avaient juste besoin d'être achevés, parfois. Les chevaux représentaient la suprématie du monde organique sur le monde inanimé – du moins jusqu'à ce que l'on découvre l'existence de l'acier inerte – mais ils avaient une utilisation plus singulière, une explication plus conforme aux vues de la Corporation. Il y avait des endroits où de tels animaux étaient inconnus, où le plus grand mammifère ne dépassait pas la taille d'un chien terrien, et où les humanoïdes n'étaient pas encore sortis d'une période primitive qui verrait, avec notre présence, l'apogée de son évolution. Dans ces mondes, un soldat à cheval ressemblait à un demi-dieu lointain, un colosse avec quatre pattes et un torse humain en habits d'apparat. On nous prenait, cheval et cavalier, pour une seule créature. Cela se produisait régulièrement. Sur Terre, c'était arrivé il y a plusieurs siècles ; je l'avais appris au Monastère. Habituellement, les langues de ces êtres primitifs n'avaient pas de mot pour nous définir, mais le plus proche aurait été, sans doute, celui de centaure. S'il n'existait pas dans leur mythologie, il serait sûrement créé après notre passage. S'il restait des historiens en vie, bien sûr.

Mais l'utilisation effective des chevaux était due, avant tout, à une explication égoïste et cruelle. J'ai déjà dit que l'expansion est notre but, que l'espèce humaine a pour mot d'ordre de s'étendre et d'annexer un millier d'étoiles. Une planète comme Pluie serait tombée en deux semaines si les forces de la Corporation avaient été pleinement engagées, et la plupart des autres mondes n'auraient pas dû mettre plus de temps à le faire. Le cas d'Ultima Thulé en était la preuve. La raison d'un tel retard était très claire : gaspiller du temps, employer les soldats à quelque chose, nous maintenir dans un état de guerre constant, dans une transition perpétuelle empêchant New York de perdre les rênes. La Conquête, pour autant que je puisse l'imaginer, durera toujours. Si l'espace, cette gorge béante, est vraiment infini, la guerre ne s'arrêtera jamais. S'il ne l'est pas, il y aura toujours une nouvelle rébellion à mater quelque part, un monde prêt à sortir du cercle, un groupe d'esclaves prêt à se soulever. Si la guerre dure toujours, ni New York ni la Corporation ne succomberont jamais. Tout est parfait. C'est pourquoi, dans un monde primitif, les troupes utilisent normalement des techniques moins dures, plus rudimentaires. C'est pourquoi, dans un monde avancé technologiquement, on prend soin de ne pas utiliser d'armes qui, si elles tombaient entre les mains de l'ennemi, augmenteraient sa puissance militaire et pourraient mettre en danger la Corporation et toute sa machinerie. C'est pourquoi, sur cette lune, on utilisait des chevaux clonés. Un laser entre les mains d'un groupe de sauvages pouvait initier une véritable révolution, la naissance d'une secte religieuse remplie de fanatiques, de faux messies et de prophètes prêts à diriger leurs anathèmes contre la civilisation sur Terre. C'était ce que la Corporation craignait le plus. Cela s'était déjà produit plusieurs fois et les résultats n'avaient été agréables pour personne. Avec les chevaux, il n'y avait pas de tels problèmes. Ils ne pouvaient rien détruire par eux-mêmes ; ils avaient besoin d'un cavalier habile pour les faire passer à travers un rideau de feu ou un champ de grenades laser. Avec les chevaux, le jeu était clair. S'ils tombaient entre les mains des ennemis, il n'y avait rien de grave. Au mieux, ces derniers gagnaient en mobilité, mais les effets d'une telle perte n'étaient jamais égaux à ceux d'une bombe sophistiquée entre les mains d'une poignée de sauvages fanatiques. C'est pourquoi les vaisseaux n'utilisaient pas d'armes nucléaires. Presque jamais.

À cheval, on se sent plus heureux et plus libre qu'à l'intérieur d'une coque en ferraille remplie de lumières et de câbles. Entre ses jambes, on sent quelque chose de vivant, à manier avec précaution, sans que tout soit contrôlé parfaitement par le bouton bleu de démarrage et le bouton rouge d'arrêt. J'ai appris à monter à force de tomber, et j'ai pu devenir un cavalier acceptable. Rien d'extraordinaire, bien sûr. Au galop, l'excitation me faisait relâcher les rênes, et au milieu d'une bataille ouverte – dans laquelle, grâce à Rab, je ne me suis jamais trouvé –, mon cheval aurait détalé et j'aurais terminé mes pérégrinations avec une nuque brisée. Il est heureux que, nous autres poètes, n'ayons pas d'autre mission que de regarder et de mentir. Si la Corporation se servait de tous ceux qui me ressemblent pour former une société, son pouvoir s'effondrerait et il lui faudrait des années pour s'en remettre.

Cette patrouille ressemblait plus à un pique-nique qu'à une véritable opération de traque. Depuis sept jours, nous tentions de retrouver une horde de rebelles qui avaient disparu de notre surveillance, comme s'ils avaient été engloutis par le terrain ou étaient devenus invisibles. Nous avions renoncé à les débusquer depuis plusieurs jours et la patrouille s'était transformée en une joyeuse cavalcade de soldats en vacances, sans que la discipline ne soit jamais abandonnée. À des centaines de kilomètres à la ronde, il n'y avait aucune trace des indigènes. Il était certain qu'ils ne se cachaient pas dans notre secteur. Peut-être qu'une autre patrouille aurait plus de chance et les localiserait dans le sien. Nous, pendant ce temps, nous nous promenions tranquillement et faisions notre rapport nocturne au commandement centralisé de l'Ivoire, planant autour de la géante bleue qui pulsait comme si elle était animée d'une vie propre. C'était ça, l'Armée : quelques moments de tension et de nombreuses heures d'ennui total.

« Vous ne vous êtes jamais demandé ce que vous faisiez ici, Turin ? Pourquoi la Corporation a-t-elle besoin de tout cela ?

— Non, Hamlet. Je ne pose jamais de questions.

— C'est vrai. J'oublie parfois que vous êtes un parfait soldat. »

Turin Macnamara était le chef de patrouille, l'un des officiers responsables de la cavalerie du vaisseau spatial. Un bon garçon. Sa compagnie était agréable, il plaisantait toujours, et je pense que j'aurais pu lui confier ma vie avec la certitude qu'il n'en ferait pas un mauvais usage. C'était un militaire, bien sûr, et s'il avait des contradictions internes, comme le lieutenant Salvador ou le capitaine, il ne les laissait pas facilement apparaître en public. Il ne posait pas de questions. Personne ne s'en posait dans tout le vaisseau, dans toute la Corporation. J'étais le seul à me montrer insatisfait du cours de ma vie. N'oublions pas que je m'appelle Hamlet. J'avais réussi à devenir poète après de nombreux efforts - je recevais encore des lettres de Gnel ou de certains de mes confrères pour m'en féliciter -, mais je n'appréciais plus ce métier, ni ce que j'écrivais. J'étais constamment assailli par le germe du doute, de l'horreur, du remords. Ce devait être à cause de mon nom. Quoi qu'il en soit, je n'avais rien d'autre à faire, nulle part où aller, rien qui laisse présager que l'avenir serait moins mauvais ailleurs pour moi.

« Écoute, Hamlet, a répondu Turin. Tu ferais mieux de voir les choses sous cet angle. Tu as beaucoup lu, et c'est peut-être ainsi que tu me donneras raison. Imagine que la Corporation n'existe pas, que toi et moi ne nous connaissions pas, que la Conquête ne nous unisse pas. Tôt ou tard, une autre espèce de l'univers prendrait la place que nous occupons aujourd'hui. Quelqu'un qui pourrait être encore pire que nous. Ça te plairait ? Bien sûr que non. Personne n'est enchanté par cette idée. On peut dire ce qu'on veut, il vaut mieux être en haut qu'en bas. Je pense que ce que nous faisons est la bonne chose à faire, même si, comme toi, je n'aime pas non plus verser le sang. C'est ce qu'il y a de mieux pour la Terre et aussi pour les mondes qui font partie de la Corporation.

— C'est ça. Tuer avant d'être tué. Détruire avant d'être détruit. Asservir avant d'être asservi.

— Comme tu dis. Le slogan résume très bien la situation. N'essaie pas de comprendre, suis juste cette maxime.

— Mais vous croyez tout ce que dit la Corporation ? La moitié est stupide, l'autre moitié est mensongère. Je vous le dis. J'écris dix poèmes par an sur ces choses-là. Allons, Turin, il vous suffit de regarder ce qui se passe autour de vous et de lire ce qui se raconte dessus. Je ne pense pas que nous fassions quelque chose de bien.

— C'est ton opinion.

— Vous n'êtes pas d'accord ? Vous n'avez jamais eu de doute ?

— Je ne sais pas. De toute façon, je ne suis pas payé pour réfléchir. Je n'ai pas le droit de douter. Si mon supérieur dit que ce que je fais est bien, c'est bien. C'est l'ordre naturel des choses, Hamlet. J'accomplis mon travail, et ça me suffit.

— Je vous envie, alors.

— Non. C'est moi qui t'envie. Peut-être que tu as raison et que j'ai tort. Peut-être que tout ça n'en vaut pas la peine. Tu sais, parfois j'aimerais être comme toi. Oui, ne ris pas. J'admire ta capacité à penser, à remettre en question toutes les valeurs qui me nourrissent. Cela veut dire, mon cher moulin à paroles, que tu vois plus loin que moi, que je perds peut-être mon temps à faire quelque chose qui ne veut rien dire. Je t'envie, vraiment. Parfois, j'aimerais avoir ton angle de vision, juste pour savoir de quelle couleur tu vois tout.

— Gris. Et pas parce que je suis daltonien. Salvador dit que la mort est noire, et la guerre, grise. Je crois qu'il a raison.

— Salvador pense ça ?
— Parfois. Comme tout le monde, je suppose. Et vous ?
— Je t'ai dit que je ne savais pas.
— Oui, vous ne posez jamais de questions.
— Plus ou moins. Entre nous, Hamlet, je crois qu'on est plus heureux quand on sait moins de choses.
— Entre vous et moi, Turin, je vous donne raison sur ce point. Il n'y a que les imbéciles qui sont heureux.
— Merci pour le compliment, poète.
— Il n'y a pas de quoi. Avec vous, je suis toujours prêt à le répéter. »

Turin me rappelait Narcisse à bien des égards, peut-être parce qu'ils se ressemblaient physiquement et parce que je passais autant d'heures à plaisanter et à discuter avec lui qu'avec mon ancien maître. Bien sûr, Narcisse était beaucoup plus cynique, plus détaché, plus proche de mes propres idées sur la Corporation. Turin ne se posait pas la question de savoir si ce que nous faisions était bon ou non. Il préférait croire que tout avait une logique qui dépassait sa capacité de compréhension. Sur cet aspect, Narcisse et lui étaient complètement opposés, mais lorsqu'il s'agissait de s'amuser, ils semblaient être la même personne, comme des frères jumeaux, aussi identiques que les chevaux que nous chevauchions maintenant. Turin ne se droguait pas régulièrement, pas de la même manière pathologique que mon ancien précepteur, mais il n'avait pas son pareil pour se vanter dans les tavernes, dans les duels d'honneur, c'était un artiste de l'aiguille et des toasts, un maître du jeu de dés. Seul Dardo, dont je croiserais plus tard le chemin, serait capable de le surpasser en fabriquant plus de pièges, et des meilleurs. Si les chansons vantaient les exploits d'un seul héros et non ceux d'une communauté, je ne doute pas que Turin Macnamara aurait sa propre légende.

« Une question, Hamlet. Comment sais-tu qu'un éléphant appartient à l'équipage du Scorpion ou de l'Ivoire ?
— Je ne sais pas.
— Par la lettre S brodée sur sa chemise ! »

Il racontait presque continuellement des blagues sur les éléphants, les hippopotames, les girafes, les soldats et autres animaux du zoo, avec une capacité presque surnaturelle à me surprendre, en glissant une au milieu d'une conversation sérieuse, alors que l'on s'attendrait le moins à une répartie idiote. Au début, ses blagues étaient mon calvaire, et plus je m'énervais, plus il en racontait. Mais ensuite, je m'y suis habitué et j'ai ri ouvertement aux variations pratiquement infinies de chacune d'entre elles. Je ne me doutais pas, alors, qu'elles me manqueraient bientôt.

« Est-ce que tu sais pourquoi les éléphants sont si ridés ?

— Turin, pour l'amour de Rab !

— Tu as déjà essayé d'en repasser un ? »

L'une des dernières choses que j'ai entendues de sa bouche a été une de ses petites plaisanteries, aussi stupide que d'habitude, dont je ne me souviens plus. La patrouille avait gravi une colline, s'étirant en une double file de cinquante hommes, et elle s'était arrêtée, accordant aux chevaux et aux cavaliers quelques minutes de repos. Turin et moi chevauchions en tête, commentant mes talents de cuisinier de campagne, appris au Monastère il y a bien longtemps. Devant nous, s'étendait un paysage déchiqueté, parsemé de dunes blanches. Au loin, à l'arrière-plan, se profilait une grande montagne grise.

« Eh bien, on dirait que les rebelles ne sont pas en vue. Je crois qu'il est temps de retourner au vaisseau, Turin. Il est clair qu'ils ne se cachent pas dans ce secteur. »

Il n'a pas répondu tout de suite. Il se tenait debout sur ses étriers, scrutant l'horizon, peu convaincu de la certitude de mes propos. Il a sorti ses jumelles de leur étui et les a portées à ses yeux, m'ignorant toujours. Il m'a fait taire d'un geste. À présent, je n'étais plus le camarade, mais le militaire. Nos instants de distraction étaient terminés.

« Qu'est-ce qu'il y a ? Vous avez vu quelque chose ? »

Il y a eu un grondement, comme un coup de tonnerre, et l'un des verres de ses jumelles a éclaté, se brisant en morceaux. Instantanément, sous la lumière du soleil, Turin Macnamara s'est penché violemment en arrière, en un arc de cercle qui a dû lui briser le dos. D'entre ses mains crispées sur les jumelles s'échappait une gerbe de sang.

« Turin ! »

Des morceaux de verre et de plastique volaient dans l'espace qui nous séparait. J'ai vu un éclat filer rapidement vers moi, découpé comme l'étoile d'un *marshall*, et j'ai tenté de détourner mon visage de sa trajectoire, sans y parvenir. Quelque chose de chaud et de tranchant m'a tailladé la joue, montant jusqu'à la pommette, puis a continué son chemin vers le haut pour finir par s'arrêter sur l'os de mon nez. J'ai crié. J'ai fermé mon œil gauche pour le protéger du flot de sang qui jaillissait de l'entaille. C'est alors qu'une détonation a retenti. J'ai senti quelque chose s'envoler de mon épaule, mais je n'ai éprouvé aucune douleur. Le temps que je réalise ce qui se passait, j'étais déjà allongé au sol, regardant le bleu du ciel. J'avais été touché.

Un amalgame de cris, de piétinements et de hennissements a accompagné mes derniers instants de lucidité. Je savais que la patrouille se faisait massacrer, mais je m'en moquais. J'ai essayé de fermer l'œil droit, mais je n'ai pas réussi. Je n'ai même pas tenté de me lever. Le ciel bleu commençait à devenir blanc. Pas noir. À ce moment-là, j'ai pensé que Salvador avait tort. Le ciel était blanc comme du lait, puis il est devenu de plus en plus transparent, jusqu'à ce que je ne voie plus rien. C'était donc cela, la mort.

En réalité, j'avais perdu connaissance. Le silence régnait autour de moi, mais je savais que j'étais encore en vie. La senteur fraîche de l'herbe et l'odeur de la forêt me parvenaient distinctement. Je suis resté allongé. Il était clair que je ne parviendrais pas à me relever, et peut-être que les rebelles étaient encore dans les parages. Alors que je gisais à moitié mort, baignant dans mon propre sang, tout ce qui m'importait, c'était de respirer cette paix. J'ai réalisé que mon œil droit était ouvert. Lentement, la couleur bleue est revenue dans le ciel. La situation pouvait paraître idyllique, mais la douleur indiquait que quelque chose n'allait pas. Elle le fait toujours.

Des heures s'étaient peut-être écoulées. Le soleil avait changé de position et ne me gênait plus autant. Il devait maintenant se trouver derrière ma tête. Je m'étais sans doute évanoui à plusieurs reprises, mais le souvenir était flou et désagréable. Un tambour a résonné dans mes oreilles pleines de sang, rompant le silence.

Des pas. Au loin, un cheval a henni. Il y avait peut-être un autre survivant. J'ai gémi, essayant de faire connaître ma position.

Un visage maussade et barbu est apparu dans mon champ de vision. Ce n'était pas un soldat de la patrouille, mais un rebelle. Cela m'était égal. Le visage a disparu, rendant sa couleur au ciel. Une voix, si lointaine qu'elle semblait à peine exister, a dit quelque chose.

« Eh, Alyan ! En voilà un vivant ! »

J'ai reconnu les mots, le dialecte qu'ils utilisaient. C'étaient des Yuetshes. Dans leur langue, Corporation signifiait « empire ».

Un deuxième visage est apparu au-dessus de ma tête, en face du précédent, et une main s'est tendue vers moi. J'ai mis un certain temps à comprendre qu'on me tirait par le col. Je ne l'ai réalisé que lorsque le visage a été proche du mien et que j'ai pu sentir son odeur.

« Oui, il est vivant, a grogné la bouche de l'homme, crachant des postillons sur moi. Mais bien amoché. Il ne va pas s'en sortir. »

La main s'est ouverte et m'a relâché. Le visage est redevenu flou. Incapable de me tenir assis, j'ai commencé à retomber. Il m'a fallu un siècle pour atteindre le sol. Je crois que j'ai rebondi. Une douleur fulgurante m'a transpercé l'épaule gauche, le dos, le cerveau, comme un million de petites épées de glace.

« Ça doit être un officier, a dit la première voix. Il est habillé différemment des autres soldats. Tu ne le vois pas ? Il porte un très bel uniforme.

— Prends-le-lui si tu l'aimes, mais fais vite. Nous devons rassembler les animaux et nous enfuir. Ils ne vont pas tarder à se rendre compte qu'il est arrivé quelque chose à leur patrouille. »

Des mains m'ont secoué. Elles ne m'ont pris qu'une botte. Rien d'autre. Dans le ciel, un oiseau volait très haut. Il a traversé mon champ de vision de gauche à droite. Deux autres volatiles ont fait de même, un instant plus tard, mais de droite à gauche.

« Allons-y ! Il faut partir ! Aux chevaux !

— Qu'est-ce qu'on fait de celui-là, Alyan ? a demandé la voix du premier homme.

— Soit tu l'emportes, soit tu le laisses pourrir ici. Tu fais ce que tu veux. Mais décide-toi vite. »

Pendant quelques secondes, je n'ai plus rien entendu. J'ai supposé qu'ils étaient partis, mais un bruit de pas a retenti dans mon dos. Le visage s'est de nouveau penché vers moi, et un cylindre long et noir s'est avancé vers ma joue. J'ai entendu un déclic. J'ai compris que c'était mon propre fusil. Un cadeau du capitaine Wayne après l'escarmouche d'Alta Roca. Je me suis souvenu avec tristesse que je n'avais jamais tiré sur qui que ce soit avec cette arme. Sa première victime, ce serait moi. C'était sérieux, cette fois. J'allais vraiment mourir. *Vas-y*, me suis-je dit. *Fais vite, rebelle*.

« Attends ! a dit la voix du deuxième homme, accompagnée par le cliquetis des sabots d'un cheval qui résonnait sur le sol plat comme sur un tambourin. Emmenons-le avec nous ! Si c'est un officier, ils seront peut-être prêts à verser une rançon. Rafistole un peu cette plaie sur son épaule pour arrêter le saignement, et installe-le sur un cheval. Vite ! Les machines volantes peuvent se pointer à tout moment ! »

Des mains, si rugueuses qu'on aurait pu gratter une allumette en la frottant dessus, m'ont soulevé du sol. Je me souviens du corps dur qui m'a porté, de l'odeur nauséabonde de ses muscles, et de peu d'autres choses. De violents élancements m'ont de nouveau assailli et j'ai perdu connaissance.

Lorsque j'ai repris conscience, j'ai constaté deux choses : je ne pouvais pas ouvrir l'œil gauche et la sensation de mouvement avait cessé. On m'a fait descendre sans ménagement du cheval et j'ai foulé de nouveau la terre de cette planète. J'avais soif. On m'a traîné jusqu'à un pieu et on m'y a attaché comme un cochon. On m'a serré les deux mains à l'avant du cou, ce qui m'a fait hurler tant j'avais mal, et on m'a accroché au poteau avec des lanières de cuir qui m'ont presque étranglé. La douleur était devenue si insupportable que je craignais de ne pas y survivre, de mourir dans cette position inconfortable. Les hommes qui m'avaient ligoté, à moitié vêtus de leurs habits de montagne et des uniformes arrachés aux cadavres des soldats, ont disparu de ma vue. J'ai tenté de les suivre des yeux, mais les liens m'empêchaient de tourner la tête.

La nuit est tombée et je me suis endormi, bercé par la fièvre. Je me réveillais par intervalles, abruti par la souffrance et l'engourdissement, parce que je ne pouvais ni m'allonger ni me pencher. Je ne parvenais toujours pas à ouvrir l'œil gauche. Une croûte de sang séché provenant de ma joue avait obstrué ma paupière, la moitié de mon visage et le côté gauche de mon nez. Je devais respirer par la bouche. J'ai davantage somnolé que vraiment dormi. Au loin, dans l'obscurité, les rebelles s'étaient rassemblés autour d'un feu et chantaient d'étranges hymnes de guerre.

Je me suis réveillé en sueur, glacé par la fièvre. Dans ma ceinture, hors d'atteinte des mains qui m'avaient fouillé, mais aussi de mes propres mains, se trouvaient les pilules qui pouvaient soulager ma fièvre et ma soif. Elles étaient si proches, et si inaccessibles. J'ai essayé de les oublier, de ne pas imaginer leur surface lisse, mais je n'y arrivais pas. À une ou deux reprises, j'ai tenté de dégager mes doigts de leurs liens pour atteindre la petite poche cachée, mais la douleur m'en a empêché. Quand j'ai voulu me retourner, un spasme insupportable m'a parcouru tout entier et j'ai décidé de rester immobile pour ne pas renouveler l'expérience. Oh Rab, la mort aurait été préférable.

Lorsque le jour s'est levé, j'étais toujours attaché au poteau, tremblant et à moitié mort. Je me rendais compte que mon esprit s'effaçait peu à peu, que la lucidité me quittait. Je ne ressentais même plus le mal, comme si je n'avais plus de nerfs. Un rebelle dont je ne voyais pas le visage a manipulé mon épaule blessée, y mettant quelque chose pour faire office de gaze, et m'a donné une gorgée d'eau. Cela aurait pu tout aussi bien être de la poussière ; je n'en sentais pas le goût. Puis l'homme est parti en chantant. J'enviais sa capacité à se déplacer librement.

Vers midi, la peur m'a saisi. Je me souvenais d'Aramis, mort dans les circonstances où je me trouvais à présent. Peut-être que l'Ivoire était maudit. Peut-être qu'il prenait plaisir à répéter l'histoire avec tous ses poètes. Je me suis souvenu de Narcisse. Il avait été pris dans une embuscade du même genre, il avait vécu la même épreuve que moi. Narcisse. Je revoyais ses mains en train de se crisper, son corps qui se convulsait au cours de ses fréquentes crises d'épilepsie. Je me rappelais que, dans une situation équivalente à la mienne, il avait failli devenir fou, et que la panique s'était alliée à la fièvre et à la douleur. La mort ne me dérangeait plus, je l'accueillerais comme une libération. C'était la folie qui me faisait peur, surgissant des derniers recoins de ma conscience. Il était clair que je n'allais pas survivre longtemps dans ces conditions, et je ne comprenais pas comment je n'étais pas déjà mort. Dans la position où j'étais, je ne pouvais pas voir l'état de ma blessure, son étendue réelle, mais l'engourdissement et la rigidité de tout le côté gauche de mon corps n'auguraient rien de bon. Lorsque les rebelles chercheraient à parlementer avec le commandement de l'Ivoire pour négocier ma liberté en échange de la leur, je serais déjà raide. En outre, Wayne n'accepterait pas de sacrifier l'honneur de la Corporation pour moi. Il ne le ferait pour personne. La mort allait venir à moi lentement, et je la haïssais pour ça. J'enviais Turin. À présent, il avait probablement commencé à se décomposer, bien loin du stade de la douleur. J'enviais tous les hommes de la patrouille, morts, si détachés des menaces de la vie, si libres. Ils ne sentaient même plus l'atmosphère qui faisait fondre leur carcasse. Je les détestais.

L'obsession que les rebelles allaient me torturer revenait sans cesse, portée par la fièvre. Je m'imaginais là, enchaîné à ce maudit pieu, sans possibilité de me débattre, transpercé par des couteaux brûlants, par des pointes tranchantes qui ouvriraient un parcours sanglant sous mes ongles. La douleur me réveillerait et me ferait prendre conscience de parties de mon corps dont je n'avais jamais envisagé l'existence. J'avais peur. Narcisse avait subi un martyre similaire et avait failli devenir fou. En me souvenant de cela, je paniquais à l'idée de survivre, de me sauver. S'ils devaient me faire du mal, je préférais mourir avant. Je ne souhaitais pas finir comme Narcisse Hall, devenir un toxicomane irrécupérable, en proie à la lâcheté et à la nervosité. Je ne voulais pas être lui. Même la certitude de ne pas sortir de là vivant ne parvenait pas à chasser ces pensées. L'obscurité était revenue. J'ignore pourquoi les rebelles n'avaient pas bougé pendant la journée. Peut-être comptaient-ils sur leur refuge secret et sur l'inaptitude des troupes humaines à les localiser. Peut-être.

La nuit était de nouveau là. La fièvre n'était pas tombée, mais la souffrance ne comptait plus. Tout mon corps se sentait loin, comme en dehors de moi. Je respirais difficilement, en partie à cause du poids de l'armure, du sarcophage. Je crois que c'est ainsi que meurent les crucifiés. Par asphyxie. J'ai regardé mes doigts, et dans la lueur rougeâtre de la lumière, je les ai vus blêmes. Ils ressemblaient à du parchemin. Le sang n'y circulait plus à cause des liens. Il n'en restait peut-être plus une goutte dans mes phalanges meurtries. Peut-être étais-je déjà mort. Je dormais par intervalles, consumé par les pensées. Un peu plus loin, les rebelles ont mélangé au feu une substance hallucinogène qui m'a un peu soulagé. Je me suis souvenu de Ptolémée, le passager clandestin de l'Ivoire. De Hroswitha.

Les branches ont bruissé, me réveillant en sursaut. Le tonnerre grondait, au loin. Quelqu'un a crié. De nombreuses voix prononçaient des mots que je ne parvenais pas à identifier, et des hurlements de douleur et de panique jaillissaient de partout. En ouvrant mon seul œil en état de fonctionnement, j'ai senti la présence de la mort. Quelque chose comme le cliquetis d'un coptère venait d'en haut. J'ai regardé mes pieds. Un scarabée se promenait sur mes orteils, inconscient du tumulte ambiant. Je ne le sentais pas. *C'est un rêve*, me suis-je dit. *Je délire.*

Le bruit familier d'une arme à feu m'a convaincu que ce n'était pas le cas. D'autres tirs ont retenti et j'ai essayé de me pencher pour comprendre ce qui se passait. J'ai failli ne pas y arriver. Je voyais que les rebelles couraient dans tous les sens, que quelque chose les anéantissait depuis les ténèbres. L'un d'eux s'est dirigé vers moi. Il ne se rendait peut-être pas compte que j'étais là. Une salve de mitraillette a résonné juste derrière lui et l'a touché. Quelque chose a rebondi sur mon flanc, me recouvrant d'un liquide épais et chaud. À côté de moi, la tête du rebelle a roulé sur quelques mètres. Ses yeux écarquillés m'accusaient. J'ai hurlé.

Puis, en quelques minutes, tout s'est terminé. J'ai entendu le bruit des bottes et le hennissement des chevaux. Quelqu'un s'est approché de moi. J'ai vu sa silhouette sans nez se dessiner dans le reflet des feux de joie que les soldats avaient allumés. Le lieutenant Salvador portait bien son nom : il était venu me sauver.

« Doucement, soldat, a-t-il dit en s'agenouillant. Nous sommes de ton côté. Qui es-tu ? »

J'ai essayé de répondre mais je n'ai pu émettre qu'un gémissement. Avec le couteau de chasse récupéré sur le cadavre d'un rebelle, le lieutenant a coupé mes liens et m'a aidé à me relever. Il s'apprêtait à me donner un verre d'eau quand il m'a reconnu.

« Mon dieu, Hamlet ! C'est toi ? Je n'avais pas réalisé ! Comment vas-tu, mon garçon ? Qu'est-ce qu'ils t'ont fait ? »

Je voulais lui répondre, lui dire que ce n'était rien, un simple tir dans l'épaule, les risques du métier, rien de bien grave, mais je n'y parvenais pas. Même ça, je n'arrivais pas à le faire. J'ai perdu connaissance et je suis tombé, raide, comme si je désirais ardemment embrasser la tombe qu'on avait failli me creuser dans ce sol.

Chapitre 23

« Du calme. Ne bouge pas. Reste tranquille. »

La voix n'était pas familière. Les doigts qui me touchaient le visage non plus. Je ne savais pas où j'étais, mais le lit sur lequel je reposais n'était pas fait d'herbe, il n'y avait ni soleil ni vent. Voulant en avoir le cœur net, j'ai ouvert prudemment l'œil droit, en essayant de ne pas bouger. Tout est devenu blanc autour de moi. La silhouette d'un homme habillé en médecin se tenait près de moi. Il souriait.

« Reste immobile un moment. C'est ça. Très bien. Ne t'inquiète pas, poète. Tu es de retour à la maison.

— Sur l'Ivoire ?

— Oui. À présent, concentre-toi. Regarde mon doigt. Tu le vois ?

— Oui.

— Parfait. Essaie de le suivre du regard. De ne pas le perdre. Suis-le. Encore une fois. Ça te donne le vertige ?

— Un peu. J'ai la tête qui tourne.

— C'est normal, après les opérations que tu as subies. Ce sont les effets de l'anesthésie. Rien d'anormal. Tu as mal ?

— Je ne crois pas.

— Ouvre l'œil gauche. Tu peux le faire, n'aie pas peur. Ouvre-le. »

Je l'ai ouvert, aussi facilement que si je n'avais jamais rien fait d'autre. Il me semblait étrange de me souvenir qu'un peu plus tôt, sur le satellite, je désespérais de parvenir à exécuter ce simple geste. J'ai cligné des yeux. Le Doc a esquissé un signe de la main pour signaler que c'était parfait.

« À présent, ferme l'œil droit et regarde-moi. Comment ça va ?

— Je vois trouble.

— Logique. Il est resté fermé depuis trois jours. Ne t'inquiète pas, ça va passer. Tu n'es pas en train de devenir aveugle. Les effets du choc ont été très forts, poète. Tu as eu une chance d'enfer. Shaitan doit te protéger, mon garçon. Si c'est le cas, tu sais comment choisir tes amis.

— Je ne comprends pas.

— Oh, je suis désolé. J'ai oublié que tu ne sais rien, que tu ignores combien nous nous sommes donné du mal pour toi. Tu as sauvé ton œil par miracle, mon ami. Si ce morceau de métal s'était planté un centimètre plus haut, il aurait transpercé la paupière et l'intérieur de l'œil se serait vidé par là. C'est ce qu'on appelle de la chance, poète. Ne bouge pas. Je vais te poser une lentille pour éviter que la lumière t'aveugle trop. Voilà. Cela te gêne ?

— Pas du tout, Monsieur.

— C'est bien. Tu perçois bien les couleurs ? Mon uniforme est bien rose ?

— Je ne crois pas. Mais je suis daltonien, Doc.

— Je le sais. J'ai lu ton dossier. C'est pourquoi je te pose la question. Bien, tu peux refermer les yeux, si tu te sens plus à l'aise. Nous allons regarder cette épaule. Tu as mal ?

— Non.

— Essaie de la bouger. N'aie pas peur. »

J'ai tourné la tête pour regarder la blessure, mais je n'ai vu qu'un pansement, blanc et lisse. Aucune trace de ce qu'elle avait été, ni de la gravité du coup de feu. J'ai obéi au Doc et j'ai levé le bras sans difficulté.

« Bien. Très bien. Nous avons fait du bon travail, c'est certain. T'ai-je dit que tu avais eu de la chance ?

— Pour mon œil ? Oui, vous l'avez dit.

— Non, pas seulement pour ton œil, mon garçon. Pour ta blessure. Un sacré tir, tu sais ? Ça t'a réduit l'épaule en bouillie. Il ne restait quasiment plus une trace d'os. Tout était pulvérisé.

— Vous vous moquez de moi ? Je serais mort si c'était le cas.

— C'est pour ça que je te dis que tu as eu de la chance, mon ami. Une chance insolente. Le tireur devait viser ta tête. Peut-être que tu as bougé et qu'il l'a manquée. Je me trompe ?

— Je ne crois pas. Quand le shrapnel m'a touché au visage, je me souviens de m'être retourné. À ce moment-là, mon épaule a commencé à me brûler.

— Exactement. Tu vois, je ne me trompe jamais. Pour être médecin de bord, il faut toujours avoir raison du premier coup. Sinon, on peut se perdre dans les symptômes. Ou dans les différentes pistes à envisager. L'armure t'a sauvé la vie. Les épaulettes et les barrettes de ton uniforme t'ont bien servi cette fois, poète. Sans elles, le tir t'aurait instantanément découpé en morceaux. La protection que les rebelles t'ont mis sur le dos y a aussi contribué. Sans lui, tu aurais perdu jusqu'à la dernière goutte de ton sang.

— J'en suis heureux. Vous avez dit tout à l'heure que les os de mon épaule étaient totalement brisés, et pourtant je les vois sous le bandage, sans aucun signe d'altération.

— Eh bien, l'explication est très simple. J'ai remplacé les morceaux manquants par un os artificiel, un substitut en acier organique. Toute l'épaule, clavicule comprise. Tu n'as plus à t'inquiéter de rien. Si on te plaçait devant la bouche d'une batterie et si on tirait, il ne resterait de toi que cela : ton squelette d'acier inerte. Tu as une fortune dans le corps, mon garçon. Ne t'inquiète pas, c'est la Corporation qui paie. »

De l'acier organique. Du métal inerte. Cela signifiait que j'étais devenu une sorte de cyborg, un peu comme tous ceux qui avaient servi dans l'espace. J'ai regardé de nouveau mon épaule, sans trop y croire. Non, il n'y avait rien à voir. Aucun indice sur le genre d'os qui se cachait à l'intérieur. Cette histoire de chance était peut-être vraie, après tout.

« Tiens, regarde-toi. Ton visage n'est plus ce qu'il était, mais il est encore réparable. »

Il m'a tendu un miroir en argent qui aurait ravi n'importe quelle femme, qu'elle soit coquette ou non. Je me suis regardé dedans et j'ai découvert le visage qui se reflétait. Au début, je ne me suis pas reconnu, je n'ai pas réalisé que c'était moi. Mon œil gauche était abîmé et le verre correcteur l'avait rendu marron. Mon œil droit était encore normal. La bouche, courbée dans un « o » d'étonnement, était toujours la mienne. Mais la cicatrice…

ce n'était pas moi. C'était un cadeau des rebelles. Tout le milieu de mon visage était sillonné par une balafre rouge aussi épaisse qu'un doigt. Elle partait de mon oreille, remontait, effleurait ma paupière inférieure et suivait son sillon jusqu'à couper net le renflement de mon nez. Pas étonnant que Salvador ne m'ait pas reconnu quand il m'avait trouvé, surtout si j'étais couvert de sang.

« Tu aimes ta balafre ? Tu peux choisir de la garder ou de la faire disparaître. Tu n'es pas obligé de te décider maintenant. Tu as une semaine pour réfléchir. Après ça, je ne pourrai plus opérer, du moins gratuitement. C'est toi qui vois. Les soldats les gardent toujours. Ils aiment les cicatrices de leurs combats. Ils disent qu'ils les considèrent comme des fétiches.

— Vous pouvez me l'enlever ?

— Bien sûr. Je suis là pour ça. Tu as sept jours pour prendre ta décision. C'est ce qui est convenu. Après ça, tu devras trouver un autre médecin. Mais ton visage risque de ne plus être le même si tu tardes à te décider. Ton nez, par exemple, peut commencer à se déformer. Il t'a posé des problèmes par le passé ?

— Non… Enfin, si. Il y a environ cinq ans, on a eu un passager clandestin à bord. Un type appelé Ptolémée, ou quelque chose comme ça. Il m'a donné un coup de poing dans le nez et l'a presque cassé. Un autre médecin s'est occupé de moi. Il a dit que je n'avais pas besoin d'être opéré, que ça irait.

— Oui, l'os était très fragile. Je parie que depuis cet incident, tu saignais régulièrement du nez.

— C'est vrai.

— Eh bien, à partir de maintenant, tu n'auras plus ce problème. J'ai aussi remplacé l'os nasal. Je te le dis, mon garçon, tu vaux une fortune en acier inerte. Savais-tu que la moitié de la jambe du capitaine Wayne est faite de métal organique ?

— Non, je l'ignorais. Ça ne se voit pas du tout. C'est quelle jambe ? La droite ?

— Je crois. Comment le sais-tu ?

— J'ai remarqué qu'il repose tout le poids de son corps sur l'autre jambe.

— Vraiment ? Eh bien, ce n'est pas un bon raisonnement, poète. Il peut s'agir d'un simple tic. Le métal organique n'entraîne aucune séquelle. Bon, qu'est-ce que tu décides ? Tu gardes ta cicatrice, ou pas ?

— Y a-t-il un avantage à la conserver ?

— Je pense qu'il y a une prime additionnelle sur ta solde. Dix ou douze drachmes pour mutilation de guerre. Et tu vas rendre folles les prostituées. Un type à la fois délicat et viril. Tu vas faire un tabac.

— J'ai pris ma décision.

— Tu la gardes ? »

Il semblait réticent à opérer. C'est l'impression que j'ai eue.

« Enlevez-la.

— D'accord. C'est toi qui décides. Allonge-toi. Je prépare l'équipement. C'est la première fois que tu subis une intervention esthétique ?

— À part le morceau de peau synthétique qui me recouvre l'épaule, oui. C'est la première fois.

— Ne t'inquiète pas, ça ne fait pas mal. Dois-je t'endormir ou préfères-tu rester conscient ?

— J'ai assez dormi ces derniers jours, merci. J'ai envie de discuter. Si ça ne vous dérange pas que je parle pendant que vous travaillez, je veux rester éveillé.

— D'accord. Si ma main tremble, ce sera ta faute. Tu es prévenu. C'est ton visage, après tout.

— Ça ne serait pas pire que maintenant. Je veux rester conscient.

— À vos ordres, Monsieur. Le client a toujours raison. C'est ce qu'on dit. »

J'ai fermé les yeux et je l'ai laissé faire. J'ignore combien de temps a duré l'opération. Je sentais ses doigts manipuler ma pommette, remonter vers mon nez, puis repartir vers mon oreille, mais je ne ressentais aucune douleur. De temps en temps, il fredonnait quelque chose, comme un barbier en plein travail. J'ai mis du temps à réaliser de quoi il s'agissait.

« *Le Serpent à plumes* ? C'est ce que vous chantez ?

— Tu connais ça, poète ? Oui, c'est *Le Serpent.* Belle chanson.

— Je suis heureux de l'entendre. C'est moi qui l'ai écrite.

— Tu plaisantes ?

— Bien sûr que non. Je suis le poète de ce vaisseau, pas vrai ? C'est l'une de mes œuvres. Je l'ai écrite avant de venir à bord, évidemment. Ça doit dater, si je ne me trompe pas, d'environ neuf ans. Peut-être dix.

— C'est donc toi l'auteur ! Je ne savais pas que celui qui l'avait écrite était sur l'Ivoire. Nous sommes si nombreux à bord que c'est difficile de connaître tout le monde. Ne bouge plus, maintenant. C'est ça. Ne parle pas. »

Il a continué de travailler, fredonnant toujours la ballade. En fait, ce n'était pas tout à fait mon poème, celui que j'avais écrit. La rythmique était complètement différente de celle que j'avais créée, et les rimes ne correspondaient pas totalement à l'original. Du moins c'est ce qu'il me semblait, car je ne me souvenais plus exactement de la façon dont je l'avais construit. C'était donc une variante. J'ai souri, empli de fierté, et le Doc a fait claquer sa langue pour me dire d'arrêter de grimacer. Je me suis réjoui intérieurement : le père Espligares avait raison. C'était ça, la gloire, et non la mort stupide qui fauchait les soldats. C'était ça, la justification de mon travail.

« Quelqu'un d'autre a survécu ? a soudain demandé le Doc.

— Je vous demande pardon ?

— Il y a d'autres survivants ? Parmi les membres de ta patrouille, je veux dire.

— Ah, non. Ils sont tous morts. Je me suis réveillé brièvement pendant qu'on me transportait, après mon sauvetage, et les hommes en parlaient. L'embuscade qu'on nous a tendue était parfaite. Même le capitaine Wayne a été surpris par leur habileté et leur efficacité. C'est ce qu'il a dit. Lorsque la patrouille de liaison est arrivée sur le site où on nous a attaqués, il ne restait plus que des corps à moitié fondus, la plupart non identifiables.

— Eh bien, c'est heureux qu'ils en aient sauvé au moins un.

— Comment ont-ils suivi ma piste ? Comment ont-ils fait pour savoir que j'étais là, pour venir me récupérer ? Un coptère observait depuis le ciel ?

— Non, rien de tel. Ils suivaient la trace des chevaux grâce au dispositif de localisation qu'on leur a implanté. Ils ne savaient même pas que tu étais là.

— Vous voulez dire qu'ils sont allés jusqu'au camp et qu'ils les ont tous tués pour récupérer une centaine d'animaux ?

— Ce n'est pas une raison valable ? Le capitaine ne voulait pas s'attirer les foudres du commandement supérieur. Il a décidé qu'il avait assez joué avec ce groupe de rebelles et qu'il n'allait pas les laisser s'enfuir avec leur butin. Qu'est-ce que tu croyais ? Qu'ils te cherchaient pour te sauver ?

— Pas moi en particulier. Le lieutenant Salvador ne m'a reconnu qu'à la fin de l'attaque. C'est là que j'ai su qu'ils me croyaient mort. Mais j'ai pensé qu'ils étaient là pour récupérer des prisonniers.

— Tu t'es trompé, mon garçon. Ils étaient venus pour les chevaux, et ils t'ont ramassé au passage. Tu t'étonnes ? Tu ne devrais pas. De nos jours, ils sont plus utiles que les soldats. Ne parlons pas d'un simple poète.

— Donc c'est un miracle si je suis encore en vie.

— Tu as une chance infernale, je te l'ai dit. »

La conversation s'est tue, et l'opération s'est terminée dans un nuage de coton et de silence. Le visage partiellement recouvert d'un pansement, j'ai quitté la salle d'opération et je suis reparti vers mes quartiers. Je me sentais étourdi, groggy, en partie à cause de l'action des sédatifs et de ma faiblesse, et en partie parce que je savais que je devais ma vie à une poignée d'animaux irrationnels qui étaient plus importants, pour la Corporation, que ma pauvre carcasse. C'était mieux que rien. Je ne devais pas me plaindre. Turin et les autres soldats avaient eu un sort pire que le mien, sans avoir le choix, et aucun ne protestait. Par chance ou non, une patrouille m'avait récupéré et j'avais encore la tête sur les épaules, même si l'une d'elles n'était plus naturelle, mais artificielle.

Je suis arrivé à ma chambre. Là, seul, je me suis changé. J'ai inspecté de mes doigts profanes le bandage qui recouvrait ma clavicule, puis je me suis mis à écrire. C'était pour ça qu'on me payait. Je voulais créer un chef-d'œuvre, maintenant que je savais ce que ressentaient les soldats et que je portais les cicatrices de ma rencontre avec la mort. Pour une fois, j'avais cessé d'être un spectateur pour devenir un protagoniste. Pour une fois, je pouvais écrire une histoire sans me sentir étranger. Je me suis mis au travail, sans relâche, comme je ne l'avais pas fait depuis longtemps. Le résultat a été un long poème, beaucoup plus lyrique qu'épique, où j'ai parcouru chacun des moments que vit un soldat depuis la mise en place du sarcophage jusqu'à sa mort, toutes les étapes du rituel. J'ai chanté la douleur, la perte de sang, moi qui connaissais cette situation comme personne d'autre. J'ai chanté la jeunesse perdue, flétrie en agonisant face au ciel, les yeux tournés vers les étoiles, les rêves d'enfance avortés qui ne grandiront jamais, l'impuissance. Le protagoniste de mon récit était Turin Macnamara, bien que son nom ne soit jamais mentionné, et l'histoire était enrichie de la transe autobiographique que j'avais vécue. La ligne entre la conscience et la mort. Je pense que c'était un bon poème. Le meilleur que j'aie jamais écrit, peut-être. Je l'ai saisi sur ma console et je l'ai transmis à New York pour qu'il soit envoyé à son tour à la centaine de ménestrels qui attendaient pour le chanter. La routine habituelle, celle qui suit chaque acte de création, celle qui, d'une certaine manière, me prend mon œuvre. Puis je me suis couché, satisfait.

Une semaine plus tard, New York m'a répondu. Il ne jugeait pas mon poème convenable, il ne le validait pas. Une telle histoire pouvait saper le moral des troupes. Ce n'était pas bon, cela ne donnait pas à réfléchir. C'est la raison qu'il a donnée. Il fallait raconter sans cesse les mêmes exploits, tout vanter de la même manière : le sang, la guerre, la mort. New York avait lu le poème et il ne l'approuvait pas. Du haut de son pouvoir sur la terre et le ciel, il avait décidé de le rejeter.

C'était la première de mes œuvres qu'il censurait. Il allait le faire trois autres fois au cours de la même année.

Chapitre 24

Six heures avant que la mort ne vienne le faucher, le lieutenant Whynnom Salvador est descendu dans mon sanctuaire. Je finissais de corriger les deux derniers tiers d'un poème dont j'étais sûr que New York refuserait la diffusion, ce qui a été le cas. Sur le moment, je n'ai pas remarqué – j'y repenserais après, alors qu'il était trop tard –, qu'il portait son uniforme blanc de hussard. Le même qu'il avait revêtu lorsqu'il était venu à ma rencontre le jour de mon arrivée à bord, il y a si longtemps. À la lumière de la lampe de ma cabine, il paraissait plus maigre que d'habitude, très pâle, presque aussi livide qu'un cadavre.

Il m'a annoncé, après avoir regardé mon brouillon et commenté l'emplacement d'une rime dans mon travail, que le capitaine Wayne nous attendait pour descendre à la surface, et que la navette était sur le point de partir. Je savais tout cela depuis plusieurs jours. J'ai donc rangé le poème, puis j'ai enfilé ma tenue et mes gants d'apparat, car il s'agissait d'une mission protocolaire. Le lieutenant m'a aidé à revêtir le lourd uniforme, avec le dévouement d'un tailleur, sans qu'aucun de nous ne se doute que quelques heures plus tard la situation serait inversée, et que je serais celui qui le recouvrirai de son linceul, le dernier à veiller sur son sommeil éternel. À ce moment-là, la mort nous semblait loin car nous ne partions pas en guerre. Nous allions accomplir une mission de paix, et l'Alliance des Cinq Printemps nous attendait à l'aube sur cette planète.

Une fois habillé pour la représentation, j'ai saisi mon pistolet pour le mettre à ma ceinture, mais le lieutenant m'en a empêché en faisant claquer sa langue avec dédain et en agitant son index de droite à gauche.

« Pas d'armes, Hamlet. C'est une mission de paix, mon garçon. Il n'y a pas à s'inquiéter. Tu comprends ? Je ne suis pas armé non plus, tu vois. Nous ne courons aucun danger, en bas. »

Il tentait de me rassurer alors que c'était moi qui aurais dû l'encourager.

J'ai rangé le pistolet à sa place, avec toutes les précautions nécessaires, comme il se doit. Au fond de moi, je ne pouvais m'empêcher de penser qu'un sort mystérieux nous avait été lancé, et que quelque chose de mauvais nous attendait. De la superstition, peut-être, je ne pouvais l'expliquer. Ou peut-être que mes souvenirs sont erronés. Peut-être que j'ai cru alors que l'expédition était sûre, et que je parle de mes intuitions car, aujourd'hui, je connais la fin de l'histoire. Je ne sais plus. Mais je revisualise la scène comme si elle était chorégraphiée pas à pas, comme s'il s'agissait de la représentation d'un ballet sanglant dont on sait que la conclusion est irréversible. Oui, peut-être qu'aucun signe ne nous a alertés, que rien ne nous a mis en garde. Cela me semble juste logique que chacun de nos mouvements, ce matin-là, ait répondu à quelque sinistre présage.

J'avais peur, en tout cas. Je n'ai pas de mal à l'avouer, j'étais nerveux. Au cours de mon long séjour à bord de ce vaisseau, de ma longue expérience de poète dans l'Armée, j'avais appris que les missions les plus simples en apparence sont souvent celles qui se terminent de la manière la plus tragique. Cela m'était déjà arrivé plusieurs fois. Ma blessure à l'épaule, aujourd'hui guérie, en était la preuve. Pour simplifier, j'avais donné le nom de « malédiction de l'Ivoire » à cette chose inexplicable qui faisait que les expéditions pacifiques se terminaient dans un bain de sang, et que les patrouilles étaient décimées dans des territoires où personne n'était supposé se trouver, à moins que les éléments eux-mêmes soient contre nous. J'avais peur, donc. Descendre sur cette boule orange sans escorte, sans autre compagnie que celle du lieutenant Salvador et du capitaine, ne me semblait pas très prudent. Je savais qu'il ne se passerait rien, que la situation était sous contrôle, que nous nous rendions sur une planète amie, alliée de la Corporation, mais je me méfiais. Depuis ma blessure, j'étais devenu très craintif. Je paniquais à l'idée de me trouver dans un endroit présentant des risques de combat, où une balle pouvait m'exploser la tête. Maintenant que je connaissais la morsure de la douleur, je comprenais les réactions de Narcisse.

« Allez, Hamlet, réjouis-toi, m'a rassuré Salvador en me tirant de ma rêverie. Tu es en train de repenser à cette histoire de malédiction, c'est ça ? C'est de la foutaise. Si tu commences à y croire, tu finiras par vouloir lire dans les entrailles ouvertes d'un rebelle, comme le capitaine. Finis de t'habiller et dépêche-toi. La navette nous attend. »

Une demi-heure plus tard, nous étions en vol vers notre destination, un monde ressemblant à une boule de gomme que quelqu'un avait baptisé Mosaïque, j'ignore pourquoi. D'en haut, il paraissait certain que nous n'avions rien à craindre, tant la planète tournait paisiblement. Elle était nichée dans l'anneau intérieur des Confins, ce qui signifiait que cette mission ne présentait aucun danger, du moins en théorie, car la navette pouvait toujours s'écraser, ou un virus local pouvait s'introduire dans nos entrailles sans que rien ne puisse mettre fin à son existence, à part notre propre mort.

« Tu vas aimer, poète, tu verras, a dit le Capitaine, d'une beauté féroce dans son uniforme, tandis que nous traversions l'atmosphère, des nuages roses comme de la barbe à papa. La cérémonie de l'Alliance est un spectacle impressionnant et coloré. Je suis venu ici quand j'avais ton âge, au moment où je passais mon brevet de lieutenant, et je garde un souvenir ému de ce que j'ai vu. Les hommes sont courageux et les femmes sont belles et accueillantes. Il est facile de s'entendre avec eux. Ça va te plaire. »

J'ai acquiescé à tout ce qu'il disait avec un sourire, comme j'avais appris à le faire au cours de mes années sur l'Ivoire, mais à vrai dire, je savais exactement où était la vérité et où il se moquait de moi. Malgré mon ancienneté, je me sentais parfois comme un nouveau venu, tant les choses pouvaient être différentes dans l'espace. C'est pourquoi je voulais me sentir prêt et j'essayais d'en apprendre le plus possible sur les mondes sur lesquels notre mission nous envoyait. Par exemple, j'anticipais plus ou moins ce que nous allions rencontrer, car j'avais passé une semaine entière à lire des rapports sur Mosaïque, sa culture et sa civilisation, et il était donc très difficile pour le capitaine de m'embobiner avec ses histoires. Les femmes de la planète, comme il l'avait dit, avaient tendance à être très belles et accommodantes. C'était vrai. Mais avoir des relations avec l'une d'elles était presque aussi difficile que de copuler avec trois femmes à la fois à l'intérieur d'une sphère, et je ne parle pas seulement du prix.

Les femmes iths, avant d'accepter les demandes et de s'offrir à un prétendant, lui remettaient le drap qui ornait leur lit. Dès lors, le rituel se mettait en place. Le mâle ith devait affronter un animal ressemblant à un taureau et donner des coups de talons ou des coups de rapière jusqu'à ce que le sang de l'animal tache le drap, démontrant ainsi son habileté et son courage. La femme était alors joyeusement possédée par l'homme sur le linge maculé de sang. Une cérémonie fascinante, pleine de symbolisme, mais qui était loin d'être à ma portée. Peut-être Wayne, ou même Salvador, oseraient-ils scalper un taureau pour prendre une femme, mais je n'en étais certainement pas capable. Ma visite sur Mosaïque se limiterait à la cérémonie de l'Alliance, à la vérification des variantes de leur langue et à l'étude de l'origine de leurs chants et légendes, s'ils en avaient. Pas de femme pour l'instant. L'offre de leur corps peint en bleu était tentante, mais le prix était au-delà de mes moyens.

Bien campés dans notre rôle de grands frères, nous sommes descendus de la navette, entourés d'un silence dans lequel il y avait, ou du moins j'en avais l'impression, une trace de respect et de crainte. Ares Wayne marchait le premier, et à environ deux pas en arrière, le lieutenant et moi-même le suivions en essayant de ne pas perdre le rythme. Plusieurs centaines d'hommes, des représentants des clans iths – c'était peut-être à cause de cette variété qu'on appelait ce monde Mosaïque -, avançaient dans l'allée, emmitouflés et vêtus de longues étoffes, et ils nous regardaient avec des expressions admiratives, amusées ou simplement sauvages.

Wayne est arrivé au trône de pierre érigé sur la grande esplanade pour l'occasion, a gravi les douze marches taillées à la main et s'est assis, son visage impassible affichant une expression vaguement intéressée. La marée de corps s'étant immobilisée et le spectacle étant prêt à commencer, l'un des chefs iths s'est approché de moi et, après avoir marmonné quelque chose que je n'ai pas compris, m'a tendu un lourd sceptre métallique, une mince barre cylindrique surmontée d'une tête de loup stylisée. Même si je comprenais à peine le dialecte, j'ai saisi ce qu'on attendait de moi. J'ai monté les marches, l'air distingué, et j'ai tendu le bâton au capitaine, qui l'a pris avec un hochement de tête en guise de remerciement. De retour à ma place, je me suis préparé à répéter ce geste autant de fois que nécessaire. Je me maudissais intérieurement de ne pas avoir appris cette satanée langue pleine de voyelles intermédiaires. Il me faudrait du temps pour comprendre chaque mot, comme toujours.

Whynnom Salvador, en sa qualité de représentant de l'homme qui symbolisait la Corporation, le capitaine lui-même, se tenait au pied des marches, prêt à accueillir un par un les quelque trois cents chefs, leurs offrandes et leurs requêtes, même s'il ne pouvait pas les comprendre. Le cadavre qu'il était presque m'a souri, toujours pâle et fantomatique, et m'a adressé un clin d'œil signifiant qu'il n'allait rien se passer, que je devais me détendre. Je lui ai rendu son sourire, un peu rassuré. Autour de nous, les Iths avaient tenu parole, car rien n'était plus important pour eux, et ils s'étaient rendus désarmés sur le lieu de la prestation de serment, tout comme nous. Ils étaient venus en grand nombre, mais nous, les membres de la Corporation, étions censés être supérieurs.

La cérémonie de l'Alliance a commencé, dans une grande fanfare de tambours et de trompettes, de plumes colorées et de corps teintés de bleu, de sorte que la seule chose qui semblait manquer dans cet endroit était un stupide éléphant. Soudain, un frisson m'a parcouru et j'ai pensé à Turin, mort si loin d'ici, mais présent d'une certaine manière. J'ai interprété cela comme un mauvais présage.

L'un après l'autre, les chefs de clan s'avançaient vers le trône, faisaient leur révérence particulière, celle qui les distinguait des autres chefs, et après avoir débité un discours des plus bizarres que j'essayais vainement de traduire et auquel Wayne répondait invariablement par un hochement de tête, une grimace en forme de sourire ou un geste, ils présentaient au lieutenant leur offrande unique : un œuf d'oiseau, une plume, une pierre précieuse, une pomme, chacun des symboles qui leur servaient de totem et dont ils respectaient la représentativité. Salvador acceptait le cadeau certifiant l'alliance et la paix avec la Corporation et l'apportait au capitaine qui le recevait dans ses mains pendant quelques secondes avant de me le transmettre. Je le remettais finalement au chef ith qui se tenait près de moi, le sénéchal, et à partir de là, l'œuf, la pierre, la plume ou la pomme disparaissaient de mon champ de vision. Une cérémonie stupide qui servirait à préserver les arrangements économiques pour cinq printemps de plus dans ce monde, et à éviter des morts. Ou du moins, c'était l'idée.

Près d'une heure s'est écoulée, et un vent chaud venu de l'est m'a fait souhaiter de tout mon cœur pouvoir déboutonner ma veste d'uniforme et boire un peu du vin qui nous attendait sûrement dans la ville, avec les femmes et leur épreuve de courage, les feux d'artifice, les étals de drogue et les colporteurs de viande. Il restait encore près de deux heures avant la fin de la cérémonie, mais mes pieds, et surtout mes épaules, endolories par le poids de ma tenue d'apparat, ne demandaient qu'à se reposer. J'aspirais à la fin de ce rite autant que les cargos de la Corporation qui allaient descendre sur Mosaïque, le lendemain matin, avec leur lot de transactions économiques, une fois le nouveau pacte scellé. Nous pourrions nous retirer pour nous reposer dans le lit d'une donzelle compréhensive, ou retrouver la cabine aseptisée, avec sa fausse lumière, qui nous attendait sur le vaisseau.

Pour la énième fois, un chef de clan s'est approché de Salvador, se balançant de droite à gauche, avec la politesse prétentieuse propre aux hommes d'honneur. Sur ses épaules, il portait une peau de bête foncée, semblable à une crinière de lion, et tout son épiderme était enduit d'une teinture bleue. Ses cheveux étaient longs et argentés, aussi brillants que le fuselage d'une navette. Il tenait dans ses mains ce que je supposais être son offrande, une flèche à plume noire. J'ai ressenti un bourdonnement dans les oreilles et j'ai deviné qu'un incident était sur le point de se produire, car l'homme n'a pas mis un genou à terre et ne s'est pas incliné. Au lieu de cela, il a porté la flèche à sa poitrine et, sans quitter le capitaine des yeux, il l'a brisée. Un murmure de surprise a parcouru la foule des chefs iths, et pour une fois j'ai pu saisir tout le sens de la phrase.

« Thy-Ulien d'Abresol a rompu son serment ! »

Il y a eu une seconde de tension, si longue qu'elle aurait pu mesurer l'infini. Une cigale a voltigé au loin, et la plume d'oiseau que le chef tenait entre ses mains s'est perdue, emportée par la brise.

« Toi, le chien terrien ! s'est exclamé le chef ith en pointant un doigt teinté de bleu en direction du trône qu'occupait le capitaine Wayne. Toi qui vis et gouvernes aux dépens de notre honneur, oublie que le clan des Abresol t'a prêté serment. Oublie que nous avons donné notre parole à toi et à ton symbole, car tes pairs ont prouvé que ta langue est faite d'argile et que tes mots valent moins que cette flèche brisée ! Et je dis que ça suffit ! »

Il a jeté les deux parties de la flèche sur le sol, dans la poussière, et il a craché dessus. À deux pas de lui, Whynnom Salvador avait l'air nerveux, et très embarrassé. Sur son piédestal, le capitaine ne bougeait pas. Moi non plus, mais parce que j'étais pétrifié par l'action du chef. J'ai noté que ni le capitaine ni Whynnom n'avaient compris ses paroles, qui répondaient manifestement à un autre type de rituel, à une sorte de défi.

« Toi, mangeur de bouse, quitte notre monde comme tes ancêtres y sont venus, autrefois ! Au nom de mon clan, je te le dis : retourne à l'étoile qui te sert de maison et oublie que tu as fait alliance ici. Nous ne voulons plus de votre protection, nous ne voulons plus de vos jouets en échange de nos vies, de notre énergie, de notre nourriture. C'est terminé. Nous ne voulons plus de votre commerce. »

Excité, fébrile, il parlait comme un homme qui connaît la vérité et manque de temps pour l'expliquer. Je l'ai observé. J'ai vu qu'il était vieux, qu'il avait connu d'autres époques, d'autres temps où sa caste avait été forte et son clan puissant, avant que la Corporation engloutisse Ith, la rattache à son cercle, change son nom, et absorbe lentement tout ce qui était profitable et naissait en son sein.

« Frères, chefs de clan, regardez-moi, moi qui fus autrefois un homme entier ! Voyez ce que l'ennemi qui se fait passer pour un frère fait de nous, voyez comment ma terre et la vôtre pourrissent et se dessèchent faute de bras ! Nos jeunes gens deviennent ses soldats, ils volent sur ses navires et ne se reconnaissent plus comme des fils d'Ith. Les traditions qui ont fait notre grandeur sont perdues, notre identité est volée. Que reste-t-il des Grands Sages ? Où sont passées les chasses joyeuses, les vieilles batailles ? Où est passée l'époque où un homme avait le droit de forger sa légende ? Dans les chambres de recyclage d'un monde qui ne nous connaît pas et qui s'appelle la Terre ? Toute notre Histoire pour arriver à ça ? Pour nourrir leurs estomacs, leurs musées ? Croyez-moi sur parole, frères d'Ith, chefs de clan. Écoutez-moi. Je dis que ça suffit. Nous allons nous battre pour ce qui nous appartient, et laisser les étrangers retourner à leur place, là où se trouve leur puits immonde. S'il y a des combats à mener, le bien sera la voie à suivre. Je réclame la guerre ! »

Personne n'a bougé d'un pas. Personne n'a murmuré. Après sa harangue, Thy-Ulien, le chef ith, est resté immobile, nous regardant fixement. Ses yeux étaient froids et j'y ai reconnu les hommes qui étaient morts en essayant de défendre la même chose que lui. Dans ses yeux, je voyais Ptolémée, le chef nor qui avait péri dans la boue, noyé sous la pluie, l'esclave affranchi qui s'appelait Ercole, les rebelles Yuetshes qui avaient failli me tuer. Dans ses yeux, je les reconnaissais, car il était tout cela et bien d'autres choses encore. Thy-Ulien était l'anti-Wayne, l'anti-Whynnom, l'anti-moi. Il était notre adversaire, notre rival, et je le haïssais tout en éprouvant de la sympathie pour lui, car je savais qu'à cet instant précis, la caresse de la mort allait peut-être s'approcher de lui.

Ares Wayne n'a pas bougé. Je ne lui avais pas traduit un seul mot, mais son expression montrait qu'il comprenait ce qui se passait, ses pupilles scintillaient de perspicacité. Salvador, devant moi, en bas des marches, paraissait plus circonspect, plus détaché, comme s'il ne savait pas exactement ce que signifiaient ces cris, ce que pensaient les chefs iths face à lui, pourquoi leur bouche se serrait et leurs poings se crispaient tandis qu'ils se souvenaient.

La lumière était aveuglante, le vent tourmentait ma peau, et j'avais une envie insensée de rentrer sur Terre, d'échapper à la scène de folie qui allait se déclencher d'un instant à l'autre. Mais il n'y avait rien à faire, et même si mes genoux tremblaient et que la sueur me trempait comme une housse en plastique, je restais là, essayant de ne pas céder à la peur.

« Réveillez-vous, mes frères ! Réveillez-vous ! Vous êtes les vrais fils de cette planète ! Êtes-vous aveugles ? Ne voyez-vous pas qu'en vous comportant comme ils nous l'imposent, vous ne faites que retarder la fin ? Ils se servent de nous ! Ils profitent de nous et nous affaiblissent chaque jour ! Pourquoi pensez-vous qu'ils ne nous ont pas encore envahis avec leurs armées ? Dites-moi ! Pourquoi ? C'est simple, mes frères. C'est parce que nous leur coûtons moins cher. Pour eux, pas un seul d'entre nous ne vaut un cheveu de leurs hommes. Nous leur sommes encore utiles. Nous leur sommes encore profitables, mais bientôt toutes les richesses d'Ith leur appartiendront, sans qu'ils aient à tirer un seul coup de feu, sans qu'ils aient à fracasser une seule tête, car il n'y aura plus un seul vrai guerrier pour s'opposer à eux ! Ne le voyez-vous pas ? Si nous continuons ainsi, nous mourrons de faim, de solitude. Nous sommes leurs esclaves, soumis à leurs lois et à leurs intérêts. N'est-ce pas assez clair ? Ne comprenez-vous pas ce que je vous dis ? Les traités ne nous sont d'aucune utilité. Dites-moi à quoi servent les vêtements qu'ils nous vendent, les armes qu'ils nous prêtent, toutes ces choses qu'ils daignent nous laisser entrevoir ! Aucun de vous ne se souvient-il de la vie d'un homme avant leur arrivée, du goût de la liberté ? Je vous le dis, nous allons succomber, nous allons perdre notre identité ! Levez-vous avec moi ! Levez-vous comme mon clan veut se lever ! Écrasez la Corporation comme j'écrase celui qui en est le symbole ! »

Des plis de ses vêtements, il a sorti une arme, un petit pistolet démonté qui se composait de deux cylindres, sans crosse. Il a mis les deux parties bout à bout, comme on déplie un rouge à lèvres lorsqu'il est fermé, et a visé le capitaine. Des voix ont murmuré quelque chose, mais je n'ai pas compris. Les mots étaient flous au milieu de l'agitation des gens. Peut-être s'étonnaient-ils que le chef de clan ait une fois de plus rompu son serment en se rendant à la cérémonie avec une arme dissimulée. C'était le plus grand péché qu'un Ith puisse imaginer. Déshonorer sa parole, c'était comme un sacrilège.

Tout s'est passé très vite. Le point culminant de la pièce que nous jouions avait été précipité. Thy-Ulien d'Abresol a ouvert le feu, mais il a manqué le capitaine. Salvador s'était jeté sur lui au moment où il achevait de monter son arme, et s'il ne l'a pas renversé, il a pu dévier son premier tir. Une lutte s'est engagée. Les deux hommes se tordaient comme les boulons d'une fonderie, les dents serrées et les muscles tendus. Et, tout à coup, Whynnom Salvador a été projeté en arrière, les mains crispées sur quelque chose, dans la posture impossible que les morts adoptent, tandis que son visage était déchiqueté par la détonation.

J'ai poussé un cri et j'ai voulu bondir vers l'endroit où il était tombé, mais une poigne puissante m'en a empêché, m'attrapant par le bras. C'était le capitaine. Il semblait avoir doublé de taille et ses muscles bouillaient de haine. Il brandissait le sceptre de commandement d'une seule main, comme une masse.

« Du calme, poète. Reste tranquille. Tu ne peux plus rien faire pour lui. Occupe-toi plutôt de rester en vie. Cache-toi derrière moi, et fonce vers la navette quand les choses tourneront mal. Tu sais la faire décoller ?

— Oui, Monsieur.

— Bien. Cours comme si tu étais poursuivi par ton pire ennemi, et si quelqu'un essaie de te couper la route, assomme-le. Ou bien tu le griffes, ou tu le mords. Peu importe. Mets-le à terre.

— D'accord.

— Voyons maintenant comment tout ça va se finir. Une guerre s'annonce dans ce monde que Rab rend confus, et j'espère que toi et moi, nous pourrons en parler à nos petits-enfants. Si ce n'est pas le cas, nous serons tombés au combat dans ce trou à rat comme deux imbéciles. »

Thy-Ulien d'Abresol n'avait plus d'arme, c'est pourquoi il n'avait pas tiré à nouveau. Le pistolet était dans les mains de Salvador, et Salvador était tombé face contre terre. Peut-être n'y avait-il plus de munitions, peut-être que le chef n'avait pas envie de le chercher - le pistolet était si petit -, ou peut-être qu'il trouvait déshonorant de fouiller le cadavre d'un mort. Ou bien il ne pensait pas qu'il parviendrait à récupérer son arme dans l'enchevêtrement de manches que le manteau du hussard avait dessiné sur le sol, et il n'avait pas de temps à perdre. Les yeux obscurcis par l'effort, sachant qu'il n'avait tué qu'un seul homme et que derrière lui s'en trouvaient beaucoup d'autres - mais c'était le symbole qui comptait -, Thy-Ulien d'Abresol s'est tourné vers les autres chefs iths, et sa bouche a grondé d'émotion et d'exaspération.

« L'un d'eux est tombé ! L'un d'eux est mort ! Rejoignez la rébellion, unissez-vous ! Si nous n'avons pas d'armes, frères de clan, utilisons nos mains, battons-nous avec des pierres ! Assez ! Souvenez-vous de votre liberté ! Battez-vous pour elle ! Pour Ith ! »

Il s'est baissé et a ramassé une pierre sur le sol, un caillou rond et pointu, gros comme un poing. Il a fait un pas vers nous, le bras levé, prêt à lancer le projectile. Il y a eu un moment de doute, une seconde d'hésitation, et derrière lui, quelques chefs l'ont imité, ramassant des pierres et avançant à pas lents et silencieux. Le capitaine Wayne s'est redressé, prêt à recevoir les premiers coups. Il a déployé son corps pour me couvrir, maudissant le fait de ne pas avoir de laser à portée de main pour se défendre. En proie à l'émotion, mais étrangement lucide, j'ai remarqué que beaucoup d'autres Iths récupéraient des pierres, ces armes destructrices et primitives. Une trentaine d'hommes s'avançaient dans notre direction.

Thy-Ulien a lancé sa pierre, qui a frappé le capitaine en pleine poitrine, produisant un son étouffé de tambour, comme celui d'un œuf qui se casse. Le reste des hommes, la bouche ouverte dans un cri muet, a encore avancé, comme s'il était dirigé par la même main, et a imité le chef. Un torrent de pierres s'est élancé dans les airs, traçant une parabole, comme le projectile le plus rudimentaire qui ait existé, et est redescendu à toute vitesse vers sa cible. Thy-Ulien a senti les impacts dans son dos avec une surprise mortelle, l'air étonné. Il ne comprenait pas ce qui se passait, pourquoi les siens voulaient le tuer. Il a reculé d'un pas, les épaules affaissées comme un pantin brisé, mort de peur, et alors qu'il tentait de faire face à la pluie de pierres qui s'abattait sur lui, un roc a frappé son genou et l'a projeté au sol. Le craquement de l'os qui se brisait a été étouffé par le flot de sang qui s'est mis à couler lentement. J'ai fermé les yeux devant cette horreur, ne réalisant pas que ma vie venait encore d'être sauvée par miracle, toute mon attention étant fixée sur le chef qui tombait. J'ai serré les paupières et les ai couvertes d'une main, car il n'est pas agréable de voir mourir un homme comme un chien.

« C'est le moment, poète, a dit le capitaine avec un entrain retrouvé, étranger à la tragédie qui s'amplifiait. Allons-y. »

Il s'est lancé à grandes enjambées, jouant toujours le rôle de symbole vivant de la Corporation, ne cachant pas sa colère face à ce qui se passait, ne laissant pas transparaître sa peur. Il partait avec un air aussi hautain que quand il était arrivé. Son expérience lui avait appris à dissimuler son anxiété derrière le mépris, et Ares Wayne n'était pas homme à perdre son sang-froid. Il savait que toute la fierté et toute la puissance de la Corporation seraient renforcées par cet incident.

« Plus vite, poète. Ce qui se passe ici ne nous regarde pas. Dépêche-toi avant qu'ils réagissent et se retournent contre nous. »

Je l'ai suivi, quatre ou cinq pas en arrière, m'éloignant de la scène de lapidation. Les cris de Thy-Ulien avaient été remplacés par les craquements de ses os qui se brisaient sous le choc des pierres. J'essayais de ne pas regarder, mais c'était impossible. Le visage du chef d'Abresol n'était plus qu'une masse rouge et humide, de laquelle ressortait un œil qui ne pouvait pas comprendre que ses propres frères le tuaient dans un acte de sauvagerie suprême, de solidarité infinie. Ils le tuaient pour préserver la vie, pour éviter de nouvelles souffrances, pour que toute leur espèce puisse survivre. Ils connaissaient la portée des armes et le danger des hommes de la Terre. C'était ce que leurs yeux remplis de larmes disaient. Peut-être que Thy-Ulien ne savait pas pourquoi il mourait. Peut-être que ni le capitaine Wayne, ni les tueurs eux-mêmes ne savaient vraiment pourquoi ils voulaient sa mort. Peut-être que moi, l'ennemi qui entendait ses revendications, j'étais le seul en mesure de savoir que son sacrifice était un moindre mal, le moyen d'éviter un massacre incontrôlé, à pouvoir affirmer que ses lèvres avaient dit la vérité avant d'être scellées. Peut-être que j'étais le seul à pouvoir le comprendre.

Effrayé, dégoûté, peiné par ce que la Corporation pouvait faire à tout un peuple, souillé d'une bile plus sombre que le sang, j'ai détourné mon regard de l'endroit où les Iths poursuivaient leur massacre, l'immolation de leur dernier héros, peut-être, et mes yeux sont tombés sur le corps de Whynnom Salvador, déjà oublié, le témoin innocent qui avait été le prétexte de ce grand pacte avec la mort.

« Capitaine, le lieutenant... »

Dix mètres devant moi, Ares Wayne a fait un geste de la main indiquant qu'il n'y avait plus rien à faire pour lui, et a continué à avancer lentement, prudemment, son corps massif se dirigeant vers la navette qui nous permettrait de fuir. Je me suis arrêté, étouffé par la chaleur, la faiblesse et les remords.

« Capitaine ! On ne peut pas le laisser là !

— Il n'y a pas de temps à perdre, poète ! a-t-il répondu, se retournant à peine. Ils sont sur le point de s'entre-déchirer et ils pourraient s'en prendre à nous ! Nous reviendrons chercher le lieutenant plus tard ! Je vais demander à un bataillon entier de coptères d'anéantir ce foutu endroit ! »

J'ai fait demi-tour. Je ne pouvais pas laisser Salvador sur cette terre. Je refusais tout simplement de le faire. J'ai désobéi aux ordres du capitaine et j'ai couru jusqu'à l'endroit où se trouvait le lieutenant. Je l'ai retourné pour voir s'il était encore vivant. Ce n'était pas le cas. La balle avait traversé le nez qu'il n'avait jamais eu, le rendant encore plus inexistant. Il n'y avait pas de blessure de sortie visible, pas de sang à l'arrière de la tête. Les manches de son uniforme de hussard, étalées sur le sol, avaient l'aspect d'un écheveau effiloché, d'une araignée blanc et or dans sa toile défaite.

Avec effort, je l'ai chargé sur mes épaules. Il pesait beaucoup plus lourd que dans mon souvenir, et l'uniforme semblait trop petit pour lui. C'est ainsi que j'ai su que les hommes grandissaient au moment de la mort, comme si une plus grande taille était nécessaire pour faire le saut dans l'au-delà. Je l'ai soulevé du sol et j'ai marché avec lui, lentement, vers la navette. Un silence horrifié et sépulcral m'a accompagné. Thy-Ulien d'Abresol était mort, et les chefs iths contemplaient d'un œil endeuillé la tragédie qu'ils avaient écrite ensemble. Dans quelques minutes, ils s'accuseraient mutuellement de trahison pour dissimuler avec fierté les véritables motifs du massacre, et le sang coulerait de nouveau sur cette terre.

J'ai rejoint la navette sans encombre. Le capitaine m'a toisé, les sourcils froncés, partagé entre l'agacement et la satisfaction, car par mon geste j'avais prouvé, selon ses mots, que j'étais un homme, un bon serviteur de la Corporation. Après m'avoir attribué le siège du copilote et avoir décollé avec une habileté impressionnante, il nous a fait reprendre le chemin du vaisseau. Nous avons quitté l'atmosphère et avons pénétré dans le ventre de l'Ivoire.

Bien plus tard, une fois dans l'espace, après avoir calculé l'orbite précise, nous avons entrepris de dire adieu au corps de Whynnom Salvador. Allongé sur la table de marbre, enveloppé dans le sarcophage, les yeux fermés et le nez soigneusement recouvert d'un pansement rosé, il semblait plus vivant que quelques heures auparavant, lorsqu'il était descendu me chercher pour la dernière fois. Tandis que les soldats réglaient les derniers détails des funérailles, j'ai enregistré le message qui allait désormais être répété à l'infini. Je pleurais à chaudes larmes. C'était comme si j'enregistrais ma propre épitaphe.

« Officier de première classe Whynnom Salvador. Vaisseau de combat Ivoire. Je suis mort en mission de paix sur Mosaïque. Coordonnées dans l'ellipse : vecteur treize. Si vous m'entendez, voyageurs, sachez que j'ai offert ma vie à la Conquête. Ne pleurez pas ma mort. Longue vie à la Corporation. Officier de première classe Whynnom Salvador, terminé. »

J'aurais voulu ajouter quelque chose d'autre, un détail qui le définirait mieux, une citation originale qui évoquerait, pour celui qui le trouverait, l'homme qu'il avait été, une formule moins froide que cette ritournelle qui tournerait en boucle, mais je n'ai pas réussi. J'avais l'esprit vide.

Chapitre 25

J'avais été une petite flamme rouge qui brillait seule dans l'obscurité, une allumette, une luciole, et en tant que telle, j'étais voué à m'éteindre tôt ou tard. Pendant longtemps, je me suis nourri d'une énergie viciée, d'un faux oxygène, mais ma lueur ne brûlerait pas éternellement. Cela, je le savais. La torche que j'étais s'éteindrait bientôt, mon aventure dans l'espace touchait à sa fin. La situation que je vivais ne pouvait plus durer bien longtemps ; je n'étais plus capable de la supporter, ni de me supporter moi-même. Et pour couronner le tout, mon utilité pour la Corporation et la Conquête était remise en question.

New York n'acceptait plus mes poèmes. La réalité s'était imposée jour après jour, rongeant tout ce qui m'entourait de manière lente et irréversible, sans que moi ni personne à bord de l'Ivoire ne s'aperçoive de la tournure progressive que prenait la situation. Le premier de mes poèmes censurés, reporté *sine die*, avait été suivi d'un deuxième, d'un troisième, et de beaucoup d'autres, toujours crescendo. Si bien qu'il était arrivé un moment où je n'écrivais plus en pensant aux ménestrels qui transmettraient mon œuvre, au public et à son acceptation, mais à mon propre plaisir, selon mes propres critères d'auteur et de critique. Dans cette nouvelle situation, il était difficile de se rappeler que les choses étaient différentes auparavant, qu'il y avait eu un temps où mes œuvres étaient joyeusement transmises de troubadour en troubadour, de monde en monde, de ville en ville, une époque où des milliers de personnes avaient pris mes mensonges pour leurs propres chansons, et où New York me faisait savoir qu'il était satisfait de mon travail. Oui, c'était difficile de s'en souvenir, de l'imaginer. Mais c'étaient d'autres temps, perdus et lointains, morts à partir du moment où j'avais été couvert d'excréments et de sang. Je n'étais plus capable d'écrire mes poèmes comme avant, même si je le voulais. Je ne le pourrais plus jamais.

J'avais perdu la capacité, la joie d'écrire sans que ma conscience accuse la destruction, comme un remords transformé en une femme sans visage m'attaquant chaque nuit en portant la lame de l'horreur. Je ne pouvais pas. J'avais été touché par la mort et il m'était impossible de développer mon travail autrement. Je n'en avais d'ailleurs pas l'intention. Je refusais absolument de céder, de chanter en me conformant aux goûts de New York et en imitant ses slogans, et d'oublier mon propre esprit. Je ne voulais pas. J'avais vu la même scène trop souvent, j'avais relaté la même histoire mensongère trop longtemps. J'en avais assez de tout raconter à l'envers, pour que cela convienne. Je ne pouvais pas supporter une minute de plus cette horrible présence de mes vers ornés de sang. J'étais fini. Ma vie de poète à gages était terminée. Je n'avais plus rien à dire, je n'avais plus le droit de rien dire.

J'étais fini, et ni New York, ni ses menaces, ni Ares Wayne, ni personne ne me ferait changer d'avis. J'étais une flamme et je préférais m'éteindre plutôt que de respirer un air empoisonné, noirci par les concepts de gloire et de sang. J'étais une luciole et je préférais finir écrasé par une botte plutôt que de trahir mon chant. Je n'étais rien, et il valait mieux n'être rien que de se regarder dans un miroir et de ne reconnaître de soi que des éclats, de savoir que sous toute cette couche de joie que mes poèmes avaient jadis exhalée, il y avait un arrière-goût amer et aigre de désespoir et de pleurs. Mieux valait ne pas être que d'être cela. Ma patience était à bout, mes nerfs refusaient de mentir à nouveau. Si ce que je voyais n'était pas beau, si ce que mes lèvres goûtaient n'était pas bon, alors mes doigts étaient obligés de taper la mort et la douleur dans leur sens exact, dans toute leur épouvantable cérémonie, sans artifice ni arrangement. Depuis longtemps, je voulais être le témoin fidèle de l'anecdote à laquelle j'appartenais. Un élan vital me poussait à noter scrupuleusement tout ce qui se passait autour de moi, tout ce qui était bruit et sang, parce que j'étais venu de loin pour enregistrer une trace de mon environnement, parce que j'avais besoin d'être cohérent avec l'Histoire.

Trop longtemps, j'avais été à la traîne, j'avais camouflé mon apparence sous la teinte rouge de l'alcool et de la joie, sous des poèmes illusoires qui plaisaient à tous ceux qui les entendaient sauf à moi. Trop longtemps, j'avais plié comme un palmier face à l'ouragan, j'avais laissé le vent m'entourer de ses griffes sans tomber, j'avais soutenu par mon attitude les massacres qui me retournaient l'estomac. Puis, lentement, presque sans m'en rendre compte, les idées en moi avaient pris le dessus. Alors j'en suis venu à tout raconter dans sa grande horreur, à décrire la dureté de l'événement inutile qui ne coûte que des rivières de sang. Ce faisant, je suppose que j'ai trouvé la paix que je cherchais, parce qu'alors au moins j'étais certain que mon travail était juste. Et même si dans tout cela je ne réparais aucune des destructions que mes pairs provoquaient, je me sentais mieux en écrivant comme je le souhaitais, comme je le jugeais nécessaire.

J'aimais ces poèmes, non parce qu'ils étaient beaux en soi, mais parce qu'ils venaient tout droit de mes tripes, parce qu'ils étaient aussi directs que l'expérience même qu'ils racontaient. Mais je ne les écrivais que pour moi. New York les rejetait les uns après les autres. Capitaine Sanglant me regardait en fronçant les sourcils, tandis que la violence des mots l'éclaboussait, le blessant davantage que les horreurs réelles qu'il déversait sans retenue. Ces poèmes, paradoxalement mes meilleures œuvres parce qu'elles étaient à la fois spontanées et travaillées, irréductibles et mathématiques - toute littérature est musique -, ne plaisaient à personne. J'étais comme le palmier dans l'ouragan, ai-je déjà dit. On voulait me forcer à céder au harcèlement de New York, ou le vent qui m'emportait me désintégrerait du tronc à la racine.

Une décision s'imposait. Il était clair que New York n'allait pas me donner la moindre chance. J'avais déjà attendu trop longtemps, et un immortel n'a pas une minute à perdre. Ares Wayne voulait un poète à bord, quelqu'un qui vanterait ses exploits et glorifierait son fichu goût de l'hémoglobine, un barde épique, pas un sentimental au visage poupon qui gaspillait des pages parce qu'il ne supportait pas de voir ou de toucher un cadavre. Si la solitude sur l'Ivoire m'était déjà familière, elle l'est devenue encore plus lors de ma dernière année à bord. Le capitaine, aussi arc-bouté dans son attitude que moi-même, replié dans sa carapace avec dégoût, ne m'adressait presque plus la parole. Les soldats m'ignoraient plus que jamais, fuyant mon contact parce que j'étais le lépreux du vaisseau, le contaminé, l'étranger. Maintenant que Turin Macnamara était parti, que Whynnom Salvador n'était plus là, plus personne ne venait m'offrir une petite conversation, aucun membre de l'équipage ne gaspillait ses heures de repos en ma compagnie. Désormais, j'étais vraiment seul. Et je m'en moquais.

J'ai compris qu'un changement s'annonçait dans ma vie. Les étoiles le disaient. Ares Wayne demanderait ma relève, avancerait mille prétextes, tous acceptables, car New York montrait des signes d'exaspération à mon égard, trouvant que je n'en faisais pas assez pour justifier mon salaire. Avec un peu de chance, on m'affecterait sur un patrouilleur ordinaire où je passerais le reste de mes jours cloîtré et endolori comme Narcisse Hall, livré au plaisir de la poussière d'ange, de l'alcool et des garçons, faute d'autre chose à faire. J'avais une vision de mon avenir, de ce que seraient mes lendemains, du moment où je serais transféré jusqu'à ma mort, et ce que je voyais ne me plaisait pas. Quoi qu'ils aient décidé, ce serait infiniment pire que l'Ivoire. Mon Dieu, l'Ivoire. Neuf années passées à vivre à l'intérieur, et je ne pouvais toujours pas l'appeler mon chez-moi.

Tiepolo l'avait toujours su. Tiepolo l'avait dit il y a si longtemps que je ne m'en souvenais presque plus. Il avait eu raison, il l'avait prédit. Mon vieux, mon cher Tiepolo. Je le savais depuis toujours et j'ai mis presque treize ans à le comprendre. Treize ans, c'est si long. Et il me semble que c'était hier que je l'ai vu pour la dernière fois, quand nous nous sommes dit au revoir. Dans la solitude du vaisseau spatial, dans les éons qui ont précédé ma décision, j'ai regardé ma main et j'ai senti le contact de sa paume, les mots si longtemps retenus, l'odeur de cacao de ses cigarettes, le moment suprême de notre dernier adieu dans une gare routière de banlieue, là-bas, sur Terre. Le voile s'est levé. Je me suis souvenu, j'ai enfin compris.

« Hamlet, je me fiche que tu sois un bon poète, mais essaie toujours de garder ton intégrité. D'accord ?

— D'accord, père. J'écrirai souvent. »

Il l'avait su avant moi. Il connaissait mon destin. Et maintenant, tout là-haut, perdu entre les étoiles, je n'étais pas un homme intègre, je ne tenais pas ma promesse. J'avais oublié les mots qui constituaient le dernier conseil, le dernier message de cet homme mort. J'ai réalisé que je ne prostituais pas seulement mon travail, mais aussi ma vie, ce qui n'était pas mon métier. Que l'acceptation des règles imposées par New York ne faisait pas partie de mes critères. Que je n'étais plus l'homme d'avant. Non, je n'étais pas fait pour ça. Je n'étais pas bon pour la Corporation en tant que poète. Je l'avais toujours su, et pourtant je venais de le découvrir. Le prix que je payais en échange de mon salaire était trop élevé : ma propre stabilité, ma santé mentale. Je n'appartenais pas à cette horreur. Ma cause n'était pas celle qui massacrait tant d'hommes. Non, je ne pouvais pas être l'un d'entre eux. Peu importe le nombre d'années et de poèmes que j'avais écrits et composés, je serais toujours un étranger, je n'adhérerais jamais à leur objectif.

J'avais voulu être autonome, libre de moi-même, comme un oiseau, et au lieu de cela, j'étais à la solde de ceux qui ne me comprenaient pas, qui me forçaient à abaisser le niveau de mes écrits, qui mettaient toujours en avant les intérêts abstraits d'une œuvre de massacre définie comme la Conquête. J'avais voulu m'émanciper et à présent je ne m'appartenais même plus. J'étais souillé. J'étais brisé. Tant de sang et tant de morts m'avaient asséché de l'intérieur. Tant d'illusions et tant d'espoir m'avaient refroidi de l'extérieur. Et maintenant, je n'avais plus rien à faire. Il n'y avait plus de lien pour m'attacher à ce que je n'avais jamais aimé. S'ils ne voulaient plus de mes poèmes, si New York voulait se débarrasser de moi parce que je ne valais plus rien pour lui, New York pouvait se mettre la Conquête où je pense, avec ses guirlandes, ses plumes, ses fanfreluches. Il pouvait pisser du sang jusqu'à s'y noyer, j'écrirais et personne ne me lirait. Il pouvait se bercer de gémissements, se masturber au son d'une charge, gaspiller son sperme putréfié au son d'un clairon, vider mille mondes, absorber cent étoiles, je retournerais quand même vers le soleil d'où je venais, et je reverrais la mer qui était ma maison.

C'était l'heure du choix, et j'ai pris une décision avant qu'on ne le fasse à ma place. Bien sûr, un autre que moi l'aurait fait à sa manière. Il se serait immolé en faisant sauter l'Ivoire, ou il aurait rejoint la guérilla, comme le font de nombreux soldats prêts à donner leur vie pour une cause, persuadés que leur geste mettrait fin à la Corporation comme la nuit met fin au jour. Quelqu'un d'autre, peut-être, mais pas moi. Je ne me considérais pas comme un héros, mais comme un homme intelligent, et je savais que je n'arriverais à rien en me révoltant. Quelqu'un de courageux l'aurait fait. Mais j'étais plus humble, plus lâche, plus sincère. J'ai démissionné.

Chapitre 26

J'ai été débarqué sur une planète appelée Mandara, un caillou perdu dans le chaos à peine civilisé. Ses habitants l'avaient surnommée Pénitence. J'allais bientôt comprendre pourquoi. Les militaires m'ont libéré là, interrompant brièvement leur voyage de retour vers les mondes de l'anneau plus au centre des Confins, car apparemment il n'y avait pas une minute à perdre pour un insecte tel que moi. Mon insignifiance ne justifiait pas la peine de me renvoyer directement sur Terre. On m'a abandonné avec la promesse que je trouverais un moyen de transport pour rentrer chez moi, et l'Ivoire, débarrassé de moi, a replongé dans l'espace, prêt à le fendre en deux de son étrave puissante. Il s'éloignait de la planète et de mon histoire, mais je ne le regrettais même pas.

J'ai quitté la navette dès qu'elle s'est posée à la surface, impatient de connaître ce monde et de savourer mon statut presque oublié d'être humain civil et libre. Je suis sorti de l'engin en m'attendant à trouver des visages normaux, des gens ordinaires qui s'agitaient dans mille tenues colorées, bien différentes du gris monotone des uniformes, mais ce que j'ai vu m'a déçu. Ce que je n'ai pas vu, en revanche, m'a inquiété davantage. Dans les hangars, sur les pistes, dans tout le spatioport, il n'y avait rien. Personne. Une poignée de bâtiments qui semblaient inhabités depuis des années, c'est tout ce que mes yeux pouvaient contempler, le seul spectacle qui se tenait devant moi, faisant de moi le public d'une représentation vide. Un robot de service, un androïde rouillé par la pluie et la poussière, gisait près d'une des portes d'accès, comme s'il prenait un repos qui paraissait ridicule pour une machine. C'était tout. J'ai pris le sac dans lequel je gardais mes quelques livres et la petite fortune que représentait un salaire presque complet pour mes trois dernières années de service en tant que poète à louer, et j'ai avancé d'une démarche altière qui s'est vite transformée en un pas triste vers l'endroit où mon instinct me disait qu'il y avait de la vie, vers l'ouest. La navette qui m'avait transporté, ayant accompli sa mission, a activé le mécanisme de commande à distance, car aucun pilote humain ne m'avait été alloué, et elle a décollé à la verticale, désireuse de rejoindre la coquille de son vaisseau-mère, non sans m'avoir offert un récital de bruit et de poussière. Je lui ai fait mes adieux en grimaçant et j'ai suivi la route que le destin m'ouvrait.

Il y avait une ville à six ou sept kilomètres plus à l'ouest. On voyait briller les toits de petites maisons qui renvoyaient l'éclat du disque blanc et rose du soleil, en une vaine tentative de réponse à l'averse de lumière qui dorait la planète. J'ai cherché autour de moi un moyen de transport qui pourrait m'épargner une longue marche, mais pour autant que j'aie pu le voir, il n'y avait qu'un véhicule terrestre sans pare-brise ni pneus, presque sans sièges, encore plus minable et plus décati que le robot abandonné sur le spatioport. Pendant un instant, alors que je me dirigeais vers la ville qui n'était peut-être qu'un mirage, j'ai eu la certitude effrayante qu'il n'y avait personne d'autre que moi sur ce monde maudit. Absolument personne.

J'ai marché vers l'horizon, suivant une route jaune qui aurait pu être recouverte d'asphalte ou de métal, et non de pierres dorées par le soleil. Les maisons, au loin, restaient figées dans les irrégularités du terrain, toujours à la même distance, même si je continuais d'avancer, si bien que la nuit m'a enveloppé avant que je puisse les atteindre. J'ai dû m'orienter à l'aide de la maigre lueur des étoiles dans le ciel, car aucune lumière ne sortait des fenêtres, ce qui me surprenait au plus haut point. Peut-être que j'étais vraiment seul. Peut-être que la navette avait manqué sa destination. Peut-être que je cheminais vers une ville morte.

Il m'a fallu plusieurs heures pour atteindre enfin la localité, et lorsque j'y suis parvenu, aucune porte ne s'est ouverte pour m'accueillir. J'avais l'impression que Capitaine Sanglant m'avait fait une très mauvaise blague. Agacé, fatigué, poussiéreux, les pieds couverts de bleus et de sang, je le maudissais entre mes dents, sans élever la voix, de peur d'attirer l'attention d'un spectre qui hanterait les rues et les taudis de cette ville. J'ai levé les yeux vers les étoiles, poussé par le besoin de celui qui demande à un être inexistant quel étrange tour l'a amené ici, quel ressort facétieux anime sa vie. Et, comme toujours, je me suis senti écrasé, minuscule. L'une de ces petites lumières était l'Ivoire, mon ancien vaisseau, désormais loin d'ici. Une autre, encore plus lointaine, la Terre. J'ai dormi dehors cette nuit-là.

Avec le nouveau jour, les fantômes sont apparus. La petite ville s'animait lentement, ponctuelle comme les aiguilles d'une horloge à remontoir, m'indiquant que je n'étais pas tout à fait seul sur ce monde. J'errais dans les rues, furetant ici et là, surpris de voir tant d'espace vide, tant de creux, tant de silence, jusqu'à ce que, tout en haut, au sommet d'une colline trop parfaite pour être naturelle, je distingue une construction moderne, une enceinte de plastique et d'acier qui m'évoquait le souvenir d'un château. C'était le seul signe de colonisation de la planète, son inclusion dans les plans de New York, parce que le reste des maisons étaient construites en bois et en pierre, quelle qu'en soit la raison mystérieuse.

Quand mon estomac s'est manifesté pour me rappeler que j'avais faim, je me suis mis en quête d'un endroit où manger. Mais ce n'est qu'à midi que j'ai trouvé une taverne, un endroit sombre et malodorant, sans ventilation, où la lumière provenait de lampes à huile et de bougies. La pièce était baignée d'une puanteur âcre de cire. Un homme à la barbe fournie somnolait, se réveillant de temps en temps pour vérifier s'il y avait des clients. Mais j'étais visiblement le seul depuis un bon moment à avoir l'imprudence de me risquer ici.

« Bonjour. Je voudrais manger quelque chose. »

L'homme m'a regardé de haut en bas, avec de la méfiance, mais aussi un désintérêt évident, comme s'il hésitait à s'occuper de moi ou à retourner à sa somnolence. Jusqu'à ce que ses yeux tombent sur mon sac et qu'il se décide à me répondre. S'il avait remarqué que je venais d'arriver, il a eu la politesse de ne pas le laisser paraître. Ou bien il n'attachait aucune importance à ma personne.

« C'est tout ce qu'il y a », a-t-il grogné en posant sur une table un morceau de pain et une assiette en terre cuite contenant quelques légumes et un morceau de fromage.

J'étais prêt à m'en contenter. Je me suis assis et j'ai commencé à manger, attrapant la nourriture avec deux doigts car il ne m'avait pas donné de couverts. Je voulais garder mes bonnes manières et montrer ma distinction à cet homme. Au lieu de le remarquer, il est retourné à son point stratégique derrière le comptoir. Une minute plus tard, il s'était rendormi.

Pour un si piètre repas, j'aurais été capable d'étrangler quelqu'un sur la Terre, quand j'étais un jeune dandy avide de renommée et de gloire. Mais aujourd'hui, j'avais faim et j'ai tout avalé sans protester. Le pain avait un goût de plastique. Je me suis dit que j'aurais le temps, plus tard, de trouver un restaurant plus conforme à ma position. J'allais finir ces légumes, puis je chercherais une boutique où je pourrais acheter un nouveau costume pour faire craquer les indigènes de la planète. Celui que je portais, avec lequel j'avais quitté la maison il y a treize ans, était terriblement démodé. Du moins, je le pensais. Je choisirais avec soin mon nouvel accoutrement une fois que je connaîtrais mieux l'endroit où je me trouvais.

J'ai terminé mon repas, tiré l'homme de sa sieste et je m'apprêtais à payer d'un geste hautain, agacé qu'une partie de la saleté de cette porcherie se retrouve sur mon palais. L'addition m'a paru exorbitante, un prix élevé même dans les bordels de luxe que j'avais fréquentés pendant les années où j'avais loué mes services à l'Armée, d'autant plus que la nourriture était dégoûtante et le service pitoyable. J'ai décidé de ne rien dire, car j'étais un étranger dans ce pays et je devais respecter les règles. J'ai tendu un billet de mille cinq cents drachmes fraîchement sorti du distributeur d'argent de l'Ivoire, tout neuf, qui annonçait joyeusement sa valeur. L'homme l'a pris, l'a regardé avec une expression à mi-chemin entre le mépris et l'amusement, et l'a déchiré en deux.

« Eh ! Qu'est-ce que vous faites ? ai-je protesté en attendant qu'il me rende la monnaie. Pourquoi diable avez-vous abîmé mon billet ? Vous croyez que je vous l'ai offert ? Qu'est-ce qu'il y a ? Il ne vaut rien ? »

L'homme m'a regardé de nouveau, l'œil plus alerte. Il m'a adressé un sourire où se mêlaient candeur et dégoût.

« Sur Pénitence, votre billet ne vaut pas un clou, mon ami. Même pas la valeur du papier sur lequel il est imprimé. Ici, l'argent perd immédiatement son pouvoir. Mille drachmes de plus ou de moins, quelle différence cela fait-il ? Demain, ces drachmes deviendront des déchets, ou après-demain. Elles ne serviront même pas de fumier. Vous avez trouvé la nourriture chère et mauvaise, n'est-ce pas ? Rendez-vous compte, depuis un an, je n'ai rien goûté d'autre que cette saleté, et ce qu'il me reste encore, seul Rab le sait. Il est heureux que j'aie encore quelque chose à grignoter. Vous avez trouvé que c'était trop cher ? Revenez demain, ou la semaine prochaine, et vous verrez que le prix aura doublé.

— Vous plaisantez ?

— On ne rit pas sur Pénitence, mon garçon. On n'a pas le temps. Il est plus important de serrer les dents et de survivre. Dites-moi quelque chose, si je ne m'immisce pas dans votre vie privée. Vous en avez beaucoup sur vous, des billets comme celui-ci ?

— Assez pour acheter un passage sur un vaisseau vers la Terre.

— La Terre ? Elle existe vraiment ? a-t-il demandé avec un gloussement si amusé que j'ai eu pitié de lui. Non, mon ami, vous ne trouverez aucun passage pour nulle part sur cette planète. Il n'y en a pas. Vous avez vu le spatioport ? Vous y êtes allé ? Bien sûr, vous devez en venir. On a dû vous y déposer. Je me trompe ?

— Non. J'en viens.

— Alors vous savez combien de navettes décollent chaque jour. Aucune.

— Il n'y a pas d'autre spatioport sur toute la planète ? Vous voulez dire qu'il n'y a que ce tas de poussière ?

— Le monde de Mandara est petit, si vous voyez ce que je veux dire. La Corporation y a implanté un spatioport et quelques villes, a aspiré tout ce qu'elle pouvait, et est repartie. Il n'y a plus de spatioport. Du moins pour les gens comme vous et moi.

— Comment vais-je partir d'ici, alors ?

— Personne ne quitte Pénitence. Aucun de nous ne peut le faire tant que la Corporation ne veut pas. Ce monde est à bien des égards une prison. Mais répondez-moi, j'attends toujours. Vous avez beaucoup d'argent sur vous ? Vous pouvez me faire confiance, n'ayez pas peur. L'argent est une chose qui ne sera jamais volée ici. Personne ne se donnera cette peine. Combien avez-vous ?

— Je vous l'ai déjà dit. Assez.

— Assez ? Assez pour quoi ? Combien de drachmes avez-vous en poche ? Cent mille ? Deux cent mille ? Ça ne suffira même pas pour un mois ici. Et vous en avez moins, ça se voit sur votre visage. Si vous voulez un conseil, mon ami, et c'est la seule chose gratuite que vous trouverez ici, brûlez votre argent. Brûlez-le, et brûlez-vous avec. Vous économiserez du temps et de la souffrance. Vous ne me croyez pas ? Je vois bien que vous venez d'arriver, mais vous verrez que, dans quinze jours, vous serez d'accord avec moi. D'ici là, mon ami, je vous dis bonsoir. »

C'est ainsi que j'ai appris que Mandara était sous le joug d'un embargo économique, un siège mené par la Corporation. C'est là que j'ai su que si on donnait à la planète le surnom de Pénitence, ce n'était pas pour plaisanter ou par désir de se faire remarquer, mais parce que vivre sur cette planète était une sorte de sanction. J'ai commencé à rassembler les fragments. L'état du spatioport, le manque de lumière dans les maisons, le prix de la nourriture, la pâleur des visages étaient des indices que j'aurais dû remarquer dès mon arrivée, mais j'étais trop occupé à tout regarder sans l'analyser, me croyant victime d'une erreur et non d'un complot parfaitement orchestré par quelqu'un que je connaissais, pour me punir de mon impudence. J'ai interrogé les uns et les autres, et tant que j'ai eu de l'argent pour acheter un verre d'eau aromatisé d'un peu de miel, j'ai pu, plus ou moins, reconstituer leur histoire.

Mandara, personne ne savait exactement pourquoi, ou personne n'osait le dire ouvertement, était tombée en disgrâce aux yeux de la Corporation, comme moi. Peut-être à cause des taxes que les habitants avaient refusé de payer, un an plus tôt. Auparavant, à l'époque où Mandara était un monde heureux, si tant est que cela existe, de nombreux vaisseaux s'étaient posés à sa surface, pour l'exploiter. C'était il y a dix ans, quand ses entrailles offraient encore assez d'énergie et de nourriture pour intéresser New York, et même exporter ses cargaisons vers d'autres systèmes et d'autres mondes. Tout cela était si loin que cela paraissait être un rêve, une invention. Car maintenant il n'y avait plus assez d'énergie pour allumer une ampoule, plus une goutte de carburant pour faire fonctionner le plus petit des véhicules au sol, plus un morceau de viande à se mettre sous la dent, car même les chiens avaient été tués et mangés depuis longtemps. Même l'eau était aussi chère que les drogues de luxe sur n'importe quelle autre planète.

Le prix du peu qu'il y avait sur Mandara ne cessait d'augmenter, dans une inflation délirante pilotée d'en haut par quelque complice du très chic et sacro-saint New York. Le blocus durait depuis un an, et rien ne semblait devoir l'arrêter. Dans la citadelle construite sur la colline, dans le château, deux cents privilégiés, des hommes de la Corporation, avaient été laissés à la surface de la planète lorsque les navettes l'avaient abandonnée en anéantissant tout, des mois avant l'embargo. Une semaine plus tard, ils libéraient lentement de nouvelles émissions de monnaie inutile, de petites cargaisons de bois pour allumer un feu contre le froid ou forger un couteau pour se nourrir ou se défendre, et des doses de nourriture à peine suffisantes pour reprendre des forces et retourner à l'oisiveté, au désespoir et à l'échec. Pour nous, en bas, ceux du château semblaient aussi étranges que des démons venus du ciel. Car rares étaient ceux qui sortaient de la ville et traversaient les remparts pour aller rejoindre leurs bacchanales de luxe et de sexe. Rares étaient ceux qui osaient risquer leur vie pour l'offrir à la lubricité des seigneurs, car la torture et la mort se cachaient derrière les lèvres souriantes de ceux qui étaient idolâtrés et se jugeaient parfaits. Ceux du château, cette horde d'administrateurs sagement contrôlés par New York, avaient le monde entre leurs mains, à leur entière disposition, et s'amusaient avec lui comme avec un nouveau jouet dont il faut profiter avant que la ficelle ne s'use. Parfois, dans la solitude des rues sombres et désertes, on entendait filtrer la musique d'en haut, les paroles obscènes, les rires joyeux de femmes et d'hommes trop occupés par leur corps pour regarder autour d'eux. Parfois, on voyait briller une profusion de lumière colorée, gaspillée alors que les exclus d'en bas ne disposaient pas du faible éclairage que pouvait offrir une simple bougie.

Sur Pénitence, la vie n'était pas la vie. Sur Pénitence, les hommes avaient été entraînés à survivre, et je devais suivre ce cruel apprentissage. Je ne pouvais pas fuir ailleurs, que ce soit sur la planète ou à l'extérieur. Il était clair que ce n'était pas pour moi. Il était désespérant de voir les navettes circuler librement derrière les remparts qui bordaient la ville haute, et à la rage s'ajoutait le souhait que la Corporation ait pitié de nous et décide de lever l'embargo, un jour. Je pourrais alors partir, laisser Mandara derrière moi, et rentrer chez moi si c'était possible. Mais il me faudrait la moitié d'une vie pour réunir les drachmes nécessaires afin de payer le voyage, j'en étais sûr.

Ma solde de trois ans a été épuisée en moins d'un mois, et je me suis retrouvé sans ressources sur cette boule de néant, sans même une croûte à manger, sans travail. Personne ne pouvait m'offrir plus qu'une aide temporaire, car même les plus aisés ne savaient pas s'ils pourraient me payer une pièce le lendemain, ou me donner de la nourriture en échange de mes services. En à peine trois semaines, j'ai été projeté du ciel à la terre, du Troisième au Premier Moyen Âge, d'un coup, avec tout le poids de la frustration que cela peut entraîner, habitué que j'étais au luxe de l'inutile. Mais si New York ou Ares Wayne avaient voulu par ce geste me faire regretter mon attitude ingrate envers ma charge de poète et envers la Corporation, s'ils attendaient de ma part un acte de contrition, leur intention à mon égard était vaine. Je préférais mourir mal nourri ou poignardé dans une des ruelles de Pénitence que mourir de folie ou de solitude dans le ventre d'un brise-glace. L'arrogance n'est pas bonne, même pour un roi, mais quand je pensais à ce que j'étais, je me gonflais d'orgueil, rempli du désir de survivre à toute cette crasse qui m'entourait.

Un deuxième mois s'est écoulé, durant lequel j'ai vécu comme je pouvais, me débrouillant, mendiant ou volant de petites bouchées ici ou là, endurant des travaux misérables, des expédients qui, bien souvent, ne me permettaient même pas d'acheter un morceau de fromage ou une cruche d'eau. J'ai également subi plus d'une bastonnade. Mais je n'en voulais pas à mes persécuteurs. D'abord, car je n'avais pas été assez habile. Ensuite, car c'était la faute de la Corporation. Et enfin, car, malgré tout, cela me faisait mal de voler les miettes de ceux qui n'avaient rien non plus, et que je trouvais cela répugnant et pénible, même si c'était nécessaire. J'ai perdu du poids pendant cette période, et mes muscles sont devenus noueux comme des tendons, si bien que mes vêtements étaient trop grands pour moi. Je suis devenu maigre comme un couteau, une silhouette que je mettrais longtemps à perdre, si toutefois j'y arrivais. Je me suis aussi laissé pousser la barbe. C'est idiot de le souligner, mais je ne l'ai pas fait comme une concession esthétique au dandy que j'avais prétendu être, mais simplement parce que l'eau était trop précieuse pour être gaspillée lors du rasage. J'ai dû vendre mes livres avec douleur et résignation, à un prix très bas, parce qu'il fallait manger et que personne n'allait me donner quoi que ce soit gratuitement dans cet endroit. L'homme qui me les a achetés ne savait pas lire. Mais sur Pénitence, il était plus important de posséder un article que d'en avoir la valeur en argent, étant donné la durée du pouvoir d'achat d'un billet de banque. En outre, avec un livre, comme l'a souligné l'homme, on pouvait toujours allumer un bon feu.

Les billets de banque émis par les seigneurs du château, en revanche, étaient si éphémères qu'un système de libre-échange s'était mis en place sur Pénitence. Par exemple, on échangeait une cruche d'eau aromatisée au miel contre deux miches de pain, ou on donnait la préférence au paiement en or, en platine ou en acier organique.

Je portais à l'intérieur de mon épaule une petite fortune en acier organique, d'après ce qu'avait dit le Doc, sur l'Ivoire, mais je ne pouvais pas m'en servir. Ma clavicule artificielle vaudrait peut-être deux mois de séjour tranquilles à la surface de Mandara. Ou peut-être qu'en échange, un des seigneurs accepterait de me laisser monter à bord d'une des navettes qui décollaient sans cesse vers la liberté, de l'autre côté des remparts. Mais je préférais être un cadavre entier qu'un homme diminué, et il en allait de même pour l'os qui maintenait mon nez droit. J'étais prêt à mourir à petit feu avant de donner à la Corporation le plaisir de récupérer cette partie de moi qui lui avait appartenu. L'échange était d'ailleurs équitable. Une nouvelle épaule contre mes os fracassés. Ma guérison en échange de dix années de ma vie brisées. Plutôt que de me séparer du métal organique, je préférais me languir, me morfondre dans le gel que l'hiver précipitait déjà. Bien sûr, tout le monde n'était pas du même avis.

Le manque de solidarité, la délinquance, le crime, faisaient partie de la vie quotidienne de Pénitence. Le surnom était bien trouvé pour Mandara qui, d'après ce qu'on disait, avait été un paradis mais était devenu l'enfer. À cet égard, Pénitence respectait les grands principes de la civilisation, dans leur aspect le plus négatif. Plus d'une fois, j'ai trouvé des traces de sang encore humide, des traînées rouges indiquant que les maigres biens d'un homme étaient passés dans la poche d'un autre moins scrupuleux. Pour préserver ma santé, je préférais alors me perdre dans n'importe quelle ruelle adjacente, changer de trajectoire jusqu'à ce que la tache devienne sèche et ressemble à du vin. Chaque matin, il était courant de trouver des cadavres sans vêtements, sans les colliers ou les boucles d'oreille qu'ils avaient portés la veille. Parfois, on leur avait même retiré les implants en or ou en platine qu'ils avaient cachés derrière leurs dents pourries de cadavres ambulants, croyant que l'existence se résume à un sourire dissimulé dans les gencives et les caries. La vie d'un homme ne coûtait pas cher. Même un imbécile pouvait devenir un meurtrier, se prenant pour un héros. Il fallait alors éviter de l'approcher et de le contrarier. Sur Pénitence, quiconque portait la plus petite quantité de métal inerte dans son corps chétif se faisait tuer avec la plus grande facilité.

Ils m'ont attaqué un jour, à peine deux mois après mon arrivée, dans la ruelle où je dormais depuis quelques semaines, me croyant à l'abri des visiteurs indiscrets et du harcèlement glacial du vent. Deux hommes, si semblables qu'ils me paraissaient identiques, m'ont encerclé avec la grimace caractéristique de celui qui se sait suprême. Ils avaient les dents serties de cochonneries jaunes, et étaient armés de grossiers morceaux de fer limés pour ressembler à des poignards ou à des masses. L'un d'eux, je ne sais plus lequel – je n'ai pas eu le temps de le découvrir –, portait à la taille un de ces appareils que le Doc avait utilisé sur l'Ivoire durant mon opération, une sonde bricolée capable de réagir par un bourdonnement à la présence de l'acier organique.

« Reste tranquille, mon gars », a chantonné l'un d'eux.

Sa tentative de me calmer m'a rendu plus nerveux. Il avait la jambe droite tendue en avant, et le tranchant du couteau qu'il tenait dans son poing luisait d'un éclat argenté.

« Ça ne fera pas mal, mon mignon, je te promets, a-t-il affirmé. Ça ne durera qu'un instant. Ne recule pas, fils de pute. Tu ne peux pas t'échapper. Sois un bon garçon et ne rends pas les choses difficiles, d'accord ? Allez, approche-toi. Fais un pas en avant. Non, non, non. Vers moi. Viens vers moi. Ça ne va pas faire mal. Une petite piqûre et tout sera fini. Tu ne crois pas que c'est une bonne idée ? Plus de froid, plus de faim, plus de solitude. C'est d'accord ? Non, salaud, ne bouge pas. Tu vas mourir pour que nous puissions vivre. Arrête de reculer, abruti, tu vois bien que tu ne peux pas traverser ce mur. Allez, viens ici. Nous allons abréger tes souffrances. Mon petit bidule dit que tu vas nous rapporter beaucoup d'argent, mon chérubin. Tu seras heureux de savoir que tu ne vas pas mourir pour rien. Tu veux une confidence ? Je pense que tu feras un très joli mort, un cadavre parfait.

— Ses cheveux, Tuan, regarde ses cheveux, a indiqué l'autre en pointant son arme vers moi. On peut aussi en tirer de l'argent. Une des dames du château pourrait s'en faire une perruque. Tu ne trouves pas que c'est une chance qu'on ait rencontré un blond ? »

Ils ont continué de s'approcher, tournant autour de moi, les yeux teintés de misère et de fièvre. Ils allaient me tuer par ennui, avec la routine de l'habitude. Je les observais avec une panique grandissante, essayant de calculer qui serait le premier à attaquer, à me livrer à la mort. J'ai fait un nouveau pas en arrière, mais le mur de la ruelle m'a bloqué, sans doute lassé de m'avoir protégé jusque-là. J'ai cherché à tâtons de quoi me défendre, mais je n'ai rien trouvé. Très calme, résigné peut-être, je me suis préparé à affronter l'épreuve, sachant qu'aucun *deus ex machina* n'allait venir à mon secours.

Le premier des deux hommes, le plus grand, a lancé sa dague en direction de ma poitrine, de la manière dont on donne habituellement un coup de poing. J'ai vu la lame venir vers moi, reflétant tout l'argent de son tranchant, et soudain, tout ce que j'avais appris au Monastère et sur l'Ivoire m'est venu en aide. Je me suis surpris à esquiver le coup et à parer sa main avec la mienne, si rapidement que l'homme lui-même n'a pas eu le temps de s'en rendre compte. Avant qu'il ne puisse s'éloigner de moi, j'ai tordu son bras si fort que ma manche s'est déchirée, et j'ai frappé l'articulation avec mon coude. L'os a craqué avec un son de guitare flétrie et l'homme a poussé un cri, lâchant son couteau. Le deuxième assassin a lancé son bras par en dessous, prêt à m'ouvrir l'abdomen, mais j'ai placé le corps de son complice sur la trajectoire de l'arme. Le couteau s'est enfoncé lentement dans sa chair. Ce dernier est tombé raide mort, tandis que l'autre tentait de retirer le poignard du ventre de son ancien compagnon. En véritable expert de la guerre, étrangement violent, répondant à des réflexes inculqués dix ou douze ans plus tôt, j'ai calé ma jambe dans le creux de ses testicules, j'ai fait pivoter mon coude en arc de cercle, et d'un coup sec, j'ai brisé toute la mâchoire de mon assaillant. L'impact a été si brutal que l'homme s'est effondré comme une bûche fendue, se fracassant la tête contre l'angle du mur à deux reprises. Je n'ai pas eu besoin de répéter mon exploit pour m'assurer qu'il était mort, lui aussi.

J'ai reculé de quelques pas, sonné, couvert de sueur, à la fois horrifié et heureux de ce que j'avais fait. J'avais perdu la moitié de ma vie à regarder de loin les batailles, les unes après les autres, et je n'avais jamais eu à tuer un homme. Je ne m'étais jamais imaginé vivre une telle situation. C'était risible. Il avait fallu Pénitence et deux marginaux sans scrupules pour que moi aussi je me délecte de la mort.

Je me suis éloigné de la scène, mieux remis, encore incrédule d'avoir réagi comme l'aurait fait un tueur professionnel, conscient qu'Ares Wayne applaudirait s'il avait connaissance de la double exécution que je venais de perpétrer. Je me suis lavé les mains avec ma propre urine, qui m'a semblé glacée, dessinant une rivière de sang jaunâtre sur les murs. C'est ce que l'on ressent après avoir donné la mort : la tranquillité, la pleine affirmation de sa vie, l'appréciation de la beauté. Si l'oxygène avait un goût moins dense, si la nuit devenait plus sereine et si les muscles se détendaient de joie pure, alors il n'était pas étonnant que les hommes aient fait du combat leur métier, du sang leur sport le plus précieux.

J'ai cherché plus loin un nouvel endroit où dormir, d'un sommeil lourd, à l'abri de tout cauchemar. Je me suis réveillé le lendemain matin avec l'impression que rien ne s'était passé, comme un rescapé de la catastrophe, mais mon coude me faisait mal, et les haillons qui le couvraient arboraient une large déchirure. Me rappelant ce que les deux assassins morts avaient dit, je suis allé vendre mes cheveux, la seule chose dont je pouvais me débarrasser à ce moment-là. Puis, l'esprit clair, ressemblant plus que jamais à un militaire, je suis allé manger un plat de mauvaise qualité pour fêter mes retrouvailles avec la vie, sachant que l'hiver à venir me préparerait sans doute un nouveau rendez-vous avec la mort.

CHAPITRE 27

Le décor ainsi planté, il a fallu que ce soit Valeria qui vienne me sauver de cette longue descente vers l'anéantissement. Valeria, blanche comme une pierre tombale fraîchement sculptée, dorée comme une pomme ouverte par la chaleur, ferme et élancée à force de jouer à être un marteau qui frappe le vent. Valeria, si éloigné de Hroswitha et même de Wimdyl, toujours sereine, différente. Valeria.

Assis dans l'une des mille ruelles sans vie et sans force de la partie la plus méridionale de la ville, je mendiais, implorant d'une main desséchée qu'on me donne une pièce de cuivre ou un morceau de nourriture. Tous mes sens étaient engourdis par le froid, la faim et le désespoir. J'étais plongé dans une sorte de léthargie que j'avais déjà connue auparavant, lorsque la grande faucheuse avait caressé l'idée de me déchiqueter d'un coup de bec. J'étais dans cet état depuis un temps que je n'ai jamais pu déterminer, tant mon sommeil devenait irrégulier, perdu au milieu des cadavres ambulants qui circulaient et m'ignoraient comme un fantôme du même troupeau, comme un nouvel animal issu d'une autre portée, tous décidés à ne laisser sur l'asphalte que la trace de leur ombre. Égaré dans l'antichambre de l'oubli, prêt à accueillir la mort, il n'est pas étrange que j'aie sursauté comme un enfant lorsque j'ai entendu la voix qui s'adressait à moi d'un ton sévère, presque autoritaire.

« J'ai besoin d'un homme fort. Tu l'es ? »

J'ai levé la tête de mes genoux et j'ai regardé en l'air, surpris et gêné par la lumière glaciale de midi. Une femme blonde et dégingandée se tenait devant moi. Elle n'était pas très belle, je l'ai remarqué immédiatement. Peut-être l'avait-elle été autrefois, mais son corps montrait le passage des années, l'adolescence et la jeunesse des jours anciens à présent flétris, et les marques d'une existence endurée sans jamais quitter Pénitence. Malgré cela, ou peut-être à cause de cela, il y avait quelque chose d'attirant dans sa personne - ou bien j'étais tellement en manque de femme que je trouvais son apparence sensuelle -, une certaine forme d'épanouissement lié à la maturité physique que j'atteindrais moi-même et que je voyais se refléter en elle. Très mince, l'inconnue portait un sarouel blanc qui avait dû être neuf à une époque, et à sa taille pendait une lanière de cuir, un fouet. Ses yeux, d'une couleur entre le bleu et la nuit, me scrutaient comme s'ils cherchaient à savoir si je lui convenais ou si j'étais méprisable. Ses cheveux étaient rassemblés en un chignon doré que le vent et l'esprit changeant et capricieux du soleil d'hiver avaient peu à peu défait. Autour de ses paupières et de ses lèvres commençaient à apparaître quelques rides, que n'importe quel homme ou femme d'un autre monde aurait facilement effacées avec une chirurgie plastique. Dans un autre monde, pas sur Pénitence. Il était curieux de voir quelqu'un vieillir de manière naturelle. J'ai regardé ses mains, nouées autour de sa ceinture, blanches et agressées par une centaine de travaux cruels. Je n'ai pas eu à lui demander sa date de naissance, fidèle aux penchants astrologiques du capitaine Wayne, pour être sûr qu'elle était Cancer.

« Je cherche un homme qui puisse m'aider. Il doit être fort, car ce que je propose est un travail difficile. Es-tu fort ? Réponds-moi, j'attends. Je n'ai pas toute la journée à perdre avec toi.

— Ça fait quatre mois que je suis bloqué sur cette maudite planète et je suis toujours en vie, ai-je rétorqué en haussant les épaules, sans quitter des yeux son torse de garçon. Je suis plus costaud qu'il n'y paraît à première vue, j'ai eu l'occasion de le prouver ici. S'il ne s'agit pas d'écrire des vers, je pense que je peux convenir. »

La femme m'a regardé d'un air dédaigneux, comme du haut d'un piédestal, car elle n'avait pas saisi mon allusion. Même si elle l'avait compris, je suppose qu'elle n'aurait pas ri, tant elle voulait se donner un air sévère. Elle s'est contentée de m'observer, doutant peut-être des capacités rhétoriques d'un simple vagabond.

On aurait dit le capitaine d'une baleinière recrutant des marins pour son embarcation.

« Tu as de l'expérience dans l'agriculture ? Tu as déjà semé et cultivé ? Tu sais le faire ?

— Je crains que non. Je ne sais pas cultiver.

— Je suis désolée, alors. »

Elle a commencé à se détourner, prête à s'éloigner de moi pour chercher un autre homme plus conforme à sa demande. J'ai senti que mon salut était peut-être là, et j'ai bondi pour l'arrêter, me maudissant d'avoir été si sincère.

« Je peux apprendre, Madame. Je suis très réceptif, et je vous jure que le travail ne me fait pas peur.

— Celui que je te propose sera dur, et si tu décides de venir avec moi, tu ne pourras plus faire marche arrière.

— Je prends le risque. Qu'est-ce que je dois faire ?

— Nous allons semer, je te l'ai déjà dit. Des céréales traitées spécialement pour pousser dans ce maudit climat de Rab. Des céréales que j'ai payées au prix du sang. Les cultiver sera un enfer, une épreuve très difficile. Peut-être qu'elles donneront des graines, peut-être pas. Cela dépendra de nos efforts et de notre chance. Il faudra se battre contre l'hiver, contre la terre elle-même, contre les pillards. Ces salauds viendront pointer leur nez dès qu'ils soupçonneront que quelque chose de nouveau se prépare ici. Alors le pire commencera, car il faudra se défendre et en abattre quelques-uns pour décourager les autres. As-tu peur de tuer ?

— Non. Plus maintenant.

— Tant mieux. Je te dis la vérité, je ne vais pas pouvoir te payer beaucoup. Je ne te donnerai presque rien. Les seigneurs m'ont pris autant qu'ils ont soutiré à cette planète. Je ne peux t'offrir qu'un toit et de la nourriture, et pas des mets de choix. Nous aurons faim et froid, aussi. C'est aussi sûr que New York existe et nous surveille. Le travail sera éprouvant, surtout pour un étranger inexpérimenté. Si tu penses que tu ne pourras pas le supporter, tu ferais mieux de l'avouer maintenant. Après, tu ne pourras plus reculer. Si tu me laisses tomber, je te mettrai en lambeaux.

— Madame, rien au monde ne peut être pire que ce coin glacial et cette rue puante. Pour de la nourriture et un endroit sûr où dormir, j'irais jusqu'en enfer. Si je vous ai convaincu, vous venez d'engager un nouvel ouvrier.

— Un nouvel ouvrier ? »

Ses lèvres se sont ouvertes, brillant pour la première fois, en un sourire pâle, enfantin et sincère.

« Je crois que tu as mal compris, a-t-elle précisé. Je crains que tu ne sois à la fois ouvrier, intendant et contremaître. Je n'ai pas d'argent pour payer quelqu'un d'autre. Il n'y aura que toi et moi, et je t'assure que les terres à cultiver sont vastes.

— Vous venez donc de trouver votre second.

— D'accord, marché conclu. N'oublie pas que tu ne pourras pas partir tant que la récolte n'aura pas été faite. Tu seras à ma disposition jusqu'à ce moment-là. Pas un jour avant.

— Je m'en souviendrai, j'ai bonne mémoire.

— Comment t'appelles-tu ?

— Hamlet Evans. Et vous ?

— Valeria Stendhal. »

C'est ainsi que je l'ai connue et que j'ai commencé à travailler sous ses ordres, que je suis devenu son esclave. Sans m'en rendre compte et sans opposer de résistance, je me suis attelé à la roue de sa noria. Pouvais-je faire autre chose ? La liberté m'avait offert la possibilité de choisir ma propre cage, et j'ai calculé qu'aucune prison ne me conviendrait mieux que celle de Valeria.

Je l'ai suivie jusqu'à la périphérie de la ville, parlant à peine, comme un *coolie* obéissant, et nous avons atteint notre but, son Ithaque. Une clôture grossière signalait les limites de sa propriété, la terre qui allait devenir à la fois notre ennemie et notre alliée au cours de l'année à venir. J'ai aperçu une maison en bois, construite dans le style colonial typique de la Corporation, un hangar où stocker le grain une fois l'aventure terminée, et de nombreux mètres de terre à ratisser et à rendre fertile sans relâche. Dès que j'ai posé les yeux sur cette étendue brune, j'ai su que ce qui m'attendait allait être extraordinairement difficile. Et j'avais raison. J'ai eu l'occasion de m'en rendre compte par moi-même le lendemain, une fois que nous avons commencé à travailler.

Dans mon ancien Monastère, quitté depuis longtemps, j'avais, à une ou deux reprises, aidé à récolter les fruits que d'autres clercs semaient avec l'aide des machines et de la technologie, mais cette expérience me semblait nulle, comparée à celle que je devais maintenant vivre, une simple caricature. Je n'avais pas menti en disant que je ne savais pas semer. Prétendre le contraire aurait été une terrible aberration. Ce que j'avais fait en riant et en me divertissant, si longtemps auparavant, ressemblait aussi peu à ce que Valeria Stendhal exigeait de moi qu'un clou à une girafe. Le travail était épuisant, éreintant, et nous ne pouvions même pas nous accorder un seul jour de repos, car la récolte, s'il y en avait une – et j'en doutais en regardant avec désespoir cette plaine parsemée de pierres –, devait offrir une quantité minimale à partir de laquelle on pourrait vérifier la validité du grain. C'était stipulé dans notre contrat. Les seigneurs du château, je l'ai appris une fois que mes paumes sont devenues calleuses et rugueuses, une fois que mes os ont été prêts à se briser, étaient impliqués dans l'affaire que Valeria et moi exploitions, car c'était à eux que l'offre avait été faite, et c'est à eux qu'irait la plus grande part du résultat final. Avec les bénéfices de la première récolte, Valeria pourrait devenir un producteur indépendant, mais c'était encore loin, mieux valait ne pas rêver. Ces types savaient parfaitement comment rédiger leurs contrats. Nous travaillerions comme des fous, et, à la fin, ce seraient eux qui confisqueraient la plus grande part du gâteau. Toujours la même chanson, les mêmes paroles sur la même musique. Nous ne pourrions jamais avoir une once d'indépendance. Pas tant que Mandara resterait Pénitence et que la Corporation serait décidée à maintenir son blocus.

Je me suis abîmé les mains et le dos dans l'effort, mais j'ai également repris du poids et je suis devenu plus fort. Ou peut-être n'avais-je pas encore prouvé jusqu'où je pouvais aller en contrôlant soigneusement mon corps. Seul avec les fourmis et les plantes, j'ai compris l'esprit des poètes bucoliques que j'avais lus au Monastère, leur penchant pour la nature et la musique. Même si le travail épuisait mon organisme, mon esprit s'éclaircissait, et pendant longtemps j'ai même oublié le désir que j'avais de m'évader de cette planète. Valeria, quant à elle, n'était pas en reste. Elle travaillait autant que moi, et elle s'obligeait à faire le double de ce que j'accomplissais. Cette femme s'était érigée en princesse à part entière, et elle s'imposait la responsabilité qui sied à quelqu'un de son rang. Il y avait des moments où, épuisé, je rêvais de m'accorder quelques minutes d'inactivité afin qu'elle puisse s'autoriser une pause. D'autres fois, je me redressais sous le prétexte d'essuyer mes yeux et mon visage en sueur, et elle était là, infatigable, imbattable, pliée en deux dans son vêtement blanc, comme si le froid ou le vent n'avaient aucun effet sur elle, comme si rien de ce qu'elle faisait ne la fatiguait, aussi inflexible qu'une machine. Je n'avais alors d'autre choix que de me remettre au travail, fâché contre moi-même, contre elle et contre le monde, parce qu'une simple femme se révélait plus forte que moi, qui me prétendais viril.

Le travail a continué et, du matin au soir, de l'aube au crépuscule, nous rampions sur la terre humide, nous arrachions les mauvaises herbes qui entraveraient la croissance de nos semailles, nous ratissions pour ramasser les pierres, sans autre aide que nos bras et nos illusions, car nous n'avions pas de machines, jusqu'à ce qu'enfin le blé soit planté et que nous puissions attendre qu'il émerge.

Il est sorti de la terre comme une foreuse verte. Je me suis détesté de ne pouvoir en saisir la couleur, de ne voir qu'une étendue d'herbe grise. Le blé poussait peu à peu, à intervalles réglés par le soleil, comme si tout le semis n'avait d'importance que pour nous et pour la lumière, avec la lenteur désespérante de la vie végétale. Jour après jour, il se nourrissait des gouttes d'eau, dépendant de l'humidité, de la chaleur ou du froid. Le blé mûrissait de la terre lentement et mollement, comme s'il craignait d'atteindre un corps adulte qu'on lui arracherait dès la floraison.

Valeria semblait satisfaite de sa croissance. Elle souriait plus que d'habitude, excitée à l'idée de devenir la préceptrice de cette jungle. Elle traitait la prairie comme une personne vivante, comme un petit enfant plein de caprices, tant elle était absorbée par le déroulement de son expérience. La récolte était sa vie. Il est absurde d'être jaloux d'un champ de céréales encore vertes, mais elle traitait le blé mieux que moi, qui me tenais à ses côtés, sous son toit, et qui recevais son salaire.

Je ne sais plus à quel moment j'ai commencé à l'épier, à quel moment mon regard est passé du gris-vert des blés au bleu-noir de ses yeux, et à cet autre blé, déjà doré, qu'étaient ses cheveux. Je ne sais plus quand j'ai commencé à rêver d'elle avec une jouissance stupide, à la humer avec des gestes d'animal en chaleur, comme si je me redécouvrais pour la première fois après une éternité. Parce que depuis Hroswitha, je n'avais pas eu la chance d'éprouver de l'amour pour une femme, et que toutes mes aventures s'étaient réduites à des passions débordantes dans les centres de plaisir de la Corporation, à des prostituées aux corps architecturaux que j'attirais avec mes chants et mon argent. Je ne sais plus à quel moment j'ai commencé à me rendre compte que je l'aimais. Mais elle, en tout cas, est toujours restée inconsciente de ma présence, ignorant tout de moi, ne vivant que pour son entreprise, hors de mon étreinte et de celle des autres hommes. Je ne savais pas si elle était célibataire ou veuve, ou si elle adhérait à un quelconque culte du lien castrateur. J'ignorais tout autant son passé que son avenir. Je craignais que vienne le temps où la moisson serait terminée et où elle me renverrait au ruisseau, non par peur de perdre la vie dans une rixe quelconque, mais par angoisse de ne pas la revoir avec son petit chapeau de paille, courant comme une enfant précoce entre les vagues que le vent dessinait sur les blés.

Valeria demeurait impassible, insondable, imprévisible. Elle ne réagissait jamais deux fois de la même manière. La répétition d'un stimulus ne produisait jamais le même résultat. Il y avait des jours où elle se réveillait rieuse et magique, avide de conversation, prête à se livrer à mes approches. Ces jours-là, je me cherchais dans ses yeux, dans la fleur de son sourire encore à naître, et d'un léger frôlement de ses mains, d'un simple contact de son dos, j'étais heureux. Mais à d'autres moments, elle paraissait maussade, dominatrice, étrange. Personne au monde n'aurait pu prononcer un mot plus haut que l'autre en sa présence. Personne n'aurait pu la demander en mariage, pas même un dieu parfait comme Ares Wayne. La cause de ces humeurs changeantes n'était pas claire. Peut-être que je lui étais indifférent et que son attitude versatile était simplement le moyen de dévier mon badinage, en affichant une constante retenue. J'ignore à quel moment elle s'était rendu compte de mes penchants. Ou peut-être qu'elle était attirée par moi et qu'elle s'autocensurait. Dans ma paranoïa, j'imaginais que tout était possible.

Notre relation n'est jamais allée au-delà d'un sourire partagé ou de plaisanteries échangées. Valeria avait besoin que je sois à la fois protégé et protecteur, gardien et prisonnier. C'était peut-être pour cela qu'elle me déconcertait tant. Nous étions les protagonistes d'une étrange parodie d'habitudes, d'une curieuse histoire de dépendance mutuelle, proche et éloignée de l'amour pur. Je jouais son esclave et son chevalier, son maître et son serviteur. Elle jouait le rôle de l'amante repentie, de la sœur aînée ou de la cadette, peut-être de la mère. Certes, dans mon esprit, je l'ai attirée et repoussée à la fois, je l'ai forcée à la jouissance et à la maîtrise de soi, comme un aimant attirant les sentiments licencieux, comme un volcan qui embrasait son sexe, mais la vérité est que nous n'avons jamais couché ensemble. J'ai seulement réussi à la prendre dans mes bras un instant, à l'embrasser alors que mes entrailles brûlaient de feu et de glace, mais ma tentative s'est soldée par un échec, une honte teintée de douleur et de dégoût.

Un soir, Valeria se tenait dos à moi, ramassant sur la table les restes d'un dîner que j'avais préparé moi-même, car c'est un autre de mes talents. J'ai contemplé la tige noueuse de son corps et, submergé par la passion, brûlant du désir de la posséder, je me suis approché d'elle et je l'ai serrée contre moi, si brutalement que j'en étais effrayé, si bestialement que j'avais l'impression d'être un soldat. Je l'ai retournée et j'ai plongé ma bouche entre ses lèvres. J'ai refermé mes paumes sur ses seins, les sentant durcir sous mon emprise. Valeria n'a pas réagi immédiatement. Elle a laissé tomber les plats qu'elle tenait, arquant son corps sans résistance, et la vaisselle s'est écrasée au sol avec un bruit sourd. J'avais l'impression de tenir un cadavre entre mes bras, un bloc de métal inerte, ou n'importe lequel des robots sexuels que j'avais utilisés autrefois. Mais les machines ronronnaient et gémissaient pour rendre l'illusion plus complète, tandis qu'elle semblait aussi rigide qu'une statue de pierre. Je pouvais sentir son corps chaud et tremblant à mon contact. J'ai commencé à écarter les fermetures de son vêtement, avide de la posséder sur place, ivre de son goût. Puis elle a écarté les lèvres, comme si elle se rendait à mon attaque, et a encerclé ma bouche de ses dents. J'ai d'abord cru qu'il s'agissait d'une caresse, d'une sorte de préliminaire du jeu que je m'apprêtais à jouer. Puis j'ai senti ses dents s'enfoncer dans ma lèvre inférieure, doucement, en essayant de ne pas me blesser. Cela m'a alerté. Avant de me faire mal, elle a stoppé l'avancée de ses mâchoires avec un avertissement muet. J'ai regardé ses yeux, collés aux miens comme tout son corps, et ses pupilles bleu foncé m'ont incendié. Sa silhouette dressée et chaude s'est raidie et je n'ai eu d'autre choix que de la relâcher, avec la plus grande prudence, précautionneusement, craignant que la morsure ne devienne plus forte. Elle est restée collée à moi quelques secondes, m'inondant de son odeur de pain tendre, puis elle a ouvert la bouche et m'a libéré.

« Ne refais jamais ça, sinon je jure par Rab que tu perdras tes lèvres, et même ta langue », a-t-elle déclaré d'une voix aussi glaciale que ses yeux, sombres et brûlants à la fois, tremblant de colère et de haine.

Incapable de supporter les reproches que distillait son regard, j'ai quitté la pièce, et la maison. Je me suis assis sur les marches et je suis resté là pendant un siècle, des heures, honteux de moi, angoissé à l'idée qu'elle ait décidé de se séparer de moi. Je n'arrivais pas à croire ce que j'avais fait. J'avais l'impression que c'était irréel, indigne de moi, qui avais toujours été un bon garçon. Je ne me souviens pas si j'ai pleuré, mais il est certain que je ne me suis jamais senti aussi perdu qu'à ce moment-là, aussi humilié. Comme tous les hommes, je pensais être un amant idéal, un partenaire parfait, et elle me l'avait refusé catégoriquement. Je ne comprenais pas pourquoi elle ne m'avait pas tué sur le champ. Cela aurait été la chose logique à faire. Elle en aurait eu le droit.

Je craignais de rentrer dans la maison, et qu'elle m'oblige à en ressortir. Les premières lueurs de l'aube m'ont surpris sous le porche. C'est alors qu'elle m'a appelé, de sa voix habituelle, m'ordonnant de ramasser la vaisselle cassée sur le sol et d'aller dormir un peu, car un dur labeur nous attendait dans la journée.

Chapitre 28

Avec l'arrivée de la période des récoltes, le travail est devenu encore plus difficile et les problèmes se sont multipliés, car à peine le grain avait-il terminé de mûrir que nous sentions déjà l'approche des pillards. À plusieurs reprises, nous avons dû les chasser de notre domaine avec plus que des mots et de bonnes intentions. Mais la plus grande confrontation a eu lieu lorsque nous fauchions le blé et que nous ne tarderions pas à pouvoir tirer les fruits de notre labeur.

Un tiers de la production totale avait déjà été récolté. Le blé attendait, lié en gerbes, de prendre la route des marchés à l'intérieur du château. Même s'il restait encore beaucoup de travail à faire, nous étions moyennement satisfaits, car le grain ne s'était pas développé suffisamment et la récolte n'allait pas être aussi abondante que Valeria l'avait prévu. Alors que nous croyions notre maigre moisson à l'abri dans le hangar, nous avons dû affronter l'adversité et faire couler le sang dans notre champ.

Ce matin-là, je me suis levé le premier, comme je le faisais presque toujours, car ma chambre était orientée vers l'est. Il n'y avait pas de réveille-matin plus pratique que le soleil. Je me suis habillé, j'ai mis mes bottes, j'ai débarrassé mon visage de sa crasse, chassant les derniers vestiges du sommeil, et je suis sorti de la maison. C'est alors que je les ai vus. Six ou sept hommes étaient en train de moissonner une partie du grain avec une habileté silencieuse, ne faisant pas plus de bruit que le vent lui-même lorsqu'il se glissait à travers les tiges. Pétrifié par leur audace, j'ai eu à peine le temps de remarquer que le hangar était ouvert et que l'une de ses portes se balançait mollement, les verrous qui la retenaient s'étant brisés. J'ai couru dans la maison en criant comme un fou.

« Valeria ! Valeria ! »

Elle a jeté un coup d'œil du haut de l'escalier menant au premier étage, où se trouvait sa chambre. Elle était encore en train de s'habiller et ne s'est pas rendu compte qu'elle exposait sa poitrine très blanche, mais cela n'avait plus d'importance, maintenant. Elle a fini de boutonner son vêtement, pâle et nerveuse avant même d'entendre la nouvelle.

« Par Rab, qu'est-ce qu'il y a ?

— Des pillards ! »

Son expression s'est figée en un instant, ses lèvres se sont pincées. Seuls ses yeux ont brillé de colère, comme le jour où j'avais essayé de l'embrasser. Elle a dévalé les escaliers, et lorsqu'elle m'a rejoint, ses cheveux étaient attachés en arrière. Elle est passée devant moi sans s'arrêter, comme une furie, sans perdre de temps.

« Combien sont-ils ?

— Six ou sept, peut-être plus. Ils ont cassé la porte de la grange.

— On y va ! »

Elle a tiré une pétoire de son étui, une antiquité dont je savais qu'elle n'hésiterait pas à se servir, tirant sans pitié si l'arme le permettait, et elle est sortie en courant de la maison, prête à affronter New York lui-même, si nécessaire, pour défendre ce qui lui appartenait. Elle ne semblait pas se préoccuper de savoir si je la suivais ou non. J'ai pris une faux et un maillet en bois, puis j'ai couru après elle à travers les hautes pousses jaunes.

Les intrus ont compris que nous les avions découverts lorsque le premier tir de Valeria a touché la jambe de l'un d'eux. Il a crié de douleur, ce qui a lancé l'alerte. Ses compagnons ont alors entrepris de fuir, laissant derrière eux le fruit de leur pillage, mais nous étions déjà sur eux.

« La grange, Hamlet ! s'est-elle exclamée tout en enfonçant la crosse de son arme dans l'estomac d'un homme. Va à la grange et referme-la ! »

Son idée était logique. Cela empêcherait les hommes d'entrer et de la piller, ou bien cela bloquerait la fuite de ceux qui étaient à l'intérieur. Nous ignorions que cela ne servirait à rien. Un deuxième coup de feu a retenti derrière moi alors que je courais pour exécuter son ordre. Je me suis retourné à temps pour voir un deuxième voleur se tordre en deux, un flot de sang incontrôlable jaillissant de son abdomen. Je suis entré dans la grange et le spectacle m'a empli de haine et de douleur : la joyeuse montagne d'épis que nous avions charriée quelques jours auparavant n'était plus là. La récolte entreposée avait quasiment disparu. Par Rab, ces salauds avaient bien profité de la nuit ! J'ai fait demi-tour sans fermer la porte, désormais inutile, et je suis reparti vers Valeria.

« Ils ont tout raflé ! Ils n'ont rien laissé ! » ai-je crié de loin.

Valeria ne m'a pas répondu. Elle s'est contentée de pincer les lèvres et de tirer un troisième coup de feu en direction de la tête d'un des fuyards. Elle a manqué sa cible de quelques centimètres, mais le pillard a pris peur et a changé de direction, se mettant dans la trajectoire de ma course. Je l'ai attrapé par la chemise et je l'ai retourné. Ensuite, j'ai déchaîné toute ma fureur sur lui, comme le capitaine Wayne l'avait fait avec la recrue lors des exercices d'entraînement. Imitant son geste, j'ai levé le maillet en l'air, et, en décrivant une courbe, je l'ai abattu vers le bas de toutes mes forces. La tête de bois a explosé le visage du voleur, projetant son nez en l'air comme l'oreille d'Omar Quevedo durant le duel à mort sur Pluie. Lui ayant réglé son compte, je me suis remis à courir pour rejoindre Valeria.

Quatre corps ensanglantés m'indiquaient le chemin à suivre. Au-delà, parmi les blés, elle luttait pour arracher les mains d'un homme de la pétoire qu'elle tenait. D'un seul coup d'œil, j'ai vu qu'elle n'y parviendrait pas. J'ai bondi sur le pillard et je l'ai envoyé rouler sur le sol. Puis je lui ai enfoncé le visage dans la terre, au milieu des épis dorés qu'il avait lui-même coupés. Un autre coup de feu m'a bouché les oreilles, et l'homme a cessé de me résister.

Le dernier des intrus que j'avais comptés m'a sauté dessus, brandissant dans sa main une faucille capable de me couper la tête. J'ai esquivé l'attaque, mais j'ai eu le temps de sentir quelque chose de piquant et de glacé dans mes cheveux. J'ai saisi le manche de la faux à deux mains et je me suis laissé tomber en arrière, entraînant mon agresseur avec moi tout en prenant soin de placer la lame au-dessus de moi, pointe vers le haut. L'homme s'est effondré sur moi, m'empêchant de voir le ciel pendant une éternité.

Un silence lourd s'est installé. La situation m'a rappelé le jour où j'étais allongé par terre, blessé, sur le satellite des Yuetshes. J'ai remarqué que mon visage était couvert de sang, bien que je ne ressente aucune douleur. Le corps du pillard qui m'avait attaqué a commencé à remuer. Il était peut-être encore en vie. Du moins c'est ce qu'il m'a semblé. J'ai cherché du regard mon maillet, mais je ne l'ai pas trouvé. J'avais froid.

« Arrête de rêvasser et aide-moi, abruti ! a ordonné une voix familière. Il est trop lourd pour moi ! »

J'ai poussé vers le haut avec mes deux mains et je suis parvenu à soulever le cadavre. Alors qu'il glissait sur le côté, Valeria est apparue, agenouillée tout près, une main sur sa jambe gauche et l'autre tenant le fusil.

« Tu vas bien ? a-t-elle demandé d'un ton doux dans lequel j'ai cru déceler une pointe d'inquiétude.

— Je crois que oui.

— Cette blessure n'est pas belle. Elle saigne beaucoup. »

J'ai levé une main pour toucher ma tête. Quand je l'ai retirée, elle était pleine de sang. Je l'ai reniflée instinctivement, comme pour m'assurer de la véritable nature du liquide poisseux qui maculait mes doigts. Je ne voulais pas paraître héroïque, mais je lui ai néanmoins servi ma phrase habituelle.

« Ce n'est qu'une égratignure.

— Ne bouge pas d'ici, a-t-elle dit en se redressant. Je vais chercher de l'eau. Reste tranquille.

— Les pillards…

— Ne t'inquiète pas. Ce n'est plus un problème. Ceux qui ne sont pas morts ont réussi à s'enfuir.

— Ils reviendront.

— Sûrement, mais pas tout de suite. Reste ici et essaie de ne pas bouger. Je reviens.

— D'accord. C'est vous le patron. »

Elle est revenue quelques minutes plus tard, portant une serviette imbibée d'eau. D'un geste maternel plein de sollicitude, accompagné d'un sourire destiné à me donner du courage, elle a nettoyé ma blessure, qui s'est avérée n'être qu'une égratignure, une petite ligne à la naissance de mes cheveux. Elle a entrepris de me bander la tête, mais comme elle n'avait rien pour le faire, elle a arraché sa manche gauche d'un coup sec, révélant sans pudeur la douceur de son bras. J'ai compris que j'étais plus important pour elle que ses vêtements et la rigidité morale avec laquelle elle protégeait son corps, et c'était un soulagement de le savoir. Je m'apprêtais à la remercier pour ses soins quand j'ai découvert qu'elle était également blessée. Une fente s'ouvrait sur le côté de son vêtement, souillée de sang, et remontait de quelques centimètres dans son dos. J'ai attiré son attention dessus.

« Ce n'est pas grave. Ça ne fait pas mal.

— Vous feriez mieux de vous en occuper maintenant. Laissez-moi voir. C'est peut-être une coupure profonde.

— C'est juste une éraflure.

— Écoutez, je ne suis pas médecin, et j'ai oublié une bonne partie de l'instruction que j'ai reçue sur la façon de soigner les blessures, mais je suis sûr qu'il faut arrêter ce saignement. Passez-moi la serviette, s'il vous plaît. Et serrez les lèvres, parce que ça va faire mal.

— C'est déjà le cas. Ça pique.

— Ne faites pas la chochotte. Ma tête m'a aussi piqué il y a une minute, et je ne me suis pas plaint.

— Tu n'avais qu'une égratignure. C'est toi qui l'as dit.

— Ah bon ? Eh bien vous, c'est pareil. Je suis désolé, mais vous allez devoir arracher l'autre manche. Ne vous contractez pas, ça fait saigner plus vite. »

Elle était manifestement nerveuse, mal à l'aise à l'idée que mes doigts touchent son corps. Je n'ai presque pas remarqué ce que je faisais, parce que j'étais plus préoccupé d'arrêter le saignement que de caresser son dos. La blessure n'était pas grave, mais je jure par Rab que je n'appréciais pas de la voir souffrir.

« Hamlet... » a-t-elle murmuré en plaçant deux doigts sous mon menton pour me soulever la tête.

Elle avait l'air si impuissante, si attentionnée et si vulnérable que j'ai eu envie de l'embrasser. Mais je me suis retenu. J'avais bien appris la leçon.

« Hamlet…

— Oui ?

— Qu'allons-nous faire maintenant ?

— Maintenant ? Par l'enfer, qu'est-ce que vous croyez ? Nous allons enterrer ces charognes, réparer la porte de la grange et retourner cueillir du grain. Ça vous va ? Vous avez une meilleure idée ?

— Non.

— Il va falloir installer des alarmes partout. Un simple fil métallique et une clochette pourraient suffire. On peut aussi poser quelques pièges à taupes. Et il faudra monter la garde, à tour de rôle. Nous n'allons pas leur laisser le luxe de nous voler de nouveau.

— Hamlet…

— Oui ?

— Tu m'as convaincue. On se remet au travail. »

C'est ce que nous avons fait. Nous nous sommes relevés et nous avons commencé à nous débarrasser des victimes du massacre, prêts à recommencer à nous battre si c'était nécessaire. Cinq des pillards avaient été tués dans la bagarre, mais les autres avaient réussi à s'enfuir, rampant sur leurs blessures et laissant des traînées de sang. La récolte stockée dans l'entrepôt était introuvable. Peut-être que les hommes que nous avions surpris étaient les derniers d'un groupe plus nombreux et mieux organisé. Ou bien ils n'avaient aucun lien avec ceux qui avaient volé la plus grande partie des céréales, si ce n'est la coïncidence d'avoir pillé le même endroit à quelques heures d'intervalle. Nous ne nous en sommes pas souciés. Nous avions la loi de notre côté et nous nous ferions justice nous-mêmes. Heureusement qu'il n'y avait pas de juges à Pénitence.

Nous avons enterré les cadavres des pillards dans une fosse commune et nous les avons effacés de notre mémoire. En rebouchant le trou, j'ai sifflé une chanson pour chasser l'horreur. J'ai fait le calcul : je venais de tuer deux hommes, et depuis que j'étais là, plusieurs autres étaient morts autour de moi, avec ou sans mon intervention directe. J'ignorais alors que je devrais le faire une nouvelle fois avant de pouvoir m'échapper de ce trou à rats, et si je l'avais su, probablement que j'aurais haussé les épaules. Je n'éprouvais aucun remords. Je n'avais pas de place pour ça. C'était eux ou nous. Eux ou moi. Je l'avais compris. Nous n'avions pas travaillé pour que d'autres viennent, comme la Corporation, nous prendre ce qui nous appartenait. Les tuer avait été une réaction logique, peut-être un acte juste. Ma sueur et mon sang en échange de leur vie. Pas de regrets. Cela ne servait à rien. Il vaut toujours mieux être un homme mauvais et vivant qu'un homme bon et mort, disait le capitaine. J'ai gardé ça à l'esprit pour me justifier.

J'ignore comment a réagi Valeria après avoir joué son rôle de Némésis avec une telle précision. Je ne sais pas non plus si le fait d'ôter des vies était pour elle un acte habituel, comme refuser des amants ou ramasser du blé. Peut-être qu'elle a pensé la même chose que moi : nous ne regrettions pas de les avoir tués, mais le sang versé ne nous ramènerait pas le blé perdu.

Nous avons terminé la moisson sans autre problème que le manque de sommeil et la tension constante liée à la crainte d'une nouvelle attaque. Lorsqu'elles se produisaient, il suffisait de tirer en l'air pour que les intrus renoncent à tenter leur chance. Un ou deux pièges à taupes sont apparus tachés de sang, serrant entre leurs mâchoires des lambeaux de tissu et de chair, mais le blé n'a plus été volé, du moins pas en aussi grande quantité que ce jour-là. Nous avons fini notre lourd travail de récolte, puis nous avons porté le fruit de notre labeur au château, afin que les seigneurs quittent un moment leurs éternelles distractions oisives et condescendent à procéder au partage du grain. Ils l'ont fait de manière routinière, entre deux bâillements.

La majeure partie des recettes est allée dans les coffres de la Corporation. C'était une clause essentielle du contrat. Le tiers volé ne les concernait pas. Ils prendraient ce qui avait été convenu au départ et nous n'aurions qu'à nous taire, même si la part perdue représentait la plus grande partie de ce que nous aurions gagné si notre récolte était restée intacte. On nous avait volé notre part, et pas la leur. Le manque à gagner serait déduit de notre lot, et non du fonds commun. C'était noté dans le contrat et nous avions accepté ce principe en le signant. Ce que nous redoutions nous est tombé sur la tête. Oh Rab, les seigneurs savaient parfaitement arrondir leurs fins de mois. Dans un monde comme celui de Mandara, ils pouvaient toujours jeter leurs filets pour trouver de nouvelles dupes. Et nous nous demandions si nos voleurs n'étaient pas d'autres dupes qu'ils avaient eux-mêmes engagées.

La nuit commençait à tomber et nous sommes rentrés à la maison en silence, calculant le bénéfice net que nous allions faire après tous ces mois de travail. En déduisant les dettes de Valeria pour l'achat de l'outillage et du système d'irrigation, en déduisant aussi la partie qu'il faudrait stocker pour recommencer l'aventure l'année prochaine et ce qu'il faudrait consommer ou échanger contre d'autres produits, il nous restait de quoi vivre confortablement pendant quatre ou cinq mois. Cinq mois, pas plus. Puis le néant reviendrait. Nous n'avions fait que retarder le vide qui, tôt ou tard, s'imposerait. Tant de travail, tant de sang, et nous nous retrouvions au bord du précipice, aux portes du labyrinthe, comme avant.

Nous nous sommes assis sous le porche, plus épuisés que jamais par l'effort fourni. J'ai lancé un bref regard à Valeria. Plus blanche que d'habitude, les pupilles plus bleues et plus pensives que jamais, elle paraissait avoir perdu la volonté de se battre, et abandonné tout désir de survivre. Ni elle ni moi ne supporterions une autre entreprise de ce genre sans avoir la garantie qu'il ne nous arriverait pas la même chose, que cela se terminerait bien. Tant que Pénitence ne sortirait pas du blocus, nous n'aurions aucune chance. Je contemplais les lumières blanches et roses qui brillaient dans la pénombre, autour du château, j'entendais les rires et la musique qui s'échappaient par-dessus les remparts, et j'ai su que c'était à moi de faire quelque chose, cette fois.

Chapitre 29

Puisque les seigneurs semblaient être les seuls à ne pas trouver de difficultés dans leur existence quotidienne sur Pénitence, les seuls capables de forniquer et de rire encore au milieu de cet enfer de larmes, il était clair que la seule solution qui nous restait était d'aller à leur rencontre, et de s'assurer de leur magnanimité en leur rendant service, en leur offrant amusement et plaisir en échange de la sécurité qui assurerait notre survie. Les seigneurs. Seuls les administrateurs délégués par New York pouvaient manipuler nos espoirs et nous laisser devenir des parasites, ravis que nous nous nourrissions le plus longtemps possible de leur chair, car entre leurs mains se trouvaient nos vies et la possibilité de quitter Mandara un jour, et cela les amusait de contempler nos pauvres efforts pour les satisfaire. La clé du futur, le moyen d'éviter ses prévisions morbides, nous attendait derrière les murs du château, et c'est là que j'ai décidé de me rendre.

Je suis parvenu à réunir deux ou trois vieux vêtements de Valeria, et je les ai coupés et raccommodés pour en faire un costume qui, bien qu'il n'ait pas l'air trop éblouissant ou original, convenait parfaitement à mes objectifs. J'ai convaincu ma patronne d'échanger une petite partie de la récolte contre un psaltérion presque neuf et plusieurs flacons de parfum et de maquillage. Une affaire très désavantageuse, mais rien n'était trop cher pour mettre ma stratégie en œuvre. Une fois tous les ingrédients réunis, j'ai commencé à arranger mes cheveux, que je portais depuis un an dans un désordre à peine contrôlé, puis j'ai orné mes joues et mes paupières de fard bleu. Lorsque je me suis regardé dans le miroir pour vérifier l'effet de ma transformation, j'ai retrouvé le jeune poète en herbe que j'avais été durant près de quinze ans, avant de quitter la Terre pour toujours. Les couches de fard recouvraient les cicatrices du temps, et le miroir s'obstinait à montrer que rien n'avait changé depuis lors. Il me renvoyait un mirage qui tentait de me faire croire que le masque juvénile derrière la vitre, c'était moi. J'ai souri. Il était curieux de penser qu'à une autre époque je ne concevais pas mon visage sans la phosphorescence et la langueur que me prêtait le maquillage. Quoi qu'il en soit, je dois avouer que je me trouvais très beau.

Paré comme pour une noce, le visage rasé et sentant le jardin, j'ai pris le psaltérion et je me suis résolument mis en route pour la citadelle. Valeria m'a regardé partir, surprise par ma nouvelle apparence, mais elle n'a pas ri et n'a fait aucun commentaire. Depuis la fin de notre aventure, elle s'était repliée plus que jamais sur elle-même. Elle n'était plus qu'un fantôme, errant tristement dans les coins et recoins de la maison, traînant tout son lot de mystère et de frustration. Je l'ai remerciée de son silence en fredonnant un la bémol tandis que je poursuivais mon chemin.

Les seigneurs du château m'ont reçu avec une amabilité enjouée, car il était inhabituel de trouver des divertissements qui sortaient de l'ordinaire, et mes services promettaient d'être différents. Au début, ils ont refusé de me croire sur parole quand j'ai affirmé que je pouvais leur offrir plus de chansons qu'un ménestrel, ainsi que des plaisanteries et des parodies plus piquantes que celles de n'importe quel proxénète, en échange, simplement, de nourriture et de protection pour moi et ma compagne. Puis ils m'ont fait chanter jusqu'à ce que j'aie épuisé mon répertoire et ma voix, et qu'ils soient convaincus que je ne leur mentais peut-être pas.

« Où as-tu appris ces chansons, mon cher ? » m'a demandé une vieille femme lascive qui couvrait ce qui restait de son corps de bijoux éclatants et d'huiles colorées.

Ses yeux étaient vitreux et brûlants, comme deux braises de feu noir, et un seul regard d'elle me donnait envie de m'écrouler à ses genoux. Si elle avait eu trente ans de moins, il n'y aurait eu personne de plus séduisant qu'elle. Une servante à la peau sombre la caressait avec deux doigts entre les jambes, conférant à son visage une moue absente, reflet de son ennui total. Une petite fille vêtue d'or lui mordillait les seins, et de temps en temps, épuisée, lui offrait des fruits qu'elle avait préalablement frottés sur son corps. La femme acceptait ces cadeaux sans importance, en me regardant de bas en haut avec une expression diabolique.

« J'ai erré bien au-delà des Confins, Madame, ai-je répondu, sachant que sa convoitise était mon meilleur allié. Pendant dix ans, j'ai parcouru la gorge sans fin de l'espace et j'ai vu tant de choses que la nuit mourrait de mille morts avant que j'aie fini de les raconter.

— Tu as été soldat ?

— Plus que cela, Madame. J'ai été poète.

— Un poète, et tu es ici, à mendier pour ta vie sur la poubelle qu'est cette planète ? » a demandé un seigneur qui cachait son visage derrière un masque, visiblement sceptique et ivre.

Un adolescent à la peau teintée de blanc lui léchait les testicules avec une délectation simulée.

« J'ai décidé que le monde intérieur d'un homme valait mieux qu'une aventure dans les étoiles, Monseigneur. Surtout si cet homme est moi-même. Et aussi que d'autres gens avaient le droit de connaître mes histoires. C'est pourquoi je suis ici.

— Je crois que tu me plais, poète, est intervenue la femme de tout à l'heure en éloignant la jeune fille de ses seins d'une main griffue pour la rapprocher de son ventre. Peux-tu prouver ce que tu dis ?

— Bien sûr, Madame. Je n'oserais pas vous mentir. C'est attesté par la Corporation elle-même. Voici ma marque. »

Dans un froissement de tissu, j'ai découvert mon téton gauche avec un mouvement sensuel. Sur celui-ci, la femme a lu le tatouage certifiant la véracité de mes dires, ou du moins elle a semblé le faire. Un aval qui assure un séjour prolongé dans l'espace, c'est quelque chose que tout le monde respecte.

« Mmm... Je t'aime bien, petit poète. Tu as déclaré que tu t'appelais Hamlet ? Oui, c'est ce que tu as dit. Je suis heureuse de ta présence, voleur d'âmes. Je te trouve beau. Et tu as un joli corps. Viens, allonge-toi près de moi. Laisse-moi caresser tes cheveux. Je veux voir si ton sexe peut m'offrir autant de plaisir que ton discours. »

C'est ainsi que je suis devenu l'animateur des fêtes de la citadelle, le ménestrel qui égayait ses soirées par des chants et des acrobaties, et j'ai été longtemps son bouffon et son esclave, sa concubine et son rossignol. Si on m'ordonnait de chanter, je chantais. Je buvais quand ils me demandaient de boire, j'aimais avec une ardeur inégalée s'ils réclamaient mes étreintes, ou je me laissais aimer avec des ronronnements de chat si on exigeait ma soumission. J'utilisais leurs masques pour faire des parodies, leurs parfums pour simuler le bien-être. Je rampais et je les dominais chaque nuit, dégoûté et satisfait de mes capacités théâtrales, heureux de voir qu'ils étaient incapables d'interpréter mes allusions ou mes attaques, oublieux de leurs manières grotesques et de leurs vociférations, car s'opposer à leurs caprices signifiait perdre de vue la sécurité de préserver ma vie et celle de Valeria. Je les détestais, mais j'avais besoin d'eux, tandis qu'ils pouvaient se passer de moi. J'ai dû apprendre à dissimuler l'horreur que m'inspirait la pourriture de leur corps et, pire encore, de leur cerveau, m'étonnant chaque jour davantage que la Corporation poursuive sa course folle vers d'autres mondes en laissant derrière elle des nullités telles que celles qui me caressaient, ou bien me possédaient. Ares Wayne vomirait avec moi s'il savait où étaient passés ses rêves de gloire. Il déserterait sans état d'âme s'il voyait l'égout dans lequel étaient tombées les valeurs qu'il s'obstinait à défendre. Pauvre Capitaine Sanglant. Il se jetterait tête baissée dans l'espace, comme Ptolémée, s'il découvrait à quelles extrémités de décadence et d'absurdité étaient tombés les représentants que ses bras, il y avait si longtemps, avaient portés au pouvoir.

Les seigneurs devaient être près de deux cents. C'est ce que j'ai calculé dans mon esprit chargé d'hallucinations tout en reniflant de l'opium ou en mangeant des gâteaux aux fruits placés entre les jambes de quelqu'un. Ils devaient être au moins deux cents à maintenir le siège au nom de New York et à exploiter la misère de la ville basse à leur profit. Je n'ai jamais pu déterminer leur nombre exact, car les danses se déplaçaient de salle en salle, de niveau en niveau, et de nouvelles têtes s'ajoutaient constamment à la fête, tandis que des visages familiers disparaissaient, à mesure que les navettes de la Corporation descendaient à la surface de Mandara. Avec une régularité mathématique, elles aspiraient les récoltes ou fournissaient aux administrateurs de nouveaux dispositifs de sécurité ou des technologies qui me paraissaient magiques après avoir été si longtemps éloigné du monde moderne. En observant les bêtes mécaniques charger et décharger leurs trésors sur les pistes d'envol du château, j'ai envisagé la possibilité de corrompre un navigateur ou de convaincre les seigneurs dont j'étais le favori de me laisser m'échapper de la planète. Mais je n'ai jamais osé franchir le pas. Je ne pouvais pas partir maintenant et laisser Valeria dans la misère.

Elle ne voudrait pas quitter Mandara. Je le savais, même si je ne le lui avais jamais proposé. Elle considérait Pénitence comme sa propre maison et espérait, comme tout le monde ici, que le blocus économique ne durerait plus longtemps, que la punition imposée par la Corporation serait levée bientôt. Tout indiquait que cela allait se produire, mais personne ne savait quand. On spéculait sans cesse sur la possibilité de redevenir libre, mais la liberté, qui sommeillait quelque part dans l'espace, n'arrivait pas.

Valeria ne comprenait pas mon attitude envers les seigneurs. Elle ne savait pas exactement quel genre de divertissement je leur offrais. Je n'ai jamais voulu le lui expliquer en détail. Dans ses yeux, se lisaient clairement le reproche et la honte de ce que je faisais, mais sans cela, aucun de nous n'était en mesure de survivre. Nous devions laisser nos scrupules derrière nous et tirer le meilleur parti de la situation jusqu'à ce que des vents plus favorables soufflent. Elle me voyait rentrer épuisé à la maison et me parlait à peine, mais elle gardait mes affaires propres et bien rangées, et parfois, au lever du soleil, elle était là à m'attendre devant la porte. Elle mangeait ce que je lui apportais, prenait le matériel que je volais pour elle en prévision des semailles que nous ferions une fois le siège levé, et puis elle retournait à son mutisme et à sa froideur, morte à la vie, sans illusion, comme si je l'avais, par ma démarche folle, découragée d'un quelconque début de sentiment. La regarder, c'était accuser une blessure, une sorte de flèche empoisonnée à la pointe amère. Elle ne voulait pas comprendre que je me vendais par amour pour son ombre.

Chaque nuit, je me rendais dans l'enceinte du château, et une fois à l'intérieur, je psalmodiais mes hymnes guerriers ou amoureux, prêt à satisfaire mon public et à interpréter la cantate qu'il préférait. Je découvrais la dureté du métier des ménestrels. Je les avais ignorés tant que j'étais en sécurité devant la console de l'Ivoire, parce que j'étais le créateur et qu'ils n'étaient que des messagers. Je n'avais pas compris à quel point leur existence était pénible, douloureuse. Les mélopées épiques leur devaient autant qu'elles devaient aux poètes. Peut-être un peu plus. Le poète pouvait être sacrifié, comme je l'avais été, mais la phase de propagande qui s'appuyait sur les ménestrels était tout à fait nécessaire. Bien sûr, lorsqu'il s'agissait de reconnaître notre valeur personnelle, la contribution de chacun, aucun d'entre nous ne valait rien. Seule comptait la Corporation. Les hommes passent, les chansons restent.

Mon répertoire était pratiquement infini. En dix ans de service, j'avais écrit de nombreuses œuvres, et d'autres encore m'étaient parvenues, celles créées par des poètes similaires affectés sur des brise-glaces ou des croiseurs réguliers. Ma mémoire, stimulée par le vin et l'ambroisie, s'avivait. Personne n'était alors capable de déclamer plus que moi, de remettre au goût du jour des sagas ou des sonnets depuis longtemps perdus, des chants de hauts faits ou des chants d'amour que tous les présents, baignant dans le vice et la passion, avaient oubliés depuis longtemps.

Une nuit, plus ivre que de coutume, je me suis senti envahi d'un bonheur artificiel. J'étais installé sous une lampe de cristal qui émettait de faibles éclairs bleus et écarlates, projetant dans les couloirs une immense cascade de couleurs et de fantaisie, et tatouant au passage, pendant quelques secondes, les corps nus, barbouillés de boisson et de lotions. Je me suis mis à entonner mon hymne le plus aimé, ma composition la plus ancienne, celle qui décrivait la situation que je vivais maintenant, mais d'un point de vue opposé, puisque c'était moi, la prostituée. Stimulé par les chuchotements des amants dans les alcôves et sur les lits, j'ai récité, accompagné du psaltérion, mon poème oublié et adoré, *Le Serpent à plumes*.

J'ai caressé son dos. Oh, comme je l'ai étreint !
Et j'ai touché la peau de son ventre, de ses reins
Et le serpent si beau, aux plumes de chagrin
Qui plantait ses longs crocs à côté de ses seins.

Elle s'est ouverte à moi, à mes assauts fougueux,
Promettant sur sa foi qu'en tous temps, en tous lieux,
Nos doux instants d'émoi embrasés par le feu,
Elle n'oublierait pas, tant ils étaient glorieux.

J'ai tenu ses deux seins, si ronds et si jolis,
Ses tatouages ophidiens, ses fesses arrondies,
Dans le creux de mes mains, mu par une folle envie
D'aller fouailler ses reins en y fourrant mon vit.

Pendant que je fendais des coups de mon épée
Son sexe rose et frais en la faisant crier,
Sur sa peau je voyais les dessins tatoués
Qui vibraient et bougeaient, par nos gestes animés.

Ils étaient si nombreux, décorant tout son corps.
Des tatouages somptueux, un étrange décor
D'animaux merveilleux que je revois encore
Offert devant mes yeux ravis d'un si doux sort.

Joli serpent de nuit aux plumes de bonheur
Sur sa peau, alangui, par mes douces faveurs
Lorsque la lune a fui tu m'as ravi mon coeur
Tandis qu'elle est partie chercher d'autres ardeurs.

« Eeeeh ! » m'a interrompu un inconnu au corps taché de vin et de graisse en se levant d'un coup.

L'éphèbe peint en rose qui se tenait en équilibre au-dessus de son entrejambe n'a pas eu le temps de s'écarter assez vite et il s'est affalé en avant, se cassant deux dents contre le sol.

« Qu'est-ce que tu chantes, bordel ? a braillé l'homme. Qu'est-ce que c'est que cette aberration de merde ?

— Une aberration ? Je ne comprends pas, Monseigneur.

— Où as-tu appris les paroles de cette chanson ? Dans un tas de fumier, pendant que tu enculais quelqu'un ? Ou alors c'est toi qui te faisais mettre, hein ? Qui t'a dit que l'histoire se passait ainsi ?

— Excusez-moi, Monseigneur, ai-je répondu, de plus en plus confus, parce que l'homme n'avait pas l'air si ivre. Ce n'est pas ça ?

— Bien sûr que non, bordel ! Tu changes toute la chanson, petit bâtard ! Qu'est-ce qu'il y a ? Tu te permets d'inventer ? Ou tu te crois meilleur que tout le monde et tu chantes pour toi-même, hein ? Dis-moi, malheureux, qu'est-ce qui ne va pas chez toi ?

— Il doit y avoir une erreur, Monseigneur. *Le Serpent à plumes* a toujours été ainsi. Je l'ai appris comme ça.

— Le serpent ? Quel serpent ? La chanson explique très clairement qu'il s'agissait d'un faucon. Un faucon argenté qui couvrait la pute du cul aux épaules.

— Excusez-moi encore, Monseigneur. Parlons-nous de la même chanson ?

— Laquelle ? N'est-ce pas celle qui raconte l'histoire des tatouages d'une pute ? La succession de légendes qui ornent son corps ?

— En effet, c'est celle-là.

— *Le Faucon d'argent*, mon garçon. C'est son titre.

— Comment ? Le faucon ? J'ai toujours cru qu'elle s'appelait *Le Serpent à plumes*.

— Pas du tout. Elle s'intitule *Le Faucon d'argent*. Je la connais par cœur. Je l'ai chantée de nombreuses fois. Elle doit avoir au moins cent ans.

— Alors je crois que je me suis trompé, Monseigneur, ai-je répondu en me couvrant la bouche pour dissimuler mon sourire. J'ai toujours pensé que la chanson originale racontait l'histoire d'un serpent à plumes.

— Je t'ai dit qu'il n'en était rien. Tu fais erreur. Tu as dû te tromper de poème. Allez, va chercher ton instrument. Je vais te chanter *Le Faucon d'argent*. Écoute bien les paroles. Je veux que tu l'apprennes.

— Comme vous voudrez, Monseigneur. »

Il a chanté d'une voix légèrement efféminée ce qui, selon lui, était l'histoire originale, cette anecdote, inconnue de moi, du faucon. Une variante si complète qu'elle avait fini par supplanter l'original, dont il ne restait que l'idée centrale et quelques vers semblables, à la rime identique. Oh, je me gonflais d'orgueil, et aussi d'un certain regret, car je me rendais compte que je ne servais à rien. Si le serpent de la prostituée du Caban Jaune était bien réel, l'idée de le remplacer par un faucon argenté me semblait meilleure, plus agressive, plus belle. Avec humilité, j'admettais que la variante proposée par le seigneur était meilleure que la mienne. Le poème s'était enrichi. Il avait gagné en espièglerie et en délicatesse. Le père Espligares m'avait prévenu et je ne l'avais pas cru. À la lumière du texte apocryphe, j'admettais que la conscience collective s'était chargée de polir ma création jusqu'à ce qu'elle devienne un poème complètement nouveau, justifiant dans toute sa plénitude le caractère fonctionnel de la littérature, sa valeur de parabole. Je me suis souvenu de cette conversation, au Monastère, avec mon précepteur indiscret et j'ai reconnu que, à l'époque, il avait eu raison.

« Tu as bien écouté ? a demandé le seigneur en me rendant le psaltérion d'un geste hautain. Tu vois à quoi il ressemble ?

— Oui, Monseigneur. Je l'apprendrai volontiers pour vous faire plaisir.

— Très bien. Je te l'enverrai. Ou plutôt, viens un jour dans mes appartements et je te l'apprendrai moi-même. Mais pas aujourd'hui. Tu vas devoir patienter un peu. Nous attendons des gens importants qui vont me tenir occupé. Nous garderons la leçon pour leur départ. Et maintenant, continue de chanter. Je veux quelque chose de plus passionné. Mon éphèbe avait l'air ailleurs, tout à l'heure. Je ne sais pas ce qu'il a. Il est peut-être malade. Ou amoureux. Qui sait ? C'est drôle, non ? Mon éphèbe amoureux.

— Vous avez parlé de gens importants, Monseigneur, ai-je déclaré en interrompant son gloussement. Des émissaires de la Corporation ?

— Oh, je ne crois pas. Il s'agit d'une valkyrie, d'après ce qu'on m'a dit. Une capitaine de vaisseau en tournée d'inspection. Simple routine. Mon éphèbe ! Mon éphèbe ! Où est mon éphèbe ?

— Une valkyrie, Monseigneur ? J'ai cru comprendre que le Bifröst n'existait plus.

— Le Bifröst ? C'est quoi, ce putain de Bifröst ? Tu inventes aussi les noms, maintenant ?

— Non, Monseigneur. Je vous assure que je n'invente rien. Le Bifröst était le navire mis à la disposition des femmes soldats, que nous appelons communément les valkyries. Pour autant que je sache, il a été détruit sur un monde au-delà des Confins. Un monde que les militaires ont appelé Pluie.

— C'est vrai ? Je n'étais pas au courant de ce détail. Quelqu'un a vu mon éphèbe ? Non, cette valkyrie appartient à un autre vaisseau. Le Walhalla, si je me souviens bien. Le Walhalla, oui. Un beau nom, en effet. Mon éphèbe ? Où diable est passé cet insolent ? Je le ferai castrer pour ça ! »

Je l'ai planté là, à chercher d'un œil avide un indice sur la disparition de son jouet du moment, et je me suis retiré, à la recherche d'un peu d'air non vicié pour soulager mon mal de tête. Une fois dans le jardin extérieur, j'ai laissé les vapeurs d'alcool qui m'incommodaient se diluer, et j'ai repensé à ce que le seigneur m'avait dit, concernant les valkyries. J'ai compris que leur création était devenue un symbole, une légende, au même titre que New York, la Conquête ou l'existence des Ascaris, et que c'était pour cela que les techniciens de la Corporation avaient décidé de doter un autre brise-glace d'un équipage féminin. Les valkyries faisaient déjà partie de la tradition, tout comme les chansons de geste, le métal organique, le métier de pilote ou les Nors eux-mêmes. Et maintenant, peut-être, ce vaisseau de combat, baptisé Walhalla pour suivre les nomenclatures mythologiques, était en orbite autour de Pénitence, apportant aux administrateurs de nouveaux ordres et des nouvelles fraîches.

J'ai appris que sa représentante était une capitaine du nom de Darlane Steranko, une femme dont la beauté troublait même certains individus purement homosexuels du zoo que constituait le château, mais je ne l'ai vue que six ou sept nuits plus tard, alors que j'avais oublié le petit remue-ménage provoqué par son arrivée. Je chantais une ballade pleine d'amour et de sentiments lyriques, posé sur une coupole en plastique, dans un des salons les plus élevés de la ville. C'est alors qu'elle s'est jointe à la fête, accompagnée d'un aréopage de servantes qui se mettaient en quatre pour la satisfaire et répondre au moindre de ses caprices. Les autres administrateurs, que je berçais de ma chanson, ont interrompu leurs frottements et leurs caresses, oubliant ma présence, et ont couru avec une fidélité de chien vers l'inconnue, lui jetant leurs louanges en forme de pétales de roses.

« Nous vous saluons, capitaine ! Venez nous rejoindre et réjouissez-vous ! »

Darlane Steranko, je l'avoue avec passion, était la plus belle femme que mes yeux aient jamais vue. Même les actrices de sensociné qui m'avaient captivé sur la Terre ne lui arrivaient pas à la cheville. Je n'ai pas trouvé, depuis, de femme qui puisse l'égaler. Elle brillait comme une torche parmi les corps couverts de bijoux et de masques, grotesques devant elle qui était habillée de manière si agressive et si audacieuse. Ses vêtements se réduisaient à une série de lanières de cuir tout autour de son torse et de ses jambes, de l'épaisseur d'une ceinture et si serrées que je m'étonnais qu'elles ne la blessent pas. Des anneaux d'argent reliaient une sangle à l'autre, laissant suffisamment de peau entre les deux pour que quiconque la regarde ne puisse se sentir indifférent. Elle donnait l'impression d'être à la fois nue et habillée. Une dague était attachée à son bras gauche par trois autres lanières, lui donnant l'air d'un bracelet. Une bande noire retenait ses cheveux, dorés et brillants comme l'explosion d'une étoile, et deux autres plus fines reliaient sa tête et son cou, couvrant ses traits magnifiques comme un maquillage ou un masque. Le vêtement était complété par une cape de soie transparente qui tombait de ses épaules et touchait presque le sol. Il devait lui falloir des heures pour ajuster cette tenue. Je l'ai imaginée ainsi vêtue sur la passerelle de son vaisseau, ou dirigeant des opérations militaires contre les Nors ou les Yuetshes, et j'ai souri. Cela ne me paraissait pas sérieux. Son accoutrement ne ressemblait même pas à une tenue de ville. Peut-être que la valkyrie était en mission et qu'elle avait décidé de montrer aux seigneurs qu'elle pouvait les surprendre, parce qu'elle avait reçu des ordres de New York et qu'elle consacrait sa vie à son devoir. Par les démons, c'était excitant.

L'un des seigneurs les plus importants, celui qui était sans doute chargé de l'accueillir au nom du reste des administrateurs ou d'entendre ses rapports ultérieurs, a parlé pour tous d'une voix rauque provoquée par une toxicomanie irréversible. À côté d'un spécimen tel que la valkyrie, il avait l'air ridicule.

« Bonsoir, capitaine Steranko. Les administrateurs de la Corporation dans cet endroit reculé vous souhaitent la bienvenue et vous invitent à vous joindre à cette petite fête qu'ils ont organisée en votre honneur.

— En mon honneur ? Il me semble que les réjouissances ont commencé bien avant mon arrivée », a répondu la femme d'un ton laconique, avec un air supérieur, presque sarcastique.

Ses yeux ne cessaient de parcourir la pièce, détaillant tout avec le tranchant léger d'une épée. Ils ne se sont arrêtés que lorsqu'ils ont rencontré les miens. Il était difficile de soutenir son regard.

« Venez avec moi, capitaine, l'a invité le seigneur, une caricature d'être humain. Je suppose que vous avez envie de vous distraire. Ce n'est pas le moment de travailler, mais de se détendre. Voulez-vous une boisson, un mets particulier ? Nous avons tout ce qu'il faut ici. Vous pouvez prendre tout ce que vous voulez. N'aimeriez-vous pas relâcher vos tensions avec la jeunesse d'un de nos éphèbes ? Peut-être préférez-vous la compagnie d'une jeune fille ?

— Une femme ? Non merci. J'en ai vu assez depuis qu'on m'a donné le commandement du Walhalla. Plus de femmes pour le moment. Vous n'imaginez pas à quel point il est difficile de s'habituer à ne plus voir un seul homme dans l'équipage.

— Je comprends, capitaine Steranko. Vous pouvez faire votre choix ici. Il y a de quoi vous occuper et nous sommes attentifs à vos désirs. Nous souhaitons que vous fassiez un bon rapport sur nous à New York.

— Je le suppose, administrateur. Eh bien, pour le moment, servez-moi un verre de vin. Ensuite, je vais réfléchir à mon choix. Je vois beaucoup de corps intéressants autour de moi. Vous pourrez me conseiller si je ne parviens pas à me décider. »

Le seigneur l'a escortée dans la grande salle, la présentant ici et là à tous ceux qu'elle souhaitait rencontrer, sans qu'elle n'en choisisse aucun pour l'instant, car elle avait l'œil d'une bonne marchande. Je savais déjà qu'elle m'avait remarqué. Où qu'elle soit, ses yeux me cherchaient furtivement, comme une flamme, comme un feu doré. Devant tant d'insistance, mon cœur s'est mis à battre la chamade, comme quand on est sûr de ce qui va arriver, et qu'en même temps cette certitude devient un motif d'angoisse. Dans mon excitation, j'ai pris le psaltérion et j'ai entonné un chant de bataille pour qu'elle me regarde de plus près.

« Qui est-ce ?

— Celui-là ? Un de nos ménestrels. Il vous intéresse ?

— C'est possible. Parlez-moi de lui.

— Il est docile et obéissant comme une colombe, Madame. Vous ne pourriez choisir meilleure compagnie. Son discours est toujours divertissant. C'est un conteur habile, et il prétend avoir été poète.

— Ce n'est pas une conversation que je veux avoir avec lui, administrateur. Parlez-moi de ses autres qualités.

— Il se laisse aimer, Madame. C'est un expert quand il s'agit de laisser l'initiative à d'autres.

— Vraiment ? Je veux l'avoir. Amenez-le-moi.

— Tout de suite, Madame. »

Le seigneur s'est éloigné de la valkyrie. Il est venu vers moi et m'a fait signe de m'approcher. J'ai obéi, car je n'attendais rien d'autre. De près, Darlane Steranko était encore plus belle. Son corps, comprimé par les sangles, paraissait sur le point d'exploser. Deux fleurs sombres peinaient à émerger sous le cuir noir qui recouvrait à moitié son corps, révélant l'excitation de ses tétons. Il y avait quelque chose de sensuel dans ses gestes virils.

« On me dit que tu as été poète. C'est vrai ?

— Oui, Madame.

— Sur un croiseur ?

— Sur un brise-glace. L'Ivoire.

— Qui commandait le vaisseau ? »

J'ai compris qu'elle me testait, qu'elle me sondait. Je l'ai laissée faire. À ce moment-là, dans le salon, rien ne comptait plus que son corps et le mien.

« Jusqu'à mon départ, Madame, c'était le capitaine Ares Wayne. J'ignore s'il est encore en poste.

— Il l'est toujours, au cas où cela t'intéresserait. Je te crois, poète. M'as-tu déjà dit quel est ton nom ?

— Non.

— Dis-le-moi, alors.

— Hamlet.

— Un joli nom. De la Terre ?

— De la Terre, en effet.

— Quel genre d'amant es-tu ?

— Je suis un imbécile qui ne connaît même pas l'art de se mettre en valeur, *Monsieur* », ai-je répondu d'un ton ironique en insistant sur le titre de civilité pour souligner son attitude et son discours masculins.

Elle a accusé le coup sans bouger un cil.

« Ce n'est pas à moi de le dire, ai-je expliqué. Peut-être que l'un des corps que vous voyez éparpillés dans la salle sera en mesure de vous parler plus en détail de mes performances. Mais en toute honnêteté, je ne pense pas avoir de quoi me vanter.

— Tu as la langue agile, poète. J'espère que tu ne l'utilises pas que pour parler.

— C'est une chose que l'on ne peut prouver que d'une seule manière, Madame. »

Les mains sur les hanches, elle a fixé son regard sur moi, pesant les chances de me choisir. Elle représentait pour moi une partenaire idéale, une véritable déesse du plaisir ou de la guerre. Elle a porté un doigt capricieux à ses lèvres, les tapotant doucement, puis elle s'est tournée vers le seigneur qui nous accompagnait. Le moment était propice pour démontrer ses talents de commandement.

« Administrateur, veillez à ce qu'il soit conduit dans ma chambre et qu'il m'y attende jusqu'à la fin des réjouissances, ou bien jusqu'à ce qu'elles m'ennuient. Je ne suis pas avide de sexe au point de renoncer à un peu de bonne chère pour le désir de posséder un homme.

— À votre guise, capitaine. Le poète fera ce que vous lui dictez. Viens, Hamlet. »

Je l'ai attendue pendant quatre ou cinq heures, un temps qui m'a paru interminable parce que j'étais partagé entre la peur et le désir de cette confrontation, comme devaient l'être les mariées ou les jeunes filles vierges lors de leur nuit de noces dans les temps anciens. Mon esprit, troublé, prêt à se perdre, ne pouvait que me rappeler la rencontre du Caban Jaune, la sortie dans la sphère, et le corps sculptural de la prostituée terrienne dont j'interprétais la chanson, et dont je tenais désormais le rôle. J'avais l'impression que ma vie repartait à l'envers, revenant aux origines, aux débuts, m'obligeant à porter un regard altéré sur des situations que j'avais vécues, modifiées par ce nouveau point de vue. Comme si mon existence se limitait à revivre avec différents prismes des scènes déjà connues qui ne seraient même pas remarquables ou originales.

La porte de la chambre s'est ouverte avec le ronronnement d'un félin en chaleur, et la valkyrie a franchi lentement le seuil, avec toute l'opulence de sa silhouette de guerrière. Elle n'a allumé aucune lumière. Elle m'a contemplé de ses yeux terribles et s'est approchée de moi d'un pas rude et militaire, faisant bruisser sans le vouloir mais de manière doucereuse, le cuir qui lui servait d'uniforme. Immédiatement, la pièce a été inondée par la température de son corps. Elle a tendu une main vers moi, une main faite pour la guerre et la destruction, une main destinée aux lasers et non à l'amour, aux coups plutôt qu'aux caresses, et elle a parcouru ma poitrine, arrachant ma chemise. Elle a continué son exploration, et il m'a semblé qu'elle n'allait pas seulement déchirer mes vêtements, mais aussi ma peau, tant son toucher était cruel. Elle m'a embrassé avec une frénésie mal réprimée. Dans ce baiser, la passion comptait plus que l'efficacité, l'intention plus que le résultat. Elle m'a fait tomber sur le sol et a reculé d'un pas martial. L'anneau qui tenait la lanière enserrant ses cheveux s'est détaché, et le costume de cuir a commencé à glisser, baignant d'obscurité et de vide la chair que ma langue devrait bientôt honorer. Sur sa poitrine, sont apparues deux pointes de lance rouges, teintées de sang, capables de déchirer mon corps d'un seul mouvement de côté. Elle a avancé de deux pas et s'est assise à califourchon sur moi, comme si elle exécutait une manœuvre militaire mal déguisée.

« Es-tu déjà monté à cheval, a-t-elle fini par demander, curieuse, tandis qu'elle m'introduisait en elle.

— Oui, ai-je répondu en me laissant porter par la dure cadence de son rythme.

— Mais l'as-tu fait à cru, nu, en sentant sous tes cuisses le contact de la peau de l'animal ?

— Non, pas de cette façon.

— Alors tu ne sais pas ce que c'est que monter à cheval », a-t-elle conclu en me couvrant de son étreinte d'hoplite.

Elle n'a rien dit d'autre, ou bien je ne l'ai pas entendue. Elle m'a attaqué de front, avec des caresses de panthère, comme la femme guerrière qu'elle aimait être. Elle m'a mordu, griffé et embrassé, comme si tout en elle canalisait la passion, comme si elle concevait la vie sans douceur, sans autre rythme que le tam-tam sauvage avec lequel elle marquait l'anticipation et l'apogée du débordement amoureux. Elle m'utilisait et je l'utilisais, elle libérait en moi ses tensions belliqueuses, ses capacités de capitaine à la solde de la Corporation, et je libérais en elle mes instincts de poète sur le retour, d'amant illusoire rejeté par Valeria. Valeria, à laquelle je ne pensais même pas en cet instant. Valeria, qui m'attendait sûrement à la porte de la maison et qui serait inquiète de ne pas me voir arriver. Valeria, dont j'étais tout près de connaître le secret, pour mon soulagement et mon malheur. Jamais je ne me suis senti plus fragile et plus exalté que dans les bras de la capitaine Steranko, plus humble et plus important que sous le contrôle de son pouvoir. Le monde et la Corporation avaient pris vie dans cette femme qui représentait tout, car elle était tout, vie et mort, équilibre et déraison. Elle ne s'est pas arrêtée jusqu'à ce que chacun de nous soit l'ombre de l'autre, jusqu'à ce qu'elle n'ait plus rien de moi à faire entrer en elle, plus aucune goutte de sueur ou de sperme à absorber. Me sentir utilisé, dévoré, plié par sa domination a été magistral, et en même temps honteux.

Ensuite, une fois la lune éteinte, laissant au soleil le spectre de sa gloire, elle est devenue plus douce, comme si notre longue nuit commune avait éveillé l'innocence qui sommeillait en elle, une tendresse que j'avais contribué à révéler par mes services. Elle m'a contemplé longuement, avec ce regard à la fois maternel et complice que les femmes nous offrent habituellement après l'amour, en réponse aux yeux d'enfant que nous, les hommes, adoptons. Elle a détaché de son bras le couteau serti de pierres précieuses qu'elle avait hésité à lâcher pendant nos ébats.

« Prends-le. Il est pour toi. Tu m'as bien servi et je veux te récompenser. Garde-le et souviens-toi de ce moment. Souviens-toi de moi, aussi. Il est vivant. C'est une dague en acier organique qui vaut une fortune. Tu la sentiras palpiter contre ta peau. Garde-la, elle pourra peut-être t'aider si les choses tournent mal dans ce monde. Maintenant, va-t'en. Ne reviens pas au château tant que je ne serai pas partie, car une autre rencontre briserait la magie de cette nuit. Je ne veux pas te revoir. Sors. »

J'ai obéi à son dernier ordre et je suis sorti à l'air libre. Je me suis mis en route vers la maison d'un pas lent. Alors que je longeais les remparts, j'ai découvert, au sommet des murailles, le triste spectacle du cadavre d'un jeune homme pendu à une pique. Je l'ai identifié tout de suite. N'importe où j'aurais reconnu ce corps peint en rose. C'était l'éphèbe disparu, l'amoureux supposé, celui que le seigneur cherchait depuis une semaine. Lorsqu'il avait enfin trouvé le garçon, il ne s'était visiblement pas contenté de le castrer.

Chapitre 30

« C'est la fin, mon petit étalon. Ces deux putains d'années de pouvoir absolu sont sur le point de partir en couille. Tu t'en rends compte ? En couille ! »

Mercali, que les autres seigneurs appelaient ouvertement et sans retenue l'Usurier, principalement à cause de son insatiable soif de richesse, gémissait d'un ton éraillé et maudissait à voix basse les effets de sa dernière et terrible ivresse. Entre les mots vides de sens, j'essayais de le porter et de l'empêcher de me glisser des bras. Je tentais surtout de comprendre le charabia qu'il marmonnait, car un sixième sens m'avertissait qu'il s'agissait d'autre chose que de simples élucubrations proférées par un ivrogne. Ce n'était pas la première fois que je lui servais de guide, bien sûr. Je lui avais déjà tenu compagnie à maintes reprises, lorsque son désir de s'amuser à tout prix le conduisait à revêtir les haillons dont se couvraient les habitants de Pénitence. Une fois qu'il était camouflé et prêt pour son expédition, je l'emmenais se perdre dans les rues et les places. Je le guidais à travers les fumées des échoppes éclaboussées par la pauvreté, afin de lui faire sentir le fumet distillé par les marchandises pourries et goûter l'hydromel dilué des tavernes. Je l'aidais à se vendre pour quelques piécettes à n'importe quel garçon, ou louer avec suffisance les services d'un homme ou d'une femme. D'autres seigneurs faisaient de même, en particulier les grandes dames, qui recherchaient de temps à autre une touche de variété et d'excitation dans la monotonie rose de leur vie. Elles accueillaient avec des gémissements de vraie jouissance les étreintes et les coups des individus qu'elles avaient elles-mêmes condamnés à la misère et à l'abstinence. Ces seigneurs ne trompaient personne avec leurs déguisements, si ce n'est leurs propres âmes.

« C'est la fin, mon garçon. Tout est terminé. Nous avons fait nos petites affaires, et à présent nos privilèges vont s'achever. On se fiche de notre utilité. Nous avons servi fidèlement la Corporation et la récompense que ce bâtard de Rab nous offre, c'est de nous faire remercier. »

Il s'est arrêté pour s'appuyer sur un mur. Il a uriné dessus une partie du liquide qu'il avait ingéré et vomi l'autre moitié, éclaboussant ses pieds et les miens d'une tache aigre. Puis il est reparti sur la route, un peu plus droit, moins chancelant, luttant avec lui-même pour contrôler le poids de son corps et maintenir une inclinaison correcte. J'ai couru pour l'aider, car il était clair qu'il allait finir par tomber.

« C'est la fin, oh, mon Dieu. C'est terminé et je n'ai même pas eu la chance de devenir assez riche. Une occasion comme celle-là ne se représentera pas avant de nombreuses années. Putain de malchance. »

Après un nombre considérable de trébuchements, de heurts et de jurons, nous sommes parvenus à son domaine, toute l'aile gauche d'un bâtiment moderne de six étages. Nous sommes entrés dans une pièce qui m'était déjà familière, et bien qu'il paraisse difficile, à première vue, que nous puissions passer tous les deux de front par la porte, nous y sommes arrivés. La vue de son domicile a paru calmer un peu le seigneur, comme si cette maison et le mauvais goût qui y régnait étaient un baume pour lui et qu'il portait sur ses épaules un incurable complexe de nidification. Il s'est éloigné de moi et s'est dirigé à pas branlants vers l'une des étagères dissimulées dans la pénombre. Son ivresse ne l'empêchait pas tout à fait de se souvenir de la raison de notre présence en ce lieu. Il a enlevé le masque d'argent qui couvrait partiellement la laideur de son visage, a versé dans deux verres un mélange de fruits et d'alcool, ajoutant dans l'un d'eux le remède qui lui servirait à se dégriser, puis il a allumé un ballon de gaz pour faire de la lumière. La lampe s'est détachée de son réceptacle au plafond et est descendue lentement jusqu'à une hauteur d'environ un mètre, où elle est restée en gravitation. Une faible lueur bleutée voilait la pièce, nous donnant l'apparence de fantômes.

« C'est fini, petit poète. Toute cette maudite histoire est finie.

— Je ne comprends pas bien, Monseigneur, ai-je répliqué en prenant l'un des deux verres et en le portant au bord de mes lèvres, sans boire. Qu'est-ce qui est terminé ? »

Mercali ne m'a pas regardé. Il a vidé le contenu de son verre et haleté dans la pénombre, en sueur et plein de regrets, plus découragé que jamais. Le tranquillisant a commencé à faire effet quelques minutes plus tard. Sa voix est devenue moins pâteuse et ses mains ont cessé leurs tremblements d'ivrogne. Il s'est tourné vers moi, me contemplant avec ses yeux de confesseur. Il y avait une expression de stupidité mêlée d'orgueil sur son visage baigné de bleu pâle.

« Qu'est-ce qui est fini, imbécile ? Le blocus. La Corporation a décidé que ces chacals de la ville basse en avaient eu assez. New York croit qu'ils ont appris la leçon. Il pense qu'il ne faut pas trop serrer le nœud coulant, sinon on finirait par les étouffer. Tu te rends compte ? Le siège est terminé. Dans moins d'un mois, cette planète retournera à l'ennui de la normalité. Charmant. Des entreprises vont s'implanter et nous perdrons notre monopole, notre exclusivité. Tu comprends ? Nous ne serons plus les maîtres absolus de ce taudis. Est-ce que c'est juste ? Qu'en penses-tu ? Nous avons patiemment enduré deux ans d'isolement sur cette poignée de poussière et on vient nous dire que notre travail est achevé. Putain, c'est dégueulasse ! Un homme donne les meilleures années de sa vie à ces ordures de la Conquête et de la Corporation, il se sacrifie sur un monde mort alors qu'il pourrait vivre dans le luxe sur n'importe quelle station orbitale pleine de jolis garçons et de jeunes filles, et puis on lui reprend tout, on lui dit qu'il a eu sa part, on le remercie de la manière la plus polie qui soit, et on le jette à la poubelle. Le monde est injuste, mon petit poète, ne le vois-tu pas ainsi ? »

Je ne lui ai pas répondu. Je n'aurais pas pu le faire. Mon cœur avait fait un bond et j'avais le souffle coupé. Le siège était sur le point de se terminer. Pénitence allait perdre son surnom de malheur et redevenir Mandara. Nous ne vivrions plus dans l'angoisse de savoir si nous verrions l'aube suivante. Valeria pourrait reprendre son travail avec la certitude que personne ne viendrait nous voler ou nous escroquer. Je n'aurais plus à me louer, je pourrais renvoyer les seigneurs et leurs goûts tordus en enfer, je pourrais redevenir un homme affranchi, soumis à mon libre arbitre. Je pourrais peut-être même retourner sur Terre, même si personne ne m'y attendait. Le monde était-il injuste, comme l'affirmait le seigneur ? Bien sûr qu'il l'était. J'avais découvert cela il y a longtemps, et le moment était venu pour les administrateurs d'en faire eux-mêmes l'expérience, même si ces salopards resteraient toujours du bon côté de la barrière. Je me suis dit que, peut-être, après tout, malgré les malédictions lancées dans le vide et la frustration de lever les yeux vers le ciel sans jamais y trouver un signe, il y avait une vengeance poétique, une justice divine, dans ce monde de merde.

« Tout est sa faute. Cette maudite espionne s'est avérée impossible à corrompre », a poursuivi l'Usurier en fronçant les sourcils.

Je ne sais pas pourquoi, mais j'ai tout de suite compris qu'il parlait de la capitaine Steranko, la valkyrie.

« Cette sale pute, rien de ce qu'on lui proposait ne la faisait changer d'avis. Nous avions beau faire monter les enchères, ça la faisait rire. Foutus militaires ! Des connards prétentieux qui ne savent même pas sucer une chatte ou une bite, voilà ce qu'ils sont. Une bande d'impuissants incapables de comprendre les sentiments des gens ordinaires. La salope a prévenu qu'aucun pot-de-vin ne la ferait changer son rapport à New York. Qu'est-ce que cette pute à rayures essayait de faire ? Obtenir une promotion ? Saleté de garçon manqué, tout ce qu'elle voulait, c'est repartir au combat. Tu entends ça, Hamlet ? Elle a réalisé l'exploit de vendre notre peau en échange de quelques planètes à piller, d'une douzaine de mondes sauvages où mettre en pratique ses enseignements virils. Et je me demande pourquoi elle était si pressée. Tu n'es pas d'accord ? Est-ce qu'elle avait le feu au cul à la perspective d'un combat ? Trouvait-elle si urgent d'aller fracasser la tête d'un rebelle, au point de refuser notre proposition de prolonger le siège de six mois ? Six mois, cela aurait suffi. Tout le temps nécessaire pour assurer notre avenir. Sale lesbienne, bâtarde de mille pères... Elle n'a fait que profiter de notre confiance, de notre naïveté. Nous ne pensions pas qu'elle était envoyée en mission secrète. Elle nous a fait croire qu'il s'agissait d'une visite de routine, d'une saleté d'inspection. Elle a bien joué son coup, et maintenant New

York l'écoute, bien sûr. Et il décide qu'il est temps que ce monde de merde se remette à produire, parce qu'il a besoin d'une place forte dans ce secteur pour conforter ses positions et neutraliser les idées ségrégationnistes qui pourraient naître dans ce système. Rien que de penser que nous sommes allés t'offrir sur un plateau à cette sorcière, toi qui es ce que nous avons de mieux, de plus délicat, de plus raffiné, me donne la nausée. Dis-moi, cette misérable femme t'a-t-elle maltraité ? »

Une de ses mains, chaude et humide comme celle d'un prêtre, a caressé mes cheveux et s'est posée sur mon épaule gauche, manifestement désireuse de poursuivre vers le bas son parcours de séduction. J'étais tellement excité à l'idée de m'échapper à jamais de cet endroit que je n'ai même pas pris la peine de refuser ou d'encourager son contact. Le seigneur, cependant, a dû remarquer ma passivité, mon manque total de coopération, car il a retiré sa main en baissant la tête avec un geste de regret désabusé. Mon Dieu, l'abattement de ce marchand me paraissait ridicule.

« Oh, bien sûr, je comprends, a-t-il murmuré en faisant tourner le verre qu'il avait récupéré sur la table et rempli de nouveau, ravi par le tintement de la glace dans le liquide. Tu vas t'en aller, n'est-ce pas ? Tu n'as plus besoin de nous, c'est logique. L'inconvénient de l'amour à louer. Eh bien, au diable, tout a une fin un jour ou l'autre. Qu'est-ce que tu vas faire, petit poète ? Est-ce qu'on te reverra un jour au château ?

— Je ne sais pas, Monseigneur, ai-je menti, car je n'avais qu'une envie, c'était de m'envoler d'ici et d'effacer au plus vite cet épisode de ma mémoire. Je voudrais retourner sur Terre.

— Sur Terre ? Je pensais que tu finirais par épouser cette femme que tu dis servir. Celle que tu n'as jamais voulu amener ici. Je serais heureux de rencontrer l'élue de ton cœur, tu sais ? Allez, ne sois pas timide. Dis-moi au moins le nom de ta chérie. »

Je n'aimais pas le ton moqueur et faux de ses paroles. Mais je me fichais bien de son avis. Surtout maintenant. J'ai haussé les épaules et reposé mon verre, sans le boire. Je n'avais aucun intérêt à le fâcher, si près de la délivrance, alors je lui ai répondu. C'était une terrible erreur. J'avais oublié qu'un gentleman poète ne doit jamais prononcer le nom de sa dame.

« Valeria. »

Mercali a inspiré bruyamment, avec un raclement de gorge où j'ai cru entendre l'éclat réprimé de son rire. Il s'est tourné vers moi, les yeux embrumés d'alcool. Il ressemblait à un Dionysos ivre barbouillé de bleu et de blanc.

« Quoi ? Valeria ? Pas Valeria Stendhal !

— Vous savez qui c'est ? » ai-je demandé d'une voix tremblante, regrettant d'avoir trop parlé.

J'ai senti mes joues et mes oreilles s'échauffer en rougissant.

« Si je sais qui c'est ? Tout le monde ici sait qui c'est ! »

Il a laissé échapper un rire abominable et spectral dans l'obscurité teintée de bleu, et son geste démesuré a fait claquer le verre sur la table. Je me suis mordu les lèvres en serrant les poings, et j'ai senti un frisson glacé remonter le long de mon corps, avec une lenteur malveillante, me couvrant d'horreur, de honte et de haine.

Mercali a maîtrisé son rire et a repris son explication.

« La fragile petite Valeria ! La fleur du bordel ! Ne me dis pas que c'est avec elle que tu as vécu tout ce temps ! Une femme blonde, très mince, à l'attitude renfrognée ?

— C'est elle. Comment la connaissez-vous ?

— Par les sandales de Rab ! Je parie que tu l'as aidée avec son projet dément de plantation. C'est comme si je t'y voyais.

— Oui, je l'ai aidée, et alors ? Comment en savez-vous autant sur elle ? Comment la connaissez-vous ?

— Le poète est amoureux de Valeria ! a ricané le seigneur, se moquant de l'angoisse contenue dans ma question. Mon garçon, c'est sûr que tu as bon goût ! Tu sais choisir ta compagnie ! Et dire qu'il y en a qui étaient jaloux de toi parce que cette maudite valkyrie t'avait sélectionné ! Ah, ah, ah ! Valeria ! Toi et Valeria ! Vous vivez dans la même maison ! C'est le plus drôle qui soit jamais arrivé au château ! C'est à mourir de rire ! Toi, dans le même lit que Valeria ! Baisant avec elle après avoir baisé ici ! Dis-moi, est-ce qu'elle t'a donné un avant-goût de ses petits talents spéciaux ? Elle t'a montré ce qu'elle nous a laissé savourer ? Sois franc avec moi, as-tu possédé son corps quand il est enduit de bonbons ? Allez, Hamlet, réponds-moi, ne sois pas timide.

— Qu'est-ce que vous dites ? » ai-je articulé péniblement, la mâchoire et les yeux décrochés, les poings serrés, brûlant d'effacer son sourire.

Tout était devenu douloureusement clair, et tellement simple. *Valeria, ma pauvre Valeria, si solitaire...*

« Ne me dis pas que tu l'ignorais ! Valeria tenait la place que tu occupes actuellement, mon oiseau chanteur. Ne te l'ai-je pas dit ? Ce n'est donc pas par sa volonté que tu es ici ? Valeria a été la plus grande distraction de cet endroit depuis que le blocus a été établi.

— Elle est venue ici ?

— Il y a plus d'un an, mon garçon. Elle est restée avec nous pendant six mois d'affilée. Oh, elle est infatigable, cette femme, n'est-ce pas ? Un volcan. Tant de passion !

— Vous devez vous tromper.

— Non, c'est bien elle. Valeria Stendhal, celle qui se prenait pour une paysanne. Ne viens-tu pas d'avouer que tu l'avais aidée à la plantation ? Tu as cultivé des céréales spéciales, n'est-ce pas ? Des blés capables de se reproduire sur cette terre, je me trompe ?

— Non.

— Comment crois-tu qu'elle a obtenu les semences et le contrat ? Par magie ? Elle écartait les jambes pour quiconque le lui demandait ! Tout le château peut te parler d'elle aussi précisément que je le fais ! Elle est venue ici une nuit, deux mois après le début du blocus, et a dit qu'elle était prête à nous divertir en échange de nourriture et d'un abri. Nous les lui avons donnés, bien sûr. C'était un beau spécimen de femme, à l'époque. Très mince et très pâle, mais aussi très jolie, étrangement appétissante. Tu aurais dû la voir faire usage de ses jambes. C'était quelque chose. Il n'y a pas de dôme de plaisir comparable aux cuisses de cette salope, sans parler de la façon dont elle utilise sa bouche. Elle est restée ici jusqu'à ce qu'elle ait assez d'argent pour partir. Elle a réussi à amadouer quelqu'un de plus doux que moi et a obtenu la terre et le grain. Nous n'avons plus jamais entendu parler d'elle. Mais je peux te dire que plus d'une grande dame se caresse encore en pensant à elle. Tu n'étais pas au courant ?

— Non, je l'ignorais. Valeria ne m'a jamais raconté sa vie. Cela ne m'intéressait pas non plus.

— Oh, comme c'est gentil ! N'est-ce pas mignon ? Hi, hi, hi ! Attends que les autres le sachent, ils vont tous te réclamer, encore plus que maintenant. Rab, ce moment vaut tout ce qui nous arrive ! Ce maudit moment compense toute l'ingratitude de New York et des porcs de son espèce. Tu devrais prendre un miroir et te regarder, mon garçon ! Malgré la lumière colorée, tu es blanc comme un linge ! Plus pâle que les nichons de Valeria ! »

Presque sans m'en rendre compte, je me suis retrouvé sur lui, lui assénant de façon désordonnée des coups de poing qui me faisaient mal aux doigts et à l'âme. Mes larmes de colère m'empêchaient de voir clairement où je frappais. J'ai étouffé un cri de rage et je l'ai griffé, sentant mes ongles s'enfoncer dans ses yeux. Mercali a reculé de quelques pas, surpris par mon agression, puis il m'a repoussé d'une gifle, rouge et en colère. Il a ensuite porté une main à son nez pour essayer d'arrêter la cascade de sang qui jaillissait de ses lèvres et tentait d'entrer dans sa bouche. Il s'est avancé vers moi, bleu foncé dans la lumière du ballon de gaz.

« Sale chien, je te ferai castrer pour ça ! Tu apprendras qui est le maître ici, sale bâtard. Toi et ta putain, vous allez vous souvenir longtemps de Mercali ! »

Il a lancé un coup de son poing gauche, mais je l'ai esquivé, alors qu'en moi la haine avait cédé la place à la peur. J'ai couru vers le centre de la pièce, conscient qu'aucune patrouille de reconnaissance ne viendrait me sauver, cette fois. J'étais piégé dans l'antre de mon ennemi, c'était lui qui faisait les lois, et même si je parvenais à l'abattre et à vaincre, ce dont je me trouvais incapable car il était plus grand et plus fort que moi, je finirais par être exécuté par les autres seigneurs. J'en avais le souffle coupé. Une poussée dans le dos m'a précipité au sol. J'ai roulé pour échapper à la masse qui arrivait en reniflant et en jurant. J'ai réussi à éviter un de ses coups de pied, mais l'autre m'a atteint sur le flanc. J'ai stoppé le pied qui redescendait vers ma tête avec l'intention de l'écraser et, faisant levier avec ma propre jambe, j'ai rompu l'équilibre de mon assaillant. Avec un cri, Mercali a disparu de mon champ de vision limité. Il y a eu un fracas de verre brisé et la lumière indigo s'est estompée. Je me suis relevé d'un bond, m'attendant à un nouvel assaut venant de n'importe où dans l'obscurité, mais personne n'est venu vers moi, personne n'a tenté de m'atteindre. Un son étrange a résonné dans la pièce, quelque chose qui ressemblait à un ronflement ou à la respiration laborieuse d'un asthmatique, puis il y a eu un silence complet.

J'ai attendu, immobile comme une statue, retenant mon souffle pour ne pas dévoiler ma position, jusqu'à ce que mes yeux s'habituent à l'absence de lumière. Puis j'ai esquissé de petits pas, testant le sol comme doit le faire un aveugle. Mes pieds ont touché quelque chose de spongieux et de chaud. Je me suis accroupi et j'ai étouffé un murmure de surprise lorsque j'ai réalisé que Mercali, l'Usurier, était étendu sur le sol, mort. J'ai immédiatement compris ce qui s'était passé : le globe de verre qui flottait au milieu de la pièce avait éclaté lorsque le seigneur l'avait heurté, probablement de la tête, ce qui avait produit le fracas que j'avais entendu plus tôt. Son visage avait dû taper la surface de la sphère, et lorsqu'elle s'était brisée, le gaz bleu aux propriétés luminescentes qu'elle contenait avait suffi à tuer l'homme en un instant, en l'étouffant. Il n'y avait plus rien à faire pour lui, et je pouvais me considérer comme mort, moi aussi. Les autres administrateurs n'allaient pas permettre à un simple esclave, un paria comme moi, de se venger en assassinant l'un des leurs. Ils n'entendraient aucune justification. Je serais lentement exécuté, pour le plaisir et l'amusement de tous ceux qui avaient profité de mon corps, et mes restes seraient suspendus sur une pique à l'entrée du château, comme l'éphèbe que j'avais vu sur les remparts quelques semaines auparavant, afin de dissuader tous ceux qui se croiraient plus malins que les délégués de la Corporation. Oh, mère du monde, dire qu'il ne restait plus qu'un mois avant que je puisse m'échapper de cette infâme prison qu'on m'avait imposée. Un mois, et ma vie à Pénitence aurait pu devenir autre chose qu'une horrible malédiction. Un mois, et ces corps peints et lascifs auraient été loin de ma vue, et j'aurais pu retourner aux semailles avec Valeria. Peut-être même que j'aurais pu briser sa carapace, une fois que tout ce qui nous mortifiait était terminé. Un mois. La liberté avait paru si proche, mais la mort s'y opposait, comme toujours. Un mois. Je ne regrettais pas d'avoir tué l'Usurier. La puissance destructrice qui m'habitait ne me permettait plus d'avoir peur de ce que peuvent faire un geste mal mesuré ou les muscles incontrôlés d'un homme, mais il était macabre et doux-amer de comprendre que la vie et la mort étaient si proches l'une de l'autre, comme si elles jouaient à cache-cache avec ceux qui tentaient d'accomplir leur existence. Un mois. Et rien n'allait empêcher Hamlet Evans, le poète, de finir sur la potence.

Plus désespéré que jamais, en proie à l'angoisse de l'anéantissement, j'ai tenté de retourner le corps de Mercali pour voir s'il y avait encore une chance de le ramener à la vie. Quelque chose m'a arrêté.

« Ne t'avise pas de le toucher. »

J'ai retenu mon souffle, choqué, car je me croyais seul dans la pièce. Le son de la voix, puissant, déterminé, indiquait que je ne l'étais pas. Je me suis redressé et j'ai regardé vainement dans toutes les directions. Il n'y avait rien d'autre que des ténèbres, aussi denses que le vide contemplé si souvent dans la gorge de l'espace.

« Tu l'as tué, a affirmé la voix, et cette fois je pouvais presque localiser d'où elle venait. Il est mort. »

Un visage blanc et spectral est apparu à quatre ou cinq mètres de moi. Le visage appartenait à un homme qui me regardait avec des yeux d'un bleu intense et faisait des gestes de droite à gauche, comme s'il reconnaissait le terrain pour nous deux dans l'obscurité. Ce n'était qu'une tête, sans corps. Elle semblait flotter dans les airs, s'élevant et s'abaissant comme si elle gravitait sur un ballon de gaz. J'ai ressenti une bouffée de terreur. J'ai essayé de me rassurer en me disant que je n'avais plus l'âge de croire aux fantômes, même si l'apparition démentait cette thèse. Le spectre a ouvert grand la bouche et a continué à m'accuser.

« Sais-tu ce qu'ils vont te faire pour ça ? »

Une main également blanche est apparue dans l'air à une distance démesurée, comme si le spectre était brisé en mille morceaux. J'ai senti les poils de ma nuque se dresser.

« Ils vont te pendre, mon ami. Sais-tu seulement ce qu'est la douleur ?

— Oui », ai-je répondu, luttant contre le choc.

Dans l'état où j'étais, j'avais même oublié que le cadavre d'un homme se tenait à mes pieds.

« Et tu n'as pas peur de ce qu'ils vont te faire ? Tu n'as pas peur de moi ? » a demandé la voix sur un ton lugubre qui commençait à me paraître fictif.

Une deuxième main, tout aussi sépulcrale, est apparue de l'autre côté. La tête s'est levée et baissée de quelques centimètres, en souriant.

« Qui êtes-vous ? ai-je demandé.

— Est-ce que j'ai l'air d'être quelque chose ?

— Pas pour l'instant. Je ne vois qu'une tête et deux mains. Continuez à vous rassembler et peut-être que vous ressemblerez à un homme.

— Attention, mon petit bonhomme ! Peut-être que je ne suis pas un homme, comme tu dis ! Peut-être que je ne suis qu'un spectre ! Tu veux que je continue de me reconstituer ? Tu veux découvrir les secrets cachés de mon corps ? Très bien, ce sera la dernière chose que tu verras de ta vie. Après, ils te pendront. Ils te mettront en pièces. Qui sait ? Tu deviendras peut-être un gobelin démembré comme moi. »

Quelque chose voltigeait dans l'obscurité, comme un oiseau. Emporté par la magie du moment, j'ai supposé qu'il s'agissait d'un pied ou d'une autre partie du corps, mais je me trompais. Le fantôme avait décidé de me surprendre. Une nouvelle main est apparue dans les airs, venue de nulle part, et a rejoint les deux autres. Cela m'a tellement déconcerté que j'ai eu peur de crier ou d'éclater de rire, sous le coup de la nervosité et de l'excitation. La tête a continué son discours, m'accusant de sa voix pénétrante.

« Ils sauront te trouver où que tu te caches. Il n'y aura aucun endroit dans ce monde où tu seras à l'abri de leur poursuite. Tu es un meurtrier. Tu as tué un administrateur, et tu le paieras de ta vie. Tu ne crains pas la mort, ou tu veux devenir un être difforme, comme moi ? »

Une quatrième main a surgi de l'obscurité et est venue rejoindre le chœur des trois autres. Les doigts s'emmêlaient et se démêlaient dans l'obscurité, comme s'ils tissaient une toile de vide ou jouaient sur une guitare inexistante. La tête désincarnée m'a regardé avec une expression de colère, puis a souri de nouveau. Il y avait un certain ton de moquerie dans ses paroles.

« Regarde-moi, mon garçon. Tu n'es pas dégoûté par mon apparence ? Tu ne la redoutes pas ?

— Pas trop, ai-je répondu, désireux d'impressionner un peu l'apparition par mon caractère hardi. J'ai vu pire.

— Stupide jeune homme, sais-tu ce que tu dis ? Par l'enfer, qu'il est difficile d'être un fantôme de nos jours ! Qu'est devenue la peur des morts ? Dis-moi, ne trouves-tu pas qu'il est horrible de rencontrer un spectre après avoir pris la vie d'un homme ?

— Eh bien, fantôme, j'ai d'autres préoccupations que celles de m'effrayer, en ce moment. Tout ce que je souhaite, c'est disparaître d'ici, et pardonnez-moi s'il est impoli de vous laisser seul. Je crains davantage la justice des seigneurs que vos démonstrations, spectre.

— C'est parce que tu n'as pas vu l'étendue de mon horreur ! Regarde, malheureux mortel ! Regarde-moi tel que je suis ! Songe que tous les êtres d'outre-tombe ne sont pas si heureux de trouver un corps complet à posséder. Observe ! »

Une deuxième tête est apparue juste à côté de la précédente, tout aussi blanche et luminescente, souriant avec une expression similaire. C'est alors que je me suis rendu compte qu'il s'agissait de deux hommes. J'ai lâché un rire et j'ai tapé dans mes mains avec un geste auguste appris par des centaines d'heures d'observation du capitaine Wayne. Mes applaudissements n'ont pas semblé perturber le sommeil sans cauchemars de Mercali, l'Usurier.

« Bravo, vous avez failli me faire peur. Combien de temps vous a-t-il fallu pour obtenir cet effet ?

— Oh, pas trop, a répondu l'une des deux têtes, sa voix reprenant un ton normal. Une fois la synchronisation réalisée, rien n'est difficile. On vous a vraiment fait peur ?

— Un peu, je dois l'avouer. Surtout au début. Je me croyais seul.

— Seul ? Dardo, explique-lui depuis combien de temps nous nous cachons dans cet endroit perdu loin de la main de Rab.

— Oui, mon ami », a répondu l'autre tête, en descendant soudain d'une douzaine de centimètres et en avançant vers moi.

J'ai alors vu qu'il ne s'agissait que d'un être humain enveloppé d'un filet noir, et que la sensation de hauteur avait été obtenue en étant perché sur une chaise en permanence.

« Nous étions dans ce coin de la pièce depuis que vous êtes entrés, toi et… Enfin, toi, et celui-là. Tu peux imaginer la frayeur que nous avons eue quand il a actionné la lumière.

— Heureusement qu'il n'en a allumé qu'une », a déclaré l'autre homme en s'approchant et en se tapotant le visage avec un mouchoir.

La blancheur phosphorescente de sa peau a disparu.

« Qui êtes-vous ? Que faites-vous ici ?

— Nous sommes… des fantômes. Nous te l'avons déjà dit. Des fantômes affamés qui ont une envie folle de manger. Vous voulez aussi grignoter quelque chose ?

— Non. Hé, sérieusement, qui êtes-vous ? Je ne vous ai jamais vus dans le coin.

— Vraiment ? » a demandé d'un ton surpris celui qui s'appelait Dardo.

Ou peut-être que c'était l'autre ? Il s'agissait de la tête apparue en premier dans l'obscurité, en tout cas. De près, j'ai remarqué que la bouche n'avait pas de lèvres, mais un espace extraordinaire entre une dent et l'autre.

« Voilà plus de trois mois que nous sommes ancrés sur cette planète horrible.

— Vous vous cachez depuis tout ce temps ?

— Oh, pas toujours. Je ne pense pas que quelqu'un puisse rester dissimulé trop longtemps, avec toutes les noubas que ces gens organisent. Nous ne sommes pas faits de pierre, mon garçon. Qui pourrait se tenir à l'écart, avec tout ce qui se passe ici ? Certainement pas nous. Si vous y arrivez, soit vous êtes fou, soit vous êtes moine. Plus d'une fois, nous nous sommes joints à leurs orgies et personne ne nous a reconnus, jusqu'à présent.

— D'accord, je vous crois. Je n'ai aucune raison de me méfier de vous. Mais vous ne m'avez pas encore dit ce que vous êtes.

— Ce que nous sommes ? N'est-ce pas assez clair ? Nous sommes des comédiens !

— Venus du sud et du nord, du feu et de la glace ! a ricané l'autre en faisant des sauts périlleux autour du corps inanimé de Mercali. Des saltimbanques ! Des lieues de voyages sur le dos, et toute la faim du monde cachée dans nos ceintures, ça ne se voit pas ?

— Maintenant que vous le dites, oui. Vous êtes donc des acteurs à la solde de la Corporation ?

— La Corporation ? Elle nous pendrait en un clin d'œil si elle mettait la main sur nous !

— Je ne savais pas que New York s'en prenait aux comédiens, à présent.

— À nous, oui. Le genre de théâtre que nous faisons ne lui convient pas. Nous nous asseyons sur ses slogans, et nous sommes donc indésirables. C'est amusant de le chatouiller ou de le piquer là où ça fait mal. Mais trêve de bavardages. Nous sommes tous les trois en danger et il n'est plus temps de s'amuser. Il faut agir vite si vous ne voulez pas être pris ici. Nous devons faire quelque chose pour qu'ils ne découvrent pas que c'est vous qui avez tué le seigneur. »

J'ai tourné mon regard vers l'administrateur mort. Personne n'attribuerait son décès au hasard. Au moins une demi-douzaine de personnes savaient que je me trouvais avec lui en ce moment même, et je serais en mesure de me souvenir plus tard que j'étais le dernier à l'avoir vu vivant. Tous les indices pointaient clairement dans ma direction. J'ai secoué la tête en signe de désarroi.

« Je ne vois vraiment pas comment je pourrais m'en sortir.

— L'imagination, mon garçon. Tout se résume à un peu de créativité, a précisé le dénommé Dardo en se tapotant la tempe d'un air spirituel, sa voix de baryton mêlant de nouveau réalité et fiction. Comme disait mon grand-oncle, si tu ne peux pas battre l'ennemi, habille-toi comme lui. Tu as une pièce ?

— Non. »

À son signal, l'autre acteur s'est avancé vers Mercali et, avec l'habileté d'un voleur chevronné, il a fouillé dans ses vêtements jusqu'à ce qu'il trouve une pièce de cuivre dans ses poches. Il l'a lancée en l'air et Dardo l'a attrapée au vol, puis il l'a fait légèrement basculer et l'a déposée d'une claque sur le dos de sa main.

« Pile ou face ?

— Face.

— C'est ton choix ? Pour moi, pile, alors. »

Il a découvert d'un geste théâtral le résultat du tirage, a fait claquer sa langue entre ses dents quand il n'a pas été satisfait de ce qu'il voyait, et a serré les poings en simulant le désespoir. L'autre acteur, en réponse, s'est mis à rire.

« Bon sang, c'est la première fois que ça ne marche pas ! Cette pièce doit être truquée. Elle est même probablement contrefaite !

— Dardo, mon ami, tu sais que la chance ne sourit pas à celui qui la cherche, mais à celui qui la trouve, a dit l'autre d'un ton amusé. Tu gagneras une autre fois. D'ailleurs, tu dois reconnaître que j'exécute mieux que toi ce numéro. Je suis plus habile.

— D'accord, d'accord. C'était réglo, il n'y a rien à dire. File te préparer. Vas-y, nous n'avons plus beaucoup de temps. »

Le deuxième comédien a disparu dans la pénombre, montant les escaliers. Pendant qu'il attendait, Dardo a examiné la pièce de cuivre, fausse d'après ses dires. Puis il l'a fait courir le long de ses doigts et l'a finalement glissée dans sa poche. Ce n'est qu'à ce moment-là qu'il s'est tourné vers moi.

« Vous êtes prêt à organiser un beau spectacle, là dehors ?

— Je suis prêt à organiser tout ce qui pourrait me sauver la peau, mais je ne comprends toujours pas ce que nous allons faire.

— C'est très simple, mon ami. Nous allons nous faire remarquer. Nous faire voir. Prêt, Orion ?

— Prêt. »

Mercali s'est soudain matérialisé dans l'obscurité, faisant un signe de la main comme s'il se tenait devant une foule. En le regardant, j'ai ressenti un frisson semblable à celui que j'aurais éprouvé si j'avais été en présence du vrai seigneur. Déguisé avec plusieurs couches de vêtements et de maquillage, habillé d'un costume sombre comme celui que portait encore l'administrateur, Orion n'était pas différent du seigneur défunt. L'illusion a été complète lorsque le comédien a recouvert son visage d'un masque d'argent.

« Et hop ! a-t-il annoncé en effectuant un dernier saut périlleux, et en pratiquant plusieurs façons de marcher. Il est temps de sortir. Le spectacle est sur le point de commencer. Tu sais ce que tu as à faire, Dardo ?

— Je sais, je sais. Dépêchez-vous, bon sang, avant qu'ils ne se retirent tous et que nous n'ayons plus personne pour nous servir de témoin.

— Allez, mon garçon, a dit Orion en se tournant vers moi. Il est temps de lever le rideau. »

Nous sommes sortis ensemble. Nous formions une sorte de caravane multicolore, de cauchemar blanc où la roue de l'existence se répétait avec une précision inégalée. Orion, plongé dans son rôle de Mercali, criait et gesticulait comme lui, vacillait de la même façon, et bavardait sur le même ton. Pendant un instant, j'ai eu l'impression que le seigneur lui-même repartait vers la fête. Le stratagème était génial. Nous avons attendu au milieu d'un couloir qu'une dizaine d'hommes et de femmes apparaissent, déjà ivres, en route pour leurs chambres privées. Alors, Orion, ou Mercali, paraissant très éméché, s'est appuyé sur moi, a levé les deux bras et a attiré l'attention sur nous.

« Eeeeeeh ! Venez avec moi ! » a-t-il crié.

Grâce au masque de métal et à son entraînement, sa voix ressemblait exactement à celle du seigneur. Bon sang, c'étaient peut-être ses vêtements, mais même l'odeur avait l'air identique.

« Venez ! Venez chez moi ! Continuons nos libations dans mes appartements ! J'emmerde la Corporation ! Puisqu'elle ne veut rien nous laisser en retour, amusons-nous à ses dépens tant que c'est encore possible ! »

L'idée a été accueillie avec joie par les autres, car les soirées de Mercali étaient célèbres et sa fascination pour la débauche ne connaissait pas de limites. Ils ont accepté la proposition et nous ont suivis, quelques mètres en arrière. Orion me réprimandait discrètement à chaque fois que je tournais la tête pour vérifier qu'ils se rapprochaient.

Lorsque nous sommes enfin arrivés aux appartements de Mercali, théâtre de la tragédie, l'acteur s'est détaché de moi. Il a appelé les autres au silence et a parlé d'une voix semblable au clairon d'une trompette.

« Attendez tous. Attendez ici. J'ai une petite surprise pour vous. Vous allez adorer, hé, hé, hé… Attendez-moi une seconde. »

Il a grommelé un dernier murmure et s'est perdu au-delà de la frontière bleu foncé de la porte, qui s'est refermée avec un grincement félin. Le reste d'entre nous attendait impatiemment sa surprise, même si je savais en quoi elle consisterait. De longues minutes se sont écoulées. Un seigneur s'est étonné que Mercali ne revienne pas et a proposé aux personnes présentes de partir faire la fête ailleurs. Puis nous avons entendu le bruit caractéristique du verre qui se brise. Je n'ai pas attendu longtemps. C'était mon tour d'entrer en scène.

« Mercali ! Mercali ! »

J'ai fait levier pour ouvrir la porte. Nous nous sommes tous précipités dans la pièce. Là, dans l'obscurité, il n'a pas été difficile de trouver le corps du véritable seigneur qui, allongé dans la position où je l'avais laissé, attendait depuis une éternité. Il ne restait plus aucune trace d'Orion et de Dardo.

« Il a dû glisser, et le gaz de la lampe l'a tué, a remarqué une femme bardée de fer et d'argent, presque amusée par l'événement. N'est-ce pas drôle ? Mercali est mort de sa propre stupidité.

— Il aurait dû apprendre à marcher correctement avant de se mettre à boire. Qu'il aille au diable, j'ai toujours dit que ça finirait mal, a marmonné négligemment l'un des hommes, après l'avoir retourné et constaté qu'il n'était plus en vie. Allez, que l'un d'entre vous aille dire aux préposés de l'enterrer, et qu'il prenne quelque chose à boire tant qu'il y est. Toute cette attente pour rien m'a laissé la gorge sèche. Quel crétin ! Si c'est la surprise qu'il nous réservait, je ne la trouve pas drôle. »

Ils ont commencé à quitter la pièce sans se soucier le moins du monde de la pirouette que venaient d'effectuer la vie et la mort. La tête baissée, paraissant très contrarié, je les ai suivis. Le corps de Mercali, encore chaud de la combinaison irisée qui lui avait servi de manteau, est resté à nouveau seul. En refermant la porte, j'ai su que notre alibi avait fonctionné à la perfection, car aucun des seigneurs n'avait remarqué que mes ongles étaient encore tachés de son sang.

Chapitre 31

La dernière navette à décoller de Mandara attendait patiemment son tour pour partir, posée sur une des pistes du château. Dardo et Orion comptaient s'enfuir à l'intérieur. Ils étaient arrivés sur la planète presque par hasard trois mois plus tôt, passagers clandestins dans la soute d'un des nombreux vaisseaux qui, voyageant d'un monde à l'autre, permettaient aux seigneurs de profiter de la vie grâce aux avancées technologiques interdites aux gens d'ici. Mes amis comédiens, qui avaient bien besoin d'une saison de repos, avaient considéré que le refuge isolé offert par cette planète était aussi bon qu'un autre. Une simple souricière pouvait devenir un palais pour un homme traqué. Dardo et Orion avaient jugé bon d'interrompre leurs activités théâtrales pour un temps, maintenant que la Corporation était à leurs trousses et avait été sur le point de les rattraper. Au vu de la situation de Pénitence, ils ont compris qu'un peu de risque serait largement compensé par un plus grand confort, et ont décidé de rester dans la citadelle, auprès des seigneurs, où tout n'était que joie, divertissement et vice. Comme ils étaient passés maîtres dans la dissimulation et le déguisement après des années de pratique, personne n'a pu les découvrir ou les surprendre dans leurs pérégrinations de salle en salle, de lit en lit, ou de table en table. Dardo n'exagérait pas en affirmant qu'aucun administrateur n'avait jamais soupçonné leur existence. Mon expérience avec eux, le jour où j'ai donné la mort à Mercali, m'a montré à quel point il était simple d'usurper la personnalité d'un autre, et de devenir un être différent. Mais une souricière reste une prison, quel que soit le luxe qu'elle contient, et Dardo et Orion avaient décidé qu'il était temps de dire au revoir et de laisser Mandara se changer en souvenir. La dernière navette, qui devait mettre fin au blocus économique de la Corporation, entamerait bientôt le lent compte à rebours du départ. Mes nouveaux amis, passagers clandestins expérimentés, s'y étaient réservé un passage vers la liberté et voulaient à tout prix que je m'échappe avec eux.

« Viens avec nous, Hamlet, m'ont-ils dit avec insistance. Rejoins le chariot de Thespis. Avec toi, nous agrandirons notre humble troupe et nous transformerons chaque représentation en une énorme boîte de magie. Ne réfléchis pas, mon ami, fonce !

— Je suis désolé, Dardo, me suis-je excusé, rongé par la tentation et le désir, mais je crois que je suis trop vieux pour ce genre d'improvisation.

— Qui parle d'improvisation ? C'est le théâtre ! Beaucoup de faim et beaucoup de risques. Beaucoup de plaisir, aussi, et peut-être une corde qui attend au bout du chemin. C'est le frisson de l'appel. Et tu le sens, je le lis dans tes yeux. Le temps est encore loin où tu sauras parfaitement faire semblant, mais avec de l'entraînement, tu peux y arriver. Ne dédaigne pas ton destin, Hamlet. Ne sois pas têtu et viens avec nous. Ne vois-tu pas que ce sont Melpomène et Thalie qui t'ont mis sur notre chemin ? »

Dardo, long et fin comme un fil de cuivre, s'était mis en tête d'orienter mes instincts vers les choses qu'il appréciait. Il aimait dériver, comme un bateau sans capitaine, selon ses propres termes, à l'instar d'un nuage errant. Le hasard a voulu qu'il soit né sur Terre, sur le même continent que moi. Pour me convaincre d'adhérer à son projet, il ne cessait de me marteler les oreilles avec cette coïncidence. Il paraissait très difficile pour lui de devenir sérieux, tant sa voix et ses gestes étaient moqueurs, mais lorsqu'il me faisait la leçon sur les merveilles et les avantages d'être comédien, il y avait un ton puissant dans sa voix, un éclat sauvage dans ses yeux, qui me faisaient comprendre à quel point il était lié à tout cela. Ses discours devant le coucher de soleil rouge et blanc de Mandara, dont les dernières lueurs courtisaient les montagnes, étaient si intéressants que je me sentais à nouveau clerc, garçon inexpérimenté et débutant, enfant perdu retournant aux origines, comme au temps du Monastère et du *volo discere*.

« Savais-tu que *persona* est un terme qui signifie "masque" ?

— Oui, je le savais. N'oublie pas que j'ai aussi étudié les langues classiques. »

Orion, large et carré, comme un morceau d'argile pure que quelqu'un aurait modelé en forme d'homme, était originaire d'une des planètes de la constellation dont il portait le nom, même s'il avait l'habitude d'affirmer, à moitié sérieux, que les étoiles avaient été nommées d'après lui. Il aimait ce qu'il faisait autant que Dardo. Et comme Dardo, il cultivait une barbe noire épaisse et bouclée, car selon lui attirer l'attention était l'un des principaux attributs d'un homme de théâtre. Il n'avait pas une voix aussi pénétrante ou distinguée que celle de l'autre acteur, mais pendant les spectacles improvisés avec lesquels ils me régalaient tous les deux, son ton se transformait en un torrent de mots magiques, anciens et viscéraux, qui possédaient le don de la catharsis et en même temps obligeaient à l'action. Écuyer grossier et malicieux, homme d'opérette et de spectacle occasionnel, il ne semblait exister que pour être une extension de Dardo. Ou bien c'était Dardo qui prolongeait Orion, de sorte qu'il était extrêmement difficile d'établir une dichotomie entre les deux, d'imaginer l'un sans l'autre, tant ils étaient complémentaires dans leurs moments de vie et d'action. Et maintenant, tout ce que les fantômes magiques avaient l'intention de faire, c'était de quitter Pénitence et de m'emmener à l'aventure avec leurs mystères.

« Toute la vie est un théâtre, Hamlet, a expliqué Dardo, tandis qu'Orion acquiesçait. Il y a plus de théâtre derrière les murs du château que dans n'importe laquelle de nos représentations, je te l'assure. Ton existence et la nôtre ne sont que des rôles, mineurs ou majeurs, que Rab, ou n'importe qui d'autre, daigne nous confier une fois dans notre existence. C'est à nous de mériter et d'obtenir un rôle plus important, jusqu'à ce que nous devenions les rois de la scène qu'est la vie. Tu n'es pas d'accord ? Si tu le penses, c'est que tu as un peu réfléchi à qui tu es. Tu peux être secondaire dans une pièce de théâtre, comme tu peux être secondaire dans toute une vie, et ce n'est que par ton propre effort que tu peux faire évoluer ce rôle merdique qu'on t'a attribué, ou devenir intense et parfait sans sortir de toi-même. Quoi que tu fasses, fais-le bien et joyeusement. C'est ce que disait mon grand-oncle, et si ce fichu vieillard ne l'a pas dit, alors il aurait dû. Il est mort sur scène, le savais-tu ? Il a cassé sa pipe juste au moment où il entrait pour jouer. Il a été immédiatement retiré, bien sûr, et la représentation s'est poursuivie, comme c'est l'usage. Mais laissons le vieil homme tranquille. Il se retournerait dans sa tombe, s'il en avait une. Revenons à toi, Hamlet. Bon sang, il est facile de te tromper, et pourtant tu es très difficile à convaincre. J'aimerais dire quelques mots bien sentis à celui qui a mis des idées si étroites dans ton crâne épais. Parlons de toi. Oui, ton avenir est en jeu, Hamlet. Tu as assez joué ce rôle qui ne te convient pas, même s'il était tout à toi. Il est temps pour toi de changer. Viens avec nous et vois comment un poète au chômage peut évoluer à sa guise dans un théâtre.

— J'aimerais pouvoir t'écouter. J'aimerais vraiment. Mais j'ai beaucoup trop erré depuis mes vingt ans, et je ne suis même pas sûr d'être un bon acteur.

— Pourquoi pas ? Nous le sommes tous, à un degré plus ou moins élevé. Ce que tu n'es pas, c'est un acteur de métier. Tout le monde est acteur, comme tout le monde est poète, musicien, meurtrier ou tyran. Il suffit d'en avoir l'occasion. Tout ce dont tu as besoin, c'est de prendre ton travail au sérieux et de t'en nourrir, que quelqu'un reconnaisse ce que tu vaux et daigne récompenser tes efforts de communiquer ton art. C'est tout ce qu'il faut. N'as-tu jamais menti ? N'as-tu jamais fait semblant ? N'as-tu jamais eu envie de briser un nez, et n'as-tu jamais haussé les épaules sans y penser ? N'as-tu jamais eu envie de pleurer, en te mettant soudain à rire ?

— Oui, bien sûr. Souvent.

— C'est ça, le théâtre, mon pote. C'est ce qu'on appelle jouer la comédie. Tant que tu fais semblant de quelque chose et que tu as un public attentif à tes faux pas, tu fais du théâtre, mon ami têtu, tu expérimentes le phénomène de la cérémonie et de la représentation. Toute la vie est un théâtre, comme l'ont dit des gens plus savants que moi. Et les hommes et les femmes sont des acteurs, des histrions qui jouent leurs entrées et leurs sorties, et qui peuvent avoir, s'ils le veulent, beaucoup de rôles. Le boulanger joue le boulanger durant toute son existence, tout comme le seigneur joue le seigneur et la jeune fille vierge croit même à son rôle idéalisé de jeune fille vierge. Toute l'existence est un théâtre, une représentation écrite par quelqu'un qui manque d'imagination, ou qui en a beaucoup, selon le cas. Tout le monde joue son propre rôle tout le temps, mais seuls quelques-uns en changent. C'est nous, les comédiens, qui imitons les dieux, qui jouons. Nous qui ne nous résignons pas à vivre pour une seule représentation. Nous qui portons le double rôle d'acteurs jouant des acteurs dans le théâtre de la vie et d'acteurs déguisés en autre chose que nous-mêmes dans le théâtre. Nous qui n'aimons pas faire une seule entrée, qui n'acceptons pas la représentation merdique qui nous est imposée d'en haut. Nous décidons de changer de rôle quand nous en avons envie, parce que nous sommes irrévérencieux et en même temps nécessaires. Et nous jouons aux frères si l'envie nous prend de le devenir, ou bien nous faisons semblant de tuer quand nous voyons que c'est le soldat qui vole la gloire. Ou encore, nous imitons les gestes du puissant, le très bête, le très vil, pour le faire rire sans qu'il se rende compte que nous rions à ses dépens. N'as-tu jamais senti cette démangeaison te ronger ? Ne t'es-tu jamais senti acteur dans ta vie ?

— J'ai beaucoup fait semblant, ai-je répondu, sincère, irrésistiblement charmé par sa voix. J'ai porté un masque pour me cacher pendant plus de dix ans, jusqu'à ce que je décide, si c'était possible, de ne plus être moi du tout. Pour toi, c'est du théâtre, je suis d'accord avec toi. J'aimerais être comédien comme toi, vraiment. En d'autres temps, j'aurais essayé de recoller les morceaux et de devenir acteur. Mais aujourd'hui, je ne me sens pas assez fort pour te suivre. Je suis fatigué. Je suis un lâche.

— Un lâche ? Tu as entendu ça, Orion ? Le garçon dit qu'il est un lâche. Tu nous prends pour qui ? Achille ? Persée ? Poséidon ? Tu traites de lâche quiconque a peur ? Alors tu es devant les lâches numéro un et numéro deux, et chacun d'entre nous se battrait avec l'autre pour prendre la première place. Nous ne croyons pas aux héros, Hamlet. Ils n'existent pas. Dans un monde comme celui-ci, c'est impossible. Et si quelqu'un y croit, il est complètement fou. S'il y en a, ce sont des imbéciles déséquilibrés qui ne fonctionnent pas bien. Imaginons que je pointe un laser sur ta tête. Tu vois la scène ? Maintenant, mets-toi là, et moi je vais là. Orion peut servir d'arbre. Tu es prêt ? Maintenant, je te vise. J'ai l'intention de tirer. Qu'est-ce que tu fais ?

— Je m'enfuis.

— Exactement. Je ferais exactement la même chose si tu me visais. Et Orion, et n'importe qui. Oh, qu'on ne vienne pas me parler de virilité et d'honneur. Celui qui le fera devra d'abord admettre qu'avant toute chose, il est un lâche. Et c'est pareil pour tout le monde : femme ou homme, enfant ou vieillard. C'est un lâche, et je ne le lui reproche pas. C'est l'acte le plus logique. Le comportement étrange serait de bondir contre le fusil, de frapper dans tous les sens, d'essayer de tromper la mort en jouant les héros. Ah, les héros. La moitié de l'univers est maculée de cadavres qui récitent de longues péroraisons de chiffres et de données en insistant, comme s'ils n'en avaient pas assez d'être morts, sur le fait qu'ils sont morts pour la gloire. Je les plains. L'héroïsme est un acte illogique, mon garçon. C'est un complexe d'infériorité infantile qui pousse les hommes à faire des choses aussi insensées, et on peut compter sur les doigts d'une main ceux qui survivent. Ces êtres invincibles, grands, beaux et virils n'existent que dans les romans et le théâtre. Ils abondent dans les spectacles recommandés par la Corporation, comme tu as pu le constater par toi-même. On en a assez des vainqueurs extraordinairement forts, gracieux même quand ils pissent. Oh, tu aurais dû nous voir quand nous jouions de telles bêtises ! J'avais la stature du rôle, mais Orion…

— Hé, a protesté l'autre acteur, je suis beau et viril, mais pas grand. Autant que je me souvienne, personne n'est jamais venu se plaindre de mon travail.

— C'est bon, c'est bon. C'était une blague, mec. Tu as vu ça ? Maintenant tu sais où frapper si tu as envie de l'asticoter un peu, Hamlet. Il ne supporte pas qu'on le traite de gros ou de petit. Une fois, il a même interrompu une représentation et confronté un type dans le public. Cela a enrichi le spectacle, bien sûr. Tout ce qui sert à rompre la monotonie est aussi bienvenu qu'une nymphe au sexe torride tombant du ciel, avide de notre étreinte. Comme je le disais, on finit par devenir fou à jouer des personnages en carton, des imbéciles qui ne sont capables de rien d'autre que de tuer et de baiser, et le plus souvent ils ne prennent même pas de bon temps, ce qui est une mauvaise chose. Les vainqueurs ? Nous en avons joué des centaines, à l'époque où nous tétions encore les mamelles de la Corporation et où nous pensions encore la saigner, alors que c'était elle qui profitait de nos talents et de notre bonne foi. Oh, c'étaient de terribles folies, tu peux l'imaginer. Une rivière de larmes coulait le long des joues du public à chaque fois que le vaillant héros tombait dans les griffes du méchant envahisseur nor et perdait les faveurs de sa dame.

— Des Nors ? Vous avez interprété des pièces avec des Nors, et tout ça ?

— Des Nors, des Iths, des rebelles, des Ascaris... et j'en passe, mon garçon. La distribution des acteurs payés par la Corporation se répartit entre deux types de rôles : les militaires et les lieutenants de croiseurs d'un côté, et les ennemis cruels de la Conquête de l'autre. Si tu as un physique ingrat, tu sais que tu ne pourras pas éviter de jouer des rôles négatifs pendant les vingt ans de ta vie que ce porc de New York exige pour son profit. J'aimerais que tu voies quelques-unes des saletés de pièces que nous avons dû jouer.

— J'aimerais que tu lises quelques-unes des conneries que j'en suis venu à écrire. Mais continue.

— Ce n'est pas trop difficile à imaginer. Ce qui suit est très simple. Il y a un moment où tu te rends compte que tu trompes les gens normaux avec tes mensonges. Tu te rends compte qu'ils utilisent ta façon de jouer pour détourner l'une des facettes du théâtre, celle qui permet de s'évader. Nous ne contribuions pas à éveiller des rêves, nous étions un bâillon. Et le théâtre, c'est autre chose, c'est beaucoup plus que cela. Le théâtre peut être tout, mon garçon. Il y a eu un moment où les épées en plastique étaient devenues si lourdes qu'elles semblaient réelles, et nous avons décidé qu'il était temps de représenter les gestes des gens ordinaires, les histoires des perdants, parce que c'est ce que nous sommes tous : des individus vaincus et humiliés avant même de monter sur scène. Lorsque tu vois clairement les absurdités que tu forces ton public à consommer, les conneries que tu joues sous couvert d'une mise en scène spectaculaire, avec les effets de laser et les accessoires, les trucs et les clins d'œil de l'équipement sonore, alors tu réalises à quel point l'art de la représentation est déformé entre les mains de ceux qui l'utilisent à l'opposé de ce qu'il est. Et tu décides de partir et de faire à tes risques et périls ce que tu as envie de faire. C'est ce qui s'est passé. Orion et moi avons quitté la compagnie à laquelle nous étions liés. Depuis lors, depuis plus longtemps que je me souvienne, nous avons eu de la chance et de la malchance, comme en toute chose. La Corporation ne nous a pas laissés tranquilles. Lorsqu'elle s'aperçoit que tu ne lui es pas fidèle et que tu travailles contre ses intérêts, elle te met à l'index, te traque et te rééduque. Et si ce n'est pas possible, elle n'hésite pas à te mettre à mort. »

Je comprenais très bien tout cela. Parce que j'avais vécu la même chose. Un chemin parallèle avait fini par relier nos vies. J'ai réfléchi longuement, jusqu'à ce que je me rende compte qu'en réalité, comme il le disait, toute ma vie n'avait été qu'un grand spectacle. Pendant mon séjour sur l'Ivoire, toutes mes actions auraient pu être considérées comme du théâtre. Dépourvues de symbolisme et de collectivité, sans leur aspect de cérémonie magique et sans autre public que moi-même, les années passées à me déguiser pour tromper les autres et pour m'esquiver moi-même, à sourire et à applaudir ce qui m'aurait fait vomir de dégoût, n'étaient qu'une partie d'un spectacle. Mes propres poèmes s'étaient nourris de cet empressement dissimulateur. Ils étaient maquillés, tout comme ma présence et mon âme. Sur Pénitence, ma facette d'acteur était devenue presque complète. Jouant le plaisir et la fidélité, faisant des sourires de façade, interprétant des chants faussement joyeux, feignant l'ivresse ou la sérénité, les longs mois de mon service au château avaient été une pure représentation, jusqu'à culminer lors de cette farce jouée avec Orion, le sauveur providentiel qui m'avait donné un alibi pour couvrir la mort de Mercali. Oui, je le portais dans mes yeux. J'avais envie de changement, envie de les rejoindre, de suivre le chariot de Thespis, de faire une chose digne pour laquelle je survivrais encore. Il était temps de mettre un peu de couleur dans ma vie, mais il y avait quelque chose qui me liait avec des cordes persistantes : Valeria.

« Vous ne comprenez pas. Je pense à Valeria. Je ne peux pas la quitter maintenant, après tout ce que nous avons vécu ensemble. Elle ne saurait rien faire sans moi.

— Sans toi ? a demandé Dardo, tandis qu'Orion s'esclaffait. Hamlet, tu joues les héros, alors que nous avons vu qu'ils n'existent pas. Elle peut se débrouiller sans toi. N'est-ce pas plutôt toi qui ne peux pas te passer d'elle ? Tu as tué un homme en son nom, tu te souviens ? Cette femme est faite de fer, tu le sais. La Corporation pourrait organiser un million de blocus que cela ne mettrait pas fin à sa résistance. Tu peux rester ici, prier Rab d'envoyer un nouvel embargo et vérifier. C'est toi qui es sous sa protection depuis le début. Alors n'y pense plus.

— C'est vrai. Tu as raison, Ory. Tu as sacrément raison. Mais je ne peux pas la laisser ici. Je l'aime !

— Ça se voit. La Corporation t'engagerait immédiatement pour un des rôles mélodramatiques auxquels nous sommes habitués. Arrête d'être nostalgique et sois réaliste. Dis-lui de venir avec nous. À moins qu'elle ne t'aime pas ? »

Cela, je l'ignorais. Cela faisait longtemps que je la regardais dans les yeux et je n'arrivais toujours pas à répondre à la question qui me taraudait : Valeria m'aimait-elle ? Peut-être que oui, peut-être que non. Elle appréciait les deux acteurs, sa participation aux conversations que nous avions chez elle le prouvait, mais elle n'accepterait jamais de venir avec nous. Je n'en doutais pas. Valeria était une femme de sa terre, de son monde, comme tous ces chefs rebelles dont j'avais vu la mort sur une cinquantaine de planètes. Orion avait raison. Quatre ou cinq jours m'ont suffi pour la découvrir mieux que je ne la connaissais. Valeria survivrait à mille autres sièges, même si elle devait à nouveau se louer aux seigneurs, car ses racines étaient enfouies sous la poussière brûlée de cette planète. Qu'elle m'aime ou non, qu'elle apprécie l'idée de rejoindre le théâtre ou non, elle refuserait d'abandonner sa maison et son monde. Maintenant qu'il y avait la possibilité de vivre et d'oublier les larmes, que l'ombre de l'isolement s'effaçait à chaque aube, elle resterait pour assister à la renaissance, faisant refleurir Mandara. Cette affirmation était aussi solide que le rocher où elle s'asseyait tous les soirs en tressant ses cheveux au vent.

Je devais prendre une décision. Valeria ou l'aventure. M'épuiser peu à peu à ses côtés, ou vivre constamment dans l'émotion. Le choix était terrible. D'une part, j'avais envie, comme un petit garçon, de trotter d'un système à l'autre et de répandre le plaisir et le message de nos opinions partout où nous le pouvions. D'autre part, je voulais m'attacher à Valeria, rester avec elle sur ce monde, lui faire oublier l'histoire de sa vie et devenir son roc pour toujours. Une décision. Il fallait choisir vite, car la navette n'attendrait personne, surtout pas trois passagers clandestins, des indésirables. Une décision. Je ne pouvais plus supporter longtemps cette sorte de demi-relation, à la fois vide et pleine, que je vivais avec Valeria. Il me fallait une réponse, quelque chose qui me conforte dans ma folle entreprise ou qui me fasse renoncer.

« La navette décolle demain, ont annoncé Dardo et Orion un soir, tristes et sombres parce qu'ils comprenaient la difficulté de mon choix. Nous partons avec elle. Tu dois te décider rapidement.

— Je ne sais pas quoi faire, les amis. Je n'arrive pas à prendre cette maudite décision.

— As-tu consulté Valeria ?

— Non.

— Vas-tu le faire ?

— Je connais déjà la réponse. Elle ne voudra pas venir. Elle dira non.

— Même si elle t'aime ?

— Même si elle m'aime, ce dont je doute. Cette femme est parfois une véritable énigme, mais ses opinions à cet égard sont très claires. Elle ne partira pas d'ici, et certainement pas dans les circonstances présentes, après tout ce qu'elle a sacrifié pour garder cette poignée de terre. Elle restera.

— Que vas-tu faire ?

— Je ne sais pas encore, Orion. Tu sais que j'aimerais retourner sur Terre, un jour. C'est ce que j'espère. Mandara n'est pas ma maison, et trop de mauvais souvenirs me hantent depuis que j'ai séjourné entre les remparts de ce château. J'aimerais retourner sur Terre, mais je ne sais absolument pas comment faire. Peut-être que si la planète redevient un centre d'intérêt majeur, j'y arriverai un jour.

— Ne te fais pas d'illusions, Hamlet. Le rétablissement de Mandara sera long. Il faudra de nombreuses années avant qu'elle soit à flot, et tu le sais. Il ne sera plus aussi difficile de vivre sur ce foutu monde, mais espérer en sortir et arriver à retourner sur Terre est une chimère. Tu peux travailler jusqu'à la mort et tu n'auras même pas de quoi sortir de ce système. Et ne rêve pas de voyager comme passager clandestin. C'est hors de question. La navette qui nous attend est la dernière à se rendre vers l'intérieur des Confins. Ce n'est que dans trois semaines qu'un vaisseau se posera sur ce sol, et lorsqu'il le fera, il amènera des soldats. Cela ne fait aucun doute. Les régiments dresseront leurs tentes et contrôleront tout si étroitement que personne ne pourra échapper à leur vigilance et s'enfuir d'ici. Ce monde se relèvera, bien sûr, mais on ne peut pas dire que ce soit bien ou mal. Il rejoindra les rangs de la civilisation. Tu sais ce que cela signifie.

— Oui. »

J'ai réfléchi à ma décision pendant une heure. Puis nous sommes rentrés tous les trois dans la maison, j'ai rassemblé mes vêtements dans un sac et j'ai tout mis en ordre, car j'avais compris qu'il était temps de partir. Nous finissions de ranger la chambre quand la porte s'est ouverte. Le profil familier de Valeria est apparu.

« Tu t'en vas, a-t-elle déclaré d'un ton qui n'était ni une question ni une affirmation, après avoir jeté un coup d'œil à ce que je faisais.

— Oui, je m'en vais. »

Je l'ai vue plus pâle que jamais, plus faible. Ses yeux avaient toujours l'éclat de l'acier, mais ils trahissaient une sorte de timidité. Elle me fixait, presque avec respect, comme si elle s'attendait à cette décision. Pour une fois, je pouvais lire en elle, et je comprenais qu'elle voulait partir avec moi autant qu'elle voulait que je reste ici, mais la lueur douloureuse dans ses pupilles m'avertissait qu'elle refuserait toute invitation à me rejoindre, toute autre proposition que celle de rester.

« Eh bien, cela devait arriver tôt ou tard. Je t'ai engagé pour un an, tu t'en souviens ? Cela fait longtemps que ce contrat est terminé.

— En effet.

— J'espère que tu auras beaucoup de chance, Hamlet, a-t-elle murmuré avec une voix que je ne lui avais jamais connue, et qu'elle avait peut-être cachée pendant tout ce temps.

— J'espère que les choses iront bien aussi pour toi, Val. Ce monde va redevenir important, et je suis sûr que tu feras partie de tout ce qui s'y passera. »

Elle a souri, à la fois sceptique et triste. Elle a posé la main sur son bras gauche et l'a serré tout en fixant le sol, presque troublée, presque reconnaissante. Mon Dieu, c'était terrible d'avoir à retenir ses mots de cette manière. J'ai fini d'empaqueter mes affaires et j'ai saisi la dague en acier inerte, cadeau inestimable de la valkyrie. Dardo et Orion m'ont regardé en silence tandis que je faisais deux pas vers Valeria.

« Prends-la. Non, ne refuse pas. Prends-la. C'est un cadeau d'adieu, vois-le comme ça. Cette dague vaut une fortune, paraît-il. Tu vois, elle est en métal organique. Tu la sens battre ? Garde-la. Comme ça, si les choses tournent mal dans ce monde, tu auras toujours quelque chose qui pourra t'aider.

— D'accord, je la prends. Merci pour tout, Hamlet. Sois très prudent, hein ? Promets-moi de prendre soin de toi et de rester à l'abri. Bonne chance.

— Adieu, Valeria. »

Je me suis avancé très doucement et je l'ai embrassée timidement sur la joue. Elle a essayé de répondre, mais son baiser n'a été qu'un frôlement qui ne m'a pas touché. L'âme en lambeaux, j'ai quitté la maison. Dardo et Orion m'ont suivi dans le silence le plus complet. L'avenir nous attendait au-delà des murs du château.

Nous étions déjà loin lorsque j'ai lancé un regard en arrière. Valeria se tenait immobile sous le porche, telle une statue de marbre blanc, attendant avec résignation le moment où les élévations du terrain l'empêcheraient de suivre notre progression. J'ai hésité une seconde, un étrange tremblement naissant dans ma gorge. Puis j'ai senti le contact rassurant de la main d'Orion sur mon épaule.

« Cette femme t'aime, mon garçon.

— Tu crois ? Je le pense aussi.

— Ne t'inquiète pas, Hamlet. Tu l'oublieras. On finit toujours par oublier tout ce qui a compté dans notre vie, même si cela nous semble difficile sur le moment. Il n'y a rien que la distance et le temps ne puissent effacer.

— Je sais, Orion. C'est ce qui me fait peur. »

Chapitre 32

Les systèmes de ventilation d'une navette n'offrent ni sécurité ni confort, mais c'est le seul moyen pour un globes-trotteur de voyager gratuitement. Des globes-trotteurs, voilà ce que nous étions. Jamais auparavant le mot globe n'avait pris son sens pluriel. Jamais auparavant il n'aurait pu sembler plus juste, car nous volions de planète en planète, de colonie en colonie, d'amas d'étoiles en amas d'étoiles.

À l'intérieur des évents du vaisseau, le temps s'écoulait avec la lenteur d'un esprit paresseux et joueur, avec la parcimonie d'un fantôme qui chercherait à paraître éternel, tant les heures et les jours s'égrenaient mollement. Pendant deux semaines, alors que la navette plongeait dans les entrailles de l'espace, nous avons rampé de la cale à la proue, de la cabine à la poupe, toujours sans repos, essayant de compenser par nos mouvements le manque de largeur autour de nous. Car l'univers entier avait été réduit à des ténèbres noires et argentées, à des canaux concentriques et à des tunnels sans matière ni odeur, à des voûtes cylindriques à travers lesquelles nous nous glissions avec une patience de rongeurs. C'était une expérience terrible, mais je l'ai supportée. J'étais prêt à tout endurer. Dardo et Orion, qui avaient une longue pratique du voyage clandestin, étaient stupéfaits de ma résistance, de ma façon particulière d'échapper à la claustrophobie. Ils ne se doutaient pas des réflexes acquis que je portais en moi, des heures passées dans des répliques de vaisseaux au Monastère, des allées et venues dans des conduits minuscules où un clerc aspirant à devenir poète s'exerçait à la manière d'un reptile. Même si les conditions à bord de la navette étaient difficiles, j'essayais de les surmonter avec beaucoup de ténacité. Je savais ce qui nous attendait si quelqu'un nous découvrait, si un soldat soupçonnait l'existence des rats qui rampaient de conduit en conduit vers l'oxygène et la vie. Le spectre de cet autre passager clandestin nommé Ptolémée me narguait fréquemment depuis l'extérieur, depuis le vide glacial et lointain de la gorge infinie de l'espace, m'invitant à rêver avec lui à travers les fleuves du temps. Parfois, je devais endurer les griffes de la peur et même de la panique, car nous n'étions pas certains que le navire se dirigeât vers les mondes à l'intérieur des Confins et non vers l'extérieur. Mais je faisais très attention à ne pas le laisser paraître. J'essayais de toutes mes forces de garder les frissons d'effroi à distance, car je ne voulais pas que mes amis sachent à quel point cette expérience était en train de devenir terrible pour moi.

Deux semaines après que nous nous sommes introduits dans la navette, elle a ralenti et s'est finalement immobilisée. Nous ne savions pas si elle était arrivée à destination, ou si cette pause n'était qu'une escale. Mais nous avons décidé de sortir, fatigués d'errer à l'intérieur de ce piège concentrique. Ce n'était pas une bonne idée de tenter la chance plus longtemps en restant à bord, et puis, comme Orion l'avait souligné avec une grimace, il fallait faire de la place pour d'autres passagers clandestins. Ainsi, cachés dans les ombres de la nuit, nous avons quitté le vaisseau et nous nous sommes faufilés dans les rues de la ville où nous avions atterri, nous sentant en sécurité à la surface de cette nouvelle planète.

« Bien ! Un problème de moins ! s'est exclamé Dardo lorsque nous avons été hors de danger, heureux comme Orion et moi-même d'avoir pu préserver notre peau un peu plus longtemps. Maintenant, tout ce qu'il nous reste à faire, c'est de sortir d'ici, de nous éloigner le plus possible de cet endroit, et de nous assurer que nous ne sommes pas repérés par les patrouilles de la Corporation. Sinon, ils ne s'arrêteront pas avant de nous avoir attrapés, et toute cette foutue agitation que nous avons vécue n'aura pas servi à grand-chose. Allez, qui s'en plaindrait ? La vie serait ennuyeuse sans un soupçon de risque.

— Vraiment ? ai-je grogné. Je crois que j'ai déjà entendu ça ailleurs. »

Nous avons fui le contact des villes, ces résidences modernes manquant de noblesse, et nous nous sommes perdus dans les endroits les plus reculés de la planète. Un grand centre urbain développé indiquait la présence des techniciens de New York et de ses forces, tandis qu'un environnement rural et primitif était la meilleure assurance de survie que nous pouvions avoir. Dans les villes, peu de gens auraient voulu assister à notre spectacle théâtral. Si le monde que nous parcourions était un lieu important - ce que nous ignorions pour l'instant -, alors les compagnies officielles de la Corporation s'y rendraient très souvent, apportant avec elles toute leur magie d'écrans de fumée et de couleurs éblouissantes, tout l'appareil de la technologie qui est leur plus grand attrait et leur seule défense. Nous ne pourrions jamais leur tenir tête, du moins pas sur leur propre terrain. Il ne se passerait pas deux jours avant que les troupes d'assaut ne viennent capturer ces trois fous capables de défier avec une telle inconscience le style de théâtre imposé. Nous n'avions rien à faire ici. En revanche, dans les montagnes, dans les villages à demi-colonisés où l'on n'avait souvent pas les connaissances les plus élémentaires, notre façon d'interpréter était accueillie avec sympathie, sur une base égalitaire, et nos vies étaient relativement sûres. Il n'y avait aucun doute sur la voie à suivre. Nous devions toujours donner la priorité à notre propre intégrité.

« À présent, tu peux commencer à écrire des pièces, Hamlet. Peu importe que tes textes soient mauvais, l'important est qu'ils véhiculent un message. »

Ensuite, est venue ma période d'apprentissage théâtral, l'époque où j'ai été initié à la rudesse et à l'agitation du métier d'acteur. En parcourant les vallées et les sentiers à la recherche d'un public à distraire en échange de sympathie et de nourriture, Dardo et Orion m'apprenaient tout ce qu'ils savaient. À mon tour, je leur fournissais des idées pour de futures pièces de théâtre. Au début, je n'ai fait qu'observer, comme un enfant muet et obéissant, les mouvements des mains et des bras de mes amis en répétition, les mimiques du visage, la flexion des jambes, le battement des doigts. J'écoutais la façon dont ils modulaient leur voix, surtout quand ils la rendaient puissante et séduisante, plus appétissante encore que celle des moines, ce torrent qui semblait couler à travers mes amis en venant d'on ne sait où, de leurs ongles de pied, d'un autre monde, ou du centre même de leur âme. Plus tard, quand j'ai cru avoir suffisamment assimilé leur façon de penser, de vivre et d'agir, ils m'ont appris à me mouvoir avec aisance sur scène.

« Écoute, m'a dit Orion, tu dois répéter ce passage comme je te l'ai déjà dit : tranquillement, d'une voix aussi naturelle que possible, sans stridulations. Tu as observé Dardo il y a une seconde ? Il est essentiel de ne pas perdre le ton ou la force de ta voix, car c'est dans le mot que résidera tout le fruit de ton effort.

— Le mot ? Je croyais que le théâtre, c'était d'abord le mouvement.

— Non, pas tout à fait. Si *drame* signifie "courir", "beaucoup de mouvements", *théâtre* vient d'une racine qui est "regarder". Bien sûr, il est logique que celui qui est sur la scène bouge, mais ce n'est pas seulement dans sa façon de marcher ou de se mouvoir que se fonde son travail. Le théâtre est une chose et la danse en est une autre. Chaque pièce à jouer est différente de la précédente. Chaque nouvelle représentation signifie quelque chose de distinct, bien sûr, mais pense que ce que tu as à dire est primordial. Lorsqu'il n'y a pas de parole, tu ne peux compter que sur ton expression, car elle remplace l'absence des mots. Tu le verras dans quelques jours : une de nos œuvres présente deux personnages enfermés jusqu'au cou dans des boîtes métalliques. On ne voit que nos têtes, et à l'intérieur de ces valises, tu comprendras qu'il n'y a pas beaucoup de mouvements.

— Je le suppose.

— Dans une autre pièce que nous avions l'habitude de jouer, nous étions installés dans des pots de fleurs. Je ne plaisante pas, je suis sérieux. On se mettait dans les pots et on jouait des fleurs en train de discuter. Il nous était impossible de marcher, et la plupart du temps, nous ne pouvions pas bouger les bras, au risque de tomber. Si tu ne veux pas que le public te hue, tu dois réciter ton texte très clairement, sinon personne ne te comprend. Et si le public ne comprend pas, dis-moi à quoi sert ce que nous faisons.

— Revenons au sujet de la déclamation, est intervenu Dardo, qui gardait un œil sur mes progrès tout en se rasant. Fais attention à ce que tu dis, à la façon dont tu dois l'exprimer pour que l'un de nous te réponde. N'oublie pas que, la plupart du temps, tu devras attendre une réplique, une réponse. Si tu cries une phrase que tu es supposé réciter en chuchotant, nous devrons forcément te répondre sur le même ton et crier. Alors imagine quel tour prendra la pièce quand viendra le moment de crier pour de bon. Tu comprends ?

— Je crois que oui. Les mots et la diction. Jusqu'à présent, tout va bien.

— Nous improvisons souvent à la volée, tu t'en rendras compte. Nous devons faire varier une pièce en fonction des réactions du public, qui est finalement celui qui nous paie et sans lequel nous ne pourrions rien faire. Les spectateurs sont absolument nécessaires, partout où nous allons. Il n'y a pas de théâtre sans public, car notre art cherche nécessairement la communication.

— D'accord. Je reprends. »

Lorsque j'ai répété mes répliques, ils m'ont regardé en fronçant les sourcils comme les précepteurs du Monastère. En un sens, les enseignements des deux acteurs étaient aussi stricts et intéressants que ceux des moines. Réciter, encore et encore, mes dialogues, des textes que parfois nous n'allions même pas jouer, devenait difficile, et même ennuyeux, mais il était rare qu'une nouvelle répétition ne nous permette pas de découvrir quelque chose d'utile. Dardo et Orion me corrigeaient à chaque fois que je me trompais. Ils me rappelaient que la scène avait des dimensions fixes et qu'il était absurde que je fasse un trop grand nombre de pas. Ils me laissaient une certaine liberté d'action. Et ils m'obligeaient à graver leurs conseils dans un recoin encore libre de ma mémoire. Ils savaient très bien comment leurs collègues comédiens se comportaient entre eux.

« Cette fois, c'est mieux. Sois attentif. Ne remue pas les mains, ne gesticule pas comme si tu battais l'air. Modère-toi le plus possible, même si nous jouons une farce pleine d'exagération, ce qui sera probablement le cas. Mais ne sois pas non plus trop froid, ne sois pas raide comme un bâton ou figé comme une statue. Tu comprends ce que je veux dire ?

— Ni froideur absolue, ni excès de passion. Je ne dois pas en faire trop, c'est ça ?

— Exactement. Quand tu pleures dans une fiction, ne donne pas l'impression que tu veux noyer toute la scène. Nous avons déjà supporté assez de larmes dans les compagnies de la Corporation. Et ne sois pas si sec qu'il faille que quelqu'un monte sur scène et te brise le dos pour que tu comprennes comment te tenir. Le théâtre est un miroir qui reproduit la vie. Le théâtre est la vie. Concentrée dans une heure de spectacle, mais la vie au bout du compte. Nous essayons de reproduire la nature elle-même, en exagérant parfois ses défauts, en intensifiant si possible ses vertus, mais sans que personne n'ait l'impression que nous sommes des homuncules surgis de terre, distants et ignorants de tout ce qui nous entoure. Nous imitons la réalité, nous la recréons ou la déformons, mais nous avons toujours un modèle à suivre. Compris ?

— Bien sûr. Est-ce que je dois reprendre encore une fois ?

— Oui. Recommence. »

Ainsi, jour après jour, kilomètre après kilomètre, je suis devenu de plus en plus habile dans l'art de mentir avec grâce. Mes soliloques sont bientôt devenus des conversations à trois, avec la particularité que je devais jouer tous les interlocuteurs. Cela me donnait de l'aisance et m'aidait à comprendre tous les personnages sans rester figé sur l'un d'eux, à ne pas être enfermé. J'ai appris à pleurer avec des larmes presque réelles, à simuler un rire purement naïf, à réciter des répliques coquines et des monologues profonds, pleins de tendresse et de drame. J'ai appris à marcher sur la scène, à y mourir lentement, à m'agenouiller d'une manière toujours galante et esthétique pour le public. Au bout d'un certain temps, j'ai réussi à tout faire. Et, curieusement, j'ai constaté que le plus difficile n'était pas de déclamer, mais de se taire. Ce n'était pas dans les mouvements que j'avais appris et mémorisés que les doutes m'assaillaient. Ni dans les dialogues que j'assimilais mot à mot. C'était dans les moments où Dardo et Orion devaient parler, quand ils discutaient entre eux ou me parlaient longuement et que j'attendais l'occasion de répondre. Le plus difficile n'était pas de parler, c'était d'écouter. Et quand je devais attendre et être attentif à ce qu'ils disaient, j'étais rempli d'effroi parce qu'il était facile de sortir de la situation, d'échapper au texte et de s'émerveiller de la magie de la scène et des visages du public.

« Hamlet, a déclaré Dardo un matin, alors que je venais de terminer une répétition au cours de laquelle j'avais tour à tour pleuré et ri, tu ne seras jamais l'acteur qui vit son personnage, l'acteur qui le ressent. Tu le marqueras. Tu exécuteras chacun de ses mouvements et tu ne cesseras jamais d'être toi-même. »

Je ne savais pas s'il s'agissait d'un compliment ou d'un reproche. Je l'ai donc pris au sens négatif, car j'étais convaincu qu'un comédien devait avant tout incarner son rôle. Cela m'a fait douter de mes possibilités d'histrion. Cela m'a plongé dans l'abîme de l'insécurité, car Dardo venait de me dire que je ne serais jamais un bon acteur, qu'ils devraient peser mes mots et mes mouvements, puis me laisser de côté. Du moins, c'est ce que j'avais compris. Pendant plusieurs semaines, j'ai traîné cette frustration, jusqu'à ce qu'Orion, toujours souriant, se charge de dissiper mes doutes.

« Non, non, Hamlet. Tu n'as pas saisi. Il y a toujours eu une opposition entre ressentir et paraître. Quand Dardo t'a dit que tu ne ressentais jamais un rôle, il ne t'a pas réprimandé, bien au contraire. Il te faisait une remarque positive.

— Le rôle d'un acteur n'est-il pas de ressentir son rôle ?

— Et finir fou ? Bien sûr que non ! L'important n'est pas qu'un comédien boite parce qu'il porte des bottes, mais qu'il boite parce qu'il a l'air d'en porter. Si tu commences à te concentrer sur chaque rôle, à te sentir comme le personnage que tu joues, il prendra le dessus et tu finiras schizophrène. Les grands acteurs créent leur jeu en évaluant les possibilités de leurs personnages : ils ont l'air de ressentir dans leur chair chacune des émotions qu'ils montrent, sans en éprouver aucune. Moi, par exemple, tu m'as vu jouer Billy, le soldat paranoïaque, n'est-ce pas ?

— Oui. Un millier de fois.

— Et tu crois que Billy prend le dessus sur moi ? Tu crois que Billy avale Orion quand on est tous les deux sur scène ? Absolument pas ! Sous le maquillage et l'uniforme, je suis toujours moi, Orion, avec tout ce que j'ai de bon et de mauvais à offrir. Le talent de l'acteur, c'est de savoir pleurer et de passer en une seconde au rire. Quand on ressent un rôle, quand on l'incarne comme dans sa propre vie, ce n'est pas bon, c'est presque impossible. En revanche, si on fait semblant, c'est possible. Le personnage que tu joues doit te traverser sans t'abîmer. Son élaboration t'épuisera physiquement, mais elle ne laissera dans ton cerveau aucune trace, aucun dommage. Et tu ne ressens pas les personnages que tu joues, Hamlet. Tu ne les ressentiras jamais.

— Bien sûr que si !

— Bien sûr que non ! Comment expliques-tu, alors, que tu puisses jouer cinq ou six rôles dans la même représentation ? Comment expliques-tu que les gens oublient immédiatement que c'est toujours toi ? Quand tu es sur scène, te reconnais-tu comme Hamlet ou comme l'un des personnages que tu interprètes ?

— Je me sens nerveux et confus. Je me sens porteur d'une terrible responsabilité. Je suis Hamlet, mais je fais semblant de les croire quand ils pensent que ce n'est pas moi.

— C'est exact. Tu fais semblant et il est évident que tu réussis. Quand tu pleures, quand tu cries, quand tu es censé être à deux doigts de l'anéantissement, est-ce que tu te demandes si tu es vraiment toi-même ? As-tu le sentiment que tu te représentes toi-même ?

— Non.

— Tu vois ? C'est parce que tu ne te perds pas dans les méandres du personnage que tu interprètes. Sinon, tu finirais mal. Dardo t'a fait un compliment et tu ne sais pas comment le prendre. Oh, je vois bien que tu es encore novice. Si tu veux paraître émotif, alors tu ne dois pas l'être, sinon tu auras l'air pathétique. Comment pourrais-je te l'expliquer avec des mots plus justes ? Laisse-moi te rappeler quelques citations qu'on nous a enseignées lorsque nous étions au service de la Corporation. Voilà ce que ça donnait : *Trop de sensibilité donne des acteurs médiocres ; une sensibilité médiocre, de mauvais acteurs ; et un manque de sensibilité, de grands acteurs*. Non pas que tu sois un grand acteur, mais ça te donne une idée.

— C'est-à-dire que je dois étudier les ressources du personnage à froid, et ensuite les élaborer. Vivre ses qualités sans les ressentir, les construire.

— Plus ou moins, mon garçon. Tu apprends. »

L'Oreille d'Or, comme nous avions fini par appeler notre troupe, a rapidement atteint le point où l'activité scénique était devenue banale, quotidienne. Grâce à nos maigres ressources, vêtus de costumes en papier, nous arrivions en annonçant notre spectacle partout où vivaient plus d'une demi-douzaine de personnes. La nuit, à la lumière des torches ou des lampes à huile, nous présentions nos saynètes, nos pirouettes, nos parodies, nos caricatures de la Corporation. À travers cette expérience, nous observions comment les spectateurs, après la représentation, nous évitaient si nous interprétions un rôle négatif, ou nous approchaient si le personnage que nous avions incarné résolvait ses problèmes avec courage. Et nous comprenions pourquoi l'acteur humain est indispensable, pourquoi ni les systèmes holographiques ni les androïdes parfaitement programmés ne pourraient jamais supplanter l'élément unificateur de toute scène, le comédien. Ceux qui regardaient nos pièces croyaient vraiment que les passions et les haines, les grimaces et les déraisons que nous représentions étaient réelles. Ils se berçaient de l'idée que ce que nous recréions était vrai, parce que le grand avantage du théâtre, de la scène vivante sur les boîtes en ferblanc, réside dans son immédiateté, sa palpabilité. Le spectateur peut être sûr que les acteurs déclament quelque chose qui semble se produire réellement, quelque chose de naturel et de vivant qui se développe dans le temps et l'espace sous ses yeux. Le théâtre, je l'ai compris et apprécié, est un art palpitant, et en tant qu'entité vivante, il s'adapte à toutes les époques et à toutes les formes. Le théâtre existe depuis que l'homme est homme, et il l'accompagnera peut-être jusqu'à ce qu'il cesse de l'être. Car les variations techniques, les innovations stylistiques, les jeux de lumière fournis par le laser, les décors de scène circulaires et amovibles, les pistes à faible gravité, les vidéos incorporées, les grands panneaux projetant les scènes clés, les hologrammes, la musique tactile incorporée, ne sont que des incitations qui tentent d'enrichir ce que le théâtre a toujours été de manière fondamentale : de l'humain et des mots.

« Et si toute la galaxie m'appartenait, du centre de l'Anneau jusqu'aux Confins, je vous jure par tout ce qui est sacré que je l'échangerais tout entière et volontiers si la maîtresse de la masure me mordait ce soir entre les jambes ! »

Le plus beau rêve de l'homme : le théâtre. Englouti dans son étreinte, j'ai appris à devenir plus fort, à faire de ma personnalité quelque chose de plus défini, car chaque nouveau personnage servait à m'éclairer sur moi-même, à me racheter, à me différencier. En tant qu'acteur, je n'ai servi que mon désir. J'ai fait semblant d'aimer sans assouvir cet amour, j'ai joué les rôles du fou et du sain d'esprit, du vieillard et de l'enfant. Toujours recouvert d'une autre peau, mourant d'autres morts, donnant naissance à d'autres vies, j'ai compris qu'un acteur ne peut pas mourir, parce que dans sa propre essence réside un point au-delà de la mort et de la vie. L'acteur ressent un million d'existences et connaît la naissance et la fin de chacune d'elles. L'acteur peut mourir une nuit, mais il reviendra le lendemain matin avec une nouvelle apparence.

« Le roi s'assied bien tranquillement, attention à ne pas tomber ! »

Chantant les vieux rêves et les vieilles misères, je mémorisais jour après jour les astuces et les couplets, les gestes pour se moquer et les pas de danse pour taquiner. J'ai été initié aux subtilités de la vie du comique, au tabou du mot obscène qui souhaite la chance sans le dire, à la légende maudite de la couleur verte qui éloigne les esprits protecteurs d'un acteur s'il ose porter une tenue de cette nuance au moment d'entrer en scène. On m'a raconté qu'un acteur-auteur lointain, presque comme moi, était mort sur scène en jouant le rôle de sa propre mort, comme l'avait fait le grand-oncle de Dardo, et la légende avait ajouté qu'il portait un peignoir vert sur lequel un dernier caillot de son sang s'était imprimé. Ce vieil homme de théâtre, le premier excommunié à cesser de l'être, avait joué sa farce la plus ingénieuse au public et à ses collègues comédiens, avait imposé aux générations futures le poids d'une tradition superstitieuse, la présence de sa propre mort.

« Votre fille, Monsieur, ne parle pas parce qu'elle est muette ? »

Bouffons répudiés par New York, hérétiques maudits, nous avons fait de nos errances la protestation des vagabonds. Nous avons milité pour la cause de ceux qui n'en ont aucune, et nous avons chanté le printemps et l'amour. Ce qui était le plus sacré n'était pas à l'abri de nos critiques. Revivant les traces d'un doux rêve, d'un souvenir amer, nous interprétions notre théâtre avec le style que le destin nous avait enseigné, car pour ébranler les puissants, il n'y avait pas d'autre choix que d'unir nos gémissements à son rythme. Feuilles balayées par le vent, goliards modernes de route en route, misérables et fiers de notre lignée persécutée, aucun lien ne pouvait nous attacher, aucun château ne pouvait nous enfermer dans la promesse de ses murs. Nous cherchions nos semblables en rejoignant le char de la dépravation, parce que notre théâtre était la promiscuité et le déracinement, débordant de fantaisie et d'amoralité, de sorte qu'en teignant nos visages d'ombres et de couleurs, nous voulions forcer les gens, qu'ils le veuillent ou non, à s'amuser sainement et à jouir de la signification de cet amusement.

« Mes amis, il nous est bien difficile d'être un oncle sérieux ! La fête est agréable et plus douce que la bouche d'une femme ! Laissez-nous vous plaire, jeunes gens ! Ne partagez-vous pas aussi notre solitude ? Nous avons soif de plaisir plus que de santé, et puisque New York fauche nos vies et que Rab tout-puissant déchire nos âmes, jouissons au moins de nos corps ce soir ! »

Anachroniques et bohèmes, les pièces que nous jouions étaient des allégories très directes, des attaques à peine déguisées contre tout ce qui représentait l'intolérance de la Corporation. Compte tenu de notre activité, il était logique que nous soyons persécutés pour ce que nous faisions, car nous réussissions à détruire plus de conditionnements en une seule nuit que tout ce que New York et ses acolytes construisaient en un an. Plus il y a de théâtre, moins il y a de sang. Nous affrontions nos problèmes de façon directe, car l'idée même de collectivité que la Corporation nous avait inculquée par des siècles de propagande, à coups de chansons de geste parlant de destin commun, était devenue notre alliée. Nous servions de canal à l'expression de tout un peuple, aussi bien les humains d'un village que les survivants asservis d'une espèce conquise une planète après l'autre.

« Attention ! Cachez les poules, les comédiens arrivent ! »

Nous faisions un théâtre fort, un humour grossier, parce que les mots directs plaisaient plus à l'homme simple que les subtilités et les raffinements qui n'auraient de sens pour personne. Notre travail de sape était utilitaire. Nous savions que nous ne détruirions jamais la griffe qui symbolisait le pouvoir de la Conquête, mais nous servions au moins à ce que certains de nos spectateurs s'interrogent sur la validité morale des arguments que la grande faucheuse utilisait à son avantage. Cela nous convenait. Un peu de vin, un morceau de pain, un abri et des bras agréables entre lesquels passer la nuit nous suffisaient.

Nous vivions au service du public et lui donnions ce qu'il voulait voir, ce qu'il n'osait parfois même pas imaginer. Nous proposions à la fois l'évasion et la réflexion, la distraction et la conviction. Nos œuvres reflétaient clairement tout un état d'esprit. Un soldat fou, repenti de tant de morts données, ayant déserté l'honneur et la guerre. Un attardé mental à qui New York avait donné le don de l'intelligence et qui finissait par se détruire le cerveau quand il comprenait la réalité et la pourriture qui régnait sous son commandement. Un simulacre de bataille où les capitaines, derniers survivants, se réfugiaient lâchement dans les jupes de Rab, incarné par Orion de manière sublime et grotesque. Un poète qui refusait de chanter dans le style qu'on lui imposait et qui mettait à jamais en sourdine ses mots et sa voix. Une femme qui devait louer jusqu'à son sang pour survivre.

« Et s'il est vrai que l'homme est lâche en hiver, et s'il est vrai qu'il rugit, gratte et marche alertement au printemps de son existence, alors dites-moi, vous autres jeunes et vieux, femmes et hommes, que faites-vous ici à attendre que vos vies se tarissent ? Pourquoi attendez-vous si docilement la venue du vampire qui vous suce l'âme ? »

La pièce la plus directe que nous ayons jouée, peut-être la plus réussie, la plus drôle, la plus absurde et la plus explicite, me mettait dans le double rôle de New York et de Rab, car nous avions déjà compris qu'il s'agissait d'une seule et même chose, et le public le comprenait dès le premier instant. Assis sur un trône en strass, vêtu d'une robe blanche, le visage bleu, je passais les premières minutes de la représentation à regarder distraitement le vol des mouches, à mâcher des boules de pain ou à astiquer les cornes en carton, imitant celles de Moïse, qui ornaient mon front. Dardo et Orion, sous les traits de satyres, entraient en scène, me réprimandant sans vergogne en jouant leur rôle de conscience collective.

« Bon Père, Rab de tous les cieux, New York éternel, n'as-tu pas honte ? Toi ici, au milieu des nuages de coton, somnolant comme un ivrogne, et pendant ce temps tes enfants, les hommes, s'anéantissent et se battent. Ne comprends-tu pas ? Ta plus grande création est morte !

— Quoi ? Elle est morte ?

— Peut-être que cela compte peu pour vous, mais vous avez notre parole d'honneur.

— Morte ? Du Diable si j'étais au courant de cela ! »

Un peu partout, de village en village, nous recréions et façonnions sans cesse nos fantômes, nous apportions le spectacle là où il n'y avait que les feux de l'intolérance allumés au nom de la Corporation. De route en route, nous partions aussi vite que nous étions arrivés, esquivant les patrouilles qui tentaient de nous traquer une fois notre existence connue par le bouche-à-oreille, et nous trottions comme des oiseaux errants, comme des volatiles sans migration propre, d'une planète à une autre, riche ou vieille, toujours autour des anneaux intermédiaires des Confins, ni trop près de la Terre, ni trop loin. Nous enseignions les vieilles aspirations de révolte et de liberté, mangeant peu et riant beaucoup, dormant à peine, avides de femmes et de vin, prêtres d'un credo mystique où les seuls commandements étaient la tolérance et la fraternité. Un départ après l'autre, une fuite répétée, l'arrivée sur un nouveau monde pour recommencer la ronde, tel était notre but. Deux années entières de ma vie se sont passées ainsi, avec persévérance, avec satisfaction, en profitant de chaque minute de l'existence, sans jamais penser à la menace que le présent comportait, à ce qui pourrait nous arriver si les chasseurs de la Corporation nous attrapaient. Nous avons brillé à la lumière des bougies comme des papillons attirés par le feu, notre compagnie n'étant destinée qu'à l'amusement et à l'éblouissement, vivants à force de volonté, tachés par la boue et coupés par le rasage avant chaque représentation, salis de mots et de gestes, mais heureux de tromper tacitement la foule, anti-princes au service de la farce, visages couverts, bras tendus, muscles usés par la fatigue, la discipline, le travail acharné, la monotonie, le manque de sommeil, la routine et la misère, tel était notre cruel métier de lucioles.

CHAPITRE 33

« Parfait, Hamlet, disait souvent Dardo en me maquillant. Tu es magnifique. Tu ressembles à Sarah Bernhardt.

— Sarah qui ?

— Oh rien. Oublie ça. »

Dans notre errance constante avec L'Oreille d'Or, nous avons joué non seulement des pièces au contenu satyrique, des comédies où la vie était simplifiée au maximum et où le but était de choquer, de surprendre et d'amuser à la fois, mais aussi des drames pleins de sens tragique, de véritables tranches de vie mises en scène. De toutes ces pièces, la plus engagée, la plus conflictuelle et la plus dure, la plus violente, ne me mettait pas sur la scène avec mes deux compagnons de jeu. Au contraire, la plus dangereuse de nos représentations me plaçait au milieu du public.

Le thème central était essentiellement un hymne à la solidarité, comme tout ce que nous faisions, mais nous n'avions pas recours à des blagues grossières ou à un maniérisme grotesque. Dardo apparaissait sur scène comme la mort et Orion comme l'homme qui allait la recevoir. Le déroulement de l'action était tragique, très dense, extraordinairement pathétique. Il n'était pas facile de suivre les méandres de l'histoire, de voir comment l'homme cherchait de l'aide auprès de ses amis alors qu'aucun n'osait lui tendre la main, comment en présence de la mort toutes les portes se fermaient, comment les fenêtres restaient scellées par la pierre et la boue, et comment la solitude devenait un faux pas qui menait irrémédiablement vers les griffes de la faux. L'œuvre était remplie de symboles et d'allégories : personne ne pouvait échapper à l'idée que la mort, jouée par Dardo, était la Corporation elle-même, tout comme l'homme était un échantillon de toutes les espèces qui vivent, privées de rêves, sous son manteau.

Le spectacle rendait cette idée d'isolement encore plus claire dans la deuxième partie, lorsque j'intervenais depuis ma place dans le public. Tout était mesuré, calculé dans les moindres détails, car ce n'était pas en vain que nous avions passé des centaines d'heures à répéter les attitudes, les gestes que nous devions accomplir, les inflexions que nos voix devaient prendre pour que personne ne s'aperçoive que je faisais partie de l'intrigue et que tout ce qui allait se passer était planifié de manière ordonnée. Dès le début de la représentation, je me fondais dans le public, habillé de vêtements féminins. C'est pourquoi Dardo me disait en plaisantant que je ressemblais à quelqu'un, une vieille actrice d'une époque sans doute plus glorieuse qui, parmi les comédiens, avait acquis un statut de légende.

« Eh bien, tu es parfaite pour le rôle, comme toujours. N'oublie pas d'ôter ce fichu pantalon vert avant de monter sur scène. Tu sais que ça porte malheur.

— Ne t'inquiète pas, je vais l'enlever. Je suis moi-même devenu superstitieux. »

Ce n'était cependant pas la seule pièce dans laquelle j'ai incarné des personnages féminins. Il nous arrivait souvent de jouer tous les trois plusieurs rôles à chaque représentation, et l'un d'entre eux était toujours une femme. Nous n'avions pas de jeune fille dans notre troupe, pour notre malheur commun, mais le théâtre était fondamentalement destiné à simuler la vie, de sorte que les acteurs chevronnés devaient mettre de côté les préjugés et se travestir dans des vêtements délicats, de l'organdi, de la fausse soie et des imitations de parfums. Et après ? On dit que la première Juliette n'a pas été jouée par une femme. Dans les farces, dans les tours de grand guignol, Orion lui-même, avec son allure rondouillarde et sa barbe noire, portait des tutus de ballerine qui lui donnaient un air terriblement comique. Dardo, qui avait la chance d'avoir une ébréchure entre ses deux incisives supérieures, était parfaitement adapté aux rôles de proxénète et de prostituée. Mais ici, moi seul pouvais apparaître en tant que femme, maquillé et déguisé sans provocation ni caricature, car il était essentiel que personne dans le public ne se rende compte avant la fin que j'étais un acteur, et un homme. Ma corpulence, la couleur de mes cheveux et les traits délicats de mon visage, qui étaient encore ceux d'un garçon même si j'avais dépassé les trente ans, me rendaient apte à exercer un métier passionnant, amusant, mais aussi extrêmement dangereux.

L'idée était de faire croire au public que le lieu où nous jouions la pièce avait été investi par les troupes de la Corporation, rien que ça. À un moment donné, un filet tombait sur le public et s'arrêtait à cinquante centimètres de la tête des gens. Les serrures claquaient, les lumières vacillaient, Dardo et Orion restaient cloués sur scène, et une bande enregistrée crachait un message destiné à glacer le sang dans les veines de chacune des personnes présentes.

« Restez à vos places. Ici le capitaine Romero, au service de la Corporation. Nous avons cerné votre repaire. Deux cents soldats des troupes d'assaut vous encerclent en ce moment même. Restez tous immobiles. Un seul cri, un seul geste, une seule révolte, et mes hommes commenceront à faire feu. Vous avez cinq minutes pour décider de ce que vous allez faire : vous rendre tous pacifiquement ou désigner les responsables de cet acte de subversion. Au bout de ce délai, si aucun d'entre vous ne se rend aux autorités, nous lancerons l'assaut ! »

Un silence de mort suivait ces paroles, enregistrées de ma voix réelle pour que personne ne l'assimile à celles des deux comédiens sur scène. En un instant, le lieu devenait aussi froid et muet qu'un tombeau. J'attendais quelques secondes, le temps que les spectateurs s'observent, leurs yeux écarquillés reflétant clairement leur stupeur, puis je commençais mon spectacle, sanglotant et criant dans mon rôle de poupée hystérique.

« Je veux sortir ! Je veux sortir d'ici ! Je n'ai rien fait de mal ! Ce n'est pas ma faute si la Corporation poursuit ces maudits comédiens ! Je veux qu'on me laisse tranquille ! Je veux rentrer chez moi ! Je n'ai rien fait ! S'il vous plaît, que quelqu'un leur dise que je suis innocente ! Je veux sortir d'ici ! Arrêtez ces maudits agitateurs et laissez-moi rentrer à la maison !

— Silence, femme ! hurlait Dardo, feignant la nervosité, tandis qu'il jaugeait les tensions dans la salle, calculant comment elle réagirait à mes récriminations. Vous êtes autant à blâmer que nous pour ce qui se passe. Est-ce que nous vous avons forcée à venir ici ? Non ! Vous étiez libre d'assister à notre représentation ! Cette situation est autant de votre faute que de la nôtre. Restez à votre place et attendez patiemment la mort !

— Elle a raison ! Elle a raison ! criait invariablement quelqu'un dans le public, qui n'était pas un acteur. Nous n'avons aucune responsabilité là-dedans. Qu'on nous laisse sortir d'ici !

— C'est ça ! Punissez qui que ce soit, mais pas nous !

— Écoutez ! intervenait Orion, tentant d'apaiser la situation en agitant fébrilement les mains. Ce n'est pas le moment de se battre entre nous ! Nous sommes tous du même côté ! Innocents ou coupables, vous croyez que la Corporation va se donner la peine de démêler le vrai du faux ? Jamais ! Nous sommes tous à bord du même bateau ! C'est notre ennemi qui est là, dehors !

— Sale menteur ! répliquais-je. Perturbateur, saleté de rebelle, tu as peur et tu veux que nous payions tous pour ta culpabilité ! Aucun d'entre nous ne serait ici si ce n'était pas pour toi et ton spectacle sanglant ! Rends-toi et laisse-nous tous sortir !

— Ce n'est pas nous que vous devez combattre ! C'est la Corporation qui nous brise ! C'est elle que nous devons affronter !

— Pour nous faire tuer ? Qu'avons-nous fait de mal ? Pour qui allons-nous risquer nos vies ? Pour toi ? Pour vous ? Qui êtes-vous ? Pour qui te prends-tu, saltimbanque ? Rends-toi et laisse le reste d'entre nous continuer à vivre ! Sors et reçois ton châtiment !

— Non ! Nous sommes nombreux, peut-être qu'ils n'oseront pas nous faire du mal ! argumentait quelqu'un, nerveux ou calme. Ils ne peuvent pas tous nous tuer pour avoir simplement voulu voir le spectacle de quelques comédiens !

— Des comédiens ? Ce sont des arnaqueurs, voilà ce qu'ils sont ! S'ils sont poursuivis, ça doit être pour quelque chose ! J'ai entendu qu'on ne les enterre même pas comme des personnes normales ! Assassins, c'est ça, leur métier ! La Corporation nous guide, nous préserve de ces infâmes racailles, ennemies de la Conquête !

— Nous sommes tous responsables ! Nous savions tous que nous risquions notre peau en venant à ce spectacle ! Il est logique

que nous payions en tant que groupe et pas seulement quelques-uns d'entre nous !

— Parle pour toi, sale chien ! Si nous remettons ces deux insolents aux soldats, peut-être qu'ils nous laisseront libres ! Et si tu es si convaincu par leur attitude, reste avec eux et attends la mort !

— La mort ? Tu veux dire qu'ils vont nous tuer pour être venus ici ? Pour un spectacle pourri et mal interprété ? Pour une comédie sans intérêt ? Qu'est-ce qu'il y a de mal à ce que ces imbéciles de comédiens veuillent gagner leur vie en jouant ces pièces ? Pourquoi ne sommes-nous même pas libres d'aller où bon nous semble ?

— Ce sont des rebelles ! Des agitateurs payés par les Ascaris ou les Nors ! Ils veulent démolir les structures sociales, et nous monter contre la Corporation !

— Et les pontes de la Corporation ne sont pas contre nous, peut-être ? Qu'est-ce qui nous empêche de nous révolter et de rejeter leur pouvoir ? Êtes-vous aveugles ou muets pour ne pas voir la misère autour de vous, pour ne pas crier contre ceux qui vous oppriment ?

— Sacrilège ! Tais-toi ! Abolitionniste venu de l'enfer, Shaitan doit t'avoir sur sa liste des Damnés ! N'essaie pas de nous embrouiller avec tes fausses vérités ! Nous croyons tous en la parole de la Corporation !

— Oui !

— Non ! Si nous devons mourir, mourons ensemble ! Nous avons supporté leurs chaînes assez longtemps ! Le comédien a raison ! Notre adversaire se trouve à l'extérieur de cette enceinte !

— Alors affrontez-le vous-mêmes, vous autres qui êtes si courageux ! Ce que je demande, c'est de sortir d'ici ! Laissez partir ceux qui ne veulent pas se battre, et ensuite vous pourrez commencer votre petite guerre si ça vous amuse ! »

À ce stade, la représentation cessait en général d'en être une. Nous nous accusions mutuellement avec des mots de plus en plus blessants, la nervosité ambiante croissant de seconde en seconde. Je n'étais plus la seule à faire semblant de pleurer : beaucoup d'autres spectateurs le faisaient également. La plupart des personnes présentes refusaient d'assumer la responsabilité de ce qui se passait là ; tout le monde luttait pour sortir de cette situation horrible et pour rester en vie. Et finalement, petit à petit, les vrais sentiments se révélaient, les visages se dévoilaient, une fois les masques enlevés. Après cinq à dix minutes angoissantes au cours desquelles les vies de Dardo et Orion étaient réellement en danger, les gens décidaient de prendre position, d'un côté ou de l'autre. Ils connaissaient le risque de désobéir à la voix glaciale qui aboyait les ordres, et quel prix coûterait la solidarité. Ce que le scénario de la pièce voulait démontrer se reflétait sur les visages du public lorsque les portes s'ouvraient et que personne n'apparaissait pour nous arrêter.

« Mes amis, disais-je alors en ôtant ma perruque, en retirant mes faux cils et mes fards, et en parlant de ma voix normale. C'est tout ! Notre humble représentation est terminée ! »

La honte se dessinait sur les visages, la stupeur se changeait en rires nerveux, en pleurs incontrôlés, en ahurissement total face au déroulement des événements. Une fois la farce terminée, nous étions parfois félicités pour le résultat de notre entreprise. D'autres fois, nous devions rapidement nous taire et nous échapper à la hâte lorsque la plaisanterie n'était pas appréciée. Quelle que soit la conclusion de notre numéro, l'idée que nous tentions de démontrer resterait gravée dans les esprits des personnes présentes bien mieux que si la situation était jouée sur scène, hors de l'expérience et de la connaissance du public.

Une telle parodie ne pouvait être mise en scène que dans un espace clos réunissant les conditions nécessaires pour créer l'atmosphère d'isolement que nous recherchions. Comme les places accueillent toujours ce que le temple rejette, la plupart de nos pièces étaient jouées en plein air, car c'est la mission d'un globes-trotteur de chanter partout où le destin le permet. Mais ce spectacle ne pouvait être efficace que dans un endroit possédant des portes qui pouvaient être scellées une fois la représentation commencée et où l'atmosphère pouvait faire croire au public que les forces de la Corporation entouraient réellement le bâtiment, prêtes à faire irruption pour venir nous prendre. Une église abandonnée, une cour de ferme ou une vieille grange étaient généralement de bons lieux. Nous ne jouions cette comédie que lorsque nous trouvions un tel endroit.

Il était écrit que notre fin, lorsqu'elle arriverait, prendrait cette même forme. La réalité s'approchait à pas de géant, imitant la fiction, avec l'intention secrète de la dépasser. Une nuit, deux années après mon départ de Pénitence, L'Oreille d'Or a rencontré la mort.

Dardo et Orion déclamaient leur dialogue sur la scène, attendant le moment où l'intrigue allait changer complètement. Comme toujours, j'étais caché dans le public, comptant les minutes qu'il me restait pour intervenir. Aucun d'entre nous ne se doutait que la fiction cesserait d'être fictive, que la farce se changerait en cauchemar.

Comme un signe avant-coureur, une sorte de vent glacial a balayé le visage d'Orion et fait trembler les lampes du décor. Mon ami s'est arrêté en plein milieu de son discours, et sa main est descendue pour toucher discrètement l'épaule de Dardo, qui s'était figé. Tous deux regardaient vers l'entrée, les yeux écarquillés, l'air abasourdi. Cela m'a surpris, car il restait encore cinq minutes avant que je joue mon rôle. Mais les visages de mes compagnons montraient clairement qu'ils avaient arrêté de jouer la pièce. Devinant que quelque chose n'allait pas, sachant ce qui se passait derrière moi avant même de le vérifier, j'ai tourné la tête. Et je les ai vus.

Une douzaine de soldats des troupes d'assaut marchaient dans l'allée centrale, leurs pas couvrant tous les bruits environnants, plongeant l'ensemble de la salle dans la confusion et la peur. Un lieutenant assurait le commandement, énorme et puissant, luisant dans son armure grise.

« Que personne ne bouge ou mes hommes tireront pour tuer ! Ne tentez pas de fuir ! Gardes, arrêtez cette paire de trublions ! »

Quatre soldats ont forcé la marche et ont fait irruption sur la scène, prêts à s'emparer d'Orion et de Dardo. Il y a eu un moment de lutte confus, le bruit de corps lourds frappant d'autres corps, peut-être plus agiles, des projections de sang tachant le plancher de bois et les voix lointaines et gémissantes de mes deux compagnons. Inconsciemment, en proie à une réaction viscérale, je me suis levé. À côté de moi, l'ombre du lieutenant s'est agrandie jusqu'à me couvrir tout entier.

« Tu as quelque chose à dire, femme ? »

La voix était plus calme, plus profonde, plus brave, mais c'était toujours la même. Les cheveux blonds avaient été coupés ras, comme d'habitude, mais ils flamboyaient comme une torche aux endroits qui n'étaient pas dissimulés par le casque ouvert. Le nez carré et droit était toujours au même endroit, mais une marque rougeâtre en déviait l'inclinaison, ainsi que celle de tout le visage, le transformant en bec d'aigle. L'une des deux pommettes, à cause de la cicatrice, avait cessé d'être harmonieuse, et l'œil chinois, le seul que je voyais, si bleu qu'il ressemblait à une tache pâle, était très différent de celui dont je me souvenais. Je l'ai reconnu presque immédiatement. C'était Orphée.

Orphée. Il s'était écoulé beaucoup de temps depuis notre dernière rencontre sur Terre, si longtemps que je n'étais pas capable de le calculer. Orphée. Trop d'années et de circonstances nous avaient séparés pour que nous nous retrouvions dans cet endroit reculé. Orphée. J'étais paralysé par la surprise et la peur, ne comprenant pas bien pourquoi il ne réagissait pas en me voyant. Puis je me suis souvenu que pour lui je n'étais pas Hamlet, mais une fille ordinaire de ce monde, mon maquillage et mon déguisement l'empêchant de reconnaître ma véritable identité. Orphée. Cela faisait si longtemps.

« Quelque chose ne va pas ?

— Non... Je suppose que non, Monsieur. Il n'y a pas de problème.

— Alors assieds-toi et reste tranquille. Si tu es sage, nous ne te ferons pas de mal, tu as ma parole. »

Il s'est retourné vers la scène pour vérifier que les acteurs avaient cessé de résister. Mon double maléfique, mon anéantissement sorti d'un miroir, mon capitaine Achab. Alors qu'il s'avançait vers mes compagnons, je l'ai observé en détail, sentant mon cœur battre de terreur. Il avait grandi depuis la dernière fois, non seulement en taille, mais aussi en largeur. Orphée avait toujours été légèrement plus grand que moi, avec une envergure similaire, mais à présent il faisait deux fois ma taille et mon poids. L'entraînement militaire l'avait transformé en un modèle réduit d'Ares Wayne.

« Eh bien, nous les tenons ! a-t-il lancé, satisfait d'avoir mené à bien sa mission. Sortez-les d'ici et partons. Nous avons perdu assez de temps avec cette racaille ! »

Il a rebroussé chemin, se dirigeant vers la sortie, sans même me regarder. Les soldats l'ont suivi, entraînant mes frères comédiens derrière eux, laissant une traînée de poussière et de sang dans leur sillage. Arrivé à la porte, Orphée s'est tourné sur ses talons avec la précision étudiée d'un danseur, et il a fait face au public qui attendait sa décision, aussi terrifié que moi.

« Mon devoir me dit que je devrais vous arrêter pour cet acte d'insubordination. Mais je vais passer l'éponge pour cette fois. Nous avons ce que nous sommes venus chercher, et il y a à peine la place dans notre navette pour un ou deux d'entre vous. Punir quelques-uns alors que vous le méritez tous ne présenterait aucun intérêt. Je vais oublier ce qui s'est passé ici à condition que vous vous souveniez que je vous ai donné une autre chance. Je comprends que beaucoup sont venus ici éblouis par le verbiage de ces maudits comédiens. C'est terminé. Évacuez la salle un par un. Sans faire d'histoires. »

Nous avons mis du temps à obéir, mais enfin, très lentement, nous avons commencé à faire ce qu'il nous demandait. L'unique porte ouverte au fond de la salle présageait la liberté ou la mort ; il était impossible de faire autre chose que d'essayer de la franchir et de s'en remettre à la chance. Découpé par la lumière de projecteurs venant de l'extérieur, peut-être ceux de sa navette, Orphée ressemblait à une entité mythologique, à une sorte de gardien de l'enfer veillant sur les âmes de tout un troupeau.

Le trajet jusqu'à la porte m'a paru immense, épuisant, bien qu'il ne m'ait pas fallu deux minutes pour l'atteindre. Je m'apprêtais à franchir le seuil quand Orphée s'est appuyé sur le chambranle et m'a coupé le chemin.

« Tu es calmée, maintenant ? »

Il avait posé la question en se pavanant comme un paon, très sûr de lui, s'appuyant sur des capacités de séduction qu'il supposait sans doute irrésistibles. J'ai décidé de lui donner la réplique et j'ai adopté un ton stupide et soumis, car j'étais conscient que mon avenir dépendait de la façon dont j'exécuterais cette dernière prestation.

« Oui, colonel. Un peu.

— Pour l'instant, je ne suis qu'un simple lieutenant qui a des chances d'être promu », a-t-il répondu en souriant, flatté par ma méprise.

Elle était voulue, bien sûr. Je n'avais encore jamais rencontré de militaire qui ne se réjouisse d'une élévation de grade.

« Lieutenant Orphée Hamilton à ton service, ma jolie. Quel est ton nom ? »

Il y avait chez lui un air puissant, une assurance froide, presque inhumaine, tout à fait conforme à son style martial. De plus près, j'ai remarqué que le galon rouge indiquant son grade était bien celui de premier lieutenant de bord, le même que Whynnom Salvador avait porté à bord de l'Ivoire. Sur sa poitrine, un scorpion brodé annonçait que le vaisseau de combat où il était affecté était le Scorpion - l'insigne de mon ancien brise-glace, l'Ivoire, était deux défenses d'éléphant entrelacées sur un fond doré. Son œil droit, comme il m'avait semblé une seconde auparavant, était sec, coupé perpendiculairement par la cicatrice qui brisait la pommette et déformait le nez. Tout cela prouvait qu'une fois de plus, nos deux vies avaient été parallèles, même dans les blessures de guerre. À contre-jour, sa silhouette immense et déployée me faisait penser à un cyclope, à Polyphème. Et moi, j'étais un petit Ulysse enfermé dans sa grotte.

« Nadia, Monsieur, c'est ainsi que ma mère, mon père et tous mes compagnons m'appellent », ai-je récité de façon presque automatique, prenant bien soin de dissimuler la vraie nature de ma voix, m'étonnant qu'il ne m'ait pas encore reconnu malgré la lumière qui m'éclairait.

Dardo maîtrisait à la perfection l'art du maquillage, et ce qui avait si souvent dupé notre public trompait maintenant Orphée. Je priais pour qu'il ne tente pas de toucher mon visage, car il barbouillerait mon fard, révélant mes traits véritables. Par Rab, je ne me souvenais même pas si je m'étais bien rasé ce matin-là.

« Nadia ? C'est un joli prénom, m'a-t-il complimenté sans comprendre le double sens de mes propos. Dis-moi, qu'est-ce que tu faisais là ? Tu ignorais que ces humoristes sont un danger public, des indésirables proscrits par la Corporation ?

— Je ne le savais pas, Monsieur. Ils me semblaient assez inoffensifs, je vous le jure. Si j'avais su que vous alliez les capturer, il est certain que je ne serais pas venue.

— Je te félicite pour ton bon sens, Nadia. Bien, tu peux partir, maintenant. J'espère que tu seras plus prudente à l'avenir et que tu ne t'amuseras pas à défier la Corporation.

— Je vous le promets, Monsieur. Vous avez ma parole que je serai plus précautionneuse à partir de maintenant. »

Il s'est écarté et m'a laissé passer, après m'avoir salué avec une galanterie futile. Profitant de son élan de bonté, je n'ai pas hésité à quitter la salle obscure. Dehors, les soldats traînaient mes deux amis dans le ventre ouvert de la navette. Orion m'a repéré, mais il n'a pas cherché à me dénoncer. Au contraire, il m'a adressé un clin d'œil pour me rassurer. Très lentement, en gardant mes distances pour ne pas me trahir, je me suis éloigné de l'endroit. Les yeux baignés par des larmes d'impuissance, alors que je me demandais quelle étrange malédiction avait provoqué cette débâcle et que je tournais une nouvelle fois la tête pour m'assurer de la réalité de la situation, j'ai aperçu la tache de sang en forme d'étoile qui souillait l'écharpe que Dardo avait nouée autour de son cou. Une écharpe verte comme les prés au printemps, comme un symbole d'espoir, comme un souffle de liberté.

Chapitre 34

Le soleil venait à peine de se lever, un soleil très blanc, quand je suis retourné à l'endroit où L'Oreille d'Or venait d'interpréter son chant du cygne, car j'étais sûr que le danger d'être capturé comme Dardo et Orion s'était éloigné, du moins pour l'instant. Là, en contemplant tristement la désolation et la tristesse qui émanait de la scène vide, j'ai effacé de mon visage le pâle maquillage qui l'avait masqué et protégé la veille. J'ai rassemblé les éléments de notre théâtre qui pouvaient m'être utiles dans l'immédiat, et j'ai troqué mes vêtements féminins contre un tabard plus conforme à ma réalité présente. Puis, rescapé d'un nouveau naufrage, je me suis éloigné à jamais du lieu où le destin m'avait privé de deux amis pour redevenir le fantôme que j'avais cru mort depuis longtemps.

Je me suis enfui à pied à l'intérieur du continent, comme l'expérience et l'habitude me le dictaient, tous mes sens étant fixés sur la nécessité de mettre le plus de distance possible entre moi et mes poursuivants. Un véhicule terrestre m'a fait l'honneur de me récupérer en chemin et m'a conduit jusqu'à l'une des villes-centres qui ornaient la surface de cette planète. Une fois sur place, il ne m'a pas été difficile de m'éclipser dans n'importe quelle direction. Comme il était encore possible que les troupes d'assaut commandées par Orphée ou un autre génie militaire continuent leur collecte d'hommes, j'essayais de ne pas trop attirer l'attention sur moi dans les endroits où je me trouvais et je ne prenais aucun risque. J'étais à nouveau seul. Ma situation était similaire à celle que j'avais vécue sur Mandara, où l'incompréhension et le vide me minaient, mais je savais maintenant que d'autres partageaient mon ressenti, et qu'avec mes talents d'homme de théâtre nouvellement acquis, il ne me serait pas difficile de survivre à toute adversité qui se présenterait sur mon chemin. Ainsi, pendant plusieurs semaines d'errance continue, je suis parvenu à subvenir à mes besoins grâce au fruit de mon travail. J'ai chanté des airs coquins ou des chansons de geste ambiguës où se mêlaient indistinctement flatterie subtile et critique de la Corporation. J'ai joué de simples pièces de théâtre populaire ou aidé, pendant un jour ou deux, à récolter du foin dans des fermes peu mécanisées. J'étais prêt à offrir mes services en échange de nourriture partout où on aurait besoin de moi. C'était l'histoire de ma vie : tout me menait là où j'étais aujourd'hui. Un matin, alors que je traversais des montagnes derrière lesquelles on m'avait dit qu'il y avait une ville, j'ai aperçu le chapiteau usé et multicolore qui annonçait la présence intemporelle et solide d'un cirque.

Je me suis approché. Il était presque midi, mais personne n'était en vue, comme si tout le cirque était abandonné ou mort. Avec une grande prudence, sans jamais négliger la possibilité qu'il s'agisse d'un piège, j'ai pénétré dans l'agencement de ses fausses rues. Il n'y avait pas d'autre bruit que celui de mes pas et du vent entre les câbles et les toiles. Pourtant, quelque chose d'indéfinissable – la couleur, les odeurs, la sciure, le bois mouillé, je n'ai pas su l'identifier – trahissait des signes de vie indéniables. Un animal a alors rugi, comme pour me donner raison, et j'ai réalisé en tremblant de haut en bas que c'était un lion à la crinière noire qui m'observait depuis l'intérieur d'une cage. J'ai reculé avec effroi, car je n'étais pas sûr que les barreaux soient assez solides pour contenir la puissance de la bête. J'esquissais à peine mon deuxième pas quand quelque chose de fin et de cylindrique s'est posé au milieu de mon dos. Il ne faisait aucun doute qu'une arme était pointée sur moi.

« Ne bouge pas. Essaie de faire un seul pas et je te fume. »

J'ai voulu tourner la tête pour voir l'allure de mon agresseur, mais le canon de l'arme s'est planté plus résolument dans mes côtes tandis que la voix se faisait plus autoritaire.

« Ne te retourne pas. Bien. Maintenant, écoute-moi. Tu vas marcher là où je te dis d'aller, ni trop vite ni trop lentement, parce que sinon je te tire dessus et je te tue, juste comme ça. Attention à ne pas faire de bêtises. Compris ?

— Oui.

— Alors avance. Mets les mains en l'air. »

J'ai marché vers l'endroit où il me conduisait, me reprochant mon imprudence. J'étais certain que, cette fois, j'étais tombé entre les griffes de la Corporation. À un moment donné, l'homme au fusil m'a ordonné de soulever une porte de toile, et nous sommes entrés tous les deux dans la tente, avançant vers le centre de la piste. Avec l'absence de lumière et l'odeur des copeaux de bois, flottait le battement incomparable de la vie dans toute sa splendeur.

« Hé ! a crié la voix derrière moi, toujours désincarnée et sans visage, mais avec un ton beaucoup plus frétillant. Regardez ce que j'amène ! »

Deux douzaines d'individus à l'allure curieuse sont venus nous entourer, leurs visages inconnus se teintant de sourires de moquerie ou de mépris. Certains ont ri.

« Où as-tu trouvé ça, Paddy ?

— Et qu'est-ce que c'est que ça ? »

Une fille qui ne devait pas avoir vingt ans s'est frayé un chemin à travers la foule jusqu'au premier rang pour observer le spectacle de mon humble personne. Petite et jolie, fine comme un hochet, elle était vêtue d'un justaucorps rose qui laissait voir ses bras et ses jambes. Sous son front large et dégagé se trouvaient les deux yeux les plus merveilleux que j'aie jamais vus. Elle m'a scruté de haut en bas, avec le même geste qu'un enfant, et a passé une main sur ses lèvres, comme pour dissimuler un sourire mêlé de surprise et d'amusement.

« Qui es-tu ? Qu'est-ce que tu fais là ? » a demandé la voix derrière moi, me ramenant à la réalité.

Le silence était palpable dans toute l'arène. Seul un éléphant peint en orange restait insensible à mon arrivée et continuait ses répétitions d'équilibre sur un cône tronqué. Ou peut-être était-il incapable d'en descendre sans l'aide d'un dompteur. Je l'ai regardé avec surprise : il avait deux cornes.

« Je m'appelle Hamlet Evans », ai-je répondu.

J'étais fatigué de lever les mains, surpris par l'agitation que mon apparition avait provoquée parmi ces gens, et surtout inquiet de ce que cette fille pouvait penser de moi.

« J'ai découvert votre chapiteau en me promenant et je suis venu y jeter un coup d'œil, ai-je expliqué. Je n'ai pas l'intention de voler quoi que ce soit, mais j'avoue que j'ai faim.

— Tu as l'air affamé, en effet. Tu n'as pas l'air d'un simple vagabond, mais plutôt d'un fugitif. Par qui es-tu poursuivi ?

— Par la Corporation. »

Il y a eu une petite agitation. Mais j'ignorais si c'était du soulagement ou de la crainte, car pour eux, j'avais cessé d'être une simple distraction et j'étais devenu une personnalité, un étranger vraiment important. Les yeux de la jeune fille se sont écarquillés. La voix derrière moi, toujours en sécurité au bout du fusil, a continué ses questions.

« Et quel est ton péché ? Qu'as-tu fait pour mériter un ennemi aussi important ?

— À mon avis, rien ou pas grand-chose. Je suis acteur. Du moins, je l'ai été jusqu'à il y a environ six semaines. La Corporation nous a surpris et depuis, je suis en fuite. Auparavant, j'ai été paysan, je crois, et bien avant ça, poète sur un des vaisseaux de la Conquête. »

L'homme à qui appartenait la voix a dû faire un geste que je n'ai pas pu voir, vu sa position, car un géant aux épaisses moustaches noires et au crâne chauve, qui se trouvait juste derrière la fille aux yeux merveilleux, s'est approché de moi en deux enjambées et m'a arraché le sac à dos qui pendait bêtement sur mes épaules. Il en a vidé le contenu sur le sol sablonneux et a fouillé à l'intérieur comme s'il s'attendait à trouver une bombe à retardement ou un coffre rempli de poudre d'or.

« Il y a du maquillage, a-t-il indiqué. Ainsi que du matériel de rasage et des fards pour le visage, deux marionnettes à gants et une perruque. Il ne ment pas.

— Puis-je baisser les bras ? ai-je osé demander, certain qu'on me le refuserait.

— Si ça te fait plaisir. Tu peux aussi te retourner, si tu veux. »

C'est ce que j'ai fait. À ma grande surprise, un petit homme ridé, presque un vieillard, est apparu devant mes yeux. Il n'était pas habillé d'un vêtement qui aurait pu indiquer un statut particulier, mais j'ai tout de suite su que dans cette troupe, il jouait le rôle d'un clown. Il avait le visage rouge d'un évêque et une perruque de nouveau-né autour du crâne, et la combinaison des deux, additionnée à un nez qui avait peut-être été, par le passé, parsemé de taches de rousseur, lui donnait un air mi-innocent, mi-pervers. Il a souri avec une grimace malicieuse, et haussé démesurément les épaules. J'ai souri, moi aussi, en découvrant que, pendant tout ce temps, il avait pointé un simple bâton sur moi.

« *Toujours plus difficile* ! Le vieux Paddy a capturé un jeune chiot sans autre arme que son ingéniosité ! Tu as dit que tu t'appelais Hamlet, mon garçon ?

— En effet.

— Être ou ne pas être ? Un curieux nom, jeune homme. Je me nomme Charles Byron O'Shaugnessy, mais tout le monde m'appelle simplement Paddy parce que mon nom irlandais est un peu long, d'après eux. Donc me voici, Paddy Charles, entrepreneur et clown, à ton service. Ce que tu vois autour de toi, c'est notre cirque. Je suppose que tu l'as compris. Cela te surprend ?

— Oui, c'est vrai. Comme je vous l'ai déjà dit, cela fait six semaines que j'essaie d'échapper aux troupes de la Corporation. Je ne pensais pas que quelqu'un du monde du spectacle pourrait s'installer à la vue de tous, surtout s'il y a une ville à moins d'un kilomètre. Le cirque n'est pas poursuivi, lui aussi ?

— Non, pas pour l'instant. La Corporation doit penser qu'il n'y a rien de plus inoffensif qu'un clown, et comme elle n'a aucune raison d'en douter, nous ne préférons pas la contredire. Nous sommes encore des gens libres.

— C'est un soulagement de le savoir. »

Le cercle des personnes qui m'entouraient est devenu plus détendu, plus cordial, plus ouvert, peut-être parce qu'il avait été démontré que j'étais l'un des leurs et que l'accueil favorable du clown influençait tout le monde. À sa demande, j'ai raconté ma vie, sans me donner trop d'importance, d'une part parce que je ne pensais pas le mériter, et d'autre part parce que le petit homme, bien qu'amical et sincère, était encore un étranger. J'ai parlé de mon départ de chez moi, de mon passage au Monastère, puis à bord de la Torche et de l'Ivoire, de ma démission en tant que poète, de l'atroce séjour sur Mandara, de la rencontre avec Dardo et Orion, du genre de théâtre que nous avions fait, et de la façon dont ils avaient été capturés. Paddy écoutait, hochant la tête de temps en temps. La jeune fille, quant à elle, n'a fait preuve d'aucune timidité, interrompant plusieurs fois mon discours par ses questions. Au moins, j'étais certain que je ne les ennuyais pas.

« Écoute, Hamlet, a dit le clown quand j'ai eu terminé ma narration. Nous n'avons pas grand-chose à offrir, mais tu peux rester avec nous. Nous sommes une joyeuse compagnie, et il nous faut toujours de l'aide et des bras solides pour faire marcher tout ce bazar.

— Je... Je suis bouleversé, Paddy, ai-je répondu d'une voix étranglée, sincèrement surpris par son offre. Je ne sais pas quoi dire.

— Alors n'ajoute rien. Ce n'est pas une aubaine que je te propose, loin de là. Il y a beaucoup de travail à faire ici, pas seulement sur la piste, mais aussi derrière. Oh, ne t'inquiète pas trop pour ça. Ayant été acteur, il ne te faudra pas longtemps pour t'habituer à la vie du cirque. Que sais-tu faire ?

— Assez peu de choses, je le crains.

— Viens, suis-moi. Nous allons te choisir un emploi. Vous autres, reprenez vos répétitions ! Montrez au jeune Hamlet les merveilles dont vous êtes capables ! »

Le cercle s'est disloqué, et la foule d'individus parés de costumes hétéroclites s'est éparpillée dans l'arène. Une fois installés, ils ont commencé à m'offrir un festival de cliquetis d'appareils, de lueurs métalliques, de voix qui collaboraient ou de fredonnements nerveux qui suivaient le rythme d'un numéro. Au-dessus de nos têtes, les trapèzes se sont repeuplés.

« Les voilà, Hamlet. Chacun d'eux est unique dans sa spécialité. Ils sont si habiles qu'ils sont presque impossibles à remplacer. Tu apprendras à les connaître par leur nom plus tard, mais passons maintenant aux choses pratiques. Penses-tu, par exemple, que tu serais capable de faire la même chose que Monsieur Moustache ? »

L'homme ainsi appelé n'était autre que l'individu moustachu qui avait inspecté mes bagages plus tôt. Il soulevait des haltères en métal avec un effort considérable qui faisait gonfler les veines de son cou. Millimètre par millimètre, l'homme fort éloignait peu à peu sa charge du sol. Un coup d'œil m'a fait comprendre que je ne serais pas capable de l'imiter : j'aurais explosé en mille morceaux rien qu'en essayant de tenir le plus petit de ses poids. Il en a été de même lorsque le prestidigitateur a démontré son habileté à faire apparaître et disparaître des foulards et des bracelets colorés dans les airs. Lorsque le jongleur m'a lancé ses quilles avec un sourire, j'ai à peine réussi à en attraper deux à la volée. J'avais écarté le funambule, le trapéziste et le dompteur dès le départ.

« Je ne suis pas un phénomène, Paddy. Il semble qu'il n'y a rien ici que je sois capable de faire.

— Détends-toi, mon garçon, on va te trouver quelque chose, a-t-il répondu, amusé par mon impatience et ma maladresse. Pourquoi pas un numéro d'agilité comme celui de Wim ? »

La fille aux yeux merveilleux s'est approchée de nous avec un sourire indulgent. Sans me quitter des yeux, elle a reculé, a pris son élan, et exécuté quatre sauts de mains en prenant appui sur un seul bras, comme si elle évoluait en apesanteur ou que ses os étaient faits d'air. Je n'aurais jamais cru que quelqu'un puisse se déplacer avec une telle aisance, même en utilisant des astuces optiques ou des engrenages cachés, ce qui n'était pas le cas pour elle. Alors que je l'admirais avec fascination, à la fois abasourdi par son habileté et sa beauté, j'ai réalisé que je ne pourrais jamais rivaliser avec elle. Je n'avais rien à lui disputer dans son domaine. Pour terminer son numéro, la jeune fille a fait un double saut périlleux, et est montée quasiment sans élan sur les haltères que l'homme fort venait de soulever au-dessus de sa tête. Elle y est restée une seconde, juste le temps de prendre de l'élan, et a fini par se projeter en l'air. Le trapèze a été son dernier arrêt, et de là, se balançant d'un côté à l'autre, elle m'a lancé un regard de triomphe.

« Et tu veux que je fasse comme elle? ai-je lâché en agitant la main en signe de surprise. Mon Dieu, elle a sauté près de dix mètres en l'air sans le moindre effort. La moindre erreur de calcul l'aurait fait tomber de là-haut, et je suis sûr qu'elle ne sourirait pas si c'était arrivé. De quoi est faite cette fille ? De plastique ?

— Oh, Wimdyl est notre numéro vedette. Elle est jolie, n'est-ce pas ? Si j'avais ton âge, ou même le double, je saurais qui séduire, mon garçon. Oui, son attraction est spectaculaire. Et tu n'as encore rien vu. Tu vas tomber sur les fesses quand tu découvriras tout ce dont elle est capable.

— Je suis déjà époustouflé, Paddy. Rien qu'à regarder autour de moi, je me rends compte que je suis un imbécile qui ne vaut pas une seule drachme.

— Bon, je ne voulais pas te le proposer d'emblée pour qu'on ne dise pas que je suis de parti pris, a-t-il déclaré en frappant ses mains l'une contre l'autre avec une lueur d'espoir dans ses petits yeux gris, mais si tu n'es bon à rien, je pense que tu feras un excellent clown. Tu viens de devenir mon assistant, Hamlet. Bienvenue au cirque. »

Je l'ai contemplé, incrédule, juste assez pour comprendre qu'il ne plaisantait pas.

Le soir même, j'ai fait mon entrée sur la piste, mes débuts sous sa direction en tant que clown. Je m'attendais à ce qu'il m'oblige à le regarder pendant un certain temps, comme je l'avais fait avec Dardo et Orion lorsque j'avais rejoint le théâtre, mais ce petit homme avait décidé de faire de moi un artiste dès le premier instant. J'ai eu beaucoup de mal au début, mais après, c'est devenu très amusant. J'étais tellement émerveillé par les couleurs et les nombreux costumes qui entraient et sortaient en trombe que je n'ai même pas eu le temps de me sentir nerveux, et encore moins de penser que j'avais un rôle à répéter. Au loin, les applaudissements, ainsi que les grincements des poutres et des câbles indiquaient que les autres numéros se déroulaient normalement. Paddy m'a abreuvé de ses mots et m'a distrait avec une telle habileté que j'ai rejoint la piste sans aucun souci. Je savais très bien à quoi jouait ce vieux renard.

Il m'avait attribué le rôle du clown malin. J'avais le visage maquillé de blanc, et un costume argenté rempli d'étoiles et de croissants de lune. Un sourcil peint en noir, arqué sur mon front avec une inclinaison excentrique, et un chapeau en forme de cône complétaient mon accoutrement. Paddy, quant à lui, portait un large tee-shirt à rayures, un pantalon bouffant orné d'énormes boutons rouges, une perruque bouclée qui n'en faisait qu'à sa tête et des chaussures qui auraient pu convenir à l'équipage d'un brise-glace. J'étais le joyeux luron, et lui, le fou. Mon rôle dans le spectacle consistait à lui poser des questions insignifiantes dans le langage standard de la société. Il me répondait par ses réparties les plus maladroites, jusqu'à ce que nous entamions tous les deux un combat de baffes qui faisait beaucoup de bruit, mais que personne ne prenait au sérieux. Paddy et Hamlet, c'est ainsi que nous nous appelions. Nous avons fait un tabac. À partir de ce moment-là, en suivant le canevas de cette représentation, nous nous sommes permis d'ajouter de nouveaux gags et des rebondissements à une intrigue qui, à l'instar de mes poèmes, a fini par ne plus du tout ressembler à l'original. Bien que nous connaissions très bien le numéro, nous improvisions presque continuellement. Par Rab, c'était choquant qu'après tant d'années, il y ait encore des gens qui me trouvent drôle.

Petit à petit, spectacle après spectacle, j'ai abandonné mon rôle ronflant de gentleman noble et poli pour endosser des personnages aussi stupides et turbulents que ceux de Charles lui-même. Monter sur scène main dans la main, taquiner le public ou l'un de nos compagnons de cirque avec nos pitreries, utiliser la vieille Beth, l'éléphante, pour faire le tour de la piste sur son dos, ou Ludovic, le lion doux comme un poète, est devenu quelque chose de systématique et de quotidien, mais également différent chaque soir. Nous utilisions de vieilles blagues usées qui reprenaient une actualité les rendant parfaites, et nous jouions des scènes que je supposais connues de tous, comme elles l'étaient en effet, mais qui amusaient tout de même, quel que soit l'endroit où nous nous trouvions. Nuit après nuit, nous brisions nos faux nez à coups de planche. Nous incorporions de temps en temps des échelles avec des marches élastiques empêchant de les escalader, ou nous nous consacrions à salir toute la piste en répandant une mousse chimique avec laquelle nous prétendions que nous allions laver nos vêtements. À la fin du numéro, le puits de gravité nous projetait vers le ciel du chapiteau, et nous prenions congé de là, pleins de mousse, de sueur et de sable, inondés d'un flot de lumières laser, salués par une tempête de rires et d'applaudissements alors que nous étions criblés de feux d'artifice nourris.

Paddy contrôlait tout, permettait tout, assimilait tout. Il acceptait mes propositions de modification du numéro avec un œil amusé et malicieux, car il n'avait jamais cessé, heureusement pour lui, d'être un enfant. Il aimait faire des farces et inclure dans notre performance des variations qui la rendaient attrayante, même au prix d'un peu de danger. Sublime et héroïque, tel était Charles O'Shaugnessy. Un clown, un marginal comme moi, comme les gens qui nous entouraient, plein d'humilité, de culture et de bons sentiments. Il avait vécu dans le cirque avant même sa naissance, car celui-ci appartenait depuis des générations à sa famille – ou sa famille lui appartenait –, et tout ce qu'il connaissait était véhiculé par l'existence du chapiteau. Humble et intelligent, bavard, il se vantait de ses origines irlandaises, bien qu'il n'ait jamais vécu sur Terre et encore moins en Irlande. Mais il connaissait par cœur des histoires de gnomes et de farfadets, de reines perdues et d'oies sauvages qui revenaient toujours à la maison au retour du printemps, de sorcières chantantes et malveillantes qui pouvaient jeter des sorts et porter malheur si un homme avait la malchance de les rencontrer sur un pont, de héros mythiques qui avaient vaincu d'autres dieux et étaient ainsi devenus eux-mêmes la légende. C'était un homme gentil et paternel qui pouvait encore m'apprendre beaucoup de choses.

« Une fois, j'ai été mort, le savais-tu ? Non, ce n'est pas une boutade, ni une nouvelle légende. J'étais mort pour de vrai. Cliniquement mort. Il y a une vingtaine d'années. Une décharge électrique m'avait frappé, juste au moment où nous démontions la tente pour partir vers un autre endroit, et pendant quinze jours, c'était comme si j'avais disparu du monde des vivants. Une étincelle, un choc, et soudain j'étais mort. Deux semaines comme un vrai macchabée.

— Et qu'as-tu ressenti, Paddy ? » ai-je demandé, surpris par cette confession.

J'étais étonné par la force dramatique de son histoire. Aucun de mes vieux poèmes ne valait autant que la connaissance de cet événement.

« Rien. D'abord un éclair, une sorte de *blofff* très faible, et la lumière qui s'échappait de mes yeux. Puis une immense, une extraordinaire tranquillité. Ce n'était pas douloureux, mais agréable. Oui, c'était une expérience inoubliable.

— Tu peux le dire. Qu'y avait-il au-delà ? As-tu réussi à voir quelque chose de l'autre côté ?

— C'était un tunnel, ou un puits. C'est tout ce dont je me souviens. Une sorte de boyau sans fond à l'intérieur duquel je flottais. Je savais que j'étais mort, mais je ne m'en souciais pas. Je m'en fichais complètement. En fait, j'aimais bien mourir. C'était agréable.

— *Timor mortis conturbat me*, ai-je récité, certain qu'il allait comprendre.

— Vraiment ? Moi aussi, jusqu'à cet instant précis. Après, la question a cessé de me paraître intéressante. Je sais ce qu'il y a de l'autre côté. Je sais qu'un jour j'y retournerai. Ce sera la fin de l'histoire. Un jour, je mourrai et je repartirai dans le tunnel. Peut-être même que j'atteindrai le fond, et peut-être qu'ensuite je remonterai, comme dans le puits de gravité. Tu vois ? La sensation était très similaire, exactement comme flotter et tomber dedans. N'est-ce pas amusant ?

— Eh bien, peut-être que tu te souviens de quelque chose que tu as vécu. Ou peut-être que, pendant que ton corps mourait, ton cerveau recréait cette sensation.

— Oh, je ne crois pas. Il n'y a que cinq ans que le cirque dispose du puits de gravité, et je n'avais rien vécu de tel à l'époque. J'ai été très surpris de voir à quel point les deux choses sont similaires, tu peux le deviner. Un autre petit détail curieux, toi qui aimes tant les histoires mystérieuses : devant moi, me guidant dans ma chute, se trouvait ma femme, Cathleen. Tu sais qui elle est, j'ai dû t'en parler à un moment ou à un autre, je suis un bavard incurable. Eh bien, Cathleen m'a consolé en me disant que la mort est agréable, qu'elle était passée par là et que je ne devais pas avoir peur. Ce qui est choquant, c'est qu'elle était encore en vie à ce moment-là. Elle me conduisait dans des endroits qu'elle disait connaître parfaitement, et pourtant elle était encore en vie. Tu ne trouves pas ça curieux ?

— Bien sûr que si. C'est fascinant. »

Le cirque était composé d'un peu plus d'une centaine de personnes, la plupart d'entre elles ayant des liens familiaux, car seuls des fous fidèles à la tradition et à eux-mêmes étaient capables de se lancer dans une telle entreprise. Pour un gars comme moi, qui avait rêvé toute sa vie d'une petite compagnie, leur présence était paradisiaque. Leurs compétences et leurs aptitudes me les faisaient assimiler aux anges. Aucun n'était là contre son gré. À tout moment, n'importe lequel d'entre eux pouvait envisager de s'installer dans n'importe laquelle des villes que nous visitions d'un monde à l'autre, sans que les autres ne viennent s'opposer à sa décision. Et tout le monde travaillait, de la première femme au dernier homme. C'était le cirque, au fond. Une immense famille multiple, une colonie de fourmis rampant tant bien que mal d'un endroit à l'autre, comme cela avait toujours été. Il n'était pas rare de trouver Paddy en train de démonter l'installation du funambule, ou d'aider à mettre en place les pièges électroniques qui déclencheraient les faisceaux de lumière derrière lesquels les animaux seraient à l'abri des intrusions du public pendant le spectacle. Souvent, il regardait Monsieur Moustache accompagner avec une grande délicatesse les nouveaux venus vers leur siège, ou il vérifiait si le Doc de la compagnie était prêt à aider avec sa science quand il le faudrait, tout en ouvrant la bâche quand les protagonistes d'autres numéros devaient monter sur scène. Tous servaient une cause commune : transformer leurs pauvres ressources en un spectacle parfait, quelque chose que personne d'autre qu'eux n'était capable de faire et qui servirait à assurer leur survie jusqu'au lendemain.

« Cela ne nourrit pas son homme, Hamlet, disait Paddy, réaliste, tout en se frottant les mains avec du talc. Espérer faire fortune avec un cirque comme celui-ci est un rêve de fou. Peut-être qu'ils s'en sortent dans l'un de ces établissements permanents installés dans l'un des grands emporiums urbains, mais où a-t-on vu un cirque qui n'est pas itinérant ? Le contraire me semble absurde : un cirque cloué au sol, quelle stupidité ! Non, cela ne donne pas de quoi vivre, loin de là. Beaucoup de travail pour gagner à peine ce qu'il faut. Bon, assez de ces jérémiades. Connais-tu quelque chose de mieux que le cirque ? Bien sûr que non ! Et au moins, nous faisons ce que nous aimons !

Le cirque, pour se déplacer d'un endroit à l'autre, disposait de trois vaisseaux. Trois engins qui fonctionnaient à merveille grâce aux soins et à l'attention que nous leur portions. Le convoi n'était pas extraordinaire, mais après mes deux années de voyages clandestins, son existence était un soulagement. J'ai vu des navettes plus grandes sur les brise-glaces de la Corporation, ainsi que des tentes plus spacieuses que notre chapiteau, mais c'était tout ce que nous avions, et c'était bien de l'avoir. Les trois vaisseaux, dirigés avec amour par leurs pilotes, des individus rapiécés et sans bras qui avaient autrefois servi la Conquête avec une fidélité de chien, avaient été baptisés de noms qui, après avoir entendu les histoires extraordinaires de Paddy, me remplissaient de résonances mystiques : le Cúchulainn, le Banshee et le Fergus. C'est à partir d'un mélange de ces trois entités que j'ai défini la personnalité du clown, avec sa voix grinçante parfaitement nuancée, ses airs de grand héros mythique et toute la sagesse de celui qui abandonne son trône pour s'initier aux voies de la vérité, de l'amertume et de la connaissance.

« Certains viendront pour voir les filles, d'autres pour rire de toi et moi. Ou bien ils voudront contempler pour la première et dernière fois de leur vie des animaux qu'ils n'avaient jamais imaginés, ou encore se réjouir des compétences que les gens ordinaires ne possèdent pas, et du danger qu'il y a à les utiliser. Ne te préoccupe pas trop de ce qu'ils viennent chercher, Hamlet. L'important, c'est qu'ils le fassent. »

Bien qu'il s'appuie sur la technique, le cirque ne reposait pas exclusivement sur elle, mais aussi sur l'habileté personnelle de chaque individu, ce qui lui conférait son plus grand attrait et lui évitait, peut-être, les dispositifs technologiques spectaculaires ou les effets spéciaux élaborés pour dissimuler le manque de préparation humaine des équipes. Le cirque utilisait la technique tant qu'elle ne dévorait pas l'homme, qui montrait comment il avait plié son corps à force de ténacité et de persévérance. Il ne transformait pas son spectacle en un simple amalgame de tours et de mouvements faux, car cela aurait été une tromperie et le public l'aurait ressenti. Notre devise était toujours la même, classique, celle que le cirque avait brandie à travers les âges. Paddy l'avait récitée lorsqu'il avait révélé le tour de passe-passe avec sa fausse arme, le jour où j'avais rejoint la troupe : *Toujours plus difficile !* Pas de bricolage, pas de rafistolage, seulement ce qu'on peut réaliser par ses propres moyens. N'importe quel idiot peut sauter d'un trapèze avec une roue magnétique attachée à son dos. Ce qui est périlleux, ce qui est excitant, c'est de le faire sans. Et c'est pour cela qu'on venait nous voir. Ceux qui nous regardaient comprenaient à quel point ce qui semblait si simple était extrêmement ardu, parce que cela se jouait réellement sous leurs yeux, avec tout le danger et la fascination que cela comportait, et qu'à tout moment, on pouvait entendre le battement de la mort. Ils venaient voir quelque chose qui, avec un peu d'aide technologique, pouvait être fait par n'importe qui, et nous devions éviter à tout prix la comparaison. Nous ne pouvions permettre à quiconque de se moquer d'un travail qui nécessitait des années d'entraînement constant. Nous ne pouvions pas décevoir un public qui exigeait parfois sa part de sang.

C'est pourquoi je n'ai pas été trop surpris le jour où Bruno, le voltigeur, a mal évalué la distance. Il a raté d'un dixième de seconde les bras du porteur, l'autre trapéziste, et a fini par se rompre le cou sur le sable. Avec un filet, et en utilisant le puits de gravité de la console du technicien, sa mort aurait été évitée. Mais cela aurait dénaturé le spectacle, et nous nous refusions à le faire. Le risque faisait partie de la représentation. Fichu risque. Le spectacle devait continuer.

Chapitre 35

La fille au regard couleur émeraude s'appelait Wimdyl Brighteyes. Je dois avouer qu'aucun nom n'aurait pu mieux lui convenir, car en effet ses yeux étaient brillants, et l'on m'a dit par la suite qu'ils étaient également proches de la couleur verte que les miens ne verraient jamais. Wimdyl avait une petite bouche rose et fraîche, et un front clair aux proportions harmonieuses et nettes – je l'ai déjà mentionné –, indiquant indubitablement que derrière, se trouvait le cerveau d'une personne intelligente. Ses cheveux n'étaient ni blonds ni bruns, mais de cette nuance ambiguë de châtain dont la classification dépend plus de l'observateur que de ses qualités intrinsèques, et elle les portait en une tresse aux reflets de bronze qui pendait gracieusement dans son dos. Le visage ovale, en amande, semblait avoir été ciselé dans une pierre noble. En admirant cette tête parfaite, un homme avait la sensation d'être en présence d'une statue de chair. Plonger dans ce double lagon de jade liquide, dans ces lèvres humectées de mots et de sève, lui donnait une raison d'être. Wimdyl était une nymphe, une elfe, une fée sortie d'une illustration de conte pour enfants, espiègle et taquine, juvénile, et je l'ai tout de suite aimée.

Elle utilisait son corps comme s'il s'agissait d'un jouet, d'une poupée aux belles proportions entre les mains d'un marionnettiste. Démarrant son numéro, sans effort visible, sans accumuler plus de tension ni fléchir plus de muscles que je ne le ferais pour croiser les bras ou claquer deux doigts, Wimdyl s'est mise à sauter. Elle a roulé, tourné sur elle-même aussi facilement qu'une toupie, incliné son corps vers l'avant puis vers l'arrière, dansé, virevolté. Elle s'est laissé tomber, a balancé ses jambes et ses bras, prenant de l'élan, puis elle s'est redressée, a rebondi, et s'est immobilisée comme un jeune félin sur le sol de la piste. Elle a souri avec la mine d'un enfant pris en flagrant délit au milieu d'une bêtise, ne laissant pas de marbre les spectateurs qui commentaient son agilité presque inhumaine, puis a entamé la deuxième partie de son attraction, celle qui lui valait le titre de grande vedette de notre spectacle, et qui clôturait la représentation du cirque chaque soir.

Une lumière rosée, aussi douce que l'était sûrement sa peau, baignait Wimdyl de la tête aux pieds, et un tambour battait une mélodie proche du larmoyant, réclamant l'attention du spectateur. Comme si quelqu'un, à ce stade, pouvait encore être distrait. Elle a tendu les bras avec une moue, s'est tordu délicatement les poignets une ou deux fois, prenant l'air concentré qui précède habituellement un instant de grand effort physique, et a commencé à s'élever de sa position au centre de la piste. Elle montait tout doucement, aidée par l'énergie du puits de gravité, bercée par les couleurs et la musique qui continuait son rythme entêtant. Puis, toujours très lentement pour retarder subtilement le point culminant de sa prestation, très sibylline, elle a commencé à se métamorphoser. La musique, les lumières et les applaudissements paraissaient suspendus à chacun de ses gestes. Elle s'est mise à onduler de droite à gauche, à la cadence ténébreuse du tambour qui jouait de plus en plus fort, balayant l'air, loin du sol, jusqu'à ce que deux ailes de soie jaillissent comme une fleur de son dos, s'épanouissant derrière elle. Elles flottaient, silencieuses, comme une toile d'araignée diaphane sans gravité, ou comme une méduse toute blanche dans son royaume aquatique. Il n'y avait plus aucun bruit sous le chapiteau : le battement du tambour s'était arrêté, les respirations étaient étouffées. Les ailes sont devenues plus grandes que la jeune fille elle-même, de nouveau libres, créées avec force et ténacité par le seul désir de la pensée. Et le moment est arrivé où le cône de gravité artificielle a disparu, remplacé par le vide simple et continu de la piste ordinaire, et par l'obscurité silencieuse qui enveloppait le toit de la tente. Les deux ailes de papillon, ayant achevé leur processus de maturation, le magnifique rituel de leur naissance, battaient avec une espièglerie pleine d'innocence. Le faisceau de lumière rosée s'est éteint, laissant la place à un seul spot de lumière blanche. Lorsque Wimdyl s'est envolée, il n'y a plus eu d'autre couleur que celles dégagées par la fantaisie de ses ailes, plus d'autre présence que la sienne sur toute la surface du cirque. Elle a entamé une série de pirouettes et d'arabesques à douze mètres de haut, se pliant et se balançant dans son numéro d'équilibriste. Elle a volé et voltigé au-dessus des têtes étonnées des spectateurs, brisant les cœurs d'un seul sourire, les berçant de vieux rêves fanés, tour après tour, avec l'élégance d'un vrai papillon et non d'une jeune fille devenue lépidoptère, jusqu'à ce que le puits de gravité reprenne sa traction et la ramène au sol, la faisant atterrir comme un pétale multicolore soufflé par le vent. Comme toujours, le public a applaudi avec quelques secondes de retard, tant il était encore enivré par la magie qui irradiait de cette vision. Wim a salué avec lassitude, souriant avec l'assurance d'une jeune fille précoce qui reconnaît l'importance de ce qu'elle fait, et a disparu de la piste en un instant.

Il n'y avait pas de trucage dans son numéro, pas plus que dans les autres. Le spectacle était réel, et les ailes de Wimdyl faisaient autant partie d'elle que ses yeux, son nez ou sa bouche. La première fois que je l'ai vue en action, s'exerçant au mieux de ses capacités, j'ai failli tomber sur les fesses, comme Paddy m'en avait averti avec une prémonition moqueuse. J'aurais voulu arracher mes habits de clown et courir à sa rencontre dans les airs, pour devenir comme elle un papillon luminescent. Mais je n'étais qu'une luciole terne et triste, et les ailes de ma métaphore étaient brisées depuis longtemps.

Wimdyl était un *alter*, l'un des êtres divers créés à profusion par les techniciens de la Corporation. Au cours de mes années de service en tant que poète, j'en avais rencontré dans des endroits comme Excalibur, dans des bordels et des stations orbitales disséminées le long de la gorge infinie de l'espace. Je me souvenais également que plusieurs de ces créatures avaient foncé sur notre détachement le jour de l'incident sur Alta Roca. Au cours de mes périodes d'errance, j'ai parfois rencontré des *alter* à quatre bras, des géants ressemblant à des rhinocéros capables de résister à des pressions et à des gravités qui écraseraient un régiment complet de guerriers en tenue isobarique, ou de petits êtres électriques conçus pour habiter les mondes aquatiques. Je n'en ai cependant jamais rencontré d'aussi svelte, d'aussi harmonieux et d'aussi parfait que Wimdyl, car le but des altérés n'était pas de servir de canal à la beauté, mais d'être modifiés de manière à pouvoir travailler et survivre sur des planètes présentant des conditions défavorables à l'implantation d'un humain ordinaire. Peut-être que le technicien qui l'avait conçue avait décidé de céder pendant un instant à ses penchants esthétiques, ou peut-être que la mission pour laquelle elle avait été créée était différente de celle des autres mutants. Nous ne le saurions jamais. La mémoire de Wimdyl comportait une brèche, un vide où tout se noyait dans le brouillard.

« Je ne sais rien de moi, Hamlet. Je ne me souviens d'aucun détail de ma petite enfance, si tant est que j'en aie eu une. La seule chose dont je sois certaine, c'est de mon nom, et il s'agit peut-être d'une nomenclature chimique, d'une formule. Je ne sais pas si j'ai été vendue à la Corporation, ni qui étaient mes parents. Qui sait ? Peut-être que je ne suis pas un *alter*, mais la descendante d'une espèce d'humains papillons qui peuplent l'univers. Ce serait drôle, non ? Wimdyl, la reine des abeilles, enlevée de son propre berceau et éloignée à jamais de son beau domaine ! »

Wimdyl. Nous avions réussi à reconstituer son histoire, toujours sur la base de spéculations et de ses propres souvenirs, mais tout ce que nous avions déduit était hypothétique, invérifiable. Paddy soutenait qu'elle s'était probablement échappée d'un des centres de maintenance de la Corporation, alors que son développement n'avait pas encore atteint son stade final. La mémoire de Wim semblait confirmer cette théorie, car elle évoquait parfois d'étranges souvenirs de salles blanches fantomatiques, de voix et de leçons qui répétaient des consignes, de clignotements et d'outils, d'enregistrements répondant à des stimuli lumineux, de cauchemars qui s'appuyaient probablement sur des événements vécus. À un moment donné de son endoctrinement, Wimdyl avait réussi à se libérer. Je ne pouvais pas imaginer la situation, ni les épreuves qu'elle avait dû traverser pour s'échapper, ni les vicissitudes que son esprit confus avait dû assimiler. Quoi qu'il en soit, malgré tout, le destin l'avait amenée aux portes du cirque.

Là, on l'avait considérée comme une petite fille normale, perdue et désorientée, à plusieurs soleils de sa planète mère. Paddy avait accepté de l'intégrer au groupe, davantage motivé par un élan de compassion que par les éventuelles qualités artistiques de l'enfant, et à partir de ce moment Wimdyl avait trouvé un foyer. À la puberté, peu à peu, jour après jour, les dons altérés qui sommeillaient en elle s'étaient éveillés, jusqu'à ce qu'elle devienne la créature étrange qu'elle était désormais.

« Au début, nous avons remarqué que je me déplaçais avec une grande facilité, m'a-t-elle expliqué, la voix chargée de tristesse, la tête posée sur mes cuisses, une mèche de cheveux dans la bouche et les yeux dans le vague. Et que j'étais capable de contorsions et de sauts dont personne, pas même le pauvre Bruno, n'était capable. Aucun d'entre eux ne pensait que je finirais par devenir ce que je suis. Paddy a été choqué le jour où il m'a vue sauter d'un trapèze à l'autre sans le moindre élan. Il m'a grondée. Oh, par Rab, il m'a même sacrément disputée. Il a pété les plombs et m'a absolument interdit de refaire des folies de ce genre. Il avait l'air si comique, tout rouge, les cheveux hérissés, que nous avons éclaté de rire tous les deux. Mais son ordre demeurait valable. Paddy insistait sur le fait que je pouvais me blesser, que seul un trapéziste expérimenté avait le droit de se balancer là-haut sans mettre les autres dans tous leurs états. Ce que Paddy ne savait pas, c'est que j'avais atteint le trapèze depuis le sol, d'un seul bond. Il aurait mangé son chapeau s'il m'avait vue à ce moment-là, parce que tout le monde pensait que j'étais une petite fille ordinaire et délicate. Oui, c'est ce qu'ils croyaient. Mais j'ai tout de suite su que ce n'était pas normal, qu'en aucun cas je n'aurais dû réussir à faire ça. Même si, avec le temps, les autres en sont venus à supposer que j'étais une sorte de monstre, une créature fabriquée dans les éprouvettes d'un laboratoire expérimental, capable de sauter et de faire des pirouettes sans me fatiguer et sans avoir besoin d'une masse musculaire importante, personne n'imaginait que j'irais aussi loin. Et j'ai tenu bon, parce que je trouvais plus amusant qu'autre chose de me balancer sur le trapèze et que je suis terriblement têtue quand j'ai une idée en tête. J'ai désobéi aux consignes de Paddy et j'ai continué à jouer ma vie là-haut. Un jour, comme il fallait s'y attendre, je suis tombée du trapèze, la tête la première, comme Bruno. J'étais seule sur la piste, je pratiquais mon jeu favori, et j'ai cru que c'était la fin, que le monde s'écroulait quand j'ai vu le sol venir vers moi. Mais il ne m'est rien arrivé. Pas une égratignure, pas une entorse. Je suis retombée sur mes pieds avec facilité. Ne me demande pas comment c'est arrivé, je l'ignore. Quand je m'en suis rendu compte, j'ai regardé l'endroit d'où j'étais tombée, prête à pleurer comme un enfant stupide, me demandant si la hauteur aurait été suffisante pour que je me tue dans la chute. Mon Dieu, c'était trop pour moi. Je connaissais mon agilité, mes réflexes, mais là, c'était tout simplement absurde, insensé. Aucune personne normale n'aurait pu survivre à une telle chute, Hamlet. C'était impossible. Alors j'ai pris peur du trapèze, ou peut-être que j'ai été effrayée par mes propres capacités, et je n'ai plus voulu m'en approcher. C'est devenu une idée fixe. Terrifiée et confuse, j'ai fui le contact des autres, je me suis repliée sur moi-même et je suis devenue encore plus insaisissable qu'avant. »

Wimdyl, en se remémorant son histoire, en revivant les instants où elle avait réalisé qu'elle n'était pas ordinaire, oubliait sa bonne humeur et se fermait, comme si quelque chose en elle la poussait à revenir à l'époque où elle n'était qu'une petite fille errante, sans autre trait particulier que l'absence de mémoire et le désir de survivre. Lorsque cela se produisait, je ne pouvais rien faire pour la réconforter, si ce n'est écouter ses paroles en silence, car je savais qu'elle trouvait ma présence plus rassurante que le son de ma voix, quelle que soit la poésie que j'aurais insufflée à mes propos.

Reconnaissante de ma sollicitude, elle a pris l'une de mes mains dans la sienne et a poursuivi son récit qui s'est effiloché lentement dans des larmes de joie et d'amertume.

« Tout le monde pensait que mon attitude était due à l'adolescence, mais je savais qu'il y avait plus que ça. Je me sentais différente, comme si quelque chose d'autre que mon sang modifié coulait en moi. C'étaient les ailes, bien sûr. Elles luttaient pour pousser à tout prix. Les ailes traversaient mon corps. Une nuit, je me suis réveillée en sueur, très effrayée. J'étais persuadée que quelque chose allait m'arriver. Je devinais que ma particularité allait sortir, tôt ou tard, et que le processus implanté atteignait son point culminant. J'ai marché jusqu'au centre de la piste et j'ai sauté d'un trapèze à l'autre, encore et encore, possédée par le rythme, sans m'arrêter. Je n'ai allumé aucun projecteur, car mes yeux voient très bien dans le noir. C'est peut-être pour cela qu'ils brillent ainsi. Et je ne voulais pas non plus attirer l'attention. J'étais sûre que ce qui me rongeait de l'intérieur allait me faire exploser, je sentais quelque chose vibrer dans mon dos. Je pense que cette nuit-là, je cherchais la mort, et pourtant je réaffirmais mon désir de vie. En sautant du trapèze, j'étais heureuse. Très heureuse. Tu n'as pas idée de ce qu'on éprouve quand on est là-haut. Tu sais, parfois, je suis même reconnaissante d'être un monstre difforme. Parce que c'est compensé par l'impression d'être libre. Et cette nuit-là, cette sensation m'a complètement envahie, annulant toute la douleur dans mon dos. Ce qui devait arriver s'est produit, ce que j'attendais depuis quinze ans. J'ai sauté une dernière fois et, à mi-chemin, j'ai refusé le contact avec la barre. Je ne sais pas pourquoi j'ai fait cela. Peut-être étais-je sûre que si je tombais, il ne se passerait rien de grave, comme l'autre fois. Je me suis abandonnée à mon destin et je me suis sentie flotter, comme je ne l'avais jamais fait auparavant, même quand je jouais dans le puits de gravité. Je me suis élevée, emplie d'un contact différent avec ce qui m'entourait, comme si j'étais immergée dans quelque chose, je ne sais pas, du coton, de la soie, de l'électricité, et soudain je me suis rendu compte que je volais. Cela a duré une seconde et j'ai eu peur, bien sûr. Du coin de l'œil, je voyais mes ailes, encore incontrôlées, battre avec un manque total de synchronisation. Cela s'est passé si vite que je n'ai pas eu le temps de réfléchir à l'état de ma santé mentale. Une seconde plus tard, j'étais déjà au sol, à genoux, en train de sangloter comme une idiote. J'avais raté ma réception. Cette fois, je m'étais vraiment blessée. Ma rotule me faisait un mal de chien, et mon aile droite s'était pliée comme une feuille de papier quand j'avais atterri dessus. J'ai pleuré, tellement j'avais peur. J'étais persuadée que j'allais mourir sur le coup, ou me transformer complètement en papillon. Je n'arrive toujours pas à me débarrasser de cette peur aujourd'hui. Boitant, en larmes, incapable de faire disparaître mes ailes, je n'ai eu d'autre choix que de réveiller la moitié du cirque. Je tremblais comme une feuille, Hamlet. Tu n'imagines pas à quel point. Et j'avais le dos plein de sang. Je n'ai jamais vécu de séisme, mais mes mains palpitaient comme si elles voulaient à elles seules en déclencher un. Mes pieds ne tenaient pas en place et j'avais du mal à marcher, car le vent se prenait dans mes ailes et m'empêchait d'avancer. Je crois que ça a été la pire nuit de ma vie. Les autres ont pris peur quand ils m'ont vue, avec ma tête de folle, et avec le cadeau que je trimbalais sur mon dos. Imagine l'agitation que j'ai causée. Pour moi, tout ce qui s'est passé ensuite reste flou, comme une hallucination ou un rêve. Le Doc et Paddy se sont immédiatement occupés de moi, ça je m'en souviens clairement. Ils m'ont emportée comme un bébé. Je me rappelle la gêne que j'ai ressentie lorsqu'ils m'ont déshabillée et ont soigné mes blessures. Ensuite, ils m'ont donné quelques analgésiques, suffisamment pour endormir la vieille Beth, et je suis restée tranquille pendant le reste de la nuit. Le lendemain matin, quand je me suis réveillée, la première chose que j'ai faite a été de chercher mes ailes. Tu peux deviner combien j'ai été surprise quand j'ai constaté qu'elles n'étaient plus là. »

Les ailes de Wimdyl apparaissaient presque par magie, se libérant comme un flot de soie multicolore, et disparaissaient tout aussi mystérieusement. Au début, elles se matérialisaient à tout moment, sans avertissement. Mais avec le temps, Wim avait appris à les maîtriser. Elle les avait faites siennes, de sorte qu'elle pouvait les laisser sortir quand elle le souhaitait, ou les effacer de son dos par la seule force de sa pensée. Aucun d'entre nous n'en connaissait les raisons, et ne les connaîtrait jamais, car les réponses que nous cherchions se trouvaient peut-être dans les archives d'un laboratoire expérimental de la Corporation, perdues à des dizaines de soleils d'ici, au milieu de la gorge de l'espace. Ce qui était sûr, c'est qu'avec sa volonté comme seul ressort, Wimdyl avait réussi à contrôler ses étranges attributs, et qu'à force de ténacité, elle était devenue la vedette principale du cirque. Elle détestait toujours le prodige qui la rendait différente, mais elle avait appris à vivre avec, et la capacité de pouvoir voler à volonté, de se perdre dans la fièvre des hauteurs au rythme de la musique, compensait largement, comme elle le reconnaissait elle-même, toute autre forme de souffrance.

Nous en étions arrivés à la conclusion que les ailes fonctionnaient en réalité comme une sorte de convertisseur, comme une éponge capable de collecter toute l'énergie de l'environnement et de la déverser directement dans la nature de Wim. Il était clair que son organisme n'était pas rempli de cette cellophane qui voulait se frayer un chemin vers l'extérieur, mais que quelque chose dans ses facultés induites la rendait capable de matérialiser les ailes directement à partir de l'air. Peut-être était-ce la raison pour laquelle elle devenait plus forte après le spectacle, après les avoir fait voler et disparaître, comme si l'énergie accumulée par elles servait à la ragaillardir, à lui insuffler plus de vigueur. Ou peut-être que les applaudissements avaient l'effet d'un baume. Leur qualité constituait à la fois son bonheur et sa punition, car seuls la présence des ailes et le souffle de liberté qu'elles apportaient pouvaient sauver Wim de ses fréquentes crises de dépression.

Rieuse et triste, sombre et joviale, Wimdyl vivait avec la terreur de se changer complètement en monstre. Nous avions beau insister sur sa beauté, elle était sûre de finir en vrai papillon, car elle pensait que son processus de mutation n'était pas encore achevé. Elle n'avait aucune possibilité de s'y opposer. Il y avait en elle un sentiment atavique, une pulsion primitive et enfantine qui l'entraînait dans des cycles d'apitoiement et de joie, de félicité et d'angoisse. Elle se considérait comme une créature à part, différente de ces autres êtres qui étaient venus abriter leurs difficultés et leur misère sous le chapiteau usé du cirque. Il a fallu que j'apparaisse et que je traverse la scène de sa vie pour que nous cessions d'être, l'un et l'autre, deux solitudes qui se font face.

Stimulus et réponse, air et feu, argent et glace, nous sommes rapidement devenus inséparables. Paddy disait que notre relation avait fait souffler un vent de jeunesse et de joie sur les vieilles bâches du cirque, alors qu'en réalité, le cirque nous avait donné l'occasion de nous ouvrir pleinement à la sagesse. Wimdyl et Hamlet : un poète exilé et une jeune fille dont les origines étaient peut-être artificielles. Il ne faisait aucun doute que nous étions parfaitement assortis.

Étranges, ambigus, connaturels, romantiques, peut-être que mes sentiments pour elle ont servi à la sortir de sa frustration, car à mes côtés Wimdyl est devenue une petite cloche joyeuse, une musique mélodieuse et éphémère tissée à force de divagation et de raison, une mélisse ou une fleur de lys capable de chanter et de faire mille espiègleries sans importance. Par exemple, elle m'avait dit que la couleur qui lui allait le mieux était le bleu, et je lui avais révélé que mon point faible se situait au niveau des côtes. Et elle s'amusait à les tapoter doucement avec son poing serré comme le bouton d'une rose, riant ouvertement de mon ton perturbé. Ou elle fredonnait sans vergogne, d'un ton distrait, des chansonnettes pour me décontenancer alors que je cherchais mon nez en plastique et que Paddy m'avertissait que j'étais à quelques secondes d'entrer en scène. À mes côtés, Wimdyl était devenue nacre et soie, enfance et maturité, parce qu'en sa présence, je retrouvais mes vingt-deux ans et que le moment était venu de déposer en quelqu'un tout l'apprentissage que j'avais nourri pendant deux décennies. À mes côtés, elle était à la fois femme et jeune fille, et j'étais revenu à l'âge d'avant le Monastère. Alors j'ai replongé dans les mondes pillés par le désir de la Conquête avec un autre regard, car en lui racontant mes histoires, mes anecdotes, j'ai réussi à comprendre le sens de mon parcours personnel, à trouver ma vraie place aux côtés de Wimdyl.

« Le monde est une porcherie, Hamlet, disait-elle, sa voix teintée de la surprise de celle qui découvre quelque chose qui a toujours été évident pour les autres. As-tu vu les ordures qui nous entourent ? Un monde sec, un monde mort, voilà ce que nous laissons derrière nous. Mon Dieu, quelle honte pour l'être humain ! Je ne comprends pas comment on peut être fier de s'appeler ainsi. Il n'y a plus de pluie, plus d'oiseaux, plus de soleil, tout cela à cause de l'action de l'homme. As-tu regardé ce qui nous entoure ? Il n'y a même plus de fleurs !

— N'exagérons pas non plus, ai-je rétorqué en esquissant un geste de séduction maîtrisé après beaucoup d'entraînement. Nous ne sommes pas allés aussi loin. Si ce n'était pas si ringard, je dirais que j'ai une très belle fleur sous les yeux.

— Oh, merci beaucoup, Monsieur, a-t-elle répondu en se couvrant le visage d'une main imitant un éventail, faisant semblant d'être une créature timide. Vous pouvez marquer six points.

— C'est noté. Continue.

— C'est vrai, nous prenons le contrôle de l'univers, Hamlet. Entre nous, Corporation et Ascaris, Corporation et Nors, nous allons faire exploser la galaxie. Oh, je suis horrifiée par les gestes grandioses et les sourires en métal synthétique. Les mots ne nous empêcheront pas de tomber dans le chaos, honte à nous. Parfois, j'aimerais n'être qu'un papillon et oublier que j'ai rencontré l'être humain. Tu veux savoir ce que je pense ? Je t'admire, Hamlet, vraiment. Tu as au moins réussi à renoncer à la gloire et à ses maudits oripeaux, tu es allé d'un bout à l'autre de l'univers et tu as défié New York lui-même. Je t'envie. Si tous les hommes qui servent la Corporation réagissaient comme toi…

— La vie serait terriblement ennuyeuse, ai-je coupé court, car avec ses flatteries, j'allais finir par me prendre pour un héros, et cet habit était trop grand pour moi. Ne me grandis pas, Wim. Je n'ai jamais été quelqu'un d'important. Me confronter à New York, dis-tu ? Moi ? Allez, ne te moque pas. Ce salaud m'a éliminé sans me donner l'occasion de me défendre. J'ai erré d'un endroit à l'autre pendant de nombreuses années, c'est vrai, mais ce que j'ai trouvé ne m'a jamais satisfait. Le savoir ? Oui, bien sûr, la connaissance. Et aussi la mort, la faim, la destruction à tout bout de champ. C'est tout ce que tu veux admirer chez moi ? Tu te contentes de peu, ma petite. Que voulais-tu que je fasse, si ce n'est me tirer de là ? Toute personne saine d'esprit aurait fait la même chose. Si la Corporation continue, c'est parce qu'il y a une majorité de fous. Ou peut-être que c'est toi, moi et quelques autres qui sommes cinglés. Regarde-moi. Non, pas comme ça, je ne peux pas me concentrer sur ce que je dis. Comme ça, c'est ça. Essaie de ne pas me fixer. Merci. Regarde-moi, donc. J'ai été un inadapté toute ma vie. Sur Terre, je voulais devenir écrivain, ou au moins poète, et toute ma vie a tourné autour de ce thème. Tout le monde me prenait pour un dingue, parce que la chose logique à faire était de fréquenter les sexopubs, de danser, de végéter et de se droguer jusqu'à ce qu'une cure de désintoxication s'impose et qu'on te trouve un emploi de mécanicien à la Fabrique. Au Monastère, le poids de la discipline a eu raison de mon désir d'apprendre. Et dans mon service en tant que poète... Je ne comprends pas comment j'ai pu supporter autant de choses. Mon estomac se serre à chaque fois que je m'en souviens. Toute ma vie, j'ai lutté pour m'intégrer à un groupe, et j'ai toujours été rejeté, d'une manière ou d'une autre. Quand j'ai rencontré Dardo et Orion, j'ai cru que ma chance avait enfin tourné. Quand je les ai trouvés, j'ai su que je n'étais pas seul. Et que s'est-il passé ? La Corporation a mis son nez là où on ne voulait pas d'elle et a brisé mes rêves. À présent, je suis ici, je fais partie d'un cirque, et je me fiche du reste. Il est choquant de penser que je porte une fortune en acier organique derrière mon nez pour le maintenir droit et que je doive venir dans la loge pour le déformer tous les soirs avec un postiche en plastique. Cela me rappelle, jeune fille, que tu dois arrêter de plaisanter et me le rendre maintenant, parce que Paddy m'attend pour monter sur scène. Oui, je suis là, aujourd'hui, et je peux presque dire que j'ai trouvé mon équilibre. Je me demande seulement combien de temps la Corporation va encore attendre avant de s'en prendre au cirque.

— Je ne pense pas que ces rumeurs d'interdiction soient fondées.

— Vraiment ? Rab ne m'accorde même pas les faveurs sensées que je lui demande, alors je me permets d'en douter, princesse. Je réfléchirais longuement avant de parier là-dessus, et même là, j'essaierais de marquer mes cartes. Tu sais quoi ? Je ne serais pas surpris si, d'ici quelques années, la Corporation décidait d'interdire toute relation entre les altérés et les êtres humains normaux, et les traquait avec un zèle exterminateur dans toute la galaxie. J'espère seulement que d'ici là, toi et moi serons devenus très, très vieux, car je commence à en avoir assez de courir d'un endroit à l'autre, et je n'ai pas la moindre envie de m'embarquer dans une nouvelle guerre.

— Hamlet Evans, tu es un foutu défaitiste, a-t-elle accusé, les yeux brillants d'une colère factice, un sourire brodé sur le visage. Ceci dit, confidence pour confidence, je dois admettre que la deuxième partie de ton pronostic me plaît bien, oiseau de mauvais augure. Tu veux entendre quelque chose qui va te surprendre ? Tu vas peut-être trouver ça stupide, mais j'ai l'impression de tomber amoureuse de toi comme une imbécile.

— C'est gentil de ta part. Et je ne pense pas que ce soit stupide. C'est tout à fait logique, ma douce. Et tu as certainement bon goût.

— Tu le penses ?

— J'en suis tout à fait sûr. »

La première fois que j'ai osé l'embrasser, j'ai senti ses lèvres froides, comme si j'avais touché du cristal ou qu'un verre d'ambre très liquide avait été posé sur ma bouche. Ensuite, une fois passés la dissonance, la peur et le courage, nous avons joué à nous faire l'amour sous le cône de lumière rosée du puits de gravité. Nous nous sommes balancés d'avant en arrière au rythme de pulsations ralenties, tout en douceur, tout en illusion, en chuchotements et en gestes indolents, en apprivoisement et en aisance, en grâce et en distinction, jusqu'à ce que Wimdyl matérialise pour mon émerveillement ses deux ailes de feutre transparent et m'en enveloppe dans une étreinte qui avait le goût de pamplemousse. Alors, plongé dans le manteau de ses roucoulements, dans la tendresse diluée de son souffle, j'ai compris que le jeu devait être inversé, puisqu'elle s'ouvrait à moi comme une fleur et que j'imaginais être un papillon mourant de désir pour me consumer dans son feu.

La fatalité qui se nourrit toujours des êtres que j'aime a mis du temps à se manifester, mais elle a fini par venir montrer son bec édenté. Le cirque sautait dans sa cavalcade entre les planètes lorsque la dévoreuse a voulu de nouveau assouvir sa faim sur nous. Alors que nous étions à mi-chemin de notre voyage vers le monde appelé Dagharta, un orage magnétique s'est matérialisé devant notre convoi, annonçant par un mugissement de statique jusqu'où son éruption s'étendait, et quelle portion du néant était considérée comme son domaine.

« Paddy, Hamlet, venez ici un instant ! a annoncé la voix d'enclume d'Ismaël, le pilote de notre vaisseau-mère, le Banshee. Je détecte des perturbations anormales sur mon écran. »

Wimdyl, Paddy et moi sommes entrés dans le cockpit. Le pilote a pointé un doigt mécanique relié à une cinquantaine de fils et nous l'avons vue. Une tache diffuse qui s'étendait sur plusieurs quadrants, une flamme couleur de semence indiquant que la mort avait l'intention de nous caresser de son linceul blanc.

« Bon sang, a ricané Paddy en se grattant le nez avec deux doigts dans son éternel geste de contrariété, maintenant je comprends pourquoi les animaux étaient si agités.

— Mon Dieu, qu'est-ce que c'est ? a demandé Wimdyl, un pas devant nous, les yeux tournés vers la lumière éblouissante de l'écran.

— Lorelei », ai-je déclaré, mais aucun d'entre eux ne pouvait comprendre.

La tache tournait et grandissait, en arabesques tordues qui changeaient de position à chaque instant, comme un cancer se développant avec une célérité incontrôlable, possédé par une puissance qui dépassait la simple compréhension de l'homme. Il fallait faire quelque chose immédiatement.

Nous étions encore en train de contempler les écrans lumineux lorsque Paddy a réagi avec la rapidité et l'esprit clair que l'on attend d'un bon chef.

« Il est stupide d'essayer de battre en retraite. Il nous rattrapera de toute façon, et il sera d'autant plus dangereux qu'il arrivera plus tard sur nous. Nous n'avons pas d'autre choix que d'essayer de passer pendant qu'il est encore faible. Ismaël, prépare la manœuvre. Nous allons relier les trois vaisseaux. Dis-le aux autres.

— À tes ordres, Paddy. »

Il était très clair, même pour moi, que le clown faisait ce qu'il fallait. Le convoi était constitué des trois navires dont nous disposions, volant en parallèle vers notre destination. Une fois dans la tempête, les secousses deviendraient insupportables, et si les vaisseaux s'entrechoquaient au milieu de l'espace, le cirque trouverait sans le vouloir un passeport vers l'autre monde. Ensemble, soudés, les trois vaisseaux auraient plus de chances de traverser le cœur blanc de la tempête, et le risque de se heurter, de perturber les contacts radio, de s'écarter de leur route et de se perdre serait minimisé. En reliant les trois navires entre eux, nous pourrions peut-être survivre à cette étrange masse similaire à un placenta.

Les trois vaisseaux ont ralenti, essayant de gagner du temps pour leur difficile manœuvre d'arrimage. Le Banshee formait le nœud central. Le Fergus et le Cúchulainn devaient s'attacher à ses flancs et devenir une paire d'ailes métalliques douteuses. C'était du moins la théorie. Il restait à la mettre en pratique.

« Le panneau de tribord avant ne s'ouvre pas, Paddy, a averti Ismaël, le visage pétrifié par une peur évidente. Cette foutue trappe semble encore bloquée, et sans elle, le Cúchulainn n'a aucune chance de s'arrimer.

— Tu en es sûr ?

— Vois par toi-même. Même le système d'urgence ne parvient pas à libérer le mécanisme. Il va falloir forcer manuellement l'ouverture. Ou bien nous pouvons tous prier pour que la masse du Cúchulainn ne s'écrase pas sur nous dans la danse qui s'annonce.

— On n'a pas d'autre solution ?

— Il n'y a pas d'alternative, Hamlet. Si nous n'ouvrons pas cette écoutille, la sonde extensible principale du Cúchulainn ne pourra pas se glisser dans notre cône de contact, et les trois vaisseaux risqueront d'entrer en collision tout au long de la traversée de la tempête. Si nous ne parvenons pas à réaliser l'accouplement sur cet anneau d'amarrage, peu importe que les autres points de contact soient soudés ou raccordés, car à la première secousse, tout lâchera et l'explosion qui signera notre mort sera visible même sur Terre. Deux d'entre vous doivent sortir et décoincer cette fichue trappe.

— Jolie perspective, a grommelé Paddy en se dirigeant vers la chambre où nos deux douzaines de combinaisons spatiales étaient soigneusement rangées. Informe les autres que je sors.

— Je viens avec toi, Paddy », a proposé Wimdyl.

Tout ce que je pouvais dire, c'est que sa proposition ne me plaisait pas.

« Tu ferais mieux de rester ici, princesse, lui ai-je ordonné, ou du moins, j'ai cru le faire. C'est moi qui sortirai.

— Comment ? Pas question, Hamlet. Tu es nouveau dans le métier. Je suis certaine que tu oublierais de mettre en route l'électro-aimant de tes bottes, ou que tu serais capable d'accrocher le filin de sécurité à un endroit inopportun. Allez, reste ici et attends-nous. Je vais accompagner Paddy. N'oublie pas que je suis en quelque sorte une créature de l'air.

— Quelle que soit la personne qui sorte, qu'elle le fasse vite, a dit la voix d'Ismaël, rebondissant comme une décharge électrique d'une coursive à l'autre. J'estime à quinze minutes le temps qu'il nous reste avant de rencontrer cette chose, et au-delà de cinq minutes, le taux de radiation ne peut être bloqué par aucune de nos combinaisons spatiales. »

Il était inutile de discuter. Wimdyl est sortie. Avec Paddy, ils allaient tenter de débloquer l'écoutille coincée pour permettre l'arrimage des organes de liaison de l'autre vaisseau. L'attente a été angoissante, à cause de la tempête qui approchait, mais aussi du risque qu'ils se trouvent à l'extérieur, sans avoir le temps matériel d'être récupérés, si l'un des filins de sécurité se détachait de son point d'accroche et les envoyait flotter au milieu de l'espace. Les minutes semblaient s'étirer à l'infini, surtout depuis notre position, car nous ignorions l'évolution de la situation à l'extérieur et n'entendions que l'écho métallique de leurs pas parcourant la surface de la coque.

« Ils ont réussi, a déclaré Ismaël après avoir vérifié que la sonde extensible de l'autre vaisseau, cette lance sinistre, commençait à pénétrer dans l'orifice que nous lui offrions. Ils reviennent. »

La joie du triomphe et la promesse de vie qu'il apportait ont été soudain brisées par la terrible et mortelle surprise qui a précipité les retrouvailles. Paddy est rentré en premier, arborant un sourire de satisfaction visible même à travers le hublot de son scaphandre. Wimdyl l'a suivi quelques secondes plus tard. J'ai remarqué qu'elle se déplaçait très lentement, avec des gestes forcés qui ne pouvaient en aucun cas être feints, comme si elle était sur le point de s'effondrer à tout moment. Elle tendait les mains devant elle comme pour nous empêcher de l'approcher. Une lumière rouge, un point lumineux d'où émanait un feu écarlate clignotait dans l'ordinateur de sa poitrine.

« Bon Dieu, a marmonné le clown, comprenant ce que signifiait cette flamme.

— Ne vous approchez pas, a prévenu Wim d'une voix qui ressemblait plus à une supplique qu'à un ordre. Ne vous approchez pas de moi. Rab tout puissant, je suis en feu. »

J'ai tenté de faire un pas vers elle comme par réflexe, ne croyant pas vraiment à la réalité de la situation, mais Paddy s'est interposé, me coupant la route assez brusquement. Dehors, de plus en plus près, le rire sanglant de Lorelei nous avertissait que son étreinte était sur le point de nous attraper.

« Tu l'as entendue, mon garçon. Cette combinaison a dû absorber toutes les radiations au lieu de les repousser. Tout ce que Wim touche sera contaminé. Personne ne doit s'en approcher, du moins sans protection suffisante. »

Wim se tenait devant nous, les jambes écartées dans un effort évident pour garder l'équilibre, couverte du vêtement isolant qui n'avait servi à rien. Elle a esquissé un pas et a demandé à voix basse qu'on appelle le Doc. Puis, titubant, elle a porté les deux mains à sa tête et s'est effondrée sur le sol, comme doit le faire une poupée morte.

Une fois équipés convenablement, nous avons couru l'aider. Après un premier traitement d'urgence, réalisant que l'unique minute où elle avait été exposée à la tempête avait suffi à l'empoisonner irrémédiablement, le Doc a mis en œuvre toutes les connaissances qu'il avait acquises sur une cinquantaine de planètes et a construit avec notre aide le réceptacle dans lequel Wim passerait la plupart de sa vie, l'habitacle cristallin que nous avons familièrement baptisé la chrysalide. Ce n'est qu'une fois le travail terminé et Wimdyl placée à l'intérieur que nous nous sommes accordé un peu de repos. Il y avait toutes les chances qu'elle puisse survivre dans une telle enveloppe, car l'appareil renouvelait périodiquement son énergie vitale, contenait la saturation radioactive et était même capable de la réduire, comme nous l'avons vite constaté. Mais, après l'accident, le sourire de Wimdyl n'a plus jamais été le même.

Chapitre 36

La deuxième visite d'Orphée a eu lieu un lundi soir très froid, huit mois après l'accident subi par Wimdyl, et la signification de sa présence a ajouté un nouveau problème au cirque. Trop épuisé pour attendre le moment de la grande parade finale, je rentrais à la loge à la fin de ma représentation, et c'est là que je l'ai trouvé. Il était debout, les deux mains croisées dans le dos, dans une posture martiale et maussade, contemplant son propre reflet dans le miroir. J'ai été surpris de voir un militaire de la Corporation dans cet endroit, mais quand j'ai compris qui c'était, j'ai frémi, car on dit - et j'avais déjà eu l'occasion de le constater - qu'une rencontre avec son double est toujours un signe avant-coureur de la mort.

« Bonsoir, Hamlet, a-t-il dit, un sourire forcé se dessinant sur son visage difforme. C'est bon de te voir. Je suis heureux de constater que tu as trouvé un déguisement plus approprié, cette fois. »

Il y avait une pointe de sarcasme dans sa voix, un ton qui n'augurait rien de bon. Je lui ai rendu son salut avec un sourire et l'ai invité à s'asseoir. Je n'ai pas jugé utile de lui rappeler que le travail principal de l'écrivain que lui et moi avions prétendu être consistait précisément à se cacher derrière ses personnages.

« Tu m'as reconnu ? » ai-je demandé.

Il était inutile de faire semblant d'ignorer de quoi il parlait : son allusion à notre précédente rencontre et aux vêtements de clown que je portais avait été trop directe, trop claire.

« Oh non, bien sûr que non. Tu as bien su m'amadouer, je dois te féliciter. Mais tes deux amis ont été très loquaces.

— Je suppose que oui. Que sont-ils devenus ? »

Orphée a haussé les épaules. Avec un geste vague, il a fait quelques pas dans la pièce, le temps de réfléchir à une réponse. J'ai alors remarqué qu'il portait des galons rouges de capitaine. Les choses n'avaient pas mal tourné pour mon double.

« Qui sait ? a-t-il répondu, m'observant d'un air absent tandis que je démaquillais mon visage. Je me suis contenté de les arrêter et de leur faire avouer leurs crimes car c'était mon devoir de le faire. Ensuite, je les ai remis à mes supérieurs et je n'ai plus jamais entendu parler d'eux. Peut-être ont-ils été rééduqués et accomplissent-ils aujourd'hui avec bonheur des tâches plus méritoires au service de la Corporation. Ou peut-être pourrissent-ils sous un soleil quelconque, à l'ombre d'un arbre, sans être enterrés selon leurs volontés, je ne saurais te le dire. Sais-tu que tu n'as pas changé depuis notre dernière rencontre ? La dernière fois sur Terre, je veux dire. Tu sembles avoir à peine trente ans, Hamlet, et si mes calculs ne me trompent pas, tu dois être proche de la quarantaine.

— Merci beaucoup. Je suis désolé de ne pas pouvoir en dire autant pour toi.

— N'est-ce pas ? Je suis couvert de cicatrices, mais cela a aussi des compensations. Tu vois cette main ? a-t-il demandé en levant sa main gauche pour montrer l'annulaire et l'auriculaire, où deux cylindres de métal organique remplaçaient la chair probablement éparpillée par un coup de feu, une nouvelle marque à ajouter à sa propre version du capitaine Achab. Grâce à elle, j'ai pu rentrer chez moi sur Terre. J'ai été promu capitaine et j'ai reçu un congé temporaire jusqu'à ce que je sois réintégré, en guise de paiement pour mes services.

— La Terre existe encore ? Nous étions convaincus qu'elle avait explosé depuis longtemps.

— Oh, elle a encore de beaux jours devant elle. Ne crois pas tout ce qu'on dit, toutes ces conneries. Certes, elle n'est plus ce qu'elle était, mais elle reste l'un des points névralgiques de la Corporation, le sanctuaire où a commencé l'œuvre de la Conquête. Notre vieille ville, malheureusement, a presque disparu. J'y ai passé quelques jours, et cela m'a suffi pour ne plus vouloir y retourner pour le reste de ma vie. La Fabrique a fermé. Elle a été déplacée ailleurs, au nord, et le peu d'essor industriel qu'il y avait s'est effondré. Il ne reste plus que des maisons à moitié détruites et des fondations poussiéreuses. Tu n'aimerais pas voir la porcherie que c'est devenu.

— Je ne pense pas que j'aurai l'occasion d'aller vérifier de sitôt. As-tu vu quelqu'un que nous connaissions ?

— J'ai essayé de trouver ta famille pour leur communiquer le peu que je savais de toi, mais ils n'étaient plus en ville. Mes propres parents avaient disparu sans laisser de traces. New York lui-même n'aurait pas été en mesure de les retrouver, du moins pas dans le peu de temps dont je disposais. J'ai trouvé Gnel, presque par hasard. Tu ne vas pas le croire, mais ce crétin a fait fortune avec les débris de la ville qui ne sont pas démantelés pour être expédiés, ou jetés dans l'espace. Il a une affaire qui marche très bien et il n'a pas l'air plus ridé que toi. Tu sais, il se fait un devoir d'aller régulièrement voir un spécialiste de la chirurgie plastique. Enrit s'est suicidé, d'après ce qu'on m'a dit. Trop de femmes et plus de dettes de jeu qu'il ne pouvait le supporter l'ont poussé à prendre la voie de la facilité. Je l'ai plaint, ce n'était pas un mauvais bougre. Je n'ai trouvé personne d'autre du Cercle. Je suppose qu'ils vont de Fabrique en Fabrique, comme toi et moi nous déplaçons d'étoile en étoile. »

Je l'ai regardé de nouveau, sous toutes les coutures, avec méfiance, désarmé par son accès de franchise, me reconnaissant dans ses traits déformés. Orphée Hamilton, mon double maléfique. Je me suis rendu compte que le temps avait aussi fait son effet sur lui, le transformant peu à peu en une version stylisée de la créature que j'étais. Deux routes séparées nous conduisaient à la même destination. Orphée. Il avait évoqué des noms familiers dont les visages m'étaient devenus étrangers. Enrit, Gnel, la Fabrique, la ville sur Terre, et même le Hamlet Evans dont il parlait, le Hamlet Evans que j'avais été autrefois, semblaient des entités étranges, des petits garçons différents qui n'avaient peut-être jamais existé. Orphée. Le seul œil chinois qui m'identifiait au passé me paraissait plus solitaire, moins déséquilibré, moins froid, comme s'il était lui aussi insatisfait de son rôle dans le monde et de la mission de sang qui l'avait amené, sans doute, à ce qui serait notre dernière réunion.

« Qu'est-ce que tu cherches ? ai-je demandé, perturbé par sa présence et par ses manières, sachant d'avance ce qui se passait. Je ne pense pas que tu sois venu me voir pour sympathiser avec moi et parler du bon vieux temps.

— Non, en effet. Tu as raison. Je ne suis pas ici pour le plaisir. Je dois reprendre le commandement de mon navire dans quelques semaines. En attendant, j'ai reçu l'ordre de trouver l'homme qui dirige ce cirque. J'attends que tu me mènes à lui.

— Ce ne sera pas nécessaire. Je suis le responsable. »

La voix du vieux Paddy provenait de la porte, et le vieux clown est entré. Wimdyl était déjà dans la loge, observant Orphée avec des yeux émerveillés. Elle m'a regardé, m'interrogeant silencieusement, et j'ai confirmé ses doutes en hochant la tête. Je lui avais parlé maintes fois d'Orphée, suffisamment pour qu'elle le reconnaisse lorsqu'elle le rencontrerait. Et lui, bien que difforme et gigantesque, avait toujours l'allure de mon double.

« Charles O'Shaugnessy ? Je suis le capitaine Orphée Hamilton, du vaisseau Scorpion, au service de la Corporation. J'ai l'ordre de vous emmener avec moi. »

Paddy a encaissé la nouvelle sans sourciller, le visage figé, les traits légèrement durcis. Wimdyl s'était approchée de moi, et en lui prenant la main, j'ai remarqué que ses doigts étaient froids, comme du givre. Elle m'a serré désespérément les phalanges jusqu'à ce que cela me fasse mal.

« De quoi suis-je accusé ?

— De rien, Monsieur. Du moins, pas que je sache. J'ai seulement été chargé de vous accompagner jusqu'au noyau central de cette planète. Une simple inspection de routine. La Corporation est sur le point de restructurer tout ce secteur. Vous savez, il y a trop de compagnies parathéâtrales dans le coin, la plupart infestées de déserteurs, d'ennemis indésirables de la Conquête ou de simples vagabonds, comme mon frère Hamlet. Vous êtes attendu dans la ville-terminal pour régler quelques affaires financières liées à votre cirque.

— Je comprends, a dit Paddy, et Orphée était loin de saisir à quel point il était conscient de ce qui se passait. Dois-je venir seul ?

— Oui. Le cirque peut continuer ses représentations sur ce site. Je vais placer une escorte de deux hommes pour éviter toute perturbation jusqu'à votre retour.

— Laissez-moi réfléchir. Ce cirque ne peut pas faire grand-chose sans moi, vous comprenez, a menti mon maître, avec un curieux mélange de candeur et de malice dans les yeux. Si je pars maintenant, il est certain que les numéros seront présentés dans le plus grand désordre. Mon absence sera-t-elle longue ?

— D'ici deux ou trois jours, vous serez de retour.

— Eh bien, je vous accompagne, puisque je n'ai pas d'autre choix. Si vous voulez bien m'excuser, il faut que j'aille me changer dans ma loge. Ne croyez pas que je me promène toute la journée dans ces guenilles de clown.

— Bien sûr que non. Je vais vous attendre ici.

— Veux-tu venir avec moi, Hamlet ? Il y a quelques instructions que je dois te donner pour que cela ne tourne pas au chaos en mon absence, et je ne veux pas ennuyer le capitaine avec tous nos détails techniques. »

Je me suis tourné vers Orphée, lui demandant la permission d'accompagner le clown. Il me l'a accordée d'un signe de tête et j'ai suivi Paddy à toute vitesse. J'avais compris qu'il avait quelque chose de très important à me dire, des paroles qu'Orphée n'était pas censé entendre, car sa loge et la mienne ne faisaient qu'une. Dans les coulisses, la nouvelle a commencé à circuler que Paddy avait été arrêté et que son cirque était sur le point d'être excommunié.

« Eh bien, mon garçon, il semble que les rumeurs sur l'interdiction étaient vraies, après tout, a commenté le clown, une fois que nous nous sommes retrouvés en sécurité dans la loge de Wimdyl. Nous n'avons pas beaucoup de temps. L'étau se resserre, comme je m'y attendais depuis trente ans. Écoute ce que je vais te dire en essayant de ne pas m'interrompre, car c'est important. Dès que ton ami le capitaine et moi-même aurons disparu dans la navette, remballez tout et partez.

— Quoi ? Tu es devenu fou, Paddy ? ai-je demandé, surpris, car je m'attendais à un tout autre conseil que celui-là. Par Rab, tu as dû recevoir un coup sur la tête pendant ta pantomime. Pourquoi diable ferions-nous une chose pareille ? Ils te tueront dès qu'ils sauront que nous nous sommes échappés ! »

Une sensation étrange, comme le tranchant d'un rasoir, m'avait saisi au milieu de l'estomac et commençait à remonter.

« Écoute, tête de pioche ! Ordonne aux autres de se tenir prêts à partir d'ici dès l'aube. Ne crois pas ce qu'a dit ton ami. Je sais que je ne reviendrai pas. Une simple inspection de routine, hein ? Lui et moi savons de quoi il s'agit vraiment. Et toi aussi, même si tu refuses de l'admettre. Ils vont m'arrêter, ils m'ont déjà arrêté, et ensuite ils viendront tous vous chercher, un par un. Sais-tu ce que signifie une restructuration de secteur ? Cela veut dire qu'ils vont faire table rase du passé, qu'ils vont confisquer tous les spectacles ambulants, du marionnettiste à la plus grande troupe, et en faire une arme pour satisfaire leur politique. Il a parlé de problèmes financiers liés au cirque. Tu sais ce que cela veut dire. Ils vont éplucher tous les chiffres, et s'acharner jusqu'à ce qu'ils trouvent quelque chose qui ne colle pas, même s'ils doivent falsifier les papiers pour y parvenir. S'ils veulent se débarrasser des spectacles indépendants, par Rab tout puissant, ils ont mille façons de le faire. S'ils se tournent vers une compagnie insignifiante comme la nôtre, c'est que les choses doivent aller mal dans la guerre d'expansion. C'est la stricte vérité, Hamlet. Tu dois faire remballer tout le matériel et partir d'ici avant que les soldats ne viennent tous vous abattre avec leurs fusils.

— Paddy, tu es fou. Je ne vais pas t'abandonner ici. Aucun d'entre nous ne va les laisser t'emmener. Tout ça fait partie de toi. Tu es le cirque.

— Tu veux jouer les têtes de mule, gamin ? Je ne suis rien, contrairement à ce que j'ai dit à ton ami le capitaine. Vous saurez vous débrouiller sans moi. Tu as été un bon clown, et tu pourras continuer ton travail en assurant l'autorité, bien que cela ne soit pas toujours agréable, ni amusant, je te préviens. Les spectateurs ne remarqueront pas le changement. Il y a un cirque différent pour chacun d'eux, un sentiment distinct pour chaque individu qui le voit. Nous sommes ce que tu dis, Hamlet. Nous sommes des lucioles. Chacune des personnes qui composent notre public croit que nous brillons seuls, exclusivement pour ses yeux, alors que nous ne connaissons même pas son existence.

— Oui, c'est très bien, très beau, très poétique. Va plutôt dans un brise-glace pour composer des vers au lieu d'essayer de m'embobiner avec tes jolis mots, vieux sacripant. Mais écoute-moi : si nous voulons nous échapper, peu importe que nous le fassions maintenant ou dans neuf heures. Débarrassons-nous des soldats, prenons tout le matériel et partons d'ici. Si nous devons passer le reste de notre vie à fuir, pourquoi ne pas nous battre ?

— Ah. Alors on se bat seuls contre toute la Corporation, c'est ça ? Cent quinze personnes contre tout un empire, et tu penses que nous avons une chance de gagner ? Allons, Hamlet, ne rêve pas. Essayer d'abattre la Corporation, c'est comme essayer de marcher jusqu'à l'horizon. Tu connais la guerre mieux que quiconque. Même les Nors n'ont pas pu faire le poids contre notre peuple. Se battre ? Non, merci. Mieux vaut adopter la stratégie du renard : chasser, et fuir.

— Fuyons maintenant et chassons plus tard. Si les agents de la Corporation découvrent que nous nous sommes échappés en te laissant ici, ils te tueront sans pitié. Tu ne comprends pas ?

— Bien sûr que si, bon sang ! Arrête de me contredire, mon garçon. Calme-toi et écoute-moi. Les soldats savent comment tuer, mais ils ne comprennent rien à la mort. J'ai donc un peu d'avance sur eux. J'ai déjà été mort une fois, ne l'oublie pas. Je n'ai pas peur de ce qu'ils pourraient me faire, et je n'ai plus l'âge de courir comme un petit garçon affolé. Ils veulent me tuer ? Eh bien, qu'ils le fassent. Je ne vais pas leur opposer de résistance. Je n'ai plus peur de la mort, car je comprends parfaitement ce que signifie la Dame blanche. Et peut-être qu'il n'est pas nécessaire d'en faire un drame. N'oublie pas que, en tant que clown, je suis un acteur. Ils pleureront avec moi quand ils m'entendront vous maudire pour vous être échappés en me laissant coincé dans cet endroit. Tu veux parier ? Tu verras que le vieux Paddy sauvera encore la mise. »

Il avançait ses arguments avec une grande rapidité, en faisant beaucoup de gestes de la main, essayant de me persuader et de se convaincre lui-même. Et tandis qu'il débarrassait son visage des traces de maquillage, il n'était plus Paddy, mais un petit homme qui s'appelait Charles.

« Mets-toi à ma place, Paddy. Si tu étais moi, si je t'ordonnais de faire une chose pareille, tu la ferais ?

— Nous sommes au-delà des spéculations, Hamlet. Ce que tu dis n'arrivera pas, ce n'est plus possible. En outre, il se trouve que c'est moi qui commande, et que tu dois obéir, sans qu'il soit possible d'échanger les rôles comme nous le faisons sur la piste. Écoute, vraiment, si tu aimes ce cirque, si tu veux faire quelque chose pour lui, quelque chose pour moi, obéis. Chargez les vaisseaux et partez dès que vous en aurez l'occasion. Ton capitaine a dit qu'il laisserait deux soldats pour nous protéger. Il croit sûrement que nous avons gobé ses bobards. Il ne sera pas difficile de se débarrasser de cette paire de chiens de garde, même s'ils ont l'oreille collée au sol et qu'ils donnent l'impression d'aboyer fort. Suis mon conseil, Hamlet. Fuis avec les autres et prends soin de ce cirque pour moi.

— Paddy, tu sais que je ne peux pas le faire. Ce cirque t'appartient. C'est à toi de t'en occuper. Tu dois veiller à ce qu'il continue à fonctionner, quels que soient les problèmes qui se présentent. C'est ton obligation en tant que propriétaire, Charles. Le maître doit plus que l'esclave.

— Le cirque m'appartient, tu as raison. Et c'est pourquoi je peux en faire ce que je veux, ce que je pense être le mieux pour assurer sa survie, n'est-ce pas ?

— Oui.

— Alors, je te le donne. Je rends mon testament public ici et maintenant. Tu viens d'hériter d'un cirque, fais-en ce que tu veux. Tu comprendras désormais combien il est douloureux de porter une responsabilité, combien il est difficile d'établir ce qui est vraiment important. N'oublie pas, Hamlet : *The play's the thing*. Et assez de répliques, il faut que j'y aille. Ton ami capitaine doit être las d'attendre. »

Nous sommes retournés dans ma loge, où Orphée, plongé dans une conversation anodine avec Wimdyl, n'avait pas l'air de s'impatienter. Le Doc, Monsieur Moustache et le reste de l'équipe que j'allais devoir prendre en charge à partir de ce moment, étaient regroupés à l'extérieur, partagés entre l'espoir et la tension quant à la résolution de ce conflit.

« Je suis prêt, capitaine, a déclaré Paddy. Si vous le permettez, j'aimerais dire quelques mots à ces jeunes gens. Ils sont si maladroits qu'ils ne sauraient rien faire sans moi.

— Allez-y.

— Les gars, je m'en vais, a-t-il annoncé avec sa voix de fausset la plus accomplie, retirant de l'importance à son départ. Je dois accompagner le capitaine jusqu'à la ville-central, et je ne reviendrai pas avant deux ou trois jours. En attendant, j'ai confié les rênes à Hamlet. Faites ce qu'il vous dira, car je suis sûr qu'il saura mener la barque aussi bien que moi. C'est tout. Ne vous inquiétez pas pour moi. Le capitaine Hamilton a dit que je pouvais être tranquille. À bientôt. »

Une navette les a récupérés immédiatement pour les conduire à la ville-central. Après le départ de Paddy, le cirque est devenu une braise froide, comme si toute la chaleur humaine qui rayonnait en son sein s'était éteinte en l'absence du clown. J'ai compris que c'était à moi de trouver une solution, d'agir à partir de maintenant. J'ai convoqué une réunion sur la piste, sous le chapiteau et les projecteurs, et là, j'ai parlé à tout le monde, très nerveux, très triste, marqué par la responsabilité qui venait d'être placée sur mes épaules.

« Nous savons tous ce qui vient de se passer, ai-je dit, goûtant pour la première fois l'amertume d'être devenu patron. Nous savons tous que Paddy a été arrêté, même si le fait est dissimulé sous une demi-douzaine d'euphémismes. Le cirque que nous aimons et pour lequel nous nous battons est à deux doigts de l'extinction, du moins tel que nous le connaissons, et cela aussi est très clair. Tout peut arriver dans la ville-central. Peut-être que Paddy sera tué, peut-être qu'il sera rééduqué, personne ne le sait. Ce qui est certain, c'est qu'il ne reviendra pas, quoi qu'en disent les soldats. Écoutez, Paddy m'a donné un ordre et je refuse d'y obéir. Il veut qu'on s'enfuie cette nuit, sans laisser le temps à la Corporation de mettre la main sur nous. Je n'aime pas cette idée, car elle revient à le laisser en plan ici, et je préférerais l'attendre, quitte à ce que nous nous fassions tous arrêter. Mais il y a quelque chose au-dessus de moi, quelque chose de plus fort que mon désir de récupérer Paddy, et cette chose, c'est le cirque, ce qu'il représente pour nous tous. Si nous restons, nous savons que le cirque mourra. Nous savons qu'il deviendra une attraction de seconde zone dont le seul but sera de servir d'écran de fumée aux abus de la Corporation. Peut-être que nous mourrons aussi, mais ce n'est pas certain. Si nous nous échappons, comme Paddy nous l'ordonne, le cirque a une chance de survivre, même si nous devons passer le reste de nos jours en cavale. La Corporation va venir nous chercher, quoi qu'il lui en coûte, et notre seul choix est de fuir ou de mourir, car nous n'avons aucune chance contre elle. De plus, nous sommes des artistes, pas des hommes d'action. Des comédiens, pas des assassins. Il n'y a que deux options : rester et succomber, ou partir et essayer de garder le cirque en vie un peu plus longtemps. C'est une responsabilité trop lourde pour moi seul, et je veux que vous sachiez où nous en sommes avant de choisir. C'est un risque, une décision que je n'ai pas l'intention de prendre dans mon coin. Vous avez votre mot à dire. Nous obéissons aux souhaits de Paddy et nous le laissons ici, même si cela nous fait de la peine, ou nous lui désobéissons et attendons d'être arrêtés à notre tour. La question est la suivante : devons-nous abandonner Paddy pour préserver tout ce qu'il a construit et pour le faire vivre, ou non ? Aidez-moi à y répondre, s'il vous plaît. Aidez-moi à le faire rapidement. »

Avec beaucoup de résignation, pour le meilleur et pour le pire, le cirque a choisi de continuer à vivre. Nous nous sommes échappés durant la nuit, après avoir mis les soldats hors d'état de nuire – ils étaient cinq, et non deux comme l'avait dit Orphée – et démonté le chapiteau et les agrès en moins de trente minutes. Puis nous avons gagné l'espace libre et nous nous sommes perdus dans l'éclat blanc des étoiles, ces minuscules points de lumière qui, plus que jamais, ressemblaient à des larmes.

« Hamlet, tu es fou, a murmuré Wim avec tendresse, une fois que nous avons été en sécurité, suffisamment loin pour que la Corporation mette encore six mois à nous retrouver. Mais tu es un fou attachant. »

CHAPITRE 37

Je reporte les yeux vers l'écran, où la présence du vaisseau qui nous a pris en chasse est passée d'un point lumineux à un soleil marron et ambigu, trop menaçant pour être considéré comme beau. L'ombre grandit jusqu'à envahir tout l'espace, comme si elle voulait se l'approprier tout entier. C'est le Scorpion, bien sûr, et les larmes de lumière des étoiles sont très lentement recouvertes par l'obscurité que sa coque représente.

Un frisson d'angoisse nous parcourt, car sur la proue du brise-glace est gravée notre sentence de mort, l'ordre qui permettra au cirque auquel nous donnons vie d'entrer enfin dans les chemins de la nuit. Le Scorpion. Un homme blond qui me ressemble, aux traits douloureusement déformés, est aux commandes. Je l'imagine parfaitement sur la timonerie, comme s'il était à deux endroits en même temps, poursuivi et poursuivant, les jambes écartées en un geste vicieux et inutile pour garder l'équilibre, son seul œil chinois, trouble et fixe, décomptant les minutes qui le précipiteront vers notre dernière rencontre. Orphée. Plus que jamais, il joue le capitaine Achab. Plus que jamais, notre Banshee ressemble au spectre d'une baleine transparente.

« Je reçois un message, Hamlet, martèle la voix d'Ismaël, si affectée par la tension de l'accouplement que je distingue à peine la peur qui l'emplit. Ils nous disent de nous rendre. Ils nous demandent de cesser toute résistance et de nous tenir prêts à être pris en charge par leur rayon tracteur. Ils nous préviennent qu'ils ont l'ordre de nous prendre vivants, mais qu'ils n'hésiteront pas à nous abattre si nous refusons d'obtempérer.

— Eh bien, ils n'ont rien d'autre à faire ? dis-je en essayant de me faire entendre au-dessus du murmure des voix et des gémissements. Ismaël, tu connais notre réponse. Transmets-la.

— C'est déjà fait, Hamlet. J'ai pris la liberté de les envoyer en enfer.

— Bien joué. »

Il est inutile de plaisanter. Ils comprennent tous que la situation ne peut être sauvée par des mots. Et ce n'est pas avec mon humour que je parviendrai à les convaincre du contraire, je n'en ai plus la force. Le Scorpion, pendant ce temps, n'oublie pas sa détermination. Il est dans notre dos, de plus en plus proche, de plus en plus mortel, tel un aigle noir sur le point de nous frôler de la pointe de ses serres. Sur sa proue, brillent deux yeux étranges, deux puits de feu au milieu de la nuit éternelle. Les lasers. Les décharges ne nous touchent pas, mais je sais que c'est davantage dû à un acte de considération, à un ultimatum, qu'à notre capacité à les déjouer. La prochaine fois, ils ne manqueront pas leur cible.

« Ils vont nous atteindre, Hamlet. Ce foutu monstre est plus rapide que nous, explique la voix métallique de mon pilote. Dans quelques minutes, nous serons tous à la merci de leur rayon tracteur, s'ils ne nous ont pas d'abord réduits en miettes, et nous ne pourrons plus nous échapper. C'est toi le patron, bon sang, donne-moi un ordre. »

Une fois de plus, le poids des responsabilités se transforme en un éperon aigu appuyant sur mes épaules. Un ordre pour nous sortir de ce cauchemar ? Je n'en ai aucun, si ce n'est de prier, et je ne pense pas que cela serve à grand-chose. Le vaisseau de la Corporation est si proche que nous avons l'impression de sentir le souffle des troupes d'assaut dans notre nuque. Et ils nous veulent vivants, sans aucun doute, sinon ils auraient déjà lancé leurs intercepteurs monoplaces sur nous, et leur attaque aurait réduit le cirque en un amas de débris éparpillés dans le vide. Un second faisceau de lumière traverse le calme de la gorge sans fin, et le Cúchulainn, qui fuit à nos côtés, encaisse le choc. Il pique et décroche de sa trajectoire, mettant en péril la sécurité du reste du convoi.

« Éloigne-nous. Dis aux autres qu'ils partent de leur côté, et qu'ils mettent autant de distance qu'ils le peuvent, Ismaël. »

J'ai lancé la consigne depuis mon siège, luttant pour desserrer les barres de plastique qui me retiennent, sans y parvenir.

« *Break, break* ! crie Ismaël. Ordre d'Hamlet. Dégagez le terrain. Rompez la formation. Mettez-vous en éventail, vite ! Il y aura peut-être une chance que l'un d'entre nous s'échappe malgré tout. »

Ils m'obéissent. Même si j'avais ordonné la plus incroyable des stupidités, ils l'auraient fait, parce qu'il n'est plus temps de choisir, et qu'aucune alternative ne nous viendra en aide. Le convoi du cirque se sépare, donnant une triple cible à poursuivre, dans l'espoir de confondre les soldats. Je consulte l'écran et je ne vois plus les autres navires derrière. Ils sont sortis du champ de la caméra, ce qui signifie qu'ils se sont éloignés du Banshee dans leur course folle, et que nous sommes la queue de la comète que le vaisseau de la Corporation poursuit.

Un second coup d'œil à l'écran me persuade que j'ai bien agi, même si la chance ne veut pas être avec nous. Notre poursuivant se dirige droit vers notre vaisseau, ignorant la présence des deux autres, prêt à les laisser s'échapper pour nous rattraper. Ils doivent savoir que nous sommes le vaisseau-mère. Le Cúchulainn et le Fergus ont peut-être une chance de s'enfuir, mais pas nous. Le Scorpion a dévié de sa route et se dirige tout droit vers le Banshee, car Moby Dick est toujours le morceau le plus appétissant.

Quelque chose nous pousse violemment, et la secousse se répète, ne nous laissant aucun répit, aucune trêve. Ils nous rattrapent. Ils nous tiennent dans leur angle de tir. Cette masse immense qui recouvre le ciel s'abat sur nous, nous submerge de ses éclairs. Nos boucliers ne seront bientôt plus capables de repousser l'aiguillon de ses lasers, et alors, enfin, nous passerons sans nous en rendre compte dans le royaume de la mort.

« Je suis désolé, Hamlet. Je n'aime pas ce que je vais faire, mais je n'ai pas le choix, dit la voix d'Ismaël alors que j'entends quelque chose qui se ferme hermétiquement, et je ne comprends pas tout de suite le sens de ses paroles. J'ai déjà prévenu les autres. Ils viendront vous chercher dès que le danger sera passé, si tout va bien. Au revoir, patron. Bonne chance à toi.

— Ismaël, non ! »

C'est trop tard. Les bandes qui m'attachent au siège ne me permettent pas de me lever, comme la première fois que je suis sorti dans l'espace à bord de la navette qui quittait la Terre, il y a des années. Mais je doute que, même si j'étais libre, j'aurais pu empêcher son acte. Les lumières clignotent, les panneaux métalliques se délient un à un avec des bruits très familiers, et je réalise qu'Ismaël se sacrifie pour nous tous. La crémaillère finit de se déployer et l'éjecteur nous expulse comme une balle hors de la chambre d'une arme. Je remarque immédiatement que nous nous arrêtons, ayant perdu l'accélération qui nous propulsait une seconde auparavant.

Je regarde de nouveau la surface lisse de l'écran. Le signal est moins clair, mais on peut encore voir ce qui se passe à l'extérieur. Le Banshee, débarrassé de sa cargaison et de ses passagers, se dirige droit vers l'immense masse du Scorpion. De faibles éclats de lumière brillent, les deux vaisseaux hochent la tête comme s'ils étaient effrayés, et soudain Moby Dick prend sa revanche sur Achab. Alors que la communication est coupée, la lueur de l'explosion qui suit annonce que le Banshee a entamé son dernier chant de sang.

ÉPILOGUE

Bien que le cirque soit resté en vie, nous sommes loin de nous considérer satisfaits, car à la terrible immolation d'Ismaël et à la destruction de notre Banshee s'est ajoutée une nouvelle mort, plus douloureuse encore : Wimdyl, la fille au sourire timide, la sylphide aux yeux brillants et au regard de lumière, s'est échappée, elle aussi, dans les royaumes de l'ombre et de la nuit. Sous l'effet des radiations, elle s'est vidée de sa vie peu à peu. La coque de la chrysalide a cessé de fonctionner pendant la poursuite et, sans son aide, elle s'est lentement consumée. Aucun d'entre nous n'était en mesure de le remarquer, aucun de nous n'a pu tenter l'impossible pour la sauver.

Des éclats incandescents bouillonnaient encore dans la concavité noire de l'espace lorsque le Fergus est venu à notre secours. En sécurité à l'intérieur, nous avons ouvert l'habitacle qui, pendant si longtemps, avait été le sanctuaire de Wimdyl, son refuge. Libérée de l'enveloppe de verre, elle est tombée très lentement en avant, paraissant plus endormie que morte, et les ailes de soie ont basculé sur son corps, matérialisées pour la dernière fois, déployées autour d'elle comme un éventail, comme la queue multicolore d'un oiseau. Dans l'impossibilité de remonter le temps, le cirque a pleuré de désespoir en constatant que Wimdyl avait pris son dernier envol de la vie à la mort.

Nous avons décidé de la rendre à l'espace. Des larmes glacées se sont accumulées dans nos yeux lorsque nous avons procédé aux funérailles, et Hector de Troie a prononcé sa complainte pour moi, parce que je me sentais incapable de traduire mes propres sentiments par des mots. Hector a parlé par ma voix, récité des vers aussi vieux que l'histoire, des hexamètres dactyliques que j'avais appris il y a des années au Monastère, à un moment où je ne pouvais pas imaginer comment je les utiliserais : *Qu'un tas de terre recouvre mon cadavre avant qu'il n'entende tes cris ou qu'il ne soit témoin de ton départ*.

Nous avons rendu Wimdyl à l'espace. Plus que quiconque, elle méritait un tel honneur. C'était elle, et non les soldats que m'avait montrés Ares Wayne, qui pouvait être considérée comme une créature de l'air, comme un papillon capable de graviter jusqu'à la fin des temps autour du foyer d'un nouveau soleil et de répéter ce slogan, ma complainte d'amour qui ressemble à une bêtise d'enfant. Ensuite, une fois la cérémonie de ses funérailles achevée, nous nous sommes mêlés au chant pâle des étoiles. Wim est restée ici, dans ce lieu sans nom, tournant, les deux ailes ouvertes, les yeux que j'avais le plus aimés couverts par la caresse satinée de ses paupières, la peau de la jeune fille qui m'était la plus chère scintillant comme le givre à travers cent mille soleils.

Cette métaphore amère qui a été mon lot pendant si longtemps touche à sa fin, mais je ne me plains pas. J'ai eu plus de chance que je ne l'aurais cru il y a vingt ans, lorsque je désespérais de quitter un jour la Terre. À présent, je sais que je ne pourrai jamais y retourner, et je m'en moque, car plus rien ne m'y attend. Non, vraiment, je ne me plains pas. J'ai connu beaucoup de douleur, beaucoup d'angoisse, beaucoup d'incompréhension et beaucoup de sang, mais le goût sucré de la connaissance est aussi arrivé jusqu'à ma bouche, et ce léger contact sert à équilibrer la balance. Aucun des pas que j'ai tracés ne me coûte. Maintenant, le cirque va s'éloigner au-delà des Confins, là où les vaisseaux de la Corporation ne penseront pas qu'il est logique de nous trouver. J'ignore combien de temps cette situation va durer, combien de temps le pouvoir de New York va nous permettre de rester des fantômes sans yeux, des graines volant dans le vent. Le cirque essaiera de continuer à fuir, et je serai avec lui, le guidant dans son rêve fou. Paddy Charles O'Shaugnessy m'a demandé de prendre la relève, et je ne suis pas homme à lui désobéir.

Un regard sur moi-même, une petite introspection me permet de clarifier ma situation. J'ai traversé de nombreuses tempêtes, j'ai été placé dans des positions très diverses, jusqu'à ce que je tombe finalement de l'autre côté, à ma juste place. Aujourd'hui, je suis sur le point d'avoir quarante ans, je semble avoir pris du poids, et quelques indices dans mes cheveux m'indiquent que je ne resterai pas blond très longtemps. C'est amusant. Je dois avoir mûri, car je ne me soucie même pas du fait que je ne serai plus jamais un dandy, un poète élégant et bien habillé comme j'ai toujours prétendu l'être. C'est drôle, oui, mais j'ai cessé de me préoccuper de l'issue de ce piège dans lequel mon destin m'entraîne. Je n'échappe pas à ce que je vais être, ni à ce que j'ai été. L'existence ou le vide, c'est mon problème, et il n'y a pas de meilleur moment que le présent.

AUX ÉDITIONS ARGYLL

Collection principale :

Paru :
Eleanor Arnason, *Les Nomades du Fer*, roman.
Luce Basseterre, *Les Enfants du passé*, roman numérique.
Collectif Cocyclics, *Comment écrire de la fiction ?* volume 4, essai.
Richard Cowper, *Le Crépuscule de Briareus*, roman.
Richard Cowper, *L'Oiseau blanc de la fraternité*, intégrale.
Lionel Davoust, *Comment écrire de la fiction ?*, essai.
Jean-Laurent Del Socorro, *Peine de mots perdus*, roman.
Carol Emshwiller, *La Monture*, roman.
Anne Fakhouri, *Trois Battements, un silence*, roman.
Anouck Faure, *La Cité diaphane*, roman.
Margaret Killjoy, *Un pays de fantômes*, roman.
Damon Knight, *Comment écrire de la fiction ? volume 2*, essai.
Christophe Lambert, *Comment écrire de la fiction ? volume 3*, essai.
Camille Leboulanger, *Le Chien du Forgeron*, roman.
Camille Leboulanger, *Eutopia*, roman.
Christian Léourier, *Sous le vent de la liberté*, intégrale.
Christian Léourier, *Les Oiseaux d'Argyl*, recueil.
Rafael Marín, *La Geste d'Hamlet Evans*, roman.
Christophe Nicolas, *Trackés*, roman.
Christophe Nicolas, *Et les gens qui ne sont rien*, roman.
Christophe Nicolas, *Projet Harmonie*, roman numérique.
M. E. O'Brien et Eman Abdelhadi, *Tout pour tout le monde : une histoire orale de la commune de New-York*, roman.
Sofia Samatar, *Un étranger en Olondre,* roman.
Robert Sheckley, *Le Temps des retrouvailles*, recueil.
Robert Sheckley, *Deux hommes dans les confins*, roman.
Floriane Soulas, *Tonnerre après les ruines*, roman.

À paraître :
Silène Edgar, *Le Moment vert*, roman.
Anouck Faure, *Aatea*, roman.

***

Collection RéciFs :

À paraître :
L'agneau égorgera le lion, Margaret Killjoy, novella.
Le Bracelet de jade, Mu Ming, novella.
Foodistan, Ketty Steward, novella.

PRINTTEAM

Fabriqué à Nîmes, 2eme trimestre 2024
www.print-team.fr
Imprimé en France,
sur du papier certifié « Ecolabel UE »,
dont la fibre provient de forêts suédoises gérées durablement.